# 钟九闹漕：
## 变化社会中的政治文化叙事

ZHONGJIUNAOCAO
BIANHUA SHEHUIZHONG DE
ZHENGZHIWENHUA XUSHI

邓建新/著

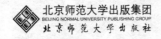

北京师范大学出版集团
BEIJING NORMAL UNIVERSITY PUBLISHING GROUP
北京师范大学出版社

**图书在版编目（CIP）数据**

钟九闹漕：变化社会中的政治文化叙事／邓建新著.—北京：北京师范大学出版社，2010.12
　ISBN 978-7-303-11728-4

　Ⅰ．①钟…　Ⅱ．①邓…　Ⅲ．①政治学－理论研究
Ⅳ．① D0

中国版本图书馆 CIP 数据核字(2010)第 212849 号

| 营 销 中 心 电 话 | 010-58802181 58808006 |
| 北师大出版社高等教育分社网 | http://gaojiao.bnup.com.cn |
| 电 子 信 箱 | beishida168@126.com |

出版发行：北京师范大学出版社 www.bnup.com.cn
　　　　　北京新街口外大街 19 号
　　　　　邮政编码：100875
印　　刷：北京京师印务有限公司
经　　销：全国新华书店
开　　本：155 mm × 235 mm
印　　张：21
字　　数：335 千字
版　　次：2010 年 12 月第 1 版
印　　次：2010 年 12 月第 1 次印刷
定　　价：36.00 元

| 策划编辑：祁传华 | 责任编辑：祁传华 |
| 美术编辑：毛 佳 | 装帧设计：毛 佳 |
| 责任校对：李 菡 | 责任印制：李 啸 |

# 一部与众不同的政治文化作品
## （代序）

当了七年多的博导，已指导通过了五六篇学位论文，但给学生即将出版的著作写序言却还是第一次。尽管并不怀疑自己的学术眼光，评阅专家和答辩委员会也大体证实了我的判断，但到落笔时心里却总有些忐忑的感觉。

落笔迟疑，首先是因为著者的研究意图。

四年前的一天，刚刚入学不久的小邓找我聊论文选题。他一说出大致的想法，我几乎没有犹豫，当即表达了对他选题和研究意图的赞赏。

多年来，我一直固执地认为，优秀的博士学位论文选题，一定是能够小中见大问题。惟因其小，方能穷尽相关资料，做得仔细、周详；惟因其能够小中见大，方能避免琐碎，显现出一定的格局，不失其理论价值。但是这样的选题，对大多数博士研究生来说，都太过困难了。

我认识小邓，是在 20 世纪 90 年代初。那时还在读本科的他，给我留下了勤奋好学、思维敏捷的印象。虽然本科毕业后，他做了很长时间的行政工作，但对他的学术潜力，我一直还是怀有相当的信心的。

不过，赞赏他的选题，鼓励他知难而上，还有更重要的学术理由。自 20 世纪 80 年代以来，我的研究兴趣一直游走于中国政治思想史和中国传统政治文化之间，其间，无数次萌生了范式批判和创新的冲动。为此，我也在研究中作出过一些尝试。

阿尔蒙德确定的政治文化经典研究范式是国内政治学界早已熟知的，某些接受过正规政治学教育的学者甚至认为唯有采取这一范式作出的研究才能算是政治文化研究。这一将传统的规范研究完全排除于政治文化研究之外的认识并没有得到更广泛的认同，国内大多数从事政治文化研究的学者仍选择使用规范研究方法来完成他们的论著写作。这固然与这些学者原有的方法论训练经历以及知识结构有关，但是不能否认的是将阿尔蒙德范式看做是政治文化唯一可行的研究途径的确太过绝对了。

实际上，"政治文化"概念本是从文化人类学领域舶来的。以探讨人类行为动因为目的的文化人类学虽然强调观察，但追溯行为动因的观察并没有完全排斥文献研究的地位。直接观察适用于存在于当下的人群，而对过往曾经存在的人群的观察，却只能采取间接观察的方式，文献的梳理和分析无疑是形成间接观察的重要途径。研究当下存在的政治文化，固然可以采用观察"刺激—反应"的方法，确定某些政治行为的动因，但是对已经湮灭在时间长河中的政治文化，是不可能采取同样的办法加以观察研究的。所以教条地迷信阿尔蒙德范式的最直接后果是需要将非当下存在人群的政治意识、政治价值等相关内容排除于政治文化研究之外，进而从根本上否定传统政治文化或政治文化传统研究的可能性。

但是破除阿尔蒙德的所谓经典范式迷信，并不等于要否定这一范式所展示的政治文化研究科学化的努力方向。对人群或个体行为动因的探究，毕竟是文化研究的根本目的，而唯有不偏离这一目标，才有可能不断推进政治文化研究的科学化进程，才能使政治文化的研究成果对政治过程中的因果关系形成某种程度的解释能力。为此，我一直坚持认为"思想史不等于文化史"，反对将政治思想史与政治文化混同起来的做法，而摸索传统政治文化新的研究途径，实现某种程度的范式创新，写出别样的政治文化研究作品，始终是我个人努力的方向。

小邓的选题，在我看来，也具有类似的尝试性质。选择"钟九闹漕"这样一个地方性历史事件，以这一事件不同的叙事文本为分析对象，引入话语分析等相关理论，通过比照不同时期或不同身份的群体对这一事件的记忆和叙事之异同，考察中国政治文化在不同时代环境下的变迁，凸显主流政治文化与相关亚文化之间的差异和互动。如此这般，哪怕是部分实现了写作意图，也可能诞生一部很有特色的政治文化研究作品。

形成一部与众不同的政治文化研究作品，是我对小邓论文的真切希望。现在看来，这个希望并没有落空。

小邓的论文围绕两条主线展开，一是"钟九闹漕"的历史考察。在这里，他收集了大量资料，详细地考订了这一历史事件的来龙去脉。其间，他运用了集体行动理论，较好地解释了事件由一般性冲突最终演变为武装叛乱的原因，较深刻地展示了19世纪中期崇阳各社会阶层的相关利益诉求、利益冲突，以及官府在解决冲突过程中的决策过程，揭示了消解各种民间及官民之间利益冲突的制度性困局。

另一条主线是以这一历史事件为叙事对象的不同文本。这些文本或者形成于不同的身份阶层，或者形成于不同的时代环境之下。作者注意到形成于大体同一时期但不同的身份阶层的文本之间的叙事差异。这种差异集中体现在对该事件的价值认识上。但是正如作者指出的那样，这种价值认识上的差异也影响了部分事实叙述，从而形成了不同文本之间的事实认识差异。作者将这种差异放置在主流政治文化与亚文化这一理论平台上解释其形成的缘由，同时，也没有忘记提醒读者，主流政治文化对亚文化有着极强的塑造作用，它的持续而持久的影响，对亚文化会形成强大的压迫力量。通过对"文化大革命"期间形成的文本的深度分析，作者发现，某种亚文化的习惯性认识或话语，在大多数情况下似乎都已经变成了农民的潜意识——只有在受访农民不留神的情况下，才有可能从他们的嘴里溜出来。

当然，作者更加关注的是不同时代环境下形成的该事件文本之间的差异。从"钟九闹漕"到今天这160多年里，中国社会经历了"三千年未有之变局"。艰难而悲壮的中国现代化进程，注定也是中国文明脱胎换骨般的涅槃过程。仅就主流政治文化而言，其间，经历了儒教大厦的轰然垮塌，随之而来的是各种"主义"的竞争。作者注意到，"钟九闹漕"这一发生在道光年间的地方性事件，因为不同的政治需要，在这一时期往往被善于"古为今用"的革命者所利用，于是便又产生了若干有着不同叙述风格的文本。

作者发现，这些文本的首要特点是"主题先行"，完全服从政治需要，叙事上无一例外都是以主流意识形态的基本价值取向加以统领，进而，彻底贯彻了当时主流政治文化的基本思维方法。因此，"钟九闹漕"在1927年的武汉文本中，第一次被描述为"农民革命运动"。在1957年和"文化大革命"时期的文本中，钟九等下层乡绅因代理农民缴纳田赋事务而与文吏之间所产生的利益冲突，又被叙述为农民与地主这两大阶级之间的阶级斗争。

尽管这些文本大体上体现着同一种主流政治文化取向，但是作者通过仔细的阅读，仍然发现了它们之间细微的差异。1927年的文本，将"钟九闹漕"阐发为"农民革命运动"，甚至阐发为"世界农民革命运动"的一个组成部分，固然是希望以此为"大革命"中的农民运动辩护，但总的来看，还是在一定程度上反映了知识阶层的启蒙意识和动员下层社会的需要。但是1957年以后，主流政治文化全面统治了文本写作。在对1957年特别是"文化大革命"文本的解读中，作者揭示了这样一个事实，在国家唯一幸存的文化就是主流政治文化的时代，任何非意识形态话语的文化都只能以无意识或潜意识的形态存在，所谓政治文化中的"亚文化"至少在显性层面是不存在的，更不用说是以公开的文本形式存在了。这在一个侧面反映了民众对国家暴力的恐惧与畏服，同时，也表明意识形态和政治文化的传播，其背后都是以国家的体制性暴力为后盾的。

除了上述两条主线外，作者还试图通过文本分析，从一个侧面展示乡村社会的近代变迁过程，揭示乡绅阶层由分化到解体再向城市知识分子转移并最终被国家暴力驯服的历史进程。这一进程无疑是客观存在的，但是对这一问题的研究在本书中多少有偏离主题的嫌疑。一个科研课题或一部学术著作，本不应该承载过重的研究使命。对这一问题的偏爱，以及对后现代话语分析理论的过度阐发，都反映了刚刚踏上学术研究之路的青年学者的稚嫩。但或许也正因为有着如此的青春稚嫩，也才能完成如此与众不同的作品。

但愿能够有幸和我一同分享这部作品的朋友们，能够在阅读中得到更多的灵感，写出更多的别样的中国政治文化作品，以多样化的写作实现我国政治文化研究的范式创新。

杨　阳

2010年10月

# 目 录

# 第一章 导论：政治文化的话语分析

## 一、被忽视的语言

迄今为止，中国的政治学领域并未重视语言问题，甚至在政治文化这个与语言或使用语言密切相关的分支领域，相关的论述也是少见的。[①] 长期以来，语言（语音和文字）被认为是透明的交际工具，它能够准确无误地承载意义，藉此人们相互之间可以真切地把握交流的信息。语言就像火车，能够通畅无阻地在铁轨上往返运输，并在不同的站点装货卸货。作为每天使用语言的普通人类，研究政治文化的学者对语言的感受并不例外。但实际上，语言在人们的交往过程中起着某种"日用而不知"的特殊功用。从研究政治文化的通用方法或途径来看，学者们漠视语言特有的潜在功用是普遍的现象。

自美国政治学家阿尔蒙德（Gabriel A. Almond）于 20 世纪 50 年代发端起，政治文化领域的研究一般采用抽样调查法、面对面访谈法和资料与历史文献研究法。学者们对这三种方法在政治文化研究中的得失已经作了比较详细的讨论。[②] 但是众多评论中少有从语言的角度对之进行再思考，而这三大方法在运用中忽视语言潜在功用的习惯做法却可能给研究结果带来较大的偏差。在从语言潜在功用的角度分别进行评论以前，必须指出这三种研究方法无时无刻不在依赖并运用语言。这一事实可能使包括所有人文和社会科学的研究都面临同样的问题。

抽样调查法是从社会学和统计学中借鉴而来的方法，注重实证性与精确化，一般来说，其结论是可以验证的。运用这一方法进行政治文化研究的示范性著作当然是阿尔蒙德和维伯（Sidney Verba）

---

① 但是研究（英语）语言或文论的学者关注"政治"的并不少见，见后文阐述。

② 参见王乐理：《政治文化导论》，11～53 页，北京，中国人民大学出版社，2000。

的《公民文化——五个国家的政治态度和民主制》一书。这项研究历时五年，耗费巨资，在各国动用了大量的调查人员，主要采用抽样调查并结合入户访谈（该研究设置的是程式化的问题，不同于面对面的访谈）的研究方法，最后依据大量的数据总结而成。① 我这里无意质疑这部著作在政治文化研究领域的典范地位，仅从跨语言层面可能造成的干扰提出疑问。

　　阿尔蒙德和维伯并非完全没有意识到语言对其研究造成的干扰，他们在该书的第一部分"此项研究的理论与方法"中谈到了这一问题。在该项研究中，作为比较研究的普遍性问题——"等值问题"，一是采访情境的标准化，一是对调查得出的结论的翻译。前者要求各国的调查者与受访者处在大致相同的情境下采集和提供资料或信息，这样调查所获取的资料数据才能够进行比较分析。这里"情境"主要指"词汇"即调查问题的语言对受访者的"刺激"作用。这一刺激作用好比加在不同弹簧上的重量，只有重量等值，才能对弹簧的力量进行测量。由于调查的问题是由英语翻译成他国语言，非英语国家的受访者是用非英语的母语提供信息，这一信息必须再翻译成英语才能进行比较分析。但是，被翻译成英语的信息有可能失去了它在母语表述中的相对含义。这就是如何翻译那些在非英语国家进行调查得出的结论，用阿尔蒙德和维伯的话来表述就是他们"还必须选择政治行为的等值方面"以及"这些方面的指标"。

　　面对语言问题给比较研究带来的困难（实际上造成这一困难的因素还有很多，语言只是最显性的罢了），研究者通过精心翻译（几个来回的盲翻）采访问题，尽量避免使用抽象词汇而选择具体词汇，采用强度提问和二分法答案，使用开放性问题等措施来减少语言造成的不等值的麻烦。尽管如此，两位政治学家还是坦率地承认"没有任何跨国研究能够避免"诸如此类的翻译和情境等问题。但是阿尔蒙德和维伯认为，情境结构基本上不能决定行为和态度，而态度的类型和行为也相对摆脱了（政治的和社会的）结构的约束。因此，尽量设置一些诸如"你认为你能够影响政府吗"这样反映受访者个人与政府的关系的主观见解的问题，能够最大限度地消除不同的政

---

　　① ［美］阿尔蒙德、维伯：《公民文化——五个国家的政治态度和民主制》，徐湘林等译，北京，华夏出版社，1989。

治结构而带来的比较上的偏差。同时，"通过各国变量之间的关系模式的相同和不相同等方面来表述在两国之间所进行的比较，人们就多少掌握了这些变量的含义在国与国之间的差别"①。

作为严谨的学者，阿尔蒙德和维伯在关于公民文化的研究中将语言问题视为条件变量②纳入分析过程，无疑是值得赞赏的。但是最后他们又试图用化约的方法将语言造成的差异全部抹去，给这项研究的信誉造成了某种程度的削弱。一些学者批评这项研究的重大缺陷是以美国和英国的政治生活为样板，来对其他国家进行评价。的确，他们的研究明确将英美两国视为"稳定"和"成功"的民主国家，这两个国家的政治文化基本上等同于"公民文化"③。在此基础上再对其他国家的政治文化进行考评，可以说是类似于"东方学"④的翻版。从方法上看，招致这一批评的重要原因在于阿尔蒙德和维伯在实际操作中基本上去除了语言差异（或翻译）这一条件变量。研究者虽然在努力寻求一种语言上的等值，但是，在翻译中主方语言和客方语言的等值仅仅是一种喻说：

> 当概念从客方语言走向主方语言时，意义与其说是发生了"改变"，不如说是在主方语言的本土环境中发明创造出来的。在这个意义上，翻译不再是远离政治和意识形态斗争或与利益冲突无关的中立事件。实际上，它恰恰成为这种斗争的场所，客方语言在那里被迫遭遇主方语言，二

---

①　［美］阿尔蒙德、维伯：《公民文化——五个国家的政治态度和民主制》，64～82页。

②　条件变量是构成前提条件（能激发或扩大因果规律或假设的作用的现象）的变量，它的值制约着自变量或中间变量对因变量和其他中间变量的影响程度。例如在"只有得到降水的情况下，日照才能促使生长"的假设中，日照是自变量，生长是因变量，而降水量就是条件变量。参见［美］斯蒂芬·范埃弗拉：《政治学研究方法指南》，陈琪译，9～10页，北京，北京大学出版社，2006。

③　［美］阿尔蒙德、维伯：《公民文化——五个国家的政治态度和民主制》，517页。

④　参见［美］爱德华·W·萨义德：《东方学》，王宇根译，北京，三联书店，2007。萨义德思想述评参见［英］瓦莱丽·肯尼迪：《萨义德》，李自修译，南京，江苏人民出版社，2006。

> 者之间无法化约的差异将一决雌雄，权威被吁求或是遭到
> 挑战，歧义得以解决或是被创造出来，直到新的词语和意
> 义在主方语言内部浮出地表。①

如前所述，阿尔蒙德和维伯试图消除语言差异带来的困扰，实际上最后通过简约化处理弃之不顾。也就是说，在"问题和回答显示取向和态度，归纳取向和态度就可以描述和比较政治文化"的假设中，"问题和答案由语言来表述，同一问题（及其答案）在不同的语言中可能具有不同（或相对）的意涵"这样涉及条件变量的假设就被省略掉了。忽略乃至抛弃这个客观存在的条件变量的后果就是，使他国的文化经验服从于英语国家（主要是美英）文化经验的表述，从而在抹平两种文化差异的基础上再建构出某种文化上的差异。从这个意义上说，《公民文化》一书在规范概念类型上的成功要远远超过其在方法上的成就。因此，阿尔蒙德和维伯关于公民文化的研究在规范学科概念和研究范畴方面为后继者树立了典范，但是他们在方法上忽视语言差异，继而在抹平不同语言乃至文化的差异之后，再重新建构文化差异的做法削弱了研究结论的效用度和说服力。

针对上述由语言差异引起的文化理解上的困扰，以运用资料与历史文献方法研究日本文化而享有盛名的本尼迪克特（Ruth Benedict，1887—1948）曾如此评论道：

> 美国人可以用投票方式调查美国人的意见，并了解调查的结果。但他们能够这样作，有一个十分明显却无人道及的前提条件，那就是他们都熟悉美国生活方式并且认为它是天经地义、理所当然的……要了解一个国家则必须先对那个国家民众的习惯和观点进行系统的质量的研究，然后投票方式才能有用处……如果事先不弄清楚他们对国家抱有什么样的观念，抽样调查结果又能告诉我们什么呢？只有在了解了他们的国家观之后，我们才能弄清楚各个派

---

① 刘禾：《跨语际实践：文学，民族文化与被译介的现代性（中国：1900—1937)》，36 页，宋伟杰等译，北京，三联书店，2008。

别在街头或国会中到底在争论些什么？①

太平洋战争后期（1944 年），本尼迪克特接受美国政府的委托开展研究。不同于美国和德国的关系，当时美国对日本不太了解，委托各方面专家研究的主要目的就是要回答两个大问题：一是日本政府会不会投降？美国是否要进攻日本本土而采用德国的办法？二是假若日本投降，美国是否应当利用日本政府机构以至保存天皇？本尼迪克特的研究报告于 1946 年整理成书，以《菊与刀——日本文化的类型》为书名出版，在日本引起轰动，后来重印达几十次之多。② 一位美国人类学家描写日本文化的著作，能够在日本引起强烈而持久的关注，不能不说是巨大的成功。在我看来，除了本尼迪克特本人的敏锐学识和严谨的写作风格之外，在方法上重视语言差异导致的问题也是取得成功的重要因素。

　　由于研究正值战争期间，本尼迪克特无法采用实地调查或抽样统计的方法来完成这项研究，只好采用：（1）个案调查法，即与当时居住在美国但是在日本长大的日本人接触、交谈；（2）解读各种相关文本，其一是大量阅读出自西方人和日本人之手论述日本的书籍、文献（包括政治演说和日本文学作品），其二是观看许多在日本编写并拍摄的影片，并与日本人一起仔细讨论。在运用两种方法进行研究的过程中，母语为英语的本尼迪克特必然在英语和日语之间进行"跨语际实践"（translingual practice）。无论本尼迪克特对日语的熟悉程度如何，她在研究中始终重视并充分强调了语言差异引起的理解问题。《菊与刀》第一章题为"任务——研究日本"，主要论述该项研究的方法与旨趣，她在其中明确说：

　　　　人类学家还必须使自己最大限度地适应自身文化与其他文化之间的差异，其研究技术也必须为解决这一特殊问题而加以磨练。③
　　　　他就能学会把任何民族所形成的要求，不论是用政治

---

　　① ［美］鲁思·本尼迪克特：《菊与刀——日本文化的类型》，13 页，吕万和等译，北京，商务印书馆，1990。
　　② 同上书，译者序言。
　　③ 同上书，7 页。

的、经济的，还是用道德的术语来表达，理解为他们从其
社会经验中学来的思维方式和习惯的表达。①

我确实发现，一旦我们弄清楚了西方人的观念与他们
的人生观不符合，掌握了一些他们所使用的范畴和符号，
那么西方人眼中经常看到的日本人行为中的许多矛盾就不
再是矛盾了……我和日本人一起工作时就发现，他们最初
用的那些奇特词句和概念，一变而为具有重大含义，并充
满长年积蓄的感情。同西方人所了解的道德观、罪恶观有
着巨大的差异。②

尽管文化理解上的差异并不仅仅是由语言的不同而引致，但是语言
最显著地体现了这一差异。在写作的过程中，本尼迪克特保持了对
这一现象的高度警觉。我们不妨再引用一段文字，表明本尼迪克特
是如何保持对语言问题的敏锐感觉的：

中文和日文当中都有许多词汇表示英语中的"obligation"
（义务）。这些词汇不是同义词，其特殊含义也无法译成英文，
因为他们表达的观念对我们是陌生的。日文中相当于"obliga-
tion"，表示一个人所负的债务或恩情的词，从最大到最小，都
称作"恩"。其用法，可译成一连串英文，从"obligation"（义
务）、"loyalty"（忠诚）直到"kindness"（关切）、"love"（爱），
但这些词都不免歪曲了原意。③

在整个第五章"历史和社会的负恩者"中，本尼迪克特使用日文的
小学课文、小说、日本精神分析杂志上的咨询案例、常人对话情景
来向英语读者解释日文中"恩"涉及的观念和思维。而在第十章
"道德的困境"中，引用大量日文的语料进行分析，其写作接近本文
后面将要介绍的话语分析方法，尽管"话语"一词在 20 世纪 40 年
代并未兴起。可以说，本尼迪克特重视语言对文化理解的规制作用，

---

① ［美］鲁思·本尼迪克特：《菊与刀——日本文化的类型》，9 页。
② 同上书，14 页。
③ 同上书，68～69 页。

为其描述更接近真实状态的日本文化起到了关键作用，从而也为她的这一研究赢得了声誉。可以说，作为人类学家的本尼迪克特悄悄地为比较政治学领域的政治文化研究预留了一扇语言的大门，尽管她还并未将语言问题提高到方法论的层面来专门讨论。

至于面对面访谈法，我不打算在这里举例讨论。正如我在后文中将要指出的那样，但凡稍稍了解语言与文化之间的关系，以及思考文本应当如何阐释这一问题的学者，都会赞成在用这种方法来描述和解释政治文化的过程中，语言（或话语）充当了更为关键的变量。下面我将讨论在我国政治文化研究领域特有的一种研究方法，这一方法暂且可以被命名为"典籍研究法"。同时我将简单介绍剑桥学派在政治思想史研究中重视语言维度的范式，以进一步反观政治文化研究领域忽视语言潜在功用的做法。

这一方法之所以可以被命名为"典籍研究法"，主要在于这一类研究脱胎于传统的政治思想史研究，依据的资料主要是政治理论经典和政论文，研究的主要对象是中国"政治文化传统"或"传统政治文化"。这里暂且不讨论这一类研究与西方政治文化研究在学术范畴上的差异①，而是同样要指出在这一类研究中忽视语用学（pragmatics）② 层面的事实。典籍研究法的研究过程就是在古典文献（实践中多为成文经典和国家典律）中逐字逐句地"读出"（read off）政治文化或者政治理论和政治哲学。作为社会科学或人文科学研究的一般过程，"读"之后再对所读文本进行阐释，也是再正常不过的得出结论的方法和途径。但是，在理解和解释的过程中应当尽量考虑历史的语境（广义的），不能混淆"当代的理解"与"历史的理解"。当然，绝对的区分是不可能的，研究者终究会不可避免地将自

---

① 这种差异参见王乐理：《政治文化导论》，42～43 页，北京，中国人民大学出版社，2000。

② 简单地说，语用学是一门研究如何理解和使用语言，如何使语言合适、得体的学问。语用学大体包括研究特定语汇和语言结构的语用属性、说话人意义（speaker meaning）、听话人意义（hearer meaning）、语篇意义（discourse meaning，热点是会话分析［conversation analysis］）四个研究面。语用学兴起的学科基础包括语言研究的社会学和人类学倾向，以及哲学的日常语言学派（维特根斯坦、奥斯汀）和认知心理学的影响。在笔者看来，语用学就是研究语言实际使用及相关问题的语言学，它在许多方面与话语分析是重叠的。参见何自然、吴亚欣：《语用学概略》，载《外语研究》，2001（4）。

己的生活经验带入其解释中。这也不仅是是否掌握古汉语的问题（这是一个必要的基础技能），而且是研究者能否坚持学术自觉的问题。国内已有学者对之作出了批判（尽管不是从语言学的角度）。①遗憾的是，忽视语言潜在功用带来的偏差，径直进行有关政治文化的阐释并不是个别现象。

忽视语境而径直阐释文本是一个普遍现象，借用英国剑桥学派的代表人物昆廷·斯金纳（Quentin Skinner）的话来说，就是犯了"时代误置"（anachronism）的错误。剑桥学派在方法论上的革新直指传统观念史学以经典文本中的"普遍观念"为对象进行超历史的分析的做法，提倡在历史的语境中考察那些观念和信仰。②这一方法的要旨用斯金纳的话来概括就是：我将"捍卫着我对阅读和解释历史文本的一个特定的观点，我认为，如果我们希望以合适的历史方法来写历史观念史的话，我们需要将我们所要研究的文本放在一种思想的语境和话语的框架中，以便于我们识别那些文本的作者在写作这些文本时想做什么，用较为流行的话说，我强调文本的语言行动并将之放在语境中来考察。我的意图当然不是去完成进入考察已经逝去久远的思想家的思想这样一个不可能完成的任务，我只是运用历史研究最为通常的技术去抓住概念，追溯他们的差异，恢复他们的信仰以及尽可能地以思想家自己的方式来理解他们。"③

斯金纳在研究方法论上的革新，其灵感来自语言哲学。其一是维特根斯坦（Ludwig Wittgenstein，1889—1951）在其所著《哲学研究》中所讲的"语言游戏"的思想，最简洁的表达就是"意义即

---

① 参见杨阳：《儒学：难道是魔术师的口袋？》、《必须对于丹的〈论语心得〉说"不"》，载《文化秩序与政治秩序——儒教中国的政治文化解读》，北京，中国政法大学出版社，2007。当然，CCTV"百家讲坛"栏目中一些学者的历史和文化讲座更是这种"误读"的集大成。

② ［英］昆廷·斯金纳：《观念史中的意涵与理解》，任军锋译，载丁耘主编：《什么是思想史》（思想史研究第一辑），95～135页，上海，上海人民出版社，2006。

③ ［英］昆廷·斯金纳：《政治的视界》（Quentin Skinner《Vision of Politics》）3卷本，总序，8页，剑桥大学出版社，2002。转引自李宏图：《笔为利剑：昆廷·斯金纳与思想史研究》，载［芬兰］凯瑞·帕罗内：《昆廷·斯金纳思想研究》，李宏图、胡传胜译，上海，华东师范大学出版社，2005。

使用"①。其二为奥斯汀（J. L. Austin，1911—1960）建立的"言语行为"理论，其策略是从行为的角度来研究语言的使用，即"我们所要致力于阐释的惟一的实际现象，归根到底，是整体言语情境中的整体言语行为"②。斯金纳据此发展出他的方法论观点：文本即行动（texts are acts），我们能够读解它所体现的主体间性意涵（intersubjective meanings）。③ 如果说，我所说的语言的潜在功用还未能体现在这些论述中的话，那么剑桥学派的另一位代表人物波考克（J. G. A. Pocock）则说得明白干脆：

> 可以断定，著作家所能表达的意涵不可能超出他所生活年代语言资源所提供的可能范围，他的意涵不可能超出他的同时代听众或读者所理解的范围，而在这些限度之内，他（包括我们所有人）的意涵可以超出他所明示的或者他所意欲传达的意思范围。④

在国内除英语界和文论界外，起码政治学或者思想史学界中如此旗帜鲜明地声称可以藉语言使用的角度来开展研究的学者并不多见（见后文介绍）。"典籍研究法"是国内政治文化研究运用得较为普遍的方法，尽管剑桥学派并未将自己的学术视域明确扩展至政治文化，但是这两类研究具有一定的相似性和类比性。反观我们的"政治文

---

① ［奥］维特根斯坦：《哲学研究》，陈嘉映译，上海，上海人民出版社，2001。参见陈嘉映：《语言哲学》，166～172 页，北京，北京大学出版社，2003；盛晓明：《话语规则与知识基础》，40～50 页，上海，学林出版社，2000。

② 陈嘉映：《语言哲学》，213～217 页。奥斯汀有专著"How to Do Things with Words"，Oxford University Press，1962，中文译名为《如何以言行事》，现有外语教学与研究出版社 2002 年出版了英文版。奥斯汀的学生塞尔（John Rogers Searle，1932—  ）的专著《言语行为：语言哲学论》也由该出版社于 2001 年出了英文版。对言语行为理论的讨论另参见盛晓明：《话语规则与知识基础》，88～116 页。

③ ［英］昆廷·斯金纳：《言语行动的诠释与理解》，任军锋译，载丁耘主编：《什么是思想史》（思想史研究第一辑），136～165 页，上海，上海人民出版社，2006。

④ ［美］波考克：《语言及其含义——政治思想研究的转向》，任军锋译，载丁耘主编：《什么是思想史》（思想史研究第一辑），64～94 页。

化传统"或"传统政治文化"研究领域，"学说的神话"（为经典作家建构某种完整的学说体系），"融贯性的神话"（将研究对象的思想和著作视作一个融贯的整体），以及"预见的神话"（对思想史的片段带有预设目的的解释）比比皆是。尽管斯金纳过于强调变化、差异，有可能带来人类思想完全失去可通约性（commensurable）的危险，但是这种思想史研究给人们指出了思想信念和政治制度安排的偶然性，以及为我们的思考重新带来的开放性的资源，是传统研究方式无法比拟的。①

其实，在中国思想和文化研究的学术史上，重视语言范畴差异和历史情境变迁因素的观点并不完全是舶来品。早在1946年（很巧合本尼迪克特《菊与刀》一书同年出版），哲学家张东荪在所著《知识与文化》（商务印书馆1946年版）一书中就详述过如何区分中西范畴差异，将中国思想史放到中国历史语境中来考察的研究思路。但可惜的是，这一思路和方法并没有得到重视以至发扬光大，以至于后来的学者称之为"独特视角"②。我搬出早已作古的哲学家，并不是指责中国政治文化领域的学者都走错了路，或者呼吁在方法论上来一场走向后现代主义的"拨乱反正"。前面的分析已经指出忽视语言潜在功用的做法如何降低了研究结论的效用，因此在各种方法运用中将语言作为变量考虑进来是十分必要的。尽管语言的潜在功用作为一个变量是难以量化或实证化的，但是没有理由可以无视它的存在。这里进行方法上的比较有两个目的：一是指出语言作为变量在政治文化研究中的不可忽略性；二是尝试提出并实践一种以语言学方法为基础的政治文化研究，为研究政治文化的其他方法在考虑语言变量时提供某些参考。

## 二、话语和政治

要在政治学领域中从事话语分析，我们还是得从"话语"的意涵开始。翻阅学术的或者非学术的中文文献，"话语"一词早已是耳

---

① 彭刚：《历史地理解思想——对斯金纳有关思想史研究的理论反思的考察》，载丁耘主编：《什么是思想史》（思想史研究第一辑），169～203页。

② 参见萧延中：《中国思想史研究的独特视角——从〈知识与文化〉看"中国思想"研究之方法论问题》，载《开放时代》，2003（4）。

熟能详。有学者认为，中国大陆"话语"一词由英语"discourse"翻译过来，在港台和其他华语圈中则常被翻译成"述说"、"叙述"和"说法"等。① 但是在更广泛的阅读印象中，话语和文本在概念上也似乎难以区分，事实上即使在语言学界，许多学者也并未对之进行区分。从文献上看，无论是国外还是国内，学者们对 text、discourse 和 discourse analysis 的概念使用没有一致的看法。"语篇分析"和"话语分析"这两个术语都译自英语"discourse analysis"，两者目前在中国英语界（语言学界）都在广泛使用。由于对术语没有统一的看法，因此术语的使用和翻译也造成了一定程度的混乱。在英语界，"text"被翻译成"语篇"、"篇章"、"文本"、"话语"，"discourse"被翻译成"话语"、"语篇"、"语段"，这些都比较常见。可见，国内英语学界并没有对"text"和"discourse"进行明确的区分和界定，这也反映了西方学界对"discourse analysis"这一术语形形色色的理解。按照黄国文的归纳，西方的 discourse analysis 大致有三种不同的流派。其一是英美学派，这一学派因发端于英国和美国而得名。英美学派的研究重点是语言和语言的使用。其二是福柯学派，因为受福柯（Michel Foucault，1926—1984）的理论影响颇大而具名。与英美学派不同，福柯学派更感兴趣的是话语秩序②、意识形态、社会关系和社会联盟等有关社会实践和社会变革的问题。其三是批评话语学派，是从英美学派和福柯学派获得启发而发展起来的。批评话语学派通过分析语篇或话语中的权势、不平等和偏见的现象来质疑语言使用的现状，并最终试图改变和消除社会中的不

———————————

① 张宽：《（discourse）话语》，载《读书》，1995（5）。

② 话语秩序（order of discourse，也译作"语篇秩序"）是福柯话语理论中的一个重要术语。"语篇秩序指的是支撑构成'社会秩序'（social order）的各社会领域和机构中的具体语篇，使它们的产生成为可能的社会规约、标准和惯例以及由与这些领域和机构密切相关的各语类（discourse type）构成的关系网络。语篇秩序是社会秩序在语言运用中的体现，它也是权力关系的产物。"（辛斌：《批评语言学：理论与应用》，31 页，上海，上海外语教育出版社，2005）英国学者费尔克拉夫称之为"机构的和社会的'话语秩序'"（institutional and social "order of discourse"），即"一个机构、或一个社会内的话语实践整体，以及它们之间的关系"（[英] 诺曼·费尔克拉夫：《话语与社会变迁》，41 页，殷晓蓉译，北京，华夏出版社，2003）。

公平状况。①

在我国，话语理论不仅在语言学界得到介绍和应用，而且逐渐拓展到其他诸多领域，但是我们注意到其他学科在引介类似方法时一般使用"话语"而非"篇章"的概念。② 在此，话语（discourse）和文本（语篇 text）必须作出区分，以反映其他学科不同于单纯的语言学的认识。我们可以感受到在非语言学界使用"话语"术语时，人们更关注的是比语言使用更广泛的社会问题，尽管这些社会问题也可能与语言的使用密切相关。对此，有两种论述，可以帮助我们较好地区分话语和文本。

一是法国话语分析的论述传统。文本被界定为"连贯的（和谐一致的）叙述整体，它组成一段话（书面的或口头的）"，而且它还构成了"经验论的话语分析的对象"③。那么话语分析是指什么呢？有一段话对之作了精辟的概括：

> 表述没有表现为句子或是几组句子，而是表现为文本。我们必须把文本作为一种特殊的结构形式，并且把它和它生成的条件联系起来进行考察。我们把文本的结构和文本生成的条件联系起来考察，便是对话语进行了考察。④

因此，法语传统中的话语就是"话语分析知识的对象"，它指的是"被认为与其产生的历史条件（社会的、意识形态的）相关的所有文本整体"⑤。简言之，话语就是文本与其生成条件的结合。

---

① 黄国文、徐珺：《语篇分析与话语分析》，载《外语与外语教学》，2006（10）。
② 在文艺学、传播学、哲学、文化学、政治学、社会学、历史学乃至自然科学中，学者们一般是对"话语"而非"篇章"进行"分析"或"研究"。参见陈汝东：《论话语研究的现状与趋势》，载《浙江大学学报》（人文社会科学版），2008（6）。
③ ［法］乔治-埃利亚、萨尔法蒂：《话语分析基础知识》，9页，曲辰译，天津，天津人民出版社，2006。
④ 同上书，"引言"，2页。
⑤ 当然这也仅是粗略的看法，多元的话语界定以及与言语、言语活动、叙述等相关术语的区分参见［法］乔治-埃利亚、萨尔法蒂：《话语分析基础知识》，6～11页。

二是英美分析学派的区分。韩礼德（M. A. K. Halliday）指出，"Discourse is a multidimensional process；'a text'…is the product of that process."[①] 这里，text 是成品，而 discourse 是过程。Brown 和 Yule 也持有类似的看法："the discourse analyst treats his data as the record（text）of a dynamic process in which language was used as an instrument of communication in a context by a speaker/writer to express meanings and achieve intentions（discourse)."[②] 这种区分将文本当成一种记录，而话语分析考察的是记录得以形成的过程。两种论述对话语和文本的区分其实基本相同，那就是，如果文本是一辆汽车，那么话语就是这辆车背后的构想、设计以及生产的工艺和流程。话语分析，就是去考察一辆汽车是如何从无到有地呈现在我们面前的。

最早提出"话语分析"概念的是 1952 年哈里斯（Z. S. Harris）的一篇论文[③]，而话语分析作为一门学科兴起于 20 世纪七八十年代的西方国家。话语分析最初是对传统语言学漠视现实语言实践研究的反动。这一语言学研究方法上的挑战，后来与福柯、德里达（Jacques Derrida，1930—2004）、萨义德（Edward W. Said，1935—2003）等人在哲学、历史、文化、政治上进行交叉研究的话语研究传统相结合，逐渐发展成为反思和批判西方现实社会问题的社会学科。[④] 话语的概念之所以在人文和社会科学中得到广泛使用，这一渗透过程本身就显现了学术旨趣从"语言研究语言"到"语言研究实践"的转移过程。[⑤] 然而，"'话语'在政治文化分析中的特殊含义是福柯赋予的。福柯在他几乎所有的重要著作中贯穿使用了

---

① M. A. K. Halliday, *An Introduction to Functional Grammar*, London, Arnold, 1994, p. 311.

② ［英］Gillian Brown、George Yule：《话语分析》（英文版），26 页，北京，外语教学与研究出版社，2000。

③ Z. S. Harris, *Discourse analysis*, Language, Vol, 28（1952），pp. 1～30. 参见朱永生：《话语分析五十年：回顾与展望》，载《外国语》，2003（3）。

④ 施旭：《话语分析的文化转向：试论建立当代中国话语研究范式的动因、目标和策略》，载《浙江大学学报》（人文社会科学版），2008（1）。

⑤ 张凤阳等：《政治哲学关键词》，344 页，南京，江苏人民出版社，2006。

这个词，将这个术语突出到前所未有的显要位置上。"① 的确，将话语和政治紧密联系起来的莫如法国思想家福柯。可以说，由于这位法国思想家对话语的研究，话语这一术语才得以在当今诸社会科学中被广泛使用，尽管它的意涵从未在这些学科中获得明确的统一界定。

关于福柯著作中有关话语的主要见解，英国话语分析学者费尔克拉夫（Norman Fairclough）认为应当分为早期的考古学②和后期的谱系学③来进行概括。福柯在考古学时期阐明了两个特别重要的主张：

> 1. 话语的建构性——话语建构社会，包括建构"客体"和社会主体；
> 2. 互为话语性和互文性的首要地位——任何话语实践④都是由它与其他话语的关系来界定的，并以复杂的方式利用其他话语。

另外还有三个基本观点出现在福柯的谱系学著作中：

---

① 张宽：《（discourse）话语》。

② 福柯考古学时期的代表作品有1961年《疯癫与文明：理性时代的疯癫史》（中译本见刘北成、杨远婴译，三联书店2007年第3版）、1963年《临床医学的诞生》（刘北成译，译林出版社2001年版）、1966年《词与物——人文科学考古学》（莫伟民译，三联书店2001年版）、1969年《知识考古学》（谢强、马月译，三联书店2003年版）。

③ 福柯谱系学时期的代表作品有1971年《话语的秩序》（1970年入选法兰西学院的演讲，载许宝强、袁伟选编：《语言与翻译的政治》，中央编译出版社2001年版）、1975年《规训与惩罚：监狱的诞生》（刘北成、杨远婴译，三联书店2007年版）、《必须保卫社会》（1976年在法兰西学院的授课录音，福柯去世后被整理出版，钱翰译，上海人民出版社1999年版）、1976年《认知的意志》（《性经验史》第一卷）、1984年《性经验史》第二卷和第三卷（佘碧平译，上海人民出版社2005年版）。

④ 话语实践（discursive practice）是福柯哲学中的一个重要概念，用以消解结构主义的"语言（language）"与"言语（parol）"的二元对立（见后述）。福柯以此概念说明，文本绝不是由简单的语言形式因素构成的，政治经济力量、意识形态和文化控制着整个"意指过程"。"话语—知识"不仅表达人们的思想，而且又是人们的一种实践活动，处于其他别的实践的关系网络中。参见王治河主编：《后现代主义辞典》，307～308页，北京，中央编译出版社，2005。

　　1. 权力的话语本性——现代"生物权力"①（例如检查和表白）的实践和技术在相当程度上是话语性的；

　　2. 话语的政治性——权力斗争发生在话语之内和话语之外；

　　3. 社会变化的话语本性——变化着的话语实践是社会变化中的一个重要因素。②

福柯在《知识考古学》中将话语定义为"隶属于同一的形成系统的陈述③整体"，因此我们"才能够说临床治疗话语、经济话语、博物史话语和精神病学话语"④。福柯的话语理论简言之就是围绕"语

---

　　①　"古典时期，各种训练机构迅速发展——学校、社团、军营、工厂；在政治实践和经济观察领域出现了出生率、寿命、公共卫生、居住、迁移这些问题，于是出现了以制服身体和控制人口为目的的各项技术的大爆炸。就这样，开始出现了'生物—权力'的新纪元。"福柯认为，这种"管理生命的权力"既是"解剖学的，又是生物学的；既是个体化的，又是专门化的，在面向身体性能的同时又关注着生命的过程……（这种权力）从各方面包围生命"。福柯认为，这种生物—权力（bio－power）技术在训练、驯服、驾驭工人等方面是资本主义发展必不可少的因素，其最终目标是"规范化"，消除所有社会的、心灵的不规则性，并且借此重新模塑心灵与躯体来生产有用且驯良的主体。参见福柯：《求知之志》，载杜小真编选：《福柯集》，371～389页，上海，上海远东出版社，2002；［法］米歇尔·福柯：《性经验史》，87～104页，佘碧平译，上海，上海人民出版社，2005；王治河主编：《后现代主义辞典》，559～560页。

　　②　［英］诺曼·费尔克拉夫：《话语与社会变迁》，52页。

　　③　福柯考古学中的"陈述"（法文 énoncé，英文 statement）构成一个话语场或话语网，它不同于逻辑命题、语法语句和简单的话语单元，而是考古描述的功能和构成话语对象的实践，陈述必须摆脱认识主体和心理特征，是话语存在的形式。或者说，在语用学里，"叙述"是通用口语方式，它由短语和句子组成，内含指示、描述、质疑、评价等游戏规则，与此不同，陈述仅仅涉及知识或真理的权威性指示和限定，人们一般不便对它加以评注或争辩，而是承认服从。人们可以对陈述进行生产、改造、重组或分解，并反复使用。在很大程度上，《知识考古学》中的"陈述"等于人们习以为常的"知识"或"真理"。参见王治河主编：《后现代主义辞典》，63～64页；赵一凡：《福柯的话语理论》，载《读书》，1994（5）。

　　④　［法］米歇尔·福柯：《知识考古学》，118页，谢强、马月译，北京，三联书店，2003。

言、知识、权力"三者的关系来展开的。考古学时期的福柯关注表述上的复杂性和话语形成的规则①，从而瓦解了知识主体的地位。谱系学时期的福柯将注意力转向话语形成中的权力因素②，知识和权力的关系问题贯穿了他后期的作品。所以福柯晚年总结说："批判在其合目的性上是谱系学的，在其方法上是考古学的。"③ 可以说，福柯的考古学是一种尽量摆脱社会制度影响的话语分析，而谱系学则着重权力分析，注重揭示历史中的细节、边缘、断层、裂缝和遮蔽。④

在福柯的论述中，话语"包括行为规则的构型（configurations）、既定的文本以及制度化实践，每一种都被历史和社会确定的一套文化关系所定位"⑤。于是，"话语不仅反映和描述社会实体与社会关系，话语还建造或'构成'社会实体与社会关系；不同的话

---

① 话语形成的规则在福柯那里被称作"话语结构"。"话语结构被福柯定义为：制造言论的规划系统或法则，并对言论结果起着限定作用"，即"制造言论的'规则手册'"（《福柯的迷宫》，注意这里的中译本将英文 statement 或法文 énoncé 翻译成"言论"而不是"陈述"）。费尔克拉夫则说"一个话语结构是由适合于一套特定的陈述——它们属于这个结构——的'结构规则'所构成……这些结构规则是由前在的话语的以及非话语的要素之结合所构成，而连接这些要素的过程使得话语成为一个话语实践"。这些规则涉及话语的客体、阐述方式、概念、策略四个方面。参见［德］克拉克、登博夫斯基编：《福柯的迷宫》，186～187 页，朱毅译，北京，商务印书馆，2005；［英］诺曼·费尔克拉夫：《话语与社会变迁》，39～47 页。福柯的有关论述见［法］米歇尔·福柯：《知识考古学》，32～42 页。

② 福柯的权力观念——"权力是一组在任何地方组织起来的和经过协调的实施着的关系，而非神秘的实体；权力与抵抗共存，哪里有权力，哪里就有抵抗；权力不仅是禁止的、消极的和否定的，而且更是生产的、积极的和肯定的；权力与知识密不可分，相互依赖，相互包含。"引自莫伟民：《莫伟民讲福柯》，237 页，北京，北京大学出版社，2005。福柯的有关论述参见福柯：《求知之志》，载杜小真编选：《福柯集》，345～352 页；［法］米歇尔·福柯：《性经验史》，60～67 页。

③ ［法］福柯：《何为启蒙》，顾嘉琛译，载杜小真编选：《福柯集》，539 页。

④ 参见［法］福柯：《尼采、谱系学、历史》，王简译，载杜小真编选：《福柯集》，146～165 页。另一译本为苏力译，载刘北成、陈新主编：《史学理论读本》，117～137 页，北京，北京大学出版社，2006。

⑤ ［英］马克·J·史密斯：《文化——再造社会科学》，张美川译，116 页，长春，吉林人民出版社，2005。

语以不同的方式构建各种至关重要的实体，并以不同的方式将人们置于社会主体的地位，正是这些社会作用才是话语分析的焦点"①。哈贝马斯（Jürgen Habermas）对之概括道："沟通是人类语言的终结目的。"② 话语在社会交往领域中的显著地位就被确立，成为包括政治学和其他社会科学分析社会政治现象的重要手段。

当然，福柯的话语分析也给后人留下了诟病的地方。费尔克拉夫批评福柯的话语分析有三个重大缺陷：一是对具体文本分析的忽略，给人们留下了证据不够充分的印象；二是缺乏对实践和斗争的关注，从而片面夸大了话语结构（规则）的决定作用；三是过分强调了话语的建构效果，从而导致了激进的相对主义。③ 笔者在建构涉及政治文化研究的话语分析方法时将充分考虑费尔克拉夫的意见。

"语言比任何其他因素更具决定性地界定了我们在这个世界上的不同生存方式"④，那么，是否任何话语都是政治性的或者说受到了意识形态的介入呢？"原则上，所有的类型的话语在我们的社会（无疑事实上就某种程度而言）都倾向于具有意识形态的介入成分——这样的事实并非意味着以下的东西，即：所有类型的话语都在同等程度上得到意识形态的介入。并不难以说明的是，在宽泛的意义上，比起自然科学来，广告业的意识形态介入成分要更加浓厚。"⑤ 一个很显著的例子就是人们对"庄稼"和"杂草"的区分。这并不是植物学的分类，而是一种符号学的分类，它来源于园艺文化和农业文化中人们的兴趣和风尚并被汉语和许多其他语言所编码。还有动物中"宠物"和"非宠物"的分类也是类似的情形。⑥ 这些分类虽然代表了人们对现实世界的干预作用并反过来影响或塑造了人的思维和世界观，但是我们并非一定要在其中寻找政治的意涵或者意识形态的介入因素。

---

① ［英］诺曼·费尔克拉夫：《话语与社会变迁》，3 页。

② ［德］尤尔根·哈贝马斯：《交往行为理论：行为合理性与社会合理性》，275 页，曹卫东译，上海，上海人民出版社，2004。

③ ［英］诺曼·费尔克拉夫：《话语与社会变迁》，53～57 页。

④ ［美］丹尼尔·贝尔：《社群主义及其批评者》，162 页，李琨译，北京，三联书店，2002。

⑤ ［英］诺曼·费尔克拉夫：《话语与社会变迁》，85 页。

⑥ 辛斌：《批评语言学：理论与应用》，5 页。

　　关于政治话语的界定，国外的语言学家主要有三种观点：（1）Wilson 将政治话语限定为政治家的语言活动；（2）Chilton & Schäffner 把政治和权力以及对权力的抵制联系起来，认为政治和话语之间有"强迫"、"抵制、反对或抗议"、"掩饰"、"合法化与非法化"四个策略功能，话语一旦表达了这四个策略功能即为政治话语；（3）McNair 首先将政治交际（political communication）定义为"围绕政治所进行的有目的的交际"，然后将这种交际活动中产生的政治家的言说、政治参与者的政治表达、有关政治的新闻报道、政论、社论、评论等定义为"政治语篇"。① 其中（2）Chilton & Schäffner 的界定接近于福柯有关话语实践的表述。

　　国内语言学界的学者也基本上参考这三种观点来定义政治话语。如陈丽江认为政治话语是指政治活动的参与者在政治机构的语境中进行政治目的交际的话语集合，包括政治演讲、政治访谈、政党宣言、社论、政府新闻发布会、政治新闻报道、白皮书、政治专栏等。② 很明显，这一界定是上述（3）McNair 定义的翻版。在国内语言学界，遵从 McNair 研究路径的学者多关注新闻传播的政治话语分析，如王瀚东、胡华涛的论文《论媒介政治语言的研究——从"巴黎骚乱"的新闻报道说开去》③、黄莹的论文《我国政治话语体裁中人际意义的变迁——基于〈人民日报〉元旦社论的个案研究》④ 等。

　　还有一些学者并没有使用"政治话语"这一术语，而是使用"政治语言"。如胡亚云的论文《论政治语言的结构》，指政治语言"是政治活动中政治主体用来交流政治信息的语言"⑤。在田海龙撰写的《政治语言研究：评述与思考》一文中，政治语言被定义为"政治活动参与者的语言"，政治语言研究"即是从语言的角度进行

---

① 参见陈丽江：《文化语境与政治话语——政府新闻发布会的话语研究》，上海外国语大学博士学位论文，2007。
② 同上。
③ 王瀚东、胡华涛：《论媒介政治语言的研究——从"巴黎骚乱"的新闻报道说开去》，载《学术界》，2006（4）。
④ 黄莹：《我国政治话语体裁中人际意义的变迁——基于〈人民日报〉元旦社论的个案研究》，载《广东外语外贸大学学报》，2006（4）。
⑤ 胡亚云：《论政治语言的结构》，载《洛阳工业学院学报》（社会科学版），2002（6）。

（政治家的？）个性研究"①。该文的界定具有浓厚的语言学背景，但是将政治语言主要用来研究政治参与者的个性，类似于政治心理学中的人格分析，未免有些大材小用。国内外语言学界的多数话语分析学者并不明确使用"政治话语"一词，但他们的研究一般都考虑了政治的因素。②

与国内语言学界一样，一些政治学者也以"政治语言"的概念来指代政治话语进行界定。马敏认为"政治语言"这一术语主要"用以概括、描述和分析在政治过程中被使用的语言现象"，具体则指"在特定政治环境中所运用的语言"③。熊万胜区分了"语言政治研究"和"政治语言研究"。语言政治研究是研究语言的政治问题，以一般文本和普遍话语实践为切入点，考察其中的政治意蕴。政治语言研究则研究政治生活中的语言问题，以宏观的政治过程为基本关切，考察其中的语言现象和过程。作者在论文开头限定"政治语言"是指"直接指涉国家权力的语言实践"，但在结束论文时却说——政治语言可以包括法规语言、宣传语言、公文语言、政治教材语言、政治理论语言、政策语言、政治家或民间政治言论等诸多方面。④ 前后不一让人困惑。

马敏和熊万胜的界定都综合考虑了语言学和政治学的因素，但也有完全从政治过程出发界定政治话语概念的。如王小宁将政治话语定义为"人们进行政治交流、沟通和互动的过程"⑤。还有徐纬光认为："政治理论、学说表现为单个思想家思维的产物，并始终保持为纯粹观念的形态；而政治话语则表现为政治理论、学说向现实转

---

① 田海龙：《政治语言研究：评述与思考》，载《外语教学》，2002（1）。

② 参见朱蕾、田海龙：《话语与当今中国社会变革》，载《语言学研究》，2007（2）；戴健：《话语分析新动态——新书综述》，载《外语研究》，2006（3）；纪玉华：《批评性话语分析：理论与方法》，载《厦门大学学报》（哲学社会科学版），2001（3）。

③ 马敏：《政治语言：作为话语霸权基础的结构—功能分析》，载《中共浙江省委党校学报》，2004（4）。

④ 熊万胜：《双向视角及其盲点：中国政治语言研究述评》，载《政治与法律》，2007（1）。

⑤ 王小宁：《从革命话语到建设话语的转变——中国政治话语的语义分析》，载《北京化工大学学报》（社会科学版），2002（1）。

化的具体过程。"① 也有的论文不对政治话语进行界定，而是直接使用这一概念。这种情况下，政治话语一般被视为有两种涵义：一是与"生活话语"相对，指普通社会的语言使用在政治意识形态全面渗透后所形成的泛政治化的情况②；一是将政治话语视为社会群体建构群体身份、展现政治态度的一种表述。③

在国内学术界，还有一类学术研究是在对"政治话语"进行研究，尽管这些学者通常只使用"话语"这一个概念。这种研究通常被称作"历史语义学"，它着重考察中国历史文化中的关键词，类似于概念史研究。雷蒙·威廉斯（Raymond Williams，1921—1988）的《关键词：文化与社会的词汇》④ 一书是西方学术中此类研究的代表作品。由于近代以来的中国文化经历了西学东渐的层层洗染，中国的历史语义学研究在注重词汇、术语意涵的历史变迁的同时，更关注的是中西文化碰撞后语义的滑移和变异以及由此印染的殖民化色彩。这一研究路径显然受到萨义德关于后殖民主义研究的启发。因此，中国的历史语义学研究往往更依赖对历史政治语境的描述，从而演变成一种"词语的政治学"⑤ ——一种独特路径的政治话语分析。这种独特的政治话语分析又往往与政治思想史或政治哲学史的研究纠葛在一起，显示了学者们关于文化认识的精英主义取向。⑥专著如冯天瑜的《"封建"考论》，刘禾的《跨语际实践：文学，民族文化与被译介的现代性（中国：1900—1937）》和《帝国的话语政治》，陈建华的《"革命"的现代性：中国革命话语考论》，王人博的《中国近代宪政史上的关键词》，金观涛和刘青峰的《观念史研究：

---

① 徐纬光：《现代中国政治话语的范式转换》，复旦大学博士学位论文，2006。

② 参见赫牧寰：《作为政治话语的1958年"新民歌运动"》，载《齐齐哈尔大学学报》（社会科学版），2007（5）；彭华、邓建伟：《从政治话语向生活话语的转变——红村个案研究》，载《宁夏党校学报》，2003（5）。

③ 参见郭昭第：《当代顺口溜：弱势群体的非权力政治话语》，载《天水师范学院学报》，2004（2）。

④ ［英］雷蒙·威廉斯：《关键词：文化与社会的词汇》，刘建基译，北京，三联书店，2005。

⑤ 语出陆建德：《词语的政治学（代译序）》，载［英］雷蒙·威廉斯：《关键词：文化与社会的词汇》。

⑥ 参见黄兴涛：《"话语"分析与中国近代思想文化史研究》，载《历史研究》，2007（2）。

中国现代重要政治术语的形成》等①，论文如丛日云的《当代中国政治语境中的"群众"概念分析》、萧延中的《中国传统"圣王"崇拜的生产逻辑：一个政治符号学取向的分析》、黄兴涛的《晚清明初现代"文明"和"文化"概念的形成及其历史实践》等②，是此类研究的代表作品。在这一领域，明确使用"话语分析"这一术语的是吴冠军。③

现代语言学创始人索绪尔（Ferdinand de Sassure，1857—1913）在上个世纪初已经区分了语言（langue）和言语（parole）：

> 对于人类语言能力、活动、产物，或人类语言生活全体，索绪尔将其区分为三个不同方面，这就是作为语言活动的 language，作为词语记号之系统的 langue 和作为此系统在现实中之实现或表现的 parole。所谓记号的系统实为记号联结的规则和形式，此系统由社会产生，加诸每一个人，使其具有语言能力，而此语言能力的运用结果即 parole……至于作为个人语言行为表现或产物的 parole，索绪尔也指出应加以区分：（1）作为说话主体借以运用 langue 规则表达个人思想的词语表达；（2）作为使个人能外现此词语组合的心理—物理机制。因此，作为个人语言行为产

① 冯天瑜：《"封建"考论》，武汉，武汉大学出版社，2007；刘禾：《帝国的话语政治：从近代中西冲突看现代世界秩序的形成》，杨立华等译，北京，三联书店，2009；陈建华：《"革命"的现代性：中国革命话语考论》，上海，上海古籍出版社，2000；王人博：《中国近代宪政史上的关键词》，北京，法律出版社，2009；金观涛、刘青峰：《观念史研究：中国现代重要政治术语的形成》，北京，法律出版社，2010。

② 丛日云：《当代中国政治语境中的"群众"概念分析》，载《政法论坛》，2005（3）；萧延中：《中国传统"圣王"崇拜的生产逻辑：一个政治符号学取向的分析》，载陶东风等主编：《文化研究》第 5 辑，208～229 页，桂林，广西师范大学出版社，2005；黄兴涛：《晚清明初现代"文明"和"文化"概念的形成及其历史实践》，载冯天瑜、[日]刘建辉、聂长顺主编：《语义的文化变迁》，174～229 页，武汉，武汉大学出版社，2007。

③ 参见吴冠军：《话语分析与当代中国思想状况——一个思想札记》，载陶东风等主编：《文化研究》第 5 辑，106～150 页，桂林，广西师范大学出版社，2005；《围绕"自由主义"与"新左派"的诸种符号竞争》，载《文化研究》第 6 辑，127～148 页，桂林，广西师范大学出版社，2006。

物的 parole 是社会性惯约系统和个人语言机能的共同产物。①

索绪尔的语言学研究是一种符号学的方向，旨在从言语中探索语言系统未言明、未记载的规则。结构主义语言学认为，语言存在于文本之前，文本是言语的产物，是语言型构现实的结果。文本因此是结构语言学家进行分析的材料，他们在此寻找文本背后的语言规律。因此，作为语言整体系统和个人对运用语言形成的结果（实际上就是文本）应当被区分开来。在此种语境下，"政治语言"和"政治话语"的意涵显然区别很大。

波考克曾经在《语言及其含义——政治思想研究的转向》一文中同时使用了"政治语言"、"政治言语"和"政治话语"三个术语。托马斯·库恩（Thomas S. Kuhn，1922—1996）在《科学革命的结构》中将范式（paradigm）界定为常规科学中的主导性概念和理论以及两者规定的方法和问题。库恩认为，以共同范式为基础进行研究的人，都承诺同样的规则和标准从事科学实践，而很少会在基本前提上发生争议。② 波考克借用范式的概念来界定政治语言。有学者这样概括波考克关于政治语言的界定：

> "语言"在此指社会地、历史地形成的习惯说话方式或思考方式。它们在一定时间中定型，成为一定社会、一定时代的稳定的政治讨论手段……波考克称它们为"语言"，有时还称它们为"习语"或"语汇"……它们是政论作品在此间形成的语言环境，而非作品的独特文风。
>
> 在政治论说领域，参与者所使用的语言具有同样的功能。它们既为人们提供认识与表达的手段（其精神功能），又限定他们的思想与言论于一定的方式之中（权威功能）。

① 李幼蒸：《理论符号学导论》，138～139页，北京，中国人民大学出版社，2007。索绪尔的有关论述见［瑞士］费迪南·德·索绪尔：《普通语言学教程》，9～22页，裴文译，南京，江苏教育出版社，2002。

② ［美］托马斯·库恩：《科学革命的结构》，9～10页，金吾伦、胡新和译，北京，北京大学出版社，2003。

在此意义上，政治语言可被看做政治论说的范式。①

关于政治言语，波考克并没有明确界定。他认为政治语言是一种修辞，而"政治言语（political speech）包括阐述、命题以及形形色色的套话"。政治修辞协调有着不同价值诉求的群体之间的关系，这就使"政治言语本身往往模棱两可、闪烁其词"②。作为政治思想史研究领域的著名学者，波考克宣称：

> 一个人发表某一政治言说，在范式变迁的历史上，我们应当视其为一个事件或时机（moment）。但这种言说所蕴含的政治行动并非一种，有着多种逻辑状态、多个抽象层次、多种参照语境、多重话语氛围。③

由此，我们可以看到，波考克使用的"言语"和"言说"一词与话语理论中的"话语"的所指是一致的。无独有偶，国内学者陈昌文也有类似的区分：

> 政治语言可划分为语言的政治性和政治言语。前者指自然语言中沉淀的政治成分，它是历史上各种政治话语的总和。各种政治话语有各自的代码规则，并且复现于文本（书写的话语）和使用这种规则的话语情景中；政治言语指为政治目的使用语言的过程，通过听、说、读、写的言语行为实现主体的政治意图，它是政治意识的语言实践，它在可理解的交流范围内发明新词、修改语义、限定指陈、重构语境、制造语言禁忌，重新阐释语言所保留的政治遗产，直至建立起一套自我表述的语言系统。通过这些过程，政治言语逐渐积累和改变着语言的政治性。④

---

① 张执中：《从哲学方法到历史方法——约翰·波科克谈如何研究政治思想史》，载《世界历史》，1990（6）。

② ［美］波考克：《语言及其含义——政治思想研究的转向》。

③ 同上。

④ 陈昌文：《政治语言论纲》，载《四川大学学报》（哲学社会科学版），1993（3）。

很明显，波考克的"政治语言"与陈昌文的"语言的政治性"两者的意涵大致相同。而两者所使用的"政治言语"之含义和功能也基本相同——指在政治语言环境中的语言使用，也是一种政治实践或行动。不同的是，波考克是在政治思想研究的领域中使用"政治言语"的概念，他在一次讨论中甚至明确表示只有把"政治思想史"中的"思想"用"话语"（discourse）一词替换掉才能概括他所"试图去撰写其历史的那些活动"①。而陈昌文的"政治言语"的主体包含了从统治者、理论家到普通民众等所有"政治角色"，因而其讨论的对象范围更加广泛。

从福柯兴起的话语分析路径出发，政治话语的意涵应当是较为宽泛的。"政治话语是一个极其宽泛的概念，简单而言就是对政治生活产生影响的话语实践。在政治话语中，政治统治的主客体是话语的主体及其对象，政治社会的结构和体制是话语的作用方式和基础文本，政治社会的存在和发展是政治话语的实践，而政治文化则是话语价值观的体现，总之政治社会从一出现就伴生着政治话语，在其发展过程中政治话语以不同的方式发挥出重要的政治作用。"② 从这种宽泛的定义来看，"政治话语"与福柯的"话语"概念含义相当。如前所述，福柯是倾向于认为所有话语都有权力因素的介入，因而所有话语不可避免地是政治性的。笔者并不认同这种极端的话语政治属性的观点，从而竭力在类似"杂草"和"庄稼"的分类中去寻求政治意涵。但是，话语和政治（或权力）的联系是广泛存在的，这一点为政治文化研究提供了有些另类但是广阔的视野。毫无疑问，正是福柯开启了这一思想史或文化史研究的颠覆性转变。

## 三、政治文化的再认识

在话语的视角下展开对政治文化的分析，"文化"的界定必然从语言和文化的关系开始。文化（culture）的定义众说纷纭，但无疑文化与文明（civilization）的概念是紧密相连的。从历史语义学的角度看，无论西语中 culture 和 civilization，还是汉语中的文化和文明，

---

① ［英］斯蒂芬·柯林尼、［美］J. G. A. 波考克、［英］昆廷·斯金纳等：《什么是思想史》，任军锋译，载丁耘主编：《什么是思想史》（思想史研究第一辑），17 页。

② 王海洲：《合法性的争夺——政治记忆的多重刻写》，134 页，南京，江苏人民出版社，2008。

这两个概念在初始都具备了与"野蛮"相对的"进步状态"的含义，亦即这两个概念最初都是用来描绘人类与动物界分离、脱离蒙昧时期的状态。① "不是先有了人类大脑，然后才开始创造人类文化；相反，这两者是不断相互影响的，语言和工具是大脑发展的原因，也是大脑发展的结果。"② 语言是在人类向动物告别的过程中产生和发展起来，并伴随着人类社会一直前行。有了语言，特别是人们开始使用文字时，我们才将其以后的历史称为"文明史"。因此，语言与文明、文化是共生共长的历史关系。

美国人类学家格尔茨（Clifford Geertz）对文化的界说是：

> 它表示的是从历史上留下来的存在于符号中的意义模式，是以符号形式表达的前后相袭的概念系统，借此人们交流、保存和发展对生命的知识和态度。③

在《文化的解释》一书中，他还说：

> 我主张的文化概念……实质上是一个符号学（semiotic）的概念。马克斯·韦伯提出，人是由他自己所编织的意义之网中的动物，我本人也持相同的观点。于是，我以为所谓文化就是这样一些由人自己编织的意义之网，因此，对文化的分析不是一种寻求规律的实验科学，而是一种探求意义的解释科学。④

林同奇认为，格尔茨的文化观可以从以下几个方面进行理解：（1）文化的符号性。即文化是人们通过符号（symbol）感知的意义结构，符号因为常常蕴含象征意义而具有超越其有限形式的表达力

---

① 参见［英］雷蒙·威廉斯：《关键词：文化与社会的词汇》，46～50、101～109 页；黄兴涛：《晚清明初现代"文明"和"文化"概念的形成及其历史实践》。

② ［美］L. S. 斯塔夫里阿诺斯：《全球通史——1500 年以前的世界》，65 页，吴象婴、梁赤民译，吴象婴校订，上海，上海社会科学出版社，1992。

③ ［美］克利福德·格尔茨：《文化的解释》，109 页，韩莉译，南京，译林出版社，1999。

④ 同上书，5 页。

量。（2）文化的公共性。尽管格尔茨承认文化是意念性的，但是他强烈反对把文化看成是存在于个人的心智或心灵深处的现象，反复强调文化的公共性。（3）文化的系统性。格尔茨批评以法国的列维－斯特劳斯（Levi－Strauss）为代表的结构主义文化学派以探索超越个人乃至特定文化的带有普遍性的内在结构的做法。格尔茨认为，"无论符号体系'按它自己的说法'是什么，或者在什么地方，我们都可以通过考察事件，而不是通过把抽象的实体安排为统一的模式，而对它们作出经验的理解"。① （4）文化是文本。格尔茨把文化的符号性、公共性和系统性结合起来，使他得出文化是一种文本的重要结论。他这样谈到人类学家的工作："一个民族的文化是一种文本的集合，是其自身的集合，而人类学家则努力隔着那些它们本来所属的人们的肩头去解读它们。"② 简而言之，格尔茨的文化研究就是"对理解的理解"③。

　　苏联的文化符号学理论家尤里·米哈依洛维奇·洛特曼（1922—1993）也曾提出文化是"所有非遗传信息的总和及组织和贮存这种信息的各种方式的总和"④，或者是"用特定方式组织起来的符号系统"⑤ 的观点。洛特曼指出，"人类对世界实质的把握实际上就是将世界变成文本，世界'文本化'的过程也就是世界'文化化'的过程"。"文化化"的途径有二，一是将自然翻译成人类可以明白的语言；二是赋予原初的世界以文化的结构⑥。不管如何定义"符号"和"文本"，符号、文本终究不能等同于自身，而是对于其他客体的一种识别。这一识别过程依靠符号系统的机制产生符号的意义。因此，洛特曼认为，"既然在文化中不存在符号外的构成物，那么解释任何文化现象都应该从符号开始，从解码开始"⑦。

---

① ［美］克利福德·格尔茨：《文化的解释》，23 页，韩莉译，南京，译林出版社，1999。

② 同上书，534 页。

③ 林同奇：《格尔茨的"深度描绘"与其文化观》，《人文寻求录：当代中美学者思想辨析》，201～205 页，北京，新星出版社，2006。

④ 康澄：《文化及其生存与发展的空间：洛特曼文化符号理论研究》，5 页，南京，河海大学出版社，2006。

⑤ 同上书，7 页。

⑥ 同上书，33 页。

⑦ 同上书，1 页。

符号学对文化界定的整体性首先否定了以阿尔蒙德为代表的行为主义方法对政治文化的隔离性认识。行为主义方法认为在政治体系内存在着可以从社会整体文化中独立出来的政治文化，这种认识的前提是社会生活的各个部门都有自己独特的文化（或者特定的态度、倾向），用阿尔蒙德的话来说就是"经济文化"、"宗教文化"等①，因此，"我们把这些倾向（政治体系的心理方面）称作政治文化"②。已经有学者明确反对这种认识："控制政治、经济等基本部门的价值不过是用于某个具体领域的整体社会的基本价值。具有独特技术因素的政治制度和经济制度确实存在，但这些制度不能构成纯粹含义上的文化或亚文化，因为组成这些制度的价值是其整体社会的价值。"③ 若从符号学的文化观，也即从话语的视角来思考，行为主义的政治文化研究忽视了文化意义的整体性。洛特曼指出："在研究文化的时候，有一个基本前提，那就是整个人类传递、保存和产生信息的活动都拥有某种整体性。单个的系统只有在整体中及与其他单个符号系统的相互依存中才能运作。任何符号系统都不可能拥有保证其孤立运作的机制。"④ 用格尔茨的话表述就是，

> 当然，文化形式还可以通过各种各样的人造物，通过意识的各种状态而得以连贯为一体；但是这些只是因它们在一个连贯的生活模式中所扮演的角色或所起的作用（若是维特根斯坦，则会说"它们的用途"）获得其意义，而不是从它们彼此之间的内在联系获得其意义。⑤

---

① ［美］阿尔蒙德、维伯：《公民文化——五个国家的政治态度和民主制》，14～15 页。

② ［美］加布里埃尔·A·阿尔蒙德、小 G·宾厄姆·鲍威尔：《比较政治学——体系、过程和政策》，15 页，曹沛林等译，上海，上海译文出版社，1987。

③ ［法］莫里斯·迪韦尔热：《政治社会学——政治学要素》，70 页，杨祖功、王大东译，北京，东方出版社，2007。

④ 转引自康澄：《文化及其生存与发展的空间：洛特曼文化符号理论研究》，8 页。

⑤ ［美］克利福德·格尔茨：《文化的解释》，22 页，韩莉译，南京，译林出版社，1999。

虽然派伊（Lucian W. Pye）也将一些其他社会部门或系统的观念或精神比如人际信任等也归于政治文化的范畴，但他对文化的理解并不是以符号学为基础的，这种对政治文化的认识仍然是假定文化可以依部门（系统）进行子分类的。① 反对将政治文化进行隔离性认识的另一个理由来自符号学文化观的建构论。既然文化是人们对现实世界的"文本化"或"文化化"过程（类似于福柯的"话语实践"），那么政治系统的建构在不同的文化模式中则只有相对的意义。例如冯钢就指出，政治系统在不同的社会系统有不同的范围。比如在西方社会中，政治系统与经济系统或宗教系统之间的界限比较明确，而在东方尤其像中国这种社会主义国家，政治与经济甚至日常生活的界限就不是那么明显——1949～1978 年的中国就是比较典型的例子。② 在这种情形下，政治文化能否独自从社会整体文化中走出来就很值得怀疑。因此，笔者虽然使用"政治文化"的术语，但是并不将其视为"政治系统"或"政治领域"内独有的信息，而是认为社会任何部门或者子系统中能够影响政治现象的文化信息，都属于政治文化的范畴。

从文化的整体性出发，政治文化的读本就不仅仅限于政治领域或政治系统内的文本。此观点亦可从福柯关于话语的政治属性的论断中推导出来，福柯对于疯癫、规训（discipline）、性等话语的历史考察已经表明权力的无所不在（当然福柯的权力概念有异于政治学的界定）。从符号和话语出发，政治文化研究对象的取材不可避免地会跃出政治领域，即某一文本尽管不是在直接言说政治现象，或是文本通常被归属于其他领域（如文学、艺术、经济等），我们依旧可以通过对文本进行话语分析来阐述政治文化。因此，在政治文化研究的抽样调查法或面对面访谈法中，设置的问题并不一定要严格限制在对政治的现象或客体的态度和倾向方面。政治文化的话语分析首先处理的不是文本的实在内容和含义，而是文本生产的条件和机制。

至于资料与历史文献研究法，如前所述，本尼迪克特在《菊与刀》中已经做出了典范，她将政治文化的读本扩展到非常广泛的范

---

① 参见王乐理：《政治文化导论》，20～21 页。

② 参见冯钢：《政治文化与西方政治发展理论》，载《浙江大学学报》，1997（1）。

围。从格尔茨和洛特曼对文化的公共性和社会性来看，政治文化的研究可能更需要取材于普通人的文本。如此看来，研究中国传统文化的"典籍研究法"在取材上存在着较大的局限。在雷蒙·威廉斯看来，历史上经典文本的确立存在着一个"选择性传统"的问题：

> 选择性传统首先创立了一个普遍的人类价值；其次，它创立了一个特殊社会的历史记录；再次，这也是最难以接受和评定的一点，它还创立了对大量的、一度是活生生的文化领域的排斥。①

在像库恩、福柯这些作者打碎了普遍的、确定的价值观念的基础之后，笔者并不打算将政治思想史或者政治学说史的研究对象清除出政治文化的研究领域。如果说政治文化具有群体性或公共性的话，那么在政治文化的分析领域，经典文本就丧失了它们在历史上的优越地位。

首先，政治学说（Policical Theory）② 能否进入政治文化的范畴？萨拜因说，政治学说的广义的定义如果是——"任何关于政治或涉及政治的思想"，那么，"我们几乎就要把自古以来人类的一切思想都包括进去。但是我们在本书中提到的政治思想是指对政治问题的'专门的'调查研究……"③ 理解这里的"思想"一词无疑对政治学说能否进入政治文化的范畴很关键。明显的，这里的思想不能指普通人的信仰、信念、态度或者关于生老病死的想法，否则有关经济的、政治的、宗教的等方面领域的"思想"研究将纷繁芜杂、漫无边际。事实上，我们在谈到思想或者学说时，已经包含了一种知识精英化的前提，就仿佛贩夫走卒不能进行缜密的思考。例如，政治思想是"政治心理的升华，因而比较系统、比较定型、比较深

---

① Raymond Williams, *The Long Revolution*, London：Chatto and Windus, 1961, p. 61。转引自［英］马克·J·史密斯：《文化——再造社会科学》，33 页。

② "在以往，政治思想研究如此混乱，以至于我们不知道用什么概念称呼它更合适：'政治思想'、'政治理论'还是'政治哲学'。"——语出 J. G. A. 波考克。参见：《语言及其含义——政治思想研究的转向》，65 页。

③ ［美］乔治·霍兰·萨拜因著，［美］托马斯·兰敦·索尔森修订：《政治学说史》（上册），3 页，盛葵阳、崔妙因译，北京，商务印书馆，1986。

刻"，而政治学说则是"系统地乃至哲理化的政治思想，它更丰富、更完整、更系统、更深刻"①。斯金纳指出，过往的政治思想史研究一是指以美国哲学家诺夫乔伊（Arther O. Lovejoy, 1873—1962）开创的观念史（history of ideas）学对诸如自由、平等、正义等"基本概念"的历史追踪②，更为流行的另一种方法是"选取那些对我们西方政治传统产生深刻影响的文本，并分析该文本的形成过程"③。我不能说普通人的思考不能达致政治学说所阐述的内容或水平，但是在形式方面，政治学说完全不同于普通人的思考，而是一种"'专门的'调查研究"。

诚然，政治学说中含有大量的非生物遗传性的信息，但是这些经典化或权威化的文本仍然不能等同于文化。我在这里对文化持一种大众化的观点，即如果指称什么东西是文化的时候，它必须具有公共性或者社会性。有史以来的绝大部分政治学说文本的传阅范围仅仅限于人类的一小部分。我并不是说，政治学说经过大众的阅读后就能成为文化（事实上每个社会中只有少数人阅读过这些经典文本）。政治学说演化成文化信息的途径往往首先要经过专家大量的解读，其次文本的信息要在大众之间进行不断反复的传递。也就是说，政治学说从文字刻写的文本转身为大众文化的文本需要经历一个复杂的社会化过程。儒家学说在中国确立为文化的过程就是极好的个案。④ 大部分的政治学说并不会享有这种待遇，因此我们不能将政治学说或思想家的思想简单地纳入政治文化的范畴。

文化从本质上来说是一种社会现象，是过去信息的社会记忆。没有对历史的记忆，我们便无法思考"现时"和"此在"。尽管记忆的内容是过去的，但它却是现在的思维工具。⑤ 政治学说在时间上

① 刘泽华、张分田：《中国古代政治学说史研究对象与方法》，载刘泽华、张分田等：《思想的门径：中国政治思想史研究方法论》，24页，天津，天津古籍出版社，2006。

② 参见［美］诺夫乔伊：《存在巨链》，张传有、高秉江译，南昌，江西教育出版社，2002。

③ ［英］斯蒂芬·柯林尼、［美］J. G. A. 波考克、［英］昆廷·斯金纳等：《什么是思想史》，载丁耘主编：《什么是思想史》（思想史研究第一辑），13～14页。

④ 参见黄书光主编：《中国社会教化的传统与变革》，济南，山东教育出版社，2005。

⑤ 康澄：《文化及其生存与发展的空间：洛特曼文化符号理论研究》，86页。

来说已经成为过去，确立它们在文化记忆中的位置和状态并不是一件轻而易举的事情：有的还在活跃，有的进入了冬眠，有的已经死亡。因此，以政治学说和政治哲学（或政治思想）是规范理论为由而把它们一概从政治文化的范畴中排除出去的做法也值得商榷。①政治学说是否可以进入政治文化的范畴，取决于它在与政治文化相对应的语境中能否获得当下的意义。用格尔茨的观点来说就是——"社会的形态即是文化的实体"②，也就是说只有当政治学说参与了社会建构，它才能进入作为社会的文化的范畴。③法国社会学家莫里斯·哈布瓦赫这样宣判了人类历史上思想的命运：

> 同样，社会也接纳所有观念（即使是最古老的观念），假定它们都确是观念，也就是说，假定它们在社会思想之中拥有一席之地，并且仍然吸引着理解它们的现在的人们。由此，社会思想本质上必然是一种记忆，它的全部内容仅由集体回忆或记忆构成。但是，在其中，只有那些在每个时期的社会中都存在，并仍然在其现在的框架当中运作的回忆才能得以重构，这也是必然的。④

对政治学说能否进入政治文化范畴的讨论必然引起这样的疑问：政治文化读本的界限在哪里？长期以来，我们的政治文化研究有一种精英主义的倾向，即以社会中的思想家或者政治、文化精英的著作为分析对象，对他们的论述进行阐释，然后概括出一个时代的政治文化特征。对这种用思想史或者学说史来代替文化史的做法，我已经表明了反对的态度。还有另外一种惯例——视官方的文献或档案为政治文化之主要载体的做法——也值得质疑。官方的文献或档案

---

① 参见王乐理：《政治文化导论》，44 页。

② ［美］克利福德·格尔茨：《文化的解释》，36 页。

③ 杨阳教授也曾表达过类似的观点，但他对文化的界定与本书不同。参见杨阳：《王权的图腾化——政教合一与中国社会》，11～15 页，杭州，浙江人民出版社，2000。

④ ［法］莫里斯·哈布瓦赫：《论集体记忆》，312～313 页，毕然、郭金华译，上海，上海人民出版社，2002。

可以代表社会大众的声音吗？我这里提出的问题是：在经典文本和官方文献、档案之外，像文学作品、美术①、音乐戏曲、建筑、广告、学生课本、非正式文学（民间故事和传说、神话、顺口溜以及当代的手机短信段子、网络博客文字等）、民间档案（账簿、日记、私人笔记、碑刻等）、地图②等，是否也能进入政治文化读本的范畴？将精英的或官方的叙述视为社会普遍的"态度、信仰和感情"，这一前提是不言而喻或者不证自明的吗？精英的思想和官方的规范态度在多大程度上为人们所接受和运用，恐怕不是类似于排行榜上的"中国思想史"之类的著作就能说清楚。

尽管我们研究政治文化并不排斥历史上的政治思想和政治理论形态，但是我更认为，政治文化的实际状况，应当从其普遍的承载者——历史上的普通人来探寻。因此，政治史不仅仅是政府和政治人物（或领袖）的活动（或事件）史，政治文化史也不单纯是精英的政治思想。政治文化研究有必要从国家走向社会，从精英走向大众。当代中国史学界已经在这方面进行了大量实践③，如旅美学者王迪综合运用官方文本、大众传媒、调查统计、私人记录等包含大量相关的报刊文章、地图、影像、文学（小说、竹枝词、民间故事）、田野调查的资料，对近代成都的大众文化进行了描述④，法学界苏力和徐忠明从小说、戏曲、民谚、民间笑话等下层话语出发对中国法律文化进行探讨。⑤ 其实，从民间或者大众话语出发探讨政

---

① 列文森曾经以明清士人的绘画艺术为分析对象，论证了"中国传统教育与政治体制必然限制了社会专业化分工和职业化规范及其观念的形成"的观点。参见［美］列文森：《儒教中国及其现代命运》，13～38页，郑大华等译，北京，中国社会科学出版社，2000。引文见郑家栋为该著撰写的序言。

② 关于中国古代政治文化与地图之间关系的论述，参见［美］余定国：《中国地图史学》，47～88页，姜道章译，北京，北京大学出版社，2006。

③ 相关讨论参见杨念群、黄兴涛、毛丹主编：《新史学：多学科对话的图景》，北京，中国人民大学出版社，2003。

④ 王迪：《街头文化——成都公共空间、下层民众与地方政治，1870—1930》，李德英、谢继华、邓丽译，北京，中国人民大学出版社，2006。

⑤ 参见苏力：《法律与文学：以中国传统戏剧为材料》，北京，三联书店，2006；徐忠明：《包公故事：一个考察中国法律文化的视角》，北京，中国政法大学出版社，2002；徐忠明：《众声喧哗：明清法律文化的复调叙事》，北京，清华大学出版社，2007。

治文化早已有之①，只是受阿尔蒙德式的行为主义或者文化精英主义者的范式影响而并未受到的重视。

　　将政治文化读本的范围扩展到并非传统学术的领地，我们可以更真切具体地感觉到历史场景下民众个体所秉承的"政治态度、信仰和感情"。对照官方文献、精英话语和传统史学家的宏大叙事，我们将发现政治文化也体现在普通人的话语之间，而且在很大程度上颠覆了当下由政治社会化（或霸权）所塑造的政治文化形象。民间的叙事很可能经不起科学与理性的考证，但无论如何，民众的话语承载着"日用而不知"的文化。②

　　在确认政治文化的社会性、公共性以及其与整体文化的不可分割性之后，笔者要对"政治文化"、"传统政治文化"和"政治文化传统"这三个概念的区分发表个人的见解。目前学界关于这一问题主要有三种看法：一是将后两者限定为"历史的、过去的"，二是将后两者界定为"发展到今天积淀下来的东西"，第三种认为传统文化是"自古以来各种文化现象的总和"，是"一个变化、包容和吸收的概念"，而文化传统"是传统文化的核心，它的影响几乎贯穿于一切传统文化之中"③。而学者马庆钰则认为"中国传统政治文化"、"中国政治文化传统"和"中国政治文化"是一个事物的不同称谓。④

--------

　　①　早期的有美国传教士的著作，如［美］亚瑟·史密斯：《中国人德行》，张梦阳、王丽娟译，北京，新世界出版社，2005。在华人世界里，柏杨的《丑陋的中国人》早已声名远播。而近年来孙隆基的《中国文化的深层结构》（广西师范大学出版社 2004 年版）、张鸣的《乡土心路八十年：中国近代化过程中农民意识的变迁》（陕西人民出版社 2008 年版）以及刘平的《文化与叛乱》（商务印书馆 2002 年版）等著作在运用非传统学术资料进行政治文化分析的探索值得关注。

　　②　葛兆光关于"中国思想史"的研究很好地实践了精英与大众、官方与民间视角的结合，但是在葛先生的著作中，"思想"的概念外延远远大于本书的界定，"思想"与"文化"、"知识"、"信仰"已经没有明显的区分。参见葛兆光：《中国思想史》，上海，复旦大学出版社，2001。

　　③　马庆钰：《告别西西弗斯：中国政治文化分析与展望》，20～21 页，北京，中国社会科学出版社，2002。

　　④　同上书，22 页。

"传统"在现代汉语中指"世代相传、具有特点的社会因素"①。西语的"tradition"现在被用来描述"传承的一般过程"，它的词义始终倾向于"年代久远"（age－old）的事物，以及"礼仪"、"责任"与"敬意"。② 不管是汉语的"传统"还是西语的"tradition"都包含"从历史传递下来"的意思。根据符号学的文化观，文化就是历史，文化就是记忆，文化本身就包含了历史传递下来的信息。③ "实际上，现代的观念也是传统，二者同时并具有同等的资格，将古老的或晚近的社会生活当做自己的出发点，它们都起源于这种社会生活。"④ 因此，在文化前面加一个"传统"来限定是不适宜的，有同语反复之嫌。笔者以为，如果指历史上某个时期的政治文化，还不如直接用类似"两宋时期的政治文化"的概念来得清晰和准确；如果将古代社会视为一个整体来研究，那还不如称作"中国古代政治文化"；至于"中国政治文化"，或者（主要的）是"现当代中国政治文化"的简称，或者从广义上指"中国各个历史时期政治文化的总称"。至于历史上的政治文化在当下社会中的遗存物，我们不妨称之为"政治文化中的历史因素或者传统因素"。因为，

> 一方面，文化符号带有有关过去语境的信息；另一方面，由于符号会进入某种现代语境中，这种信息将因此被"催醒"，这不可避免地会使原文化符号意义发生变化。⑤

在当下的语境中解读历史遗留下来的文本或符号，必然会产生不同于原来语境的意涵。专家可以尝试回到历史的语境里对文本进行解码，而普通大众一般是不会这么做的。于是，历史的遗留物在当下不仅仅是"沉淀"，而且还可能发生了某种"化学反应"。因此，这

---

① 《现代汉语词典》，165 页，北京，商务印书馆，1983。
② ［英］雷蒙·威廉斯：《关键词：文化与社会的词汇》，491～493 页。
③ 康澄：《文化及其生存与发展的空间：洛特曼文化符号理论研究》，86 页。
④ ［法］莫里斯·哈布瓦赫：《论集体记忆》，312 页，上海，上海人民出版社，2002。
⑤ 康澄：《文化及其生存与发展的空间：洛特曼文化符号理论研究》，85 页。

种遗留物只能被称作"因素"，以指明文化中某种现象的来历。这就是笔者对"政治文化"、"传统政治文化"和"政治文化传统"三个符号的所指重新进行的分类和命名，代表了对"政治文化"的一种符号学的和历史主义的认识。

## 四、深描政治文化

本书关注的是中国近现代史上的政治文化变迁。这方面的研究其实已经很多，但是绝大部分其实是一种（精英的）思想史的研究，大部分的学者并未关注普通人的文本。[1] 按照本书对政治文化的理解和研究旨趣，笔者选择的文本不分精英和普通民众，即认为凡能提供信息、说明问题的话语，皆在考察之列（当然以个人之力不可能穷尽）。

根据符号学的文化观，接下来我们应当描述体现于这些文本中的人们关于政治现象或政治客体的意义，也就是开始解释的工作。与前面讨论的政治文化研究方法对待语言的态度不同，这里的方法在一开始就陷入了语言的羁绊之中，即我们面对文本时，必须克制某种"实在论"（realistic）的冲动——它认为话语是走向行动和观念、态度的毫不含糊的通道。[2] 话语分析在解释方面的起始点是阐述文本产生的语境（context）。语言学家关于语境的界定和分类纷繁复杂[3]，我这里将话语的语境区分为"社会语境"（societal context）和"情景语境"（context of situation）。在社会语境中，话语是一个

---

　　① 对"文本"广义的认识是：万事万物都可视为文本，唱片、绘画、雕像、服饰等都在不同程度上是文本（［英］丹尼·卡瓦拉罗：《文化理论关键词》，59页，张卫东、张生、赵顺宏译，南京，江苏人民出版社，2006）。符号学的文化论者基本上都持广义的文本观。但是笔者在后文的阐述中基本上持一种狭义的"文本"观，即语言学非常熟悉的那种意义而言——由语言符号组成的"连贯的（和谐一致的）叙述整体，它组成一段话（书面的或口头的）"，一首诗歌、一篇论文、一本小说以至一次谈话的抄本，都是我们所熟知的语言学上的文本。持狭义观的原因是，笔者对语言形式以外的文本所知甚少。

　　② ［英］波特、韦斯雷尔：《话语和社会心理学：超越态度与行为》，30～38页，肖文明等译，北京，中国人民大学出版社，2006。

　　③ 参见朱永生：《语境动态研究》，6～26页，北京，北京大学出版社，2005。

历史事件，而在情景语境中，话语是一个言语行动。

我所说的社会语境并非仅仅是通常所说的"文化语境"（context of culture），即语言交际活动参与者所处的整个文化背景。符号学的文化观既然认为文化在某种程度上就是文本，那么在我看来，文化语境更多的是一个互文性问题——它当然也部分地涉及文本的解释（见后文）。社会语境在这里指话语产生和传播的社会—历史条件。汤普森（John B. Thompson）认为，文本（汤普森称之为"象征形式"［symbolic forms]）是"被生产和接收它们的人所解释和理解的富有意义的建构物，但它们也是以肯定结构的方式嵌入具体社会和历史条件中的富有意义的建构物"，文本并非存在于真空中，它们是"在具体社会与历史条件下被生产、传输和接收的"。在汤普森构造的"深度解释学的方法论架构"（methodological framework of depth hermeneutics）的第一个阶段就是进行所谓的"社会—历史分析"（social－historical analysis）。"社会—历史分析"关注时空场合（spatio－temporal settings）①、交际领域（fields of interaction）、社会机构（social institution）、社会结构（social structure）和传输技术媒体（technical media of transmission），其任务就是"重构生产、流通与接收象征形式的社会—历史条件与背景，观察规则与惯例、社会关系与机构，以及使这些背景形成分化的和社会结构的权力、资源和机会的分配"②。

选择汤普森的"社会—历史分析"作为对政治文化进行话语分析的第一步在于避免某种程度的虚无主义。格尔茨的文化人类学在强调文化的独特性的同时，依然保有对文化分析脱离社会实践而变

---

① "象征形式是被处在具体场所、在特定时间与特定地点行动与回应的个人生产（说出，制定，写）和接收（看见，听到，阅读），重构这些场所是社会—历史分析的重要部分。"（［英］约翰·B·汤普森：《意识形态与现代文化》，283 页，高铭等译，南京，译林出版社，2005）汤普森的"时空场合"接近后文即将阐述的"情景语境"概念。

② ［英］约翰·B·汤普森：《意识形态与现代文化》，300～307 页；辛斌：《批评语言学：理论与应用》，60～62 页。

得空洞无物这一危险倾向的警惕性。① 尽管如此，格尔茨的文化分析还是被指责为缺乏经验证据和脱离实践。黄宗智认为格尔茨的"解释人类学"和"地方性知识"不注重收集研究主题的经验证据，仅仅研究"地方性"的话语和表达，因此是（反经验主义的）"一种唯心主义的化约论"②。林同奇也认为格尔茨"没有从原则上说明符号系统是如何在社会组织中生产出来并得到维持的"，从而"回避了文化的生产与再生产这个要害问题"③。汤普森则批评格尔茨的方法在于"它对权力和社会中冲突问题未给予足够的重视"，对文本的解释"只根据对它内部结构与内容的分析"，从而忽略了文本"对产生与消费这物件的人们所具有的意义"④。这里的批评与费尔克拉夫批评福柯话语理论中过分的建构主义倾向是一致的。

　　笔者既不将话语仅仅视为一个更深层次的社会现实的反映，也不将话语表现为社会的源泉，而认为话语和社会结构⑤的关系是辩证的。考虑到话语理论兴起的过程中对于话语建构属性的强调，政治文化的话语分析更有可能导致唯心主义的结论，即我们描述的政治文化只是来自人们头脑中的思想的自由飞舞。汤普森的"社会——

---

　　① "文化分析，在追寻极其深藏的乌龟的过程中，会失去与生活的坚硬表层——人在其中无处不在的政治的和经济的分层实体——的联系，失去与这些实体存在于其上的生物的和物理的必然性联系，这种危险始终存在。防止这种危险，从而也是防止把文化分析变成一种社会唯美主义的唯一措施，就是首先在这样的实在性和这样的必然性上从事这种分析。我正是以这样的方式来写民族主义、暴力、认同、人性、合法性、革命、族群性、城市化、地位、实践，特别是特定的民族怎样以特定的方式试图把这些事物放在某种可理解的、有意义的系统之中的。"〔美〕克利福德·格尔茨：《文化的解释》，38～39 页。"追寻乌龟"是格尔茨在书中引用的一个印度故事，乌龟喻指事件或行为的意义，"追寻乌龟"就是一层层地分析下去，文化意义的基础是更深层的文化意义，见上书 37 页。
　　② 黄宗智：《学术理论与中国近现代史研究——四个陷阱和一个问题》，强世功译，载黄宗智主编：《中国研究的范式问题讨论》，102～133 页。注意该文中 Geertz 译作"吉尔兹"而不是"格尔茨"。
　　③ 参见林同奇：《格尔茨的"深度描绘"与其文化观》。
　　④ 〔英〕约翰·B·汤普森：《意识形态与现代文化》，149～150 页。
　　⑤ 这里的社会结构包括制度结构（institutional structure）和关系结构（relational structure），不包括新近出现的以个体的行为习惯和技能等为基础而阐发的所谓"具象结构"（embodied structure）。参见〔英〕杰西·洛佩兹、约翰·斯科特：《社会结构》，允春喜译，长春，吉林人民出版社，2007。

历史分析"有助于我们从三个方面防止这样的结论。首先，人们总是面对作为现实世界的政治体系（系统），它有各种机构形式（政府、议会、军队、警察、监狱等）、具体的实践（选举、决策、司法、社会运动等）以及现存的各种政治关系和身份——这些东西本身是在话语结构中建立的，但被具体化到各种政治机构和政治实践之中。其次，话语的建设性效果是在与其他实践的建设性效果的连接中发挥出来的，比如集体行动、社会运动与其过程中符号、话语的运用。再次，话语的建构性作用必然发生在某些强制状态之中——即由社会结构来辩证地确定话语（在这种情况下，话语的建构作用包括但又超出了政治诸现象的现实），而且如福柯所认为的，这种作用必然发生在特定的权力关系和斗争的范围之内。因此，"社会—历史分析"是向读者表明，政治文化不只是从人们头脑中生发出来的，而且是来自社会政治实践，后者牢牢地植根并定向于真实的物质的社会结构。①

关于"情景语境"②，我们必须从"言语行动"理论谈起。奥斯汀认为，所有使用中的语言其实都是在或明或暗地实施某种行动——"以言行事"（do things with words）。奥斯汀把言语行为（speech acts）的内容分成三个方面：（1）说话行为（locutionary acts），指说出合乎语言习惯的、有意义的话语；（2）施事行为（illocutionary acts），指在特定的语境中赋予有意义的话语一种"言语行为力量"（illocutionary force），即语力；（3）取效行为（perlocutionary acts），指说话行为或施事行为在听者身上所产生的某种效果。奥斯汀在这里不是区分言语行为的种类，而认为三者都是同一个言语行为的抽象，抽象实际上是在不同的层次上或从不同的角度来看某一事物。③ 奥斯汀的语言哲学告诉我们，对话语的解读首先

---

① 参见［英］诺曼·费尔克拉夫：《话语与社会变迁》，61 页。

② 冯·戴伊克（Teun A. van Dijk）曾提出"情景模型"（situational models）的概念，指"人们在观察、参加、听闻或阅读某一情景时'脑海里所呈现的'东西"，是一种由记忆形成的社会认知。冯·戴伊克基本上忽略了话语的建构属性，与本文的观点有所不同。参见［荷］冯·戴伊克：《话语·心理·社会》，32~67 页，施旭、冯冰译，北京，中华书局，1993。

③ 顾曰国："导读"，载 J. L. Austin：《如何以言行事》（英文版），26~27 页，北京，外语教学与研究出版社，2002。

应当了解其情景意义（situated meaning）。如果我们不知晓文本的生产场合正在发生什么的话，那么我们就无从开始话语分析。语言的功能性首先就蕴含在对现实世界的不同建构之中，从而使呈现于人们眼前的文本具有语言上的变异性。

由此，话语分析不能想当然地认为文本或陈述反映了潜在的态度或立场，从而走向政治文化分析的结论。现实的文本（不管口头的还是书面的）比人们想象的要复杂得多。比如在同一个地域中具有大致相同的经济地位和教育（以及家庭）背景的人对于同一现象的看法可能迥然相异，即使是同一个人，在同一场合对同一现象的表述或看法也可能前后矛盾。这就意味着，对同一现象，人们可以使用多种不同的方式进行描述，同时语言为着各种行动取向（action-orientation）而被使用，这种使用将产生各种后果。因此，文本表现出来的陈述存在着大量的变异。

在实验社会心理学中，社会感知（social perception）、印象管理（impression management）或自我呈现（self-presentation）、认知失调（cognitive dissonance）和言语调试（speech accommodation）等领域已经说明了人们在陈述中的变异性。但是社会心理学一般采用限制（restriction）、粗编码（gross coding）或粗范畴化（gross categorization）、选择性解读（selective reading）等策略掩盖了陈述的变异性。其中限制是指研究者对被试和语境施加控制；粗范畴化指研究者在对话语的内容分析中经常使用宽泛的范畴来掩盖理论上有趣的差异从而获得一致性；选择性解读指研究者在处理开放式话语的过程中，能够在自己的支配下，相对容易地从资料中建构出有关事件、过程和观念的一致性的叙事，与他们偏爱的叙事相一致的版本就会被实体化（reifies），而与他们相冲突的，则予以反讽（ironizes）。① 我们先前讨论的阿尔蒙德的公民文化研究和斯金纳所批评的政治思想史研究中的"学说的神话"、"融贯性的神话"和"预见的神话"，都或多或少地采用了这些掩盖变异性的聚合技术（aggregating techniques）。

情景语境的变化导致了陈述的变异，正视这种变异性有可能将

---

① ［英］波特、韦斯雷尔：《话语和社会心理学：超越态度与行为》，30～38 页。

否定社会心理实在论者的前提假设，即认为态度是持久存在的实体，它在不同的语境中将得到相同的回应。因此，从文本中直接"读出"政治文化的做法经常面临着一种困境：人们在话语中表现出来的态度以至作为其背景的"文化"繁复多样，很难将其作为一致性的整体进行描述。这种困境也使我们产生疑问：到底有没有作为群体意义或价值的政治文化？我这里的看法是，话语分析并不必然走向消解政治文化作为人际间某种共同意义或价值取向的实体的路径。实际上，如果某个文化体系内不存在人际间可以相互理解和同意（容忍）的基础性的意义与价值，人们的交流与合作是无法进行的，社会共同体也终究不能持续存在。一个显著的例子是近年来国内关于废除死刑的争论，"杀人偿命，欠债还钱"这一普遍的文化信念使得中国立法废除死刑存在着使社会陷入混乱与无序的巨大风险。①

但是，政治文化的话语分析如何面对文本中话语的变异性？话语分析假定符号具有社会意义上的动机，即对于特殊的能指和特殊的所指的结合来说，存在着社会理由，这与索绪尔的传统是不同的。② 我们使用"建构"一词意味着：

其一，它提醒我们，对事件的陈述是基于众多先在的语言素材之上的，这就犹如房子是用砖、木梁等盖出来的

---

① 参见孙国祥：《死刑废除与民意关系之审视》，载《华东政法大学学报》，2009（2）；吴凡：《"不杀不足以平民愤"中的法律文化》，载《法制与社会》，2008年9月中旬刊；梁根林：《公众认同、政治抉择与死刑控制》，载《法学研究》，2004（4）。

② 索绪尔把符号称为"概念和音响形象的结合"。我们可以把"音响形象"简单地理解为人们对概念（具有意义的语词）的发音，索绪尔称为能指（signifiant，也译作"施指"）。所指（signifié，也译作"受指"）就是被表达者，但它所说的不是概念的承担者（实物），而是心理上的概念。能指和所指合二为一，构成了语言符号这个"双面的心理实体"。显然，索绪尔认为语言交际过程涉及大脑信息转换，他对语言符号理解的核心是能指与所指之间的任意关系。例如，"dog"的心理概念并不一定由/d/、/o/、/g/三个音组成的能指来指称。事实上，指称相同的概念，例如法语用"chien"，德语用"hund"，而汉语用"狗"。也就是说，没有顺理成章的理由可以解释为什么能指"dog"可以指称其所指，能指和所指如此这般结合而成一个符号，是任意的。参见［瑞士］索绪尔：《普通语言学教程》，73～78页。

一样；其二，建构暗示着一种积极的筛选，有的素材被选出来了，有的素材被遗漏了；其三，建构强调陈述是具有力量且能产生后果这一性质。许多社会互动涉及对事情和人的处理，我们只有借助具体的语言样式（linguistic version）才能做到非常熟练。从更深层的意义上说，陈述（account）"建构"现实。①

社会语境提醒我们有一个真实的世界（尽管其部分地也是被建构出来的）围绕在文本的周围，而情景语境提示我们，话语建构存在着更多社会理由的细节。"事实是'现实世界'在很大程度上是无意识地建立在一个社团的语言习惯基础上的……我们看到、听到以及我们经历、体验的一切，都基于我们社会的语言习惯中预置的某种解释。"② 通常认为，作为态度或信念的政治文化与它所"思考"或"评价"的对象是分离的。但是实际上，人们在描述对象的过程中同时也在进行建构和评价。如果说，我们直接读出的"态度"因为情景语境不同的缘故而差异明显的话，那么在通常被认为是"描述性"的或"中立性"的话语中，我们还是能发现作为政治文化的那些隐而不露的、作为陈述前提之预设的蛛丝马迹。

　　就文本的生产和文本解释而言，存在着具有特殊意义的"社会认知"（sociocognitive）方向。它们重视成员资源之间的重叠关系，而话语的参与者正是将这些资源内在化，使之与他们一同进入文本的加工过程，使之作为生产过程的一组"踪迹"或解释过程的一组"提示"与他们一起进入文本本身。一般情况下，这些过程是以无意识的和自主的方式进行着，这对于决定它们的意识形态效果来说，具有至关重要的意义，尽管它们的某些方面比起其他方面来，

---

　　①　[英]波特、韦斯雷尔：《话语和社会心理学：超越态度与行为》，28页。
　　②　参见 Leslie Spier 主编，*Language, Culture, and Personality, Essay in Memory of Edward Sapir*, Menasha, Wis.：Sapir Memorial Publication Fund, 1941, p.75。转引自申小龙：《汉语与中国文化》，90～91页，上海，复旦大学出版社，2008。

更容易被带入意识层面。①

因此，政治文化的话语分析的重点应该从话语中评价性的表述上面移开，转向话语生产者或参与者在话语中使用的"成员资源"。但是社会语境和情景语境的提出并不是没有意义，两者对于辨识内化于成员意识中的资源起着重要作用。可以假设的是，任何一个文本都不能涵盖或表现某个社会文化的所有方面。语境能够告诉我们，为什么文化的某个方面或因素而不是其他方面和因素在某个文本中呈现出来。另一方面，社会机构和权力有可能影响乃至扭曲话语建构过程中成员资源的运用，语境的辨识能够帮助我们去掉这一层变形的外衣，减少成员资源作为"社会秩序的精神地图"② 的不确定性。这样，政治文化既是实在的，又是被建构的，而我们不得不通过语言这一中介往返于两者之间。

我们在语境中解读文本，政治文化就作为一种社会认知的框架（frame），或者图式（schema），或者脚本（script）而被建构起来，从而形成解读文本的政治知识背景。但是我们还是没有彻底解决话语的变异性问题。例如我在后文中将谈到"革命"。在 19 世纪后期到 20 世纪的中国，"革命"话语建构的各种文本给人以矛盾和混乱的图像，我们该如何选择或建构一种政治文化的框架作为解读的知识背景？当"地主"、"土豪"和"绅士"、"大户"在社会的话语中并用时，我们又该如何认识在农村占有较多土地、享有较高社会地位的那部分群体？话语建构中的变异性表明，一是社会的不同群体中可能分布着具有差别性的亚文化；二是在一个变动的社会中，文化也在变动。Gee 指出，文化模式（cultural models）是人们对理想化的现实世界的一种看法，它因社会文化群体的不同而不同，并随着时间、社会、经验的变化而变化。③ 如果不把政治文化看成静止的和一成不变的僵尸，同时又不去刻意掩盖话语的变异性，那么我

---

① ［英］诺曼·费尔克拉夫：《话语与社会变迁》，74 页。

② 同上书，77 页。

③ James Paul Gee：《话语分析入门：理论与方法》（英文版），60～61页，北京，外语教学与研究出版社，2000。

们有必要引入另外的分析工具。

　　1967 年，保加利亚裔的克里斯蒂娃（Julia Kristeva）移居法国后在巴黎《批评》杂志发表《巴赫金：词语、对话与小说》一文对巴赫金（Mikhaïl Bakhtine, 1895—1975）的对话理论进行了述评。①巴赫金谈道：

　　　　话语在通向其客体的各种道路上都会碰到其他的话语，它也不可避免地会与之发生尖锐强烈的互动。只有创世时的亚当，用第一句话语接触了原始的世界，当时还没有其他的话语，只有他，可以完全避免与其他的话语发生相互间的重新定位。②

克里斯蒂娃根据巴赫金的思想，创造了"互文性"（intertextuality，也译作"文本间性"）③ 这一术语，用它来描述独立文本之间的相互依赖。她认为，完全自律、自足的文本是不存在的，文本总是在吸收和改造其他的文本，它们是其他的叙述和声音所遗留下来的踪迹和回声，即把"历史（社会）插入到文本之中，以及将文本插入到历史当中"④。"将历史（社会）插入到文本之中"，意味着文本吸收了过去的文本，并且是从过去的文本中建立起来的（文本是建构历史的主要制成品）；"将文本插入到历史当中"，意味着文本回应、重

---

　　①　董小英：《再登巴比伦塔：巴赫金与对话理论》，13 页，北京，三联书店，1994；Julia Kristeva, *Word*, *dialogue and novel*, In T. Moi (ed, 1986), The Kristeva Reader, Oxford：Basil Blackwell, pp. 34-61. 关于巴赫金的对话理论的简要介绍，参见赵一凡：《话语理论的诞生》，载《读书》, 1993 (8)。

　　②　转引自［法］乔治-埃利亚、萨尔法蒂：《话语分析基础知识》，54~55页。此段译文还参见［法］托多罗夫：《巴赫金对话理论及其他》，261 页，蒋子华、张萍译，天津，百花文艺出版社，2001。

　　③　"intertextuality"在国内还有"文间性"、"跨篇章性"、"互文本倾向"等译名，纪玉华主张在话语分析中，应当译为"语篇体裁交织性"为妥。参见纪玉华：《批评性话语分析：理论与方法》，载《厦门大学学报》（哲学社会科学版），2001 (3)。

　　④　Julia Kristeva, *Word*, *dialogue and novel*, In T. Moi (ed, 1986), The Kristeva Reader, Oxford：Basil Blackwell, p. 39.

新强调和重新加工过去的文本，并通过这样的工作致力于创造历史，致力于更加广泛的变化过程，也致力于预测和试图构成以后的文本。① 这也正如福柯所观察到的："没有一个陈述不是以这样或那样的方式使其他的陈述重新现实化的。"② 辛斌认为，克里斯蒂娃使用"互文性"这个概念是要表达具有复杂和异质（heteroge-neous）特性的各种语料，重新组合或转换成一个新的有意义的语篇的过程。③

托多罗夫认为，"陈述文的最重要之处，或者说最不被认识之处，就是它的对话性，也就是文本间的联系……个体的声音只有加入到业已存在的其他声音组成的复杂和声中才能为人所知……巴赫金因此而勾画出一种新的文化阐释模式：文化是由集体记忆保存下来的多重话语构成的（共同之处，公认的固定说法、特殊话语），这些话语都有各自的主体"④。费尔克拉夫也指出，"在相当程度上，互文性是文本的模糊（性）的源泉。"他认为这种模糊性来源于文本的异质性（heterogeneity），即互文性"重视强调各种各样的、往往是矛盾的要素和线索——它们将构成一个文本——的分析模式"⑤。这种认识明显来自巴赫金的对话理论下的文化阐释模式，也与洛特曼认为文本具有"多语性"和"异质性"的看法相似。⑥

但是这种有可能使文本意义变得模糊的互文性概念成为后现代主义的一个理论工具，尤其是后现代史学进行批评操作的主要依据。以研究现代性和后现代性理论闻名的社会学家鲍曼（Zygmunt Bau-man）说："我们所知道的只有一个文本；在我们尽力把握某个文本

---

① ［英］诺曼·费尔克拉夫：《话语与社会变迁》，77 页。
② ［法］米歇尔·福柯：《知识考古学》，107 页。
③ 辛斌：《批评语言学：理论与应用》，126 页。
④ ［法］托多罗夫：《巴赫金对话理论及其他》，172 页。
⑤ ［英］诺曼·费尔克拉夫：《话语与社会变迁》，96 页。
⑥ 洛特曼认为，文本代码的多级性和复杂性造就了文本内在的"多语性"和"异质性"。文本和元语言（自然语言、人工语言以及包括绘画、音乐等文化通信结构的第二"语言"）关联的重要性在一定程度上得到消解，作为文本共同特点的组织性和结构性得到强调，文本因之作为"动态的、矛盾的现象在起作用"。参见康澄：《文化及其生存与发展的空间：洛特曼文化符号理论研究》，27 页。

的意义的过程中，能够向我们提供的唯一的东西是另一个文本。"①
后现代史学甚至宣称："现在，我们已经没有什么文本、过去，而只
有对它们的解释。"② 后现代主义用互文性这一理论工具消解了所有
的因果性、规律性和预见性概念。③ 后现代主义者在分析文本的时
候有两个论断：第一，文本遮蔽的东西和它表达的一样多④，文本
必须被解构；第二，既然一个文本可以用不同方式来解读，可见语
言是没有稳定性的。⑤ 对于第一点，虽然后现代史学将历史文本视
作文学作品的态度值得商榷，但是它在试图瓦解现代史学的同时凸
显了文本中的话语和文化霸权问题，不能不说是一种洞见。⑥ 对于
第二点，我们不能忽视一个事实——"生活在同一时代里的人会建
构他们自己的一套词汇"。基于"共同的经验创造共同的语言"这一
事实，"一个社群中的读者会建立对于意义的强固共识，而不会在阅
读时各自发挥其独特的癖好"⑦。

　　互文性研究在出现之初局限于文学批评。但是近年来它开始在
话语分析中，尤其是批评话语分析中受到重视。在语言学界，批评
话语分析的主要研究对象是新闻文本等非文学文本，目的在于通过
语言分析来揭示文本中隐含的意识形态、权力关系以及话语对社会
实践的干预作用。⑧ 在批评话语分析中，互文性研究主要是对作者

---

　　① Bauman，*Philosophical Affinities of Postmodern Sociology*，The So-
ciologisal Review，3（1990），p. 427.

　　② ［美］弗兰克·安克斯密特：《历史编撰与后现代主义》，陈新译，黄红
霞校，载刘北成、陈新编：《史学理论读本》，178 页，北京，北京大学出版社，
2006。

　　③ 参见韩震、董立河：《历史学研究的语言学转向：西方后现代历史哲学
研究》，62～75 页，北京，北京师范大学出版社，2007。

　　④ 这也是霸权的一种作用形式，见后文。

　　⑤ ［美］阿普尔比等：《历史的真相》，249～250 页，刘北成、薛绚译，
北京，中央编译出版社，1998。

　　⑥ 关于这一判断，参见［英］约翰·托什（John Tosh）：《史学导论——
现代历史学的目标、方法和新方向》，168～173 页，吴英译，北京，北京大学
出版社，2007；葛兆光：《思想史研究课堂讲录：视野、角度与方法》，"后现代
历史学的洞见与不见"一节，74～96 页，北京，三联书店，2005。

　　⑦ ［美］阿普尔比等：《历史的真相》，251 页。

　　⑧ 辛斌：《批评语言学：理论与应用》，130 页。

如何选择性地利用话语秩序和语篇体裁所作的分析，强调作者对文本生成的修辞意图和读者在阅读文本时对这种修辞意图的理解。互文性分析有助于揭示不同语料和体裁在特定语篇中结合的方式与和谐程度，进而考察其语义和语用功能。①

与互文性相关的另一个术语是"霸权"（hegemony）②。霸权是意大利思想家葛兰西（Antonio Gramsci，1891－1937）用来分析西方资本主义和西欧革命的中心概念。③ "霸权的概念事实上非常简单。它是指那种建立在被领导者同意之上的政治领导权，而统治阶级世界观的传播和流行则确保了这种同意。"④ 这一概念被认为是超越了马克思的经济决定论的观点，为意识形态和现实之间的关系提供了一种不同的解释。在葛兰西看来，统治必须在统治阶级和其他阶级之间建立维护同一性的机制。霸权就是这样一种支配性的机制——"它是靠劝说附属的社会集团接受由统治阶级所褒扬的文化和道德体系……而发展的"；"只要统治阶级能将他们的世界观转换为社会秩序，并使其成为公众的常识，他们就可以断言自己的权威是令人信服的"⑤葛兰西由此揭示了政治统治的另一个极其重要的方面——文化统治。这种统治不同于经济占有和武力压制（这两种形式维持的权力常常是虚弱而短暂的），而是常态统治下的更为常见的一种隐蔽机制。霸权通过让步和意识形态的手段——这两种方法使人们能够把所受到的压抑视为是自然秩序的一部分——在整体上与其他社会力量结成联盟。由此我们可以看出，霸权是不同于意识

---

① 纪玉华：《批评性话语分析：理论与方法》。

② 英文 hegemony 或意大利文 egemonia 在华人学术界中也被译为"领导权"或"文化霸权"。从葛兰西霸权理论的本意来说，中译名使用"霸权"更为妥帖。参见周凡：《重读葛兰西的霸权理论》，载《马克思主义与现实》，2005（5）。

③ 参见［意］葛兰西：《狱中札记》，曹雷雨译，北京，中国社会科学出版社，2000。

④ ［美］托马斯·R·贝茨：《葛兰西与霸权理论》，吕增奎编译，载《马克思主义与现实》，2005（5）。

⑤ ［英］丹尼·卡瓦拉罗：《文化理论关键词》，78页。

形态①的概念：意识形态通常表达了某一个阶级或阶级联盟的利益，而霸权在表达统治阶级利益的同时，它还获得了臣属于统治阶级的人们的认可。② 毫无疑问，意识形态不同程度地介入社会上的各种话语实践，以参与建立霸权的争夺。

互文性和话语霸权的概念在政治文化的话语分析中应当占据首要的位置，尤其在我们面对一个处于变迁过程中的社会的政治文化时，更是如此。前面我们已经谈到，话语（文本）是政治文化最主要的载体，而互文性又是一切文本的基本特征。我们通过文本来找寻政治文化的脉络，不可避免地会面对文本的互文性——有关政治认知的各种不同信息充斥其间，共用一个载体。我们加诸文本的连贯性（coherence）的时候，异质的声音总是会跳出来对我们进行干扰。这一有趣的现象不得不令人想起有关政治文化中传统因素的巨大影响和政治亚文化的抵抗作用。同时，面对文本我们也不得不在互文性的境况中思考，这些信息来自哪里，又会往何处发挥怎样的作用？这样，政治文化就不是一个固定和单一的观念体，它就在社会政治实践中与人们无时无刻地不缠绕在一起。

话语霸权在互文性中的特征就是指一种话语的体裁特征向其他体裁或语类的渗透，在其他机构和群体的文本中建立"定居点"，以

---

① 因其过于繁复，这里不对意识形态的概念展开讨论。笔者首先在中义的词性上使用意识形态概念，认为所有的意识形态都具有以下三个特点：（1）通常以世界观的形式解释现存秩序；（2）提供一个理想未来的模式和美好社会的构想；（3）勾画政治变迁何以产生并应该如何发生。如果将意识形态视为纯理论的制度，视科学为显现的事实，那么这样一个定义也许是值得采纳的："意识形态是一个行动导向（action-orientated）的信念体系，一套以某种方式指导或激励政治行动的相互联系的思想观念。"这样，马克思主义也是意识形态之一种。因此，在某种程度上，意识形态与政治文化之间有很大的重叠机会，特别是意识形态被弄得"自然化"（naturalization）以后。参见［英］安德鲁·海伍德：《政治学》，50～53页，张立鹏译，北京，中国人民大学出版社，2006。关于意识形态与科学、语言（符号象征体系）之间关系的讨论，参见［英］大卫·麦克里兰：《意识形态》，孔兆政、蒋龙祥译，长春，吉林人民出版社，2005。

② ［英］雷蒙·威廉斯：《关键词：文化与社会的词汇》，202页。

使这些文本在不同程度上具有前者的意义潜势（meaning poten-
tial）。① 通过话语的这种扩张过程，批判的话语分析认为可以观察一
个变迁社会中权势关系和意识形态的主要发展变化的趋势。费尔克
拉夫认为，福柯关于话语对社会进行建构的属性的观点与来自巴赫
金以来对互文性的阐述，这两者都"指向了话语秩序构成话语实践
的方式以及话语秩序被话语实践重新构成的方式"②。从话语来研究
政治文化，这种动态的话语实践观就暗示了一个观点：政治文化中
的各种信息也处于悄悄地互相争夺之中。通常认为，政治文化被视
为长期稳定的因素而不能用来解释政治的急剧变化（例如革命）③，
但我将在后面的有关论述中证明：政治文化在历史话语的深处已经
建构了这种急剧变化的可能性。互文性和霸权概念的结合为我们在
政治文化与社会实践之间搭建了桥梁，防止了政治文化沦陷为无依
无靠的观念孤岛。

　　至此，我们可以为政治文化的话语分析铺就一条合理的途径了。
在这一途径之中，我们首先应该进行的是"社会—历史分析"，以明
确各种历史现实对阐释文本的规制作用。社会语境的规制既防止了
政治文化脱离具体的历史现实而成为虚无缥缈的云彩，又能在一定
程度上防止阐释者将个人的经验强行加入文本之中，从而任意限制
或扩大了意义理解的空间。譬如，在西方社会学知识进入中国之前，
"阶级"（class）就不应当是古代中国的意识范畴，当时的人们不会
以这一观念来理解社会群体的分层。

　　情景语境下文本成为一种有目的的行动，这样，我们才能理解
政治文化的公共性和话语变异性之间的关系。言语如果作为行动，
那么其呈现的样貌必然不仅仅只受文化的规制，它在很大程度上还

---

　　① "每一种体裁（genre）都有自己的意义潜势，代表着不同社会阶层的
利益，适合于表达不同社会群体和机构的意识形态。作者或读者在创作或阅读
任何语篇时都会自觉或不自觉地依赖这种语义潜势并从中作出选择。"参见辛
斌：《批评语言学：理论与应用》，138 页。而费尔克拉夫认为，"文本是由形式
构成的——这些形式经过了话语实践，浓缩为习俗，已经具有了潜在的意义。
一般说来，一个形式的潜在意义是异质的、不同的、重合的，且有时候是矛盾
的意义的复合体。因此文本通常是非常模糊不清的，并面向多重解释"。[英]
诺曼·费尔克拉夫：《话语与社会变迁》，69 页。

　　② [英] 诺曼·费尔克拉夫：《话语与社会变迁》，92 页。

　　③ 华世平主编：《政治学》，37 页，北京，中国人民大学出版社，2007。

屈从于理性的计算，例如犯罪嫌疑人为了减轻罪责可能在话语中处
处掩盖自己的犯罪动机或仇恨情绪。或者，当人们打算通过表述从
对方获取某种利益时，浮泛的奉承和虚伪的夸奖可能会显著呈现。
情景语境的确立提醒我们，话语中直接呈现的态度和取向大部分并
不是我们想要描述的"文化"。如果将这种随情景变化的态度和取向
视为文化，那么人就不是文化的人，而是精神分裂的人。在政治文
化的话语分析中描述情景语境正是要去除它自身，使得作为话语建
构之基础的社会认知图式浮出水面。

　　文本的形式特征在各个层面上都可以获得意识形态的介入。①
在涉及文本的形式特征时，我首先关注的是体裁。体裁之所以在这
里占据着重要位置，乃是因为体裁的分类与社会群体或阶层的分类
密切相关。体裁首先为阅读文本的人建构阅读位置（阅读角度），它
提示读者从什么样的角度阅读才可以顺利地理解文本的结构和意义，
同时还以潜移默化的方式塑造阅读者的社会角色和行为方式。对使
用体裁的人来说，体裁为他（她）描述和规定行为范畴、思维方式
和存在方式。② 体裁与主体（subject）的关系实际上揭示了在社会
文化中人们如何建构社会群体的关系。中国古代的表奏是非常好的
说明例子。清代的奏折制度中，有拜折的仪式，就是大臣将奏折写
好后，在家或衙署中摆设香案，将奏折放在香案上，对奏折跪拜后，
将奏折放在报匣内，上锁加封，再交家人呈送宫中。③ 如果我们找
到清代奏折的影印件观摩，还可以发现这一体裁显示了更多的文化
信息。譬如，在奏折书写中，"上"、"诏"、"恩"、"皇"、"御"、
"圣"、"臣"、"国"等凡指代有关皇帝之事物的字皆另起一竖列书
写，而不顾原竖列因书写中断而留下空白。另起一竖列的时候，这些
字起始的位置要向上移动一个字的位置，使得这些字在横排面上凸显
出来。官员在奏折中自称"臣"，"臣"字的书写一律比奏折中其他文
字写得小，相当于我们今天用电脑排版打印时一般文字用小四号体，

---

　　① ［英］诺曼·费尔克拉夫：《话语与社会变迁》，83 页。

　　② 辛斌：《批评语言学：理论与应用》，140～141 页。

　　③ 刘家驹：《清史拼图》，5 页，济南，山东画报出版社，2006。清代地
方官向皇帝报告，公事用题本，私事用奏本，但两种文体都是由通政司进呈，
系公开的公文，并非仅供皇帝阅览。至少从康熙朝开始，秘密奏折就出现了，
至雍正时已成制度，冯尔康称其为"官僚政治上的重大变化"。参见冯尔康：
《雍正传》，299～322 页，上海，上海三联书店，1999。

而遇到"臣"字需用五号体或小五号体。中国古代的书写和阅读是从右至左，竖列而行。① 但是比其他文字几乎小一号的"臣"字从来没有位于竖列的中轴线以与上下文字对齐，而是一律占据在中轴线的右侧。刘泽华在分析韩愈、柳宗元的表奏后，精辟地指出韩、柳二人的表奏所表现的君尊臣卑是"中国传统思想文化"的大框架。② 可以说，中国古代政治文化中君主与臣僚的关系部分地是在表奏这种体裁中建构和规制起来的。换言之，表奏作为官府公文是一种政治实践，作为书写制度又是话语实践和文化（记忆）实践。

在批评话语分析中，"人们经常使用'话语殖民'（discourse colonization）和'话语霸权'（discourse hegemony）这两个词来比喻不同体裁或'语类'（discourse type）的相互影响，以及某一体裁在社会生活中所占据的强势地位"③。正如巴赫金指出的，"言语体裁能比较直接地、敏锐地、灵活地反映出社会生活中所发生的一切变化。表述及其类型即言语体裁，是社会历史到语言历史的传送带"④。以表奏为代表的文言文体裁的消失，白话政论文的兴起，不光映射了专制帝制的灭亡，而且昭示了文化上的转型。在当代，经济语汇大肆侵入各种体裁和语域（register），展示了商业文化正在全面崛起的过程。研究变化社会中的政治文化，体裁既是话语实践也是社会实践的视角。

其次，这里关注话语建构中范畴（category）使用的问题，主要涉及语词的意义和语词的选用。关于语词的意义，我们首先得承认其在社会中的某种共性（词典里的中态意义），否则同一语言社团内部之间无法理解和交流。但是巴赫金指出语词的使用有三个层面："一是中态的而不属于任何人的语言之词；二是其他人的他人之词，它充满他人表述的回声；三是我的词，因为既然我同他在一定情景

---

① 关于中国古代自右向左竖列而行之书写形式的成因，参见钱存训：《书于竹帛》，141～142 页，上海，上海书店出版社，2006。笔者以为古人左手执简、右手书写的习惯可能是最主要的原因。

② 刘泽华：《中国的王权主义——传统社会与政治思维》，263～279 页，上海，上海人民出版社，2000。

③ 辛斌：《批评语言学：理论与应用》，152 页。

④ ［苏］巴赫金：《文本、对话与人文》，147 页，石家庄，河北教育出版社，1998。

中打交道，并有特定的言语意图，它就已经渗透着我的情态。"① 也可以这样理解，"语言之词"对应于社会语境（社会—历史分析），"他人之词"对应于互文性，"我的词"对应于情景语境（言语行动理论）。从语词的意义探讨政治文化大致是一个倒推的过程，即"我的词"→"他人之词"→"语言之词"。由于涉及互文性的问题，因此应当探讨多人的话语样本。只有语词的意义在同一个社会语境中构成了大致相同的所指，我们才能说存在着这样一个社会的（公共性的）认知，据此我们才能言及文化。②

相关的问题就是语词的选用问题，即对同一范畴，文本为何使用不同的语词来进行建构。如前所述，这既是一个话语霸权（或权势）的问题，也是文化认知的问题。在文化层面上，使用不同语词可能代表了不同的文化认知，也即不同的世界观和思维方式在支撑着不同的"分类系统"（classification）③。这一视角在考察文化变迁中是十分有用的。例如，"绅—民"和"地主—农民"是不同时期用于建构中国农村社会分层的两对范畴，很显然，语词的使用代表了不同的文化认知和价值定位。同时，在互文性的视角下，语词的变迁也是一个重新建立霸权的过程。

在语用形式的各个层面，我们都可以与文化建立关联，比如隐喻。隐喻就是"借用在语言层面上成形的经验对未成形的经验作系

---

① ［苏］巴赫金：《文本、对话与人文》，174 页。

② 克里斯蒂娃区分了互文性的两个方面："水平"（horizontl）互文性和"垂直"互文性（vertical）。水平互文性指的是"一段话语与一连串其他话语之间的具有对话性的互文关系"，水平互文性的典型例子是会话中相互回应的话轮或往来的信函。而在一个文本和其他文本——它们构成了这个文本的多少有些是当下的或者遥远的背景——之间存在着"垂直的"互文性：这个文本在各种各样的时代里，伴随着各种各样的参变量，和这些文本历史性地连接在一起，包括那些和它在一起的、或多或少具有当代意味的文本。水平互文性重视与他人的对话，垂直互文性重视理解语篇的背景知识，笔者以为在确定文本中语词的政治文化意涵时，两种分析都不可或缺。参见 Julia Kristeva, *Word*, *dialogue and novel*, In T. Moi（ed, 1986），The Kristeva Reader, Oxford：Basil Blackwell, p. 36；辛斌：《批评语言学：理论与应用》，126～127 页；［英］诺曼·费尔克拉夫：《话语与社会变迁》，95 页。

③ 分类指用语言赋予外部世界以秩序，语篇的分类系统指语篇对人物和事件的命名和描述，主要通过词汇的选择来实现。参见辛斌：《批评语言学：理论与应用》，65～71 页。

统描述。我们的经验在语言层面上先由那些具有明确形式化指引的事物得到表达，这些占有先机的结构再引导那些形式化指引较弱的经验逐步成形"①。隐喻的实质是用一种事物来理解和表达另一种事物，因此我们对世界的经验方式，植根于语言的隐喻性质。"政治的世界是复杂和充满价值观的，无论在认知上还是感觉上都远离人们即刻的日常经验。"② 在政治话语中，隐喻是一种常规的修辞装置。Gee 也指出，隐喻是文化模式的重要来源。③ 譬如，我们经常言说的"国家"，其意涵对应的无论是 country、state 或者 nation，都与"家庭"（family）没什么关系。④ 梁漱溟指出，在中国古代，"国家"一词主要指朝廷或皇室。我们现在所言的国家，乃西学东渐新输入的观念。"中国人心目中所有者，近则身家，远则天下；此外便多半轻忽了。"⑤ 因此，对应于西方文化中 country、state 或者 nation 的国家观念在古代中国人的心目中大体上是不存在的。⑥ 但是，时至今日，"国家是家庭"的隐喻模式仍然比比皆是，例如"人民群众当家做主"、一首流行歌曲唱的"我们的大中国啊，好大的一个家"等。在这种"国家—家庭"的隐喻模式中，政府—父母、公民—孩子、公民关系—血脉同胞、管理—当家，这四组对应关系显示了中国政治文化中不同于西方文化的国家观念。⑦

文本的各种特征在关于政治文化的话语分析中都可以获得讨论，例如连贯性、礼貌、语法及物性、情态等。但是本书的总体思路是在"社会—历史分析"的基础上，主要以互文性和霸权为工具进行

---

① 陈嘉映：《语言哲学》，338 页。

② Thompson，S.（1996）*Politics without metaphor is like a fish without water*，In Mio & Katz（eds）.（1996）Metaphor：Inplications and Application，Mahwah，N. J.：Erlbaum，p. 185.

③ James Paul Gee：《话语分析入门：理论与方法》（英文版），69～70 页。

④ ［英］雷蒙·威廉斯：《关键词：文化与社会的词汇》，90～91 页（country 词条）、176～180 页（family 词条）以及 316～318 页（nationalist 词条）。

⑤ 参见梁漱溟：《中国文化要义》，140～146 页，上海，上海人民出版社，2005。

⑥ 关于现代国家观念在中国的兴起参见汪晖：《现代中国思想的兴起，上卷（第二部），帝国与国家》，北京，三联书店，2008；张鸣：《乡土心路八十年：中国近代化过程中农民意识的变迁》，214～216 页。

⑦ 参见黄敏：《隐喻与政治：〈人民日报〉元旦社论（1979—2004）隐喻框架之考察》，载《修辞学习》，2006（1）。

研究，不可能对文本中所有的语言形式特征展开探讨（事实上也无此必要）。在对描述政治文化起作用时，笔者将提出文本的某一特征进行关联阐释，而不是面面俱到。①

"深描"（thick description）一词来自格尔茨所著《文化的解释》一书。格尔茨借用美国哲学家吉尔伯特·赖尔（Gilbert Ryle）的这一术语来说明他所进行的民族志工作。赖尔举了一个小孩眨眼与挤眼的例子来说明"深描"。小孩快速地张合眼睑，可能是随意地眨眼，也可能是在挤眼——一种与他人准确而特殊的沟通（递眼色），或者是在模仿他人挤眼的可笑之处（嘲弄），或者是为了模仿而在刻意地练习挤眼（排演）。还会出现更复杂的情形，比如挤眼者是在模仿朋友假挤眼，欲将旁人引入歧途，但是实际上并不存在当事人之间的心领神会。就快速地张合眼睑来说，可能还有更多的情形不能一一列举。我们可以对所有的这些动作进行一个简约的描绘——"快速地张合眼睑"，这就是赖尔谓之的"浅描"（thin discription）。但是从这一"浅描"中，作为"他者"的我们无法确切知晓各个动作者的动作意涵（meaning），也就是说对于这些动作的场景，我们仅仅是一台摄像机，没有旁白。因此，在不同的场景，即使是相同或类似的动作，对之进行描绘也要触景生情，有所变更，才能体现出不同的意涵。例如将上述最后的动作描述为"练习对一个朋友的模仿，因为这个朋友假作挤眼以欺骗局外人误以为有什么只是当事人之间才能领会的事"，这就是"深描"。格尔茨在此认为，在"浅描"和"深描"之间存在着"意义结构的分层等级"，而民族志的研究对象就是这一套复杂的意义结构层次。②

"深描"喻指了对政治文化的话语分析方法。我们深知，文化是具体地存在于社会实在之中的，并不能由某个概念、某个观念或理论就可以简单概括的。众多的文化的定义隐含着概念抽象的代价：它抹去了繁复的社会结构和活生生的个体。因此，文化分析既是整体的和社会的，又是群体的和个人的。文化的丰富内容决定了文化分析既是社会科学的，又是人文科学的。文化如此，政治文化亦不例外。深描在这里意味着，面对一个历史事件，我们在努力探寻真相的同时，还要像剥洋葱一样，一层一层地揭开各个时代的不同文本赋予事件的可能意义。深描就是在这些意义当中描述政治文化和亚文化以及它们的

---

① 当然笔者对语言学的陌生也限制了本书开展详尽和深入的类似探讨。

② ［美］克利福德·格尔茨：《文化的解释》，7～8 页。

变迁。

## 五、为什么是"钟九闹漕"

本书是以"钟九闹漕"事件为中心，运用话语分析的方法来阐释政治文化变迁。与中国近现代政治变迁史相关的文本不计其数，从形式上的相关度来看，政治家、思想家的话语以及政治集团（官僚系统或政党）的文献更能直观地描述这一变迁过程中的文化特征。"钟九闹漕"是一个地方性事件，如果不考虑清廷为平息叛乱而调动军队、配给物资的行为，它实际的波及范围不出鄂东南，仅仅局限于湖北崇阳及其周边的几个县。这样一个事件，在浩瀚曲折的中国近现代史上实在有不足为道的感觉。但为什么还是"钟九闹漕"？在回答这一问题之前，我这里先把将要作为话语分析对象的文本进行介绍，然后说明为什么选择这些文本的话语作为分析对象是恰当的。

（一）晚清文本

1. 清廷档案

（1）钟人杰起事后湖广总督裕泰、军机大臣穆彰阿分别呈递的奏折。裕泰的奏折是向北京报告事端，穆彰阿的奏折是总结经验教训。两份奏折收入美国两位汉学家孔飞力和费正清编撰的"Qing Docs Vol. Ⅱ"（见后文介绍）中。

（2）钟人杰等人口述。就是"钟九闹漕"主要领导者钟人杰、陈宝铭、汪敦族三人的口供记录。①

（3）《清实录》，以道光皇帝指示处理钟人杰叛乱的谕旨为主。②

2. 钟人杰等文檄

（1）《誓师文》

钟人杰起事后，发布《誓师文》，说明其戕官据城的合法性。③

（2）《钟人杰移邻县檄文》（简称《檄文》）

钟人杰等向崇阳周边地区发布的敬告文字，说明事出有因，以

---

① 《清军机处录副奏折》，转见《近代史资料》1963 年第 1 辑，2～6 页，亦见 Qing Docs Vol. Ⅱ，15～19 页。

② 《清实录·宣宗实录》（六），中华书局 1986 年影印本，559～622 页。Qing Docs Vol. Ⅱ中亦收录部分，7～14 页。

③ 参见蔡天祚：《八十年前底崇阳农民革命运动》（见后文介绍）。虽然并无其他出处，但对照《钟人杰移邻县檄文》看，笔者以为此《誓师文》并非蔡天祚伪作。

争取盟友。①

3. 私人笔记

(1)《崇阳冤狱始末记》

"钟九闹漕"事件中，钟人杰等率众攻破崇阳县城后，杀死了知县师长治。师长治有幕友殷堃，跟随在任，事后撰写了《崇阳冤狱始末记》，现存上海图书馆。②《崇阳冤狱始末记》实际上可以分为三个独立的文本。第一部分详细叙述了殷堃亲历"钟九闹漕"事件的所见所闻，并分析了事件的前因后果。第二部分系殷堃为知县师长治鸣"处置不善"之冤而向地方大吏呈递的"上访"文稿③，内容与第一部分相仿，但叙述大为简略。第三部分为作者自叙与师长治的交往及参与师长治亲属处理后事的过程。第三部分结尾为"时道光丙午冬初殷再生又识"句。道光丙午为道光二十六年（1846年），但根据第一部分的叙述，"上访"文稿应于道光二十二年二月清军克服崇阳后不久完成，并呈递官府大员。④

殷堃又名殷其铭、殷再生⑤，为"邗上布衣"。殷堃在文稿中自称"家丁"，张小也教授在其论文中也直接沿用了这一称谓。⑥ 但是

---

① 现代版《崇阳县志》（见后文介绍），791 页。

② 殷堃：《崇阳冤狱始末记》，上海图书馆藏未刊本。中国政法大学张小也教授向笔者提供了翻拍的该文稿电子图片，特此致谢。

③ 该部分文稿起始句为"具禀：故崇阳县知县师家丁殷堃，为泣陈案略、乞恤杜诬事窃上。年十二月……"，结束句为"身主到任甫逾百日，遭此奇祸家破人亡，伏乞电鉴俯赐矜全"。从此可以看出文稿第二部分为殷堃向官府鸣冤并要求抚恤的"上访信"。

④ 第一部分有如此叙述："殷丁亲闻各情，遂将十二月初十日……简叙成禀，将钟金前案……数呈当道。上官触目惊心，方知死者有人，乃于二月十六日平反前牍，照略摘奏请旌。"

⑤《崇阳冤狱始末记》文稿后的印钤一为"其铭"，一为"再生"，文稿落款为"殷再生叙"。但是从"上访信"起始句这种正式文体的署名上可以看出"殷堃"为其正名，文中还有"身堃于十五日黄昏出探未亡之人"语，可以佐证。笔者以为殷堃的字为"其铭"，其人亲历"钟九闹漕"巨变后大难不死，自称"再生"。需要指出的是，张小也教授在使用该材料撰写的论文中不知何故并未提及"殷堃"一名。参见张小也：《社会冲突中的官、民与法——以"钟九闹漕"事件为中心》，载《江汉论坛》，2006（4）。

⑥ 张小也：《社会冲突中的官、民与法——以"钟九闹漕"事件为中心》。

笔者经过对文稿的仔细研究，确认殷堃为师长治的幕友。①

（2）《湖北崇阳县知县师君墓志铭》

魏源（1794—1856）在被杀知县师长治归葬乡里时，受师的伯父所请，为其写了一篇墓志铭，题为"湖北崇阳县知县师君墓志铭"②。作为晚清知识精英的代表人物，魏源在铭文中除了简单记述"钟九闹漕"的经过外，从国家政策的角度对清廷的漕运制度提出了批评。将这篇墓志铭归类为私人笔记，是因为写作的缘由乃私人之目的。当然，可以归入此类的还有晚清重臣曾国藩、胡林翼等关于"钟九闹漕"的记述，由于非常简约，故不作考察。

4. 民间叙事长诗《钟九闹漕》

作为地方史上亘古未有之大事，"钟九闹漕"之后，当地人不可能不对其加以评说，崇阳一带不久就开始流传描写这一事件的长篇叙事诗——《钟九闹漕》。③《钟九闹漕》实际上是五句为一段落的

---

① 《崇阳冤狱始末记》中交代殷堃于师长治在浙江上虞任知县时，由以前同为幕友的师长治的姐夫徐某推荐给师长治，此后一直跟随师至崇阳。书稿中有"道光庚寅（道光十年）淮盐改章……放给水脚等事，有委员李公瑞六知余在监场有年，招致幕下，办理文案笔札事件三年有余……同差有徐公□□"以及"蒙徐公特达之知，引荐与内弟即师公理办也……甫抵上虞，执事诸人业已派定……催派挂名金押……四月初开考，转瞬午节，有执事另有差派，命余权代书禀、挂号，陆续又摄用印、值堂、稿案……五月七日稿金有故而去，遂命接此席。两年有余，出类拔萃，重邀赏识，隐有精明诚谨之誉"的叙述，同时有"妹夫、妻儿均属至戚。此两家素行诚谨，知我功名牵絷"之语。殷堃在文中自称"家丁"，笔者原以为是"长随"。瞿同祖《清代地方政府》中说用印、值堂、稿案为长随之职能，刑名、钱谷、书禀、挂号等为幕友职能，但"有些幕友以前曾经当过书吏"。我们还需注意，清代规定长随无权参加科举及进入官僚阶层，离职后三代内子孙亦不得参加科举或进入仕途（参见瞿同祖：《清代地方政府》，143～144 页，范忠信等译，北京，法律出版社，2003）。可见，殷堃为师长治幕友，书稿中"家丁"为其谦称。

② 魏源：《湖北崇阳县知县师君墓志铭》，载《魏源全集》（第十二册），268～269 页，长沙，岳麓书社，2004。亦可见 Qing Docs Vol. Ⅱ，20～25 页，该阅读教材收录的为 1878 年《古微堂外集》刻印本的影印件。

③ 杨景崇考证长诗的创作应当在 1851 年太平天国运动兴起之后。参见杨景崇：《一位杰出的民间诗人——长诗〈双合莲〉、〈钟九闹漕〉作者初考》，载崇阳县文联编：《双合莲——崇阳县民间长篇叙事诗集》，25～30 页，武汉，长江文艺出版社，1998。现代版《崇阳县志》说："（光绪初年）陈瑞兆创作的长篇叙事诗《钟九闹漕》，始在境内民间流传。"参见《崇阳县志》，11 页，武汉，武汉大学出版社，1991。

七言山歌，是典型的民间口头白话文学。目前见到的是由孙敬文等人和王旺国分别搜集整理的两个版本。① 孙敬文的本子出版于1957年，受到当时官方意识形态的影响较大，本书拟以王旺国的本子作为道咸时期开始传唱的唱本原形。

5. 同治本《崇阳县志》（1866年）

同治年间，崇阳县知县高佐廷担任总修，修纂县志，同治五年刻印。同治本《崇阳县志》对"钟九闹漕"事件的记载并不详细，但一些文字可资参考。2008年，崇阳县重印同治本《崇阳县志》，本书以此重印本为依据。②

（二）民国时期的《八十年前底崇阳农民革命运动》（1927年）

民国十六年，即公元一千九百二十七年，"钟九闹漕"事件再一次被人提起。这一年的《汉口民国日报》在三月和四月连载了蔡天祚撰写的《八十年前底崇阳农民革命运动》。③

（三）20世纪50年代文本

1. 孙敬文本《钟九闹漕》（1957年）

1957年，湖北人民出版社出版了由孙敬文等"搜集整理"的民

---

①　孙敬文等搜集整理：《钟九闹漕》，武汉，湖北人民出版社，1957；王旺国搜集整理：《钟九闹漕》，载崇阳县文联编：《双合莲——崇阳县民间长篇叙事诗集》。王旺国本还见于王旺国整理、饶学刚审定：《钟九闹漕》，1997年由湖北省崇阳县文化馆印行。

②　崇阳县文化局、崇阳县地方志办公室校勘：《崇阳县志（同治五年）》，武汉，崇文书局，2008。以下简称"同治本《崇阳县志》"。

③　蔡天祚：《八十年前底崇阳农民革命运动》，《汉口民国日报》民国十六年（1927年）三月二十二日起连载。人民出版社于1980年出版了《汉口民国日报》影印本。笔者在北京中国书店找到此影印本，书商开价15000元人民币，因财力所限只得作罢。国家图书馆仅提供此版本的微缩胶片阅读，模糊难辨，笔者视力无法忍受。幸有在河北大学工作的学友王志泉博士在该校图书馆找到此影印本，用数码相机拍摄连载部分电邮笔者，解决了此资料的大问题，在此致谢。人民出版社的"影印者说明"说："这次影印的是一九二七年一月五日至九月三十日的藏有原版部分。报纸总编号为42—306，其中……号缺全天报。……号缺页。合计三册出版。"很不幸，《八十年前底崇阳农民革命运动》有少部分连载文本也在缺失当中。影印本只有蔡文三月二十二日起至四月二十二日的连载，其中还有几日缺失。但蔡文显然至四月二十二日并未结束，该文的其余连载亦缺失。在已见到的连载中，因年代久远亦有许多模糊难辨之处，但并不妨碍对《崇农革命》在总体上的阅读和理解。

间叙事长诗《钟九闹漕》。该版本为编辑人员综合几个唱本进行整理，在做了"较多的润饰工作"①后出版的。与王旺国本对照，可以看出诸多不同之处，能够反映出 20 世纪 50 年代话语的特征。

2.《论〈钟九闹漕〉与〈双合莲〉》（1960 年）

《双合莲》是鄂南民间传唱的另一首民间叙事长诗，讲述的是 1851 年前后发生在崇阳的一个爱情悲剧。② 北京师范大学中文系一九五五级在编撰《中国民间文学史》时，对《双合莲》与《钟九闹漕》进行了评述。1998 年出版的《双合莲——崇阳县民间长篇叙事诗集》收录了这些评述文字，并编题为"论《钟九闹漕》与《双合莲》"③。

（四）《钟人杰起义历史资料》（1975 年）

崇阳县档案馆，保存有一份 1975 年手撰的有关"钟九闹漕"的田野调查报告。报告名为《钟人杰起义历史资料》（以下简称《资料》），④ 调查整理者为"华中师范学院历史系 74 级开门办学小分队"，《资料》形成的时间是"一九七五年十一月十六日"。

（五）20 世纪 80 至 90 年代文本

1. 论文《论湖北的两部民间叙事诗》（1980 年）

在刘守华教授的论文中，《双合莲》与《钟九闹漕》一起被认为是近代汉族民间叙事诗的代表作，堪比古乐府中的《孔雀东南飞》和《木兰辞》。⑤

2. 论文《钟人杰起义史实考》（1984 年）

20 世纪 80 年代初，时为华中师范学院（现为华中师范大学）教师的崇阳人陈辉副教授⑥对"钟九闹漕"事件进行了考证和评论，发表论文《钟人杰起义史实考》。⑦

---

① 参见孙敬文等搜集整理：《钟九闹漕》中的"出版说明"。
② 长诗全文载崇阳县文联编：《双合莲——崇阳县民间长篇叙事诗集》。
③ 载崇阳县文联编：《双合莲——崇阳县民间长篇叙事诗集》，17～24 页。
④ 现存崇阳县档案馆，未刊。
⑤ 刘守华：《论湖北的两部民间叙事诗》，载《华中师院学报》，1980 (4)；亦载崇阳县文联编：《双合莲——崇阳县民间长篇叙事诗集》，1～15 页。
⑥ 现代版《崇阳县志》"人物·高级知识分子及知名人士"中收录陈辉，陈辉于"1986 年晋升副教授，调任《湖北通志》副总纂"。参见现代版《崇阳县志》，778 页。
⑦ 陈辉：《钟人杰起义史实考》，载《华中师院学报》，1984 (1)。

3. Qing Docs（1986 年）

Qing Docs 全称为 Introduction to Ch'ing Documents：Reading Documents：The Rebellion of Chung Jen－Chien，译为"清代文献介绍：阅读文献：钟人杰叛乱"①。作为哈佛大学中国近代史博士研究生的资料阅读课的教材，该书分为"VOL．Ⅰ"和"VOL．Ⅱ"两卷。② 孔飞力和费正清教授在 VOL．Ⅱ中选编了清代有关"钟九闹漕"的官方文献和同治本《崇阳县志》的相关内容，而 VOL．Ⅰ的内容就是对 VOL．Ⅱ中的文献介绍、词汇翻译和注释。

4. 论文《道光年间的崇阳抗粮暴动》（1992 年）

1992 年罗丽达在《清史研究》上发表论文《道光年间的崇阳抗粮暴动》，提出了与陈辉一文不同的观点。③

5. 现代版《崇阳县志》（1991 年）

1991 年底，历时十年编纂而成的现代版《崇阳县志》出版。④这是同治本《崇阳县志》后，崇阳县再次编纂县志。现代版《崇阳县志》对"钟九闹漕"的记述明显不同于同治本县志，而且，新县志为重新解读该事件提供了一个崭新的语境。

6. 相关评述文字

（1）杨景崇《一位杰出的民间诗人——长诗〈双合莲〉、〈钟九闹漕〉作者初考》（1990 年 6 月）⑤

---

① Philip A. Kuhn and John K. Fairbank, *Introduction to Ch'ing Documents：Reading Documents：The Rebellion of Chung Jen－Chien*, printed by Harvard University, Fairbank Center for East Research, 1986。书名翻译参见龚咏梅：《"脱胎换骨"的近代中国——孔飞力与他的中国近代史研究》，华东师范大学博士学位论文，2004。书名也有译作"钟人杰起义档案集——清代档案介绍"（见下文介绍罗丽达：《道光年间的崇阳抗粮暴动》一文注释⑨）。笔者在后文中将该书简称为"Qing Docs"。同门学友、北京大学赵昀晖老师托在美国留学的亲友复制该教材邮寄笔者，特此致谢。

② 关于哈佛大学这一课程的设置及教材编撰的情况介绍，参见［美］田霏宇：《一门历史课的历史》，载《读书》，2005（9）。

③ 罗丽达：《道光年间的崇阳抗粮暴动》，载《清史研究》，1992（2）。

④ 崇阳县志编纂委员会：《崇阳县志》，武汉，武汉大学出版社，1991。本书后文简称"现代版《崇阳县志》"。

⑤ 杨景崇：《一位杰出的民间诗人——长诗〈双合莲〉、〈钟九闹漕〉作者初考》，载崇阳县文联：《双合莲——崇阳县民间长篇叙事诗集》，25～30 页。

（2）饶学刚《〈钟九闹漕〉序》（1996 年 12 月）①

（3）殷耕《从秀才到义军领袖》（1997 年 3 月）②

7. 民间传说和民间故事

在崇阳民间还存有大量的有关"钟九闹漕"的民间故事和传说。笔者所读到的有关"钟九闹漕"的民间传说和故事主要有两个来源。一是笔者于 20 世纪 90 年代在崇阳当地偶然搜集到的一本《崇阳民间故事选》。③ 书中编录传说和故事近 230 则，为崇阳各乡镇文化站干部和民间文学爱好者下乡搜集，搜集时间为 20 世纪 80 年代中前期（不超过 1986 年），其中涉及钟人杰和"钟九闹漕"的有 20 多则。钟人杰的 20 多则个人传说位于全书前列，显示了编者的重视和"钟九闹漕"在崇阳地方史上占据的重要地位。更有大量的民间传说和民间评议见于 1975 年由华中师范学院工农兵学员汇编的《钟人杰起义历史资料》。由于这些民间故事和传说形成书面文字记录的时间距离事发已经过去了一百三四十年，这里按集体记忆的方式来处理这些民间故事，不视为清代的文本或话语。

（六）2000 年后的文本

1. 长篇历史小说《钟九闹漕》（2001 年）

2001 年 7 月，邱春林发表长篇历史小说《钟九闹漕》。④ 小说虚构了大量的人物和情节，因而其建构"钟九闹漕"的语境与历史学者具有根本的差异。

2. 论文《史料·方法·理论：历史人类学视角下的"钟九闹漕"》⑤（2004 年）

---

① 饶学刚：《〈钟九闹漕〉序》，载王旺国整理、饶学刚审定：《钟九闹漕》，1997 年由湖北省崇阳县文化馆印行，1～5 页。

② 殷耕：《从秀才到义军领袖》，载王旺国整理、饶学刚审定：《钟九闹漕》，104～106 页。

③ 由于《崇阳民间故事选》一书的前后封页已经残破，无法得知确切的书名、编著者、出版机构和时间。现代版《崇阳县志》上介绍崇阳人物黄庭煜时说"黄一生言行轶事甚多，广泛流传民间，《崇阳民间故事选》上载有 30 余则"（680 页）。查笔者手中书，载黄庭煜故事 32 则，故认定书名即县志中所述《崇阳民间故事选》。该书由杨景崇作序，落款时间为"一九八八年三月"，出版或印行时间也应当在 1988 年。

④ 邱春林：《钟九闹漕》，北京，中国文联出版社，2001。

⑤ 张小也：《史料·方法·理论：历史人类学视角下的"钟九闹漕"》，载《河北学刊》，2004（6）。

3. 评述文章《一门历史课的历史》（2005 年）

4. 论文《社会冲突中的官、民与法——以"钟九闹漕"事件为中心》①（2006 年）

5. 历史编撰

（1）《钟人杰起义》（2006 年）

上海大学出版社 2006 年 5 月出版的《清史纪事本末（道光朝）》将"钟九闹漕"作为道光年间的大事记述。该书从钟人杰攻破崇阳县城开始，至钟人杰等在京城"被斩首"，将其中的重要事件按日依次记述。最后有关于事件的"评论"②。

（2）《鄂东南钟人杰起义》（2006 年）

2006 年 12 月，湖北人民出版社出版了由陈昆满主编的《湖北近代革命史》。该书第一章第一节第三目标题为"鄂东南钟人杰起义"③。

清廷官方记载钟人杰叛乱④的起始时间是"道光二十一年十二月十二日夜攻入（崇阳）县城"（时任湖广总督裕泰和湖北巡抚赵炳言的联名奏折，见后文），换成公历就是公元 1842 年 1 月 22 日。道光二十二年正月二十日清官兵在崇阳城外捕获叛乱的主要领导者钟人杰、陈宝铭、汪敦族，二十二日（1842 年 3 月 3 日）清军攻陷崇阳邻县通城县城，处死"千总"但扶泷。从起事到清军克复崇阳、通城两县，整个过程持续 40 余天。但这仅仅是整个事件的军事斗争过程，"钟九闹漕"作为一个事件的时间跨度长达七年。作为叛乱或起义的暴力斗争，是整个事件最终凸显的具有震动效应的有形结果。从缘起到结果，"钟九闹漕"的经历曲折复杂。

---

① 张小也：《社会冲突中的官、民与法——以"钟九闹漕"事件为中心》，载《江汉论坛》，2006（4）。

② 吴振清：《清史纪事本末（道光朝）》，2260～2265 页，上海，上海大学出版社，2006。

③ 陈昆满主编：《湖北近代革命史》，16～18 页，武汉，湖北人民出版社，2006。

④ 崇阳民间传说钟人杰在家中排行第九，因此又称"钟九"。参见《崇阳民间故事选》，2 页。"钟九闹漕"的指称来自民间唱词《钟九闹漕》。清廷的奏折和谕旨中没有用"钟九闹漕"这样的指称，而是用"聚众滋扰"、"聚众滋事"、"聚众戕官"、"戕官据城"等词来概括性地描述这一事件。这一话语符号的区分本身就是意识形态介入的后果。笔者使用"叛乱"一词并不代表笔者是满清遗老，仅是因从统治关系而言易于表述而已。

　　"钟九闹漕"事件在军事斗争之前是一个漫长的诉讼过程，诉讼的发起者并不是后来起事的主要领导者钟人杰、陈宝铭等人，而是一个叫金太和的人。现代版《崇阳县志》对于金太和发动诉讼的缘起是这样记述的："清道光十六年（1836年）十一月十五日，塘口金太和上县完粮，当面斥责衙役盘剥农民，遭县吏毒打、关押，乡民聚众入城声援，金获释。"①金太和被官府毒打，出得衙门，下决心要控告。在诉讼的过程中，作为下层绅士的钟人杰、陈宝铭、汪敦族等人卷入其中，掀起了抗粮的地方运动，与书差一方形成激烈的争斗。钟人杰等带领农民两次进县城拆打粮房，逼迫知县刊碑立石，最后破城戕官，走上了武装叛乱的道路。

　　选择"钟九闹漕"并不是因为它在历史上多么重要，而是因为围绕"钟九闹漕"事件而生产的文本。"钟九闹漕"并不是历史上的显赫事件，具有一定的"平民性"。相对于历史上的大事件来说，人们能够围绕"钟九闹漕"生产如此之多的文本殊为不易。历史上大量类似的"平民事件"要么早已沉入时间的大海被人遗忘，要么仅仅在当事人的记述中昙花一现，而不再被后人提起。一个平民事件，自发生后一百七十余年里还不断被再叙述和再评论，足以作为测量历史长河中潮起潮落的一杆水文标尺。

　　更为重要的是，如上面的介绍，有关"钟九闹漕"的文本显示出多样性。这些文本从作者分布来看有皇帝、官员、社会精英、普通民众、学者和学生，最重要的是还有事件当事人的文本，可以说是"众声喧哗"。文本的体裁有官方公文、私人笔记、民间唱词、访谈记录、学术论文等。多样性的文本群（文本链）中官方与民间的分野，精英和大众的视角都一一呈现，使得我们可以期望这里描述的文化能够接近于一种社会性的、公共性的文化，这与本书所持的文化观和研究路径是一致的。

　　"钟九闹漕"的发生正值中英鸦片战争时期，这是一种历史的巧合。历史虽然是被建构的，但是这种建构必须基于一定的历史存在。那些历史事件真实地发生过，只不过后人如何叙说而已。清朝的衰败是否起始于鸦片战争，或者中国近代史的起点是否定于1840年，这些都可以被建构起来。但是，无论如何建构，中英鸦片战争都是中国历史上的重大和显赫的事件，足以标志一个历史时代的开启。

---

　　① 现代版《崇阳县志》，9页。

在此之后，"钟九闹漕"几度重现江湖都巧合了中国历史上的重大事件。《八十年前底崇阳农民革命运动》见报于国民革命时期，孙敬文本《钟九闹漕》的出版正值"反右"运动前夕，《钟人杰起义历史资料》诞生于"文化大革命"期间。我们也可以将这种同时性视为巧合，但是人们不是在真空中再现历史，任何对历史的解读都是一种文化的解读。"钟九闹漕"就像出生于晚清的中国人，在一生中留下了许多照片。如果是一名很长寿的男子，他可能在道咸时期长辫长袍，民国时期短发西装，20世纪50年代穿中山装，"文化大革命"时期可能穿绿军装套红袖章，而到了邓小平时代，他的行头可能五花八门了。人还是那个人，但是服饰的不断变换恐怕不能仅仅解释为一种个人偏好。同样，"钟九闹漕"还是那个"钟九闹漕"，各个历史时期的不断解读也不能说是巧合。"钟九闹漕"文本群的分布为我们再现历史的文化情景提供了机遇，使得我们可以在不同的影像中去寻找一百几十年来文化变迁的踪迹和理由。

## 六、本书的写作路线图

第一章为导论，探讨政治文化研究的方法问题。过去的政治文化研究，第一，视语言为一透明的工具，没有考虑到语言本身所持有的文化相对性；第二，许多研究脱离语境来解读文本，犯了"时代误置"的错误；第三，轻视大众文本的重要性，将政治文化研究做成了"政治思想"或"政治哲学"研究。根据话语理论，笔者指出，任何语言的使用已经预设了相对的文化范畴，而文本又是在语境中建构起来的，那么文本中的语言形式特征也成为解读文本的一项重要任务。同时，如果我们不是仅仅研究所谓的"精英文化"的话，那么普通大众的文本也应当超越选择性的传统，在政治文化研究当中具有与其他文本同等重要的位置。

建构论认为历史和文本是我们通过语言建构起来的，但是笔者反对绝对的建构主义，因为任何语言的使用者也在同时面对一个真实存在的世界。笔者提倡将文本同时置于社会语境和情景语境，一般来说，前者使我们面对一个真实的世界，后者使我们面对一个建构的世界。虽然福柯的话语理论对于政治文化研究的启发非常重要，但是葛兰西的霸权概念更适合于在社会语境中探讨文本的文化问题。另外，作为一个重要分析工具，互文性有利于我们在表述的变异性中发现文化的延续和变化。在这两个分析工具的基础之上，体裁、语词选用、隐喻等文本的语言形式特征可以获得明确的解释。在此过程中，文本产生的重要社会条件之——政治文化自然也被"深描"出来了。

第二章以道光中期（1836—1842）发生于湖北省崇阳县的"钟九闹漕"事件为蓝本来探讨那个历史时期的政治文化，并以此作为本书描述晚清以来政治文化变迁的起点。官方文档、私人笔记、民间文学、地方志书等文本相继登场，不过笔者的重点并不在于探讨历史的真相（当然也是任务之一），而是关注亲历者和旁观者如何叙说这一事件。研究表明，道光年间清廷的统治并非已经腐朽不堪，起码官僚机构对付传统的叛乱还是绰绰有余。而绅民一体基本上还共享传统的文化经验，民众参与闹漕和叛乱并不图谋推翻政权，只是在"官逼民反"这一传统信念下的反应。除了专制体制下官员趋向贪腐这一无可救药的痼疾外，自晚明以来，作为地方社会领导阶层的绅士群体的结构分化和空间迁徙构成了推动社会政治变化的社会性特征。但是下层绅士在地方的崛起并没有脱离传统遗留下来的文化背景，这与19世纪后期的绅士分化截然不同。

第三章以1927年《八十年前底崇阳农民革命运动》的一文扩展开来，对"革命"这一中国近现代史上的重要观念的激发和传播进行探讨。很显然，《崇农革命》一文按照国民革命的意识形态对"钟九闹漕"进行了再建构。尽管没有这一时期崇阳县的资料，但是根据对其他地区的研究表明，无论对什么样的"革命"，中下层民众并未积极地接受其观念，或者说，那仅仅是政治斗争中的一个符号运用，人们对其蕴含的文化意义不甚了了。可以说，自"革命"又开始彰显于世直至整个民国时期，"革命"主要还是城市知识阶层中的观念。更为重要的是，晚清时期开始出走的绅士群体在清末民初的城市中逐渐向城市精英阶层转化。清末民初思想激化而形成的革命文化主导了国民革命运动的展开，革命的知识精英成为领导社会转型的阶层。

第四章阐述毛泽东时代"钟九闹漕"文本所反映的政治文化变迁。1957年《钟九闹漕》唱本突出了民众的力量，庶众化了"钟九闹漕"中的领导者钟人杰等人的形象。这种修改来源于意识形态对人民史观的强调。新中国成立后伴随着工人和农民社会地位提高的是知识分子地位的下降。在对文化"规训"的过程中知识分子的独立性丧失殆尽，知识阶层不复为社会的文化重心。1975 年的工农兵学员的重写历史是新中国成立后革命文化走向极端化的表现。在1975 年的田野调查记录中，崇阳农民表现出了对霸权单向输入的抵制。根据其他学者的研究，笔者倾向于认为土改时期的农民在较大程度上接受了革命和阶级斗争的观念。在一个继续革命和不断折腾的年代里，伴随着农村集体化的过程，农民的观念又逐渐向传统回归，阶级话语更多的只是一个随大流的、自我保护的标签。"文化大革命"后期，普通民众显示了向日常生活世界回归的趋向。

最后的结语从有关"钟九闹漕"的民间故事谈起，简约回顾了绅士—知识阶层自晚清以来的变化和命运。笔者认为，晚清西方列强入侵激活了传统的"圣人革命"思想，与西方现代革命观念相互格义，在民族危亡和 19 世纪的乱世中，知识阶层形成了激进的革命文化，并在民国初期主导了社会的转型。但是随着乱世中军权的上升与政权对社会的控制日益严密，知识阶层的社会影响力逐渐减弱。新中国成立后，知识阶层地位大幅下降，已不复为社会独立之力量，意味着国家与社会关系中的沟通协商机制已经消亡。失去知识阶层这一中介之后，霸权在发挥作用的过程中就失去了反思的机制和回旋的余地，霸权有向实体统治转化的趋向。这构成了革命文化不断升温以致走向极端的社会结构原因。

# 第二章 钟九闹漕：
## 传统社会的集体行动

## 第一节 道光王朝的力量

### 一、皇帝和臣僚

钟人杰率众于道光二十一年十二月十二日（1842年1月22日）黎明攻破崇阳县城，但直到十二月二十三日，身处紫禁城的道光皇帝旻宁（爱新觉罗·旻宁，1782—1850）才看到湖广总督①裕泰和湖北巡抚赵炳言联署的奏折。除了遵守书写奏折必要的礼节和规范外，两位封疆大吏的语气显得有些火急火燎：

> 湖广总督臣裕泰、湖北巡抚臣赵炳言跪奏，为湖北崇阳县匪徒聚众滋扰攻入县城、抢劫仓库监狱、捆缚县官，派委文武大员先往兜拏，并臣裕泰亦即启程驰赴督办，由驿恭折具奏仰祈圣鉴事：
> 窃臣等于十二月十四十五等日，据武昌府知府明峻署、蒲圻县知县萧荫恩先后禀报。该府前往蒲圻县查勘堤工，途次接据崇阳县知县师长治禀称，上年前县折锦元任内有习徒钟人杰等聚众拆毁有怨之家房屋、挟制官长改立钱粮一案，屡经饬拏未获。十二月初十日亥刻，风闻钟人杰等因查拏严紧，疑系其戚蔡绍勋主使，即纠众将蔡绍勋房屋放火烧毁并欲入城拆毁原告金两仪房屋、杀害蔡绍勋。该

---

① 顺治元年（1644年），清廷置湖广总督，驻武昌，辖湖南、湖北地。康熙七年（1668年），罢湖广总督，与四川并，更名川湖总督，移驻荆州；九年，复分设湖广总督；十九年，改川湖总督仍为湖广总督，还驻武昌。康熙二十六年（1687年），定名为"湖南湖北总督"。本书根据裕泰奏折中的自称，仍用"湖广总督"名。参见刘子扬：《清代地方官制考》，64页，北京，紫禁城出版社，1988；张德泽：《清代国家机关考略》，209页，北京，学苑出版社，2001。

府正往查拏间，复于十四日辰刻，据崇阳县知县师长治之子师世杰来蒲面禀——该匪等党羽甚多，已于十二日夜攻入县城，抢劫仓库监狱；拒杀家丁，并将伊父师长治捆绑，伊将印信赍送前来各等情。据此，臣等接阅之下不胜骇异。查崇阳县地处山陬，钟人杰前因包庇程中和挖煤图利，拟徒配逃，查拏未获。纵因与民人挟有夙嫌欲图报复，何至聚众入城抢劫监狱仓库、拒捕捆官？种种狂悖殊堪发指，并恐别有衅端或另有为首之人、该县办理不善所致均未可定。亟需严拏惩办以伸国法，当即委饬……于拜折后即行启程前往相机督办。总期处以镇静并出示晓谕使附和之人先行解散，将滋事匪徒克日悉数擒获，究明起衅根由、何人为首，尽法痛惩，断不敢稍涉张皇致滋扰累黎；飞饬邻封各州县暨移咨江西湖南各抚臣饬属一体协拏防堵，以免窜越外所。有臣裕泰亲往督办缘由，理合由驿恭折具奏，伏乞皇上圣鉴。再臣裕泰省署日行事件照例檄委藩司刘体重代行代印，其紧要事件仍包封递至途次，由臣自行查办。合并陈明谨奏。道光二十一年十二月十六日。[1]

旻宁并不是没有见过世面的皇帝。嘉庆十八年（1813年）九月十五日，近百名天理教信徒在太监的内应下攻入紫禁城。当时嘉庆帝颙琰正在木兰秋狝[2]，而奉旨提前回京的旻宁正在上书房读书。危急关头，旻宁临危不惧，挺身而出率众杀败天理教叛众，第二天擒获叛乱的主要首领林清。事后嘉庆帝嘉许"有胆有识"、"忠孝兼备"，并封旻宁为智亲王。[3] 终道光一朝，包括少数民族、秘密会社在内的叛乱蔓延不断，只不过"钟九闹漕"的规模比较大一点而已。[4]

---

① Qing Docs Vol. Ⅱ，1～4页。

② 狝音显，指秋天打猎。木兰为满文音译，就是哨鹿围，女真部族以长角吹出雌鹿声音引诱雄鹿捕猎的围场。康熙初巡塞外，举搜狩之典，蒙古几个部落敬献牧场以供秋狝之所，自此开始到木兰秋狝讲武，清历朝相沿为习。木兰围场周边一千三百余里，位于今河北承德以北。参见刘家驹：《清史拼图》，21～26页。

③ 喻大华主编：《清朝通史·道光朝》，11～13页，北京，紫禁城出版社，2002。

④ 同上书，303～326页。

早在嘉庆二十五年（1820 年）七月嘉庆帝突然驾崩，旻宁初继大统
之时，新疆就爆发了张格尔叛乱。至道光七年腊月（1828 年 2 月）
张格尔被擒获，叛乱延续了七年之久。史家评价道光帝镇压叛贼、
稳固西北处置有方。① 钟人杰聚众捆官据城虽然事出突然，但小小
一个崇阳县还不至于让旻宁惊慌，何况大清帝国正在面对一场前所
未有的军事和政治危机。彼时中英鸦片战争并未结束，自 1841 年 10
月至 1842 年 2 月，战争处于间歇期，道光帝与远在江浙率军征讨
"逆夷"的扬威将军奕经正在筹划对英军的反攻，以期收复失地。②
尽管中英之间的战争牵扯了大部分精力，勤政的道光皇帝当天还是
通过军机处给总督和巡抚下了一道上谕：

> 谕军机大臣等：本日裕泰等奏湖北崇阳县匪徒聚众攻
> 入县城一折。据称该县刁徒钟人杰，前因包庇程中和挖煤
> 图利，拟徒配逃，查挐未获，与民人挟有夙嫌，欲图报复
> 等语。该犯钟人杰以无赖匪徒，何至因有衅端，辄敢聚众
> 入城抢劫监狱仓库、拒捕捆官？情节殊难凭信。据该县师
> 长治之子禀称匪徒党羽甚多，恐系蓄谋已久。该县僻处山
> 陬，地面并不辽阔，何以匪徒聚众该县毫无闻见？其中显
> 有别情。著裕泰赵炳言，一面派兵缉挐各犯，一面飞咨邻
> 省协力防堵。其为首之犯务当即速挐获，毋任远飏兹蔓。
> 裕泰现已带兵前往，并有郭熊飞③等会同兜挐，著即严切
> 讯究起衅根由。何人为首？是否系地方官激成事端？总须
> 水落石出，分别严办，迅速完结。湖北省城一带饥民甚多，
> 赵炳言坐镇省垣必须妥为弹压，不可令其闻风惊疑或致勾
> 串。倘现获各犯供出党羽散在各处，亦即密咨分缉，勿留
> 馀孽，是为至要。将此谕令知之。④

平心而论，总督裕泰和巡抚赵炳言面临突发的事件，其处置还是得

① 喻大华主编：《清朝通史·道光朝》，79～113 页，北京，紫禁城出版社，2002。
② 茅海建：《天朝的崩溃：鸦片战争再研究》，377～385 页，北京，三联书店，2005。
③ 时任湖北按察使。
④ 《清实录·宣宗实录》卷三六四，559～560 页；Qing Docs Vol. Ⅱ，5 页。

当的。总督亲临现场缉拏，巡抚坐镇行辕接应，平时主理民政钱谷事务的藩司（布政使）代行两位上司的日常公务，湖北的政务并没有因为一场突如其来的叛乱而紊乱。总督裕泰还"飞饬邻封各州县暨移咨江西湖南各抚臣，饬属一体协拏防堵，以免窜越外所"，防止事态蔓延扩大。从裕泰的奏折上看，道光朝的地方政府运转颇有成效，地方官员亦能体现合作精神。旻宁已在位二十年，虽然作为不大，但是应付钟人杰这一类的叛乱应该说经验老到。旻宁大体认可裕、赵二人的行动方案，但是特别向两位地方大员指出："湖北省城一带饥民甚多，赵炳言坐镇省垣必须妥为弹压，不可令其闻风惊疑或致勾串。"看来，从皇帝到地方大员，都深谙"星星之火，可以燎原"的道理。

在裕泰的奏折中，钟人杰起事的原因并未说明清楚。事发仓促，情有可原。但辖地内发生如此之大事故，裕泰和赵炳言还是害怕承担治理不善的责任，所以直言"臣等接阅之下不胜骇异"。"不胜骇异"表明了一种极端的出人意料的震惊感，此句的潜台词是——"在我的辖地中不可能发生这种事情啊?!"但作为封疆大吏，裕泰和赵炳言必须解释，而不能一味推脱——"纵因与民人挟有夙嫌欲图报复，何至聚众入城抢劫监狱仓库、拒捕捆官? 种种狂悖殊堪发指，并恐别有衅端或另有为首之人、该县办理不善所致均未可定"。这里的话语策略是在对钟人杰等极尽谴责（"狂悖殊堪发指"）以表忠诚之余，尽量表现自己的疑惑和犹豫。"纵……何至……"句式的选用，在表达疑惑的同时，也在推卸责任。而"恐……或……"句式，以及"均未可定"的说法，表明裕泰在推测原因时的犹豫，同时，这种犹豫也含糊地将责任推给自己的下属（"该县"）。

即使是"清帝中资质最低下的一位皇帝"①，旻宁也看出了裕泰和赵炳言奏折中的含糊与推卸。对钟人杰因"与民人挟有夙嫌，欲图报复"的说法，道光直言"情节殊难凭信"。依据崇阳地面狭小，而"党羽甚多，恐系蓄谋已久"的理由，旻宁倾向于认定"系地方官激成事端"。但是山高皇帝远，旻宁亦不能十分确定，因此在上谕中命令裕泰和郭熊飞等"即速拏获……著即严切讯究起衅根由"。

官员隐匿真相不报，推卸职责邀功请赏，是古代中国官场的

---

① 喻大华主编：《清朝通史·道光朝》，459 页。

"潜规则"①。旻宁在继位之初就遇到了此类事情。我们先看另一段也是由旻宁本人下的上谕：

> 所获活贼，自应先将起衅缘由，讯问明确，并查明孰为起意，孰为胁从，分别办理。乃色普征额将卡外所获之贼，全行正法，但云俱系情罪重大，并无切实犯供，恐系斌静等因事激变，此时转妄行杀戮，希图灭口。②

这里讲的是嘉庆二十五年八月新疆张格尔叛乱首次寇边。嘉庆皇帝于本年七月二十五日（1820 年 9 月 2 日）驾崩，旻宁继位，即使正值国丧，新皇帝亦不得不着手处理这一边境战事。九月，清军在两次战斗中分别俘获叛军 20 余人和 80 余人，前者被前线将领色普征额军前正法，后者被色普征额解交喀什参赞大臣③斌静后全部杀戮。中国古代杀降、杀俘并不为奇，但道光帝疑心边臣以此来掩饰、隐瞒真相，并怀疑系斌静治理不善激起张格尔叛乱。于是，道光皇帝下了上面的谕旨。此后，道光多次要求伊犁将军④庆祥严格查办此事，但庆祥出于回护下属，也出于自保，屡屡以枝节搪塞。即使在斌静和色普征额被革职查办，庆祥也没有将斌静等人贪淫暴虐、奸宿回商之女几酿命案的丑行上报。直到道光六年（1826 年）皇帝才知道斌静奸宿回妇和色普征额贻误军机之事，将其二人定为"斩监候"，次年免其死罪，改为"永远圈禁"。道光皇帝因此指责庆祥"存化大为小之见，欲将就完案，辄将起衅根由，匿不奏闻"⑤。

---

① 参见吴思：《隐蔽的秩序：拆解历史弈局》中"皇帝也是冤大头"一节，47～60 页，海口，海南出版社，2004。

② 《清实录·宣宗实录》卷五，135 页。转引自喻大华主编：《清朝通史·道光朝》，85 页。

③ 乾隆二十四年（1759 年）清廷在喀什噶尔（今喀什市）设参赞大臣、协办大臣各一人，总理喀什噶尔、英吉沙尔、叶尔羌、和阗、阿克苏、乌什、库车及喀喇沙尔等八城事务。参见刘子扬：《清代地方官制考》，350～351 页；张德泽：《清代国家机关考略》，253 页。

④ 乾隆二十七年（1762 年）清廷置伊犁将军，驻扎伊犁（今伊宁市），为八旗驻防将军之一，以参赞大臣一人为辅，统掌新疆之军政，天山南、北两路悉听其节制。参见刘子扬：《清代地方官制考》，347 页；张德泽：《清代国家机关考略》，252 页。

⑤ 喻大华主编：《清朝通史·道光朝》，79～85 页。

尽管张格尔叛乱并不仅仅归因于边疆大臣和武将的贪渎，但我们可以相信，道光皇帝在执政初期就明白臣僚失职后隐匿真相不报的潜规则而对之抱有较高的警惕性。中国古代君臣猜忌由来已久，如何控制臣僚一直是君主的心头大事。"所谓寝食不安，所谓宵旰图治，在天下已定或大定之后，主要还不是为了对付人民，而是为了对付臣属哩！"① 旻宁的祖父乾隆皇帝在处理叫魂案时也碰到了这种官场文化：

> 　　如果说，弘历的清剿撞上了官僚们设置的路障，那么构成这些路障的恰恰是最令他痛恨的"官场恶习"：谨慎地隐匿情报，小心地自我保护，隐瞒真相以掩护人际关系，百促不动以墨守陈规。②

在裕泰的奏折中可以看到，武昌知府明峻在向督抚禀告崇阳事变时自称"前往蒲圻县查勘堤工"，也就是说正在搞现场办公，而并未如后文所述是前往谒见钦差，是在巴结朝官搞私人关系。裕泰、赵炳言作为地方大员，浸淫官场，对此种"官场恶习"自然不会陌生。两人奏折中的话语语调犹疑，既是防止落入"隐匿不报"的窠臼，把责任隐约地指向崇阳知县，又使皇帝确信责任在地方官僚。这一话语策略挠到了皇帝的痒处，因此旻宁在上谕中并未明显对两位封疆大吏大加斥责，只是命令二人加紧妥善处治。

## 二、军事动员

尽管在皇帝和地方大员之间存在着犹疑和猜忌，但是剿灭钟人杰叛乱的军务并没有耽搁。鸦片战争之前，道光帝一心求治，整饬吏治的决心很大。在处理清初开国功臣多铎之后、世袭罔替的豫亲王裕兴强奸使女致使女自缢的案子时，道光先是赐死，后因宗室纷纷劝阻改为革去王爵、圈禁三年的处罚。为此下的诏书中有一句"国家法令，王公与庶民所共"，讲得很重。当政的前二十年，道光

---

　　① 王亚南：《中国官僚政治研究》，63页，北京，中国社会科学出版社，1981。

　　② ［美］孔飞力：《叫魂：1768年中国妖术大恐慌》，305页，陈兼、刘昶译，上海，上海三联书店，1999。

帝严厉处罚了不少渎职和违法的宗室和官员，证明这话不是说出来装装样子的。当然，道光帝重视人才也得到了史家的肯定，譬如陶澎、林则徐等以布衣出身，凭才干、学识受到重用直至开府封疆、位极人臣就是很好的先例。① 道光帝赏罚分明的一贯做派在剿灭钟人杰叛乱之后尽显无遗。在钟人杰攻占崇阳、通城两个县城时，地方官员有不同的渎职行为，道光帝就明确要求惩处。

> 通城知县李玺、典史单名扬、外委谢奕武均有守土之责，乃应先事筹防。一经贼匪突入，即各怀印奔逃，殊出情理之外。② 著先行革职，交该督等严审确情，治以应得之罪。③

> 另片奏，盘获崇阳汛兵廖清泰及外委邓永煊之子邓芳义，到案讯明，邓永煊并未被害，伊等系求陈宝铭放回等语。外委汛兵，责在防御，或未被贼戕害，或竟求贼放回，均难保无从贼情事。著裕泰确切查明，与怀印奔逃之通城县知县李玺等一并严行惩究，按律办理。不准稍存开脱之见，致守土各官弁毫无顾忌，群以潜逃，为得计也。④

紫禁城里的天子连七品知县以下的官员都要点名追责，裕泰和赵炳言这样的大员内心的感想可想而知。国有国法，家有家规。为己为人，总领湖北、湖南文武的裕泰和掌管湖北军民的赵炳言都不敢怠慢进剿事宜。事后证明，忠君报国并不是白干，功名利禄全出自皇恩。旻宁在清军克复崇阳、通城两县城后的一份上谕中说：

> 裕泰前已赏戴花翎，著加恩赏加太子太保衔并赏换双眼花翎，刘允孝亦着加恩赏换双眼花翎。发去花翎二枝交裕泰、刘允孝祗领。在事文武各员弁并向导、内应，羁縻

---

① 喻大华主编：《清朝通史·道光朝》，43～49 页。

② 《钟人杰口述》："因闻有崇阳书差逃往通城藏匿，那里又相离最近，就督同谭九海带人于十二月十七日先往通城攻打。通城典史、教官、外委都不在城内，知县带人抵御，被我们杀败，得了县城。" Qing Docs Vol. Ⅱ，16 页。

③ 《清实录·宣宗实录》卷三六四，577 页。

④ 《清实录·宣宗实录》卷三六五，578 页。

诱令之绅士民人，及出力各义勇，均著据实保奏，候朕
施恩。①

　　十年后，因镇压太平天国运动而崛起的地方军事和政治势力，开始
逐渐削弱清廷中央的权威，集权慢慢向地方督抚分解。② 彻底恢复
中国政治中央权威的重任，留给了百余年后对抗那个名义上统治全
国的国民党中央权威的共产党人。但是在道光朝，政治权力的重心
还在紫禁城中枢，皇帝的命令在地方还是通行无阻，具备十足的威
严和效力。

　　在皇帝的亲自督促下，清廷的军事力量迅速调集，扑向偏居一
隅的鄂东南地区。首先是为防止叛乱扩散，命令与崇阳、通城接壤
的湖南、江西官员调兵防堵。旻宁的上谕说："恐该逆受创后四路分
窜，已降旨由五百里饬令吴文镕③、吴其濬④派委妥员，各就所属认
真防堵。"⑤ 对于防止流窜引起更大范围的动荡，皇帝旻宁保有充分
的警惕性。他在进剿期间一再通过谕旨向地方大员强调此问题，甚
至在事后，问及地方官员审讯被捕人犯情况的谕旨中还要求"委员
分赴各处搜查，以期净绝根株，不留余孽，报闻"⑥。处置道光朝前
期各种不大的地方叛乱，给最高统治者留下了可贵的政治实践经验。

　　其次是调兵。清代的总督和巡抚虽然都辖有各自的标营，但并
不是军事将领。清廷一省的军事体制分提、镇、协、营，其中由提
督直辖的提标，是"兵力最强、驻防最集中、机动性最强的部
队"⑦。读者会很奇怪，裕泰的奏折中怎么没有提到当时的湖北提
督——刘允孝呢？刘提督如何没有一马当先，反而是总督大人带着
按察使赶赴咸宁布防进剿呢？在第一道谕旨之后，在布置吴文镕、
吴其濬派兵防堵的谕旨中，道光皇帝是这样说的："裕泰现驻咸宁，

---

① 《清实录·宣宗实录》卷三六六，598页；Qing Docs Vol. Ⅱ，10页。
② 参见［美］孔飞力：《中华帝国晚期的叛乱及其敌人》，谢亮生等译，
北京，中国社会科学出版社，1990；杨天宏：《中国近代转型与传统约制》，2～
53页，贵阳，贵州人民出版社，2000。
③ 时任江西巡抚。
④ 时任湖南巡抚。
⑤ 《清实录·宣宗实录》卷三六五，570页；Qing Docs Vol. Ⅱ，7页。
⑥ Qing Docs Vol. Ⅱ，13页。
⑦ 茅海建：《天朝的崩溃：鸦片战争再研究》，49～50页。

著提督刘允孝迅即拣带精兵前往会剿……又恐湖北省兵力单弱，复降旨由五百里饬令恩特亨额、富呢扬阿，将前经奉旨调集陕甘官兵二千名赶紧派员管带赴楚交裕泰。"① 读至此才明白，刘提督当时不在省内，湖北清军兵力单薄。其时正值鸦片战争，清廷从内地各省区抽调兵丁增援沿海。湖北额定兵丁 20645 人，调出兵丁为 7300 名（居各省之首），抽调比率为 35.35%（仅低于安徽的 36.83%，位居次席）。② 茅海建的研究表明，当时清军总兵力约为 80 万人，但他们首先承担的是警察和内卫部队的职能，布防分散，在实际操作中不具有今日野战部队的意义。③ 因此，正率兵赶赴抗英前线的湖北提督刘允孝在途中被紧急调回，从陕甘两省抽调增援浙江的两千名官兵也转赴湖北，参加对钟人杰叛乱的进剿。对这一过程，魏源是这样叙述的：

> 然乌合乡民，无枪械，距省城仅二百余里，使省城以兵数百星夜驰赴，立可散党禽渠。而武昌督标兵因夷寇调赴江、浙，存城无几，总督裕公以兵二百驻咸宁，距崇阳百里，以俟提督之至。④

上述为初步的调兵增援行动，在整个进剿过程中，清廷的增兵调动源源不断。在得报收复崇阳平息叛乱后，旻宁的谕旨有"所奏未到官兵飞速截回，现在官兵分别撤留"句。⑤ 除清廷官军外，地方还招募乡勇协同进剿。"所有此次调派官兵、雇募乡勇所需口粮等项，准其筹款办理，事竣覈实报销。"⑥ 虽然道光朝自七年张格尔被擒后没有对内大规模用兵的记录，而且中英在江浙一带的对峙造成了中

---

① 《清实录·宣宗实录》卷三六五，570 页；Qing Docs Vol. Ⅱ，7 页。
② 茅海建：《天朝的崩溃：鸦片战争再研究》，56 页。
③ 同上书，48～57 页。关于中国"无兵的文化"，参见雷海宗：《中国文化与中国的兵》，北京，商务印书馆，2001。梁漱溟根据雷海宗的研究，认为中国自东汉以下重文轻武，兵在社会中地位低下，由此可以看出中国古代没有国防观念，因此也无所谓"国家"观念。参见梁漱溟：《中国文化要义》，140～146 页。
④ 魏源：《湖北崇阳县知县师君墓志铭》。
⑤ Qing Docs Vol. Ⅱ，12 页。
⑥ 《清实录·宣宗实录》卷三六五，570 页。

方兵员短缺的局面，但是我们不得不承认，清廷当时对内的战时动员能力还是比较强的。其时，因为腐败而导致的训练废弛、军纪荡然，"在鸦片战争中，清军在作战中往往一触即溃，大量逃亡，坚持抵抗者殊少"[1]。但是，调动绝对多数的兵力合围一伙仓促起事的农民，其胜算比对阵拥有坚船利炮、训练有素的英军大得多。[2] 历史表明，当时的清王朝拿远道而来的英夷没有什么太多的办法，但对付内部不大的民众叛乱还是绰绰有余。这与道光晚年清廷对于洪秀全等人酝酿大规模叛乱所表现出来的迟钝形成鲜明对比。[3]

## 三、安抚地方

当然，对内的统治能力并不仅仅表现在军事上。皇帝也不仅仅只是军事力量的最高统帅，他还是行政首脑、最高立法者和大法官。旻宁和他的王朝在钟人杰善后事宜的处理上，表现了娴熟的以恩威并施来实现社会稳定的传统政治经验。古代兵争之地，烧杀抢掠属于常态。咸丰二年，浙江鄞县知县段光清在处理闹粮案时看到清军平叛过程中抢掳平民、烧毁房屋的惨状后，发出感慨：

> 夫带兵者文武员弁如许之多，所带亦不过数千兵勇，尚为民害如此。今日发贼流毒天下，贼过之后，重以官兵，生民涂炭，尚忍问哉？[4]

早在军事进剿的过程中，官府就注意将一般民众与叛乱分子区别开来对待，不使之产生连锁反应。旻宁在给赵炳言的谕旨中除进行武

---

[1]　茅海建：《天朝的崩溃：鸦片战争再研究》，73 页。

[2]　关于鸦片战争中清军与英军之间武器装备、军队训练水平的对比，参见茅海建：《天朝的崩溃：鸦片战争再研究》，33～67 页。

[3]　道光皇帝旻宁继位于 1820 年 9 月 2 日，次年为道光元年，逝世于 1850 年 2 月 25 日。虽然洪秀全等人在道光二十三年就开始了筹备和酝酿反清举事的工作，也与官方发生过冲突，但一直未引起官府注意。终道光朝，清政府的官方文档上尚未出现"洪秀全"三个字。直到道光三十年十二月初十日（1851 年 1 月 11 日，旻宁已死，皇四子奕詝已经继位），洪秀全等人才在广西金田暴动，因此太平天国运动应当是咸丰朝的事件。参见喻大华主编：《清朝通史·道光朝》，320～326 页。

[4]　（清）段光清：《镜湖自撰年谱》，58 页，北京，中华书局，1960。

昌的军事布防外，明确指示湖北巡抚：

> 至武昌、汉阳地方，现在收养贫民。当逆匪滋事之时，该民人等尚不至闻风惊疑。除年壮贫民志切同仇者应募乡勇外，其余仍饬地方官加意安抚。至务属灾民，或煮烹，或修堤作力，均使糊有资，毋令失所，是为重要。①

前署咸宁县知县夏廷樾和前署崇阳县知县金云门"悬赏招揽士民，羁縻首要各犯"，刘允孝"亦募绅民向导内应，自石盘山进攻"②。崇阳、通城被克复后，旻宁在谕旨中叮嘱裕泰："至被胁良民，前有旨妥为分别安抚。现在焚香跪道，以迎大军。著严饬文武员弁加意抚恤，毋妄株连，是为至要。"③ 县志中是这样叙述清军入崇的："二十二年壬寅，春正月，制宪裕提督刘统大兵入城，逆首就缚。招抚流离，民始复业。夏，大饥，贫民采草根、木皮以食。知县金云门开仓平粜，谷价顿减。"④

当然上有政策，下有对策，清军兵丁不可能完全遵守朝廷及大员的命令。在亲历者殷塈的记述中，清军克复崇阳后，金云门复任崇阳知县。在追赃究逆的过程中，被抢"官物"、民财及师长治署中"衣物不下万金"的大部分又落入清军兵勇和"领搜"绅士的口袋里，"甚有来市货卖者，被害之家见之酸鼻"⑤。但是，长诗《钟九闹漕》的叙述表明裕泰和刘允孝较好地执行了朝廷的命令，参与进剿的清军并没有演出大肆烧杀、掠民的惨剧：

> 三员大官到崇阳，庶民百姓好慌张，提台四城贴告示，商人开门复经商，不准官兵入民房。一张告示贴出来，百姓人等放宽怀，肉铺酒肆人来往，粮食糕饼摆满街，大小

---

① 《清实录·宣宗实录》卷三六五。
② 《清实录·宣宗实录》卷三六六，597 页。
③ 《清实录·宣宗实录》卷三六六，598 页；Qing Docs Vol. Ⅱ，9 页。
④ 同治本《崇阳县志·杂纪志·灾祥》卷十二，626～627 页；Qing Docs Vol. Ⅱ，40 页。
⑤ 《崇阳冤狱始末记》。

店铺挂招牌。①

但是，朝廷的赋税还是不能免的。安抚百姓的目的仍然是恢复朝廷征纳的正常秩序：

> 总督抚院又商量，崇阳几年未完粮，单传绅士与保正，又邀大户到官仓，按规如数交钱粮。绅士保正怎奈何，不敢坐轿跨马骡，四十八堡都完米，合县名士两百多，见官好似见阎罗。

官府视域中的地方社会，"绅民"、"士民"并称，浑然一体。而"绅"和"士"排位"民"之前，俨然庶民之领导者和代言人，官府与地方社会的沟通和联系主要通过绅士阶层进行。如同后文将看到的，在"钟九闹漕"的整个过程中，崇阳地方绅士的身影充斥其间。无论在官方话语还是精英抑或大众的话语中，我们都能辨认出是绅士阶层主导了事件发展的进程。

## 四、政策调整

Qing Docs 中收录了两篇奏折，裕泰的我们已经阅读，另外一篇是军机大臣穆彰阿遵旨对叛乱首领钟人杰、陈宝铭、汪敦族三人会审后向道光皇帝呈递的。穆彰阿的奏折实际上是清官方对钟人杰叛乱事件的最终报告，有学者评论其语气同美国国会的"'九一一'委员会报告"相似。② 奏折中明确了对钟人杰三人的判决为"依谋反大逆，不分首从，凌迟处死"后，穆彰阿总结如下：

> 至该县户书向花户勒索耗银、样米等项，据该逆等供称由来已久。应请旨饬令该督于办理善后事宜案内查明，严行革除。并照例严禁嗣后无许地方劣生人等包揽完纳漕粮，以安闾阎而肃法纪。③

---

① 王旺国本《钟九闹漕》。本章后文未标明引注的《钟九闹漕》唱词引文皆出自该本。
② ［美］田霏宇：《一门历史课的历史》。
③ Qing Docs Vol. Ⅱ，35 页。

旻宁及其朝廷非常清楚崇阳民众群起跟从钟人杰叛乱的原因并非是
钟人杰等人与书差的冲突，根本的原因还是赋税征收政策导致的农
民负担过重。对于不能竭泽而渔的道理，皇帝和大吏们的内心还是
十分清楚的。因此，平定叛乱后，清廷及时在崇阳作出了政策调整，
明确规范额定赋税之外所收的各项费用，大幅度减少农民负担，以
此来安定民心，恢复正常的征税秩序。可以说，政策调整的思路是
对的。但是正如魏源所评价的：

> 呜呼！国家转漕七省，二百载来，帮费日重，……。
> 于是把持之生监与侵渔之书役，交相为难，各执一词，弱
> 肉强食，如圜无端。及其痈溃，俱伤两败，虽有善者亦末
> 如何，而或代受其祸。近年若浙之归安、仁和，苏之丹阳、
> 震泽，江西之新喻，屡以漕事兴大狱，皆用小兵，而崇阳
> 则用大兵。不宁惟是，距崇阳事未二载，而湖南耒阳复以
> 钱漕浮勒激众围城，大吏至，调两省兵攻捕……，停生员
> 欧阳大鹏等于京师，论功行赏，与湖北崇阳一辙。①

钱漕浮勒的问题由来已久，终清一代未能解决。《清史稿·食货志》
说："乾隆初，州县征收钱粮，尚少浮收之弊。其后诸弊丛生。犹不
过斛面浮收，未几遂有折扣之法。每石折耗数升，渐增至五折六折，
余米竟收至二斗五升，小民病之。"道光元年到次年，湖南醴陵县就
爆发闹漕案，导致将近三十人死亡。案子也闹到皇帝旻宁那里，领
头人监生匡光文被判绞监候。② 吴思曾经以"出售英雄"为题讲述
了清咸丰二年（1852年）在浙江鄞县发生的类似的抗粮事件。事件
的起因亦是因纳粮的陋规而起，群众凌辱知府，抢掠烧毁衙门，捣
毁粮房，官府亦派兵镇压，其领导者监生周祥千亦被官府擒获诛
杀。③ 咸丰七年（1857年），湖北巡抚胡林翼奏请减漕，"奉部文酌
定，裁去积年陋规"。武昌府"出示晓谕"，"崇邑定例石米以足钱四

---

① 《湖北崇阳县知县师君墓志铭》。

② 洪振快：《亚财政：非正式财政与中国历史弈局》，106～111页，北京，新星出版社，2008。

③ （清）段光清：《镜湖自撰年谱》，51～72页；吴思：《血酬定律：中国历史中的生存游戏》，123～140页，北京，中国工人出版社，2003；吴思：《隐蔽的秩序：拆解历史弈局》，331～348页。

串文折收"，"所革陋规具详告示中"：

> 武昌府告示——为出示晓谕，酌减征漕章程，删除浮
> 费，以甦民困事，奉抚宪札饬，湖北漕务积弊，民苦浮勒，
> 官无经制。其取于民者厚，其交于公者微。类皆中饱于丁
> 船杂费及上下衙门一切陋规。……饬委本摄理府亲诣所属
> 各州县，体察情形，核其征收兑运实费……裁汰浮费实属
> 有益于民有益于帑务，需认真督察。……定限九月以前通
> 禀酌办……兹据崇阳县禀贵征收漕南米石用帐前来……自
> 此次定章之后，官吏丁役如敢格外多索，一经访闻或被告
> 发，丁胥立挐杖毙，官则专案严参惩办。尔绅民亟应激发
> 天良，踊跃输将，务将应完本年漕粮米石，赶紧遵照此次
> 定章，年内扫数全完。该绅民等如果不知自爱，有意抗违，
> 定挐照例治罪，绝不宽贷。切示特示。
>
> 计开
>
> 删除崇阳漕南一切陋规单：……
>
> 以上县中一切费用，自行痛加删除。①

光绪六年（1880 年），我们还可以根据在贵州毕节新近发现的"完纳
钱粮碑"文上知晓当时清廷的云贵总督和贵州巡抚还在处理这类问
题，并将征纳的政策章程勒石刻碑以保永久。② 直到清代最后的十
年时间里，民变不断，其中不少还是民众抗税的斗争。③

我们可以看到，清廷政府在面对叛乱的时候，其组织和动员军
事力量的能力相当强大。然而在解决征税浮收问题的过程中其政令
又屡行不通，受到非常大的阻碍，以致漕粮浮收问题终清一朝始终
未能解决。在扑灭闹漕引起的叛乱事件中，朝廷在集结和动用武力

---

① 同治本《崇阳县志·食货志·田赋》卷四，228～237 页；Qing Docs
Vol. Ⅱ，41～43 页。

② 吴长生：《毕节〈完纳钱粮碑〉浅析》，载《毕节师范高等专科学校学
报》，2002（2）。该文论述的是，光绪六年贵州省毕节县知县根据"政之常经"、
朝廷条例，结合该县的实际，制定了征收钱粮的办法，并以勒石刻碑的方式公
之于众。

③ 参见中国第一历史档案馆、北京师范大学历史系编选：《辛亥革命前十
年民变档案史料》，北京，中华书局，1985。

方面迅速有效，地方官员能够服从命令，互相配合来解决问题，显示了王朝对内统治的强大和效率。但是，人散曲未终。问题是：面对一个强大而严密的官僚体系，朝廷也不断地反思并作出有利于民众的政策调整，而民众为什么要一而再、再而三地用暴力来解决问题呢？我们可以简单地说，地方官员们阳奉阴违，在实际中不遵守清廷的政策指令，因而问题始终得不到解决。那么在督抚衙门发出如此严厉的警告下，为什么官员还是没有去遵照执行呢？看来，从清廷和督抚衙门的政令到农民税赋负担的博弈链上，存在着妨碍其实际发挥效用的某种东西等待我们去揭示。

## 第二节　崇阳的地方社会

### 一、山区的民风

在知县师长治的幕友殷垫看来，崇阳地方的复杂难治和师长治之前几任知县的碌碌无为，导致了钟人杰的叛乱。关于崇阳的复杂难治，殷垫首先从当地的地理环境方面进行了建构：

> 崇阳在崇山峻岭之中，属武昌所辖，与蒲圻、通城、通山、江西义宁州连界。分疆之处非巅崖即峻岭，九泥可封……统四十八堡中有四十八洞，大小不等。洞各有名，志书零落，板片无存，难以查考。大洞其深难测，小洞亦可容人。……北界蒲圻通省要道，地名横上。凿巅崖成路，仅容一舆，对面往来须侧让其半。上则峭石壁立，下则陡崖傍涧。碧流一线，雨后泻注激湍，舟楫可通。水底峰峦齿列，曲折回环。水稍浅涸，船乘泻注，泛于石砂之上。船底声如擂鼓，行之不易。上达通城，下通蒲圻，百里出江。①

巅崖峻岭；四十八洞，洞各有名，其深难测；水底峰峦齿列，曲折回环，这些描述放在 21 世纪的当下中国，不啻为开发崇阳地方旅游业的上佳的广告语。崇阳县位于湖北东南陲，居湘鄂赣三省交界处，

---

① 《崇阳冤狱始末记》。

县治沿武（汉）长（沙）公路距武汉市 155 公里，县境内 77％为山地。[1] 崇阳交通运输，原以水运为主，由境内隽水河道经蒲圻县至嘉鱼县陆溪口进入长江。陆运均为乡间大道或傍山小路，多用人力挑抬，兼用独轮车和牛马车。民国二十二年（1933 年），崇阳县才开始建设公路。[2] 崇阳属亚热带季风气候，多雨，且地貌复杂。以道光时代的交通条件，崇阳地方居民与外界交流并不是一件轻便之事。但是我们需注意到裕泰的奏折中只简单地说"崇阳县地处山陬"。除去对实地不了解的因素之外，地理偏僻和环境艰难并不是官方想要或者可以拿出来说事的原因。

尽管偏僻和险要，但崇阳毕竟是一块"熟地"，不同于边陲"蛮夷"。据县志记载，西汉初在今湘鄂毗连地区置下隽县，治所在崇阳境内。北宋开宝八年（975 年）始有崇阳县名。因县治在县龙少祖——大集山之阳，《读史方舆纪要》谓："诸山丛聚，故县有崇阳之名。"历史上崇阳与通城两县屡遭并析，今两县皆隶属湖北省咸宁市。[3] 1977 年崇阳境内出土商代铜鼓，通高 75.5 厘米，重 42.5 公斤，属殷商晚期遗物。[4] 1996 年和 1997 年，崇阳县又接连出土西周铜甬钟。[5] 商周时期青铜器的接连出土，表明崇阳境内由商周衍出的文化源远流长，很早就已摆脱了"华夏边缘"[6] 的地位。

"普天之下，莫非王土；率土之滨，莫非王臣。"总督和巡抚即使想以"地方官激成事端"定案，但也不能将崇阳这块"熟地"建构为山高皇帝远的蛮夷之地。否则，岂不否认了大清开国以来二百余年在崇阳的有效统治？旻宁在责问地方官如何事先对钟人杰起事"毫无闻见"时，责问的理由也仅仅是很简单的一句——"该县僻处山陬，地面并不辽阔"，丝毫没有将崇阳的地理条件和叛乱的起因联系起来。

---

① 现代版《崇阳县志》，39 页。

② 同上书，255 页。

③ 同上书，77~78 页。

④ 《崇阳县志》，567~568 页，1991。

⑤ 参见刘三宝：《崇阳县大连山出土两件西周铜甬钟》，载《江汉考古》1998（1）；湖北省崇阳县博物馆：《湖北崇阳县出土一件西周铜甬钟》，载《江汉考古》1997（1）。

⑥ 关于华夏或"中国人"族群认同的演化，参见王明珂：《华夏边缘：历史记忆与族群认同》，北京，社会科学文献出版社，2006。

地理的偏僻与环境的艰险，在殷塈的眼里，代表了未开化的强悍民风。将偏僻、险恶的地理环境与野蛮、未受教化联系起来的做法，在中国历史上渊源有自，渐以为常识。《三国演义》第八十七回"征南蛮丞相大兴师、抗天兵蛮王初受执"有类似的话语：

> 孔明乃入朝奏后主曰："臣观南蛮不服，实国家之大患也。臣当自领大军，前去征讨。"……言未毕，班部内一人出曰："不可！不可！"众视之，乃南阳人也，姓王，名连，字文仪，现为谏议大夫。连谏曰："南方不毛之地，瘴疫之乡；丞相秉钧衡之重任，而自远征，非所宜也……"孔明曰："南蛮之地，离国甚远，人多不习王化，收伏甚难，吾当亲去征之……"①

三国故事在中国人中流传甚广，《三国演义》就是元末明初的罗贯中在关于三国故事的各种史书、杂记和评话、戏曲的基础上写成的。②晋人陈寿《三国志》是这样描述上述情节的：

> 时南方诸宾不服，诸葛亮将自征之，连谏以为"此不毛之地，疫疠之乡，不宜以一国之望，冒险而行"。亮虑诸将才不及己，意欲必往，而连言辄恳至，故停留久之。③

诸葛亮在其《后出师表》中亦说："故五月渡泸，深入不毛，并日而食。"七擒孟获的故事发生在今天与四川接壤的贵州、云南一带，西汉时中央政府已在当地置郡。但因当地部落时而归附，时而反叛，"豪帅放纵，难得制御"，西汉的一些官员认为此地为"不毛之地，亡用之民，圣王不以劳中国，宜罢郡，放弃其民"④。虽然贵州、云南一带山脉丛生，地形险要，但并非不长草木或庄稼五谷的地方。根据《史记》的说法，当时居住在此的各部落的生产生活方式主要

---

① （明）罗贯中《三国演义》，712～713 页，北京，人民文学出版社，1973。

② 何磊，见前注《三国演义》本"前言"。

③ （晋）陈寿撰、（宋）裴松之注：《三国志·蜀书·霍王向张杨费传第十一》。

④ 《后汉书》卷八十六《南蛮西南夷列传》。

包括定居农耕和随畜迁徙两种。① 因此，"不毛之地"成为了一个隐喻，用地理和生态的环境喻指了一种异质的文化。很明显，这一隐喻是充满偏见和歧视的——"毛"在这里与我们今天使用"文明"或"现代"一词时具有相同的功效。

"不毛之地"，构成了汉代"中国人"对边缘民族的文化想象：距离统治中心（皇帝）距离逾远，其文化必定逾野蛮和落后。王明珂认为，中国有系统的"正史"记载是从汉代开始的，因此汉代这种对异族文化的歧视建构，深深影响后世的中国人。② 其实这种围绕统治中心建构"文明—非文明"和"开化和非开化"的做法可以追溯到历史文本的更深处。《尚书·禹贡》中描述夏禹时代的地理时，就根据地域的政治地位，以王畿为中心，每五百里为距，将古代中国依次划分为甸服、侯服、绥服、要服和荒服"五服"。其中有"五百里要服。三百里夷，二百里蔡。五百里荒服。三百里蛮，二百里流"的叙述，"蛮夷"的称呼大概由此而来。③"山高皇帝远"是在地理上的客观描述，但是我们可以从历史文本的脉络中看到，对异族或遥远之地的想象——"穷山恶水出刁民"的价值判断逐渐在中国人的意识中生根。"不毛之地"逐渐褪去了隐喻色彩，而成为历史的经验常识。④

在对崇阳的地理偏僻和环境艰难作了浓墨重彩的描摹之后，殷垫果然立即接上了一段"穷山恶水出刁民"的陈述：

> 水陆道路如此，山中之民，世不及城者居多，鲜知纲

---

① 《史记》卷一百一十六《西南夷列传》。

② 王明珂：《华夏边缘：历史记忆与族群认同》，185～186 页。

③ 《四书五经》，225～226 页，北京，中华书局，2009。关于这一研究参见［美］余定国：《中国地图学史》，65～57 页；葛兆光：《中国思想史（第二卷）：七世纪至十九世纪中国的知识、思想与信仰》，362～365 页，上海，复旦大学出版社，2001；葛兆光：《古代中国的历史、思想与宗教》，48～70 页，北京，北京师范大学出版社，2006。关于近代中西碰撞过程中，西方拒绝被中国文化"夷"（barbarian）指的有趣讨论，参见刘禾：《帝国的话语政治：从近代中西冲突看现代世界秩序的形成》。

④ 当然，"不毛之地"用来形容荒漠等贫瘠之地亦很常见。但我们自己回想一下，当我们在听说读写这个四字之词的时候，是否下意识地伴随着被形容之地是"落后"的感觉。

> 常法律，悍猾异常。遇不肖之族人或积窃之贼匪，每集族
> 长村邻，或捆溺或活埋，月必有之。

无论殷堃的叙述是亲见抑或耳闻，之前关于崇阳"巅崖峻岭"的隐喻性质的描述中所包含的劝服目的终于显山露水了。崇阳民众的"悍猾异常"在《崇阳冤狱始末记》中成为叙事基调。由于魏源系受师长治的伯父之请为师长治撰写墓志铭，尽管魏源并不将闹漕的缘起简单地归之于书户和劣生，但其记述亦不免受到殷堃话语的影响：

> 呜呼！崇阳之事，仅为君叹悼哉！崇阳圜万山中，胥
> 役故虎而冠，凡下乡催征钱粮漕米，久鱼肉其民。生员钟
> 人杰、金太和①者，亦虎而冠，与其党陈宝铭、汪敦族起
> 而包揽输纳，不数年皆骤富，与县胥分党角立。前知县折
> 锦元，溃不治事，一惟胥役所为，致两次哄漕。据巡抚伍
> 长华所批漕石加收一斗之数，造匾送县，毁差房；武昌知
> 府明峻，惟以调停姑息，于是奸民日肆。②

比较殷堃与魏源的记述，可以看出殷堃的偏见是赤裸裸和毫无遮掩的，这与殷堃对师长治的亲密的依附关系有关。魏源的地理人文偏见是潜藏不露的，一句"崇阳圜万山中"亦多少隐含了上述"巅崖峻岭"的文化隐喻。事实上，崇阳乃低山丘陵地区。河谷平畈，海拔高程在 100 米以下，面积 66 万多亩，占全县面积的 22%；丘陵海拔高程在 100～500 米之间，面积 198 万多亩，占全县面积的 67%；低山海拔高程在 500～1000 米以上，面积只占全县总面积的 10%。③因此，地形地貌较之中国著名大山脉所在区域（如西南地区）来说，已属平缓之地了。"圜万山中"实则有文人舞文弄墨的过誉之嫌。就农业生产的发展程度来看，明万历十六年（1588 年），崇阳全县田、地、塘有 32 万多亩；民国元年（1912 年），全县有耕地 26 万亩；1949 年全县有耕地 35 万多亩，其中水田超过 30 万亩。④崇阳粮食

---

① 金太和并无功名。见后文。
② 《湖北崇阳县知县师君墓志铭》。
③ 现代版《崇阳县志》，43 页。
④ 同上书，121～122 页。

作物以水稻（水田）、红薯（旱田）为主；经济作物以油菜为主；养殖业以猪、牛、鸡、鱼为主。民国元年，粮食产量 13731 万斤，油料产量 31100 担，生猪近 5 万头，耕牛近 2 万头。① 富庶自然比不上千里沃野的江汉平原，但亦可称之为"鱼米之乡"，绝非什么"不毛之地"。

但即使真的地处偏远（距北京或统治中心），自然条件恶劣，民风就一定"悍猾"？文化就一定野蛮？王明珂的研究指出，中国人（汉人）对中原周边"四夷"民风野蛮的认识其实是一种想象，是一种优越民族自我维系以及在与异族争夺资源过程中的话语建构。② "造成民族认同的共同语言、文化，常是该人群中精英分子的主观想象或创造。它不一定符合，或经常不符合语言学者、考古学者与民族学者的语言、文化分类系统。"③ 殷埒、魏源的话语建构与此有异曲同工之妙，只不过他们不能拿民族来说事，只能以地理环境为基础来进行建构，以说明钟人杰等戍官据城的原因并非师长治"治理不善"，而是崇阳山高皇帝远所造成的悍猾民风。地理人文的偏见自有其从上古经汉代一直延续下来的文化渊源，但作为一种话语，我们可以明显感觉到殷埒的叙述更是基于现实需要的话语策略运用。

在殷埒"山中之民，鲜知纲常法律，悍猾异常"的断语中，"山中之民"实际上主要就是指崇阳境内的主体阶层——花户，即依例输纳钱粮的农民。占人口绝大多数的农民是可以代表崇阳地方民风的。殷埒在《崇阳冤狱始末记》中多处直接指涉崇阳民众"悍猾"。当师长治拒绝措辞向上司详文请释金太和，钟人杰亦感到对此情形无法下笔时，殷埒写道："而双港堡山蛮野性，声色俱厉，将有反戈之祸至。"清军剿灭钟人杰叛乱后，在师长治之前任崇阳知县的金云门复任崇阳知县。在殷埒的描述中，金云门面对"悍猾异常"的崇阳民众亦再度陷入尴尬和无奈：

> 金太和斩于省市，传首崇阳悬杆示众。金族率众乃敢复围县城，胁金公备牲礼亲祭于堂，舆首归葬。金公照行，

---

① 现代版《崇阳县志》，43 页。

② 王明珂：《华夏边缘：历史记忆与族群认同》，185～206 页。

③ 同上书，248 页。

> 乃退。先时大兵在境，将城乡碑石①击毁净尽，今复围城
> 挟金公按块补竖，允承乃退。民扭积蠹差役数人置于县狱
> 请办，承之众退。事平两月已三次围城挟官矣！不知国法
> 何在，政体何存？

据县志记载，康熙五十五年（1716年）崇阳人口为5万多人，光绪三十一年（1905年）有接近20万人。② 据此推算道光朝人口应在十几万左右，如果按清代19世纪县级行政单位平均所辖人口超过30万来的标准来看③，崇阳在当时并不是人口大县。同其他地方一样，道光时期的崇阳人绝大多数居住在农村。④ 崇阳人口也按宗族（姓氏）聚居，一般的村落也就二十户左右人家。这些宗族村落在崇阳被称作"屋堂"，如"金家屋堂"、"雷家屋堂"等。不同区域的同姓屋堂以地名来区分，如"双港金家"、"桥东钟家"。他们经常通过修续族谱的方式来建立和维系宗亲关系，有时候这样的联系甚至能够走出县境。

但是，即使宗族势力强大，也并不代表民风一定"悍猾"。殷埏是作为一名"他者"来看待崇阳民众，崇阳民众并不这样认识自己。长诗《钟九闹漕》就认为崇阳民众"风淳俗美"：

> 崇阳四十八堡宽，田肥地沃庶民安，风淳俗美皆如意，
> 男勤女俭都一般，只有国课最难完。

而作为种地的农民，崇阳花户甚至是软弱的。

> 左一扯来右一拖，担米抢去半箩多，若有半句话不好，
> 反骂愚民莫啰嗦，打个嘴掌不敢呵。

这里讲的是花户们完纳漕粮时面对书差的遭遇。

---

① 指钟人杰等在城乡四处竖立的刻有禁革钱漕积弊章程的石碑。见后文。
② 现代版《崇阳县志》，93页。
③ ［美］施坚雅：《中国封建社会晚期的城市研究》，41页，王旭等译，长春，吉林教育出版社，1991。
④ 1949年，崇阳县城人口只有3000人，占总人口的1.77%（现代版《崇阳县志》，97页）。考虑到道光时期的城市化水平更低，这一比率可能更小。

> 一众花户有上千，低头默语不敢言，可恨粮房无廉耻，
> 肆行讹诈恶当先，蛮抢巧夺乱胡言。

这是金太和仗义执言时花户的表现。金太和因为要上控，找钟人杰撰写状词，与钟言谈时直斥这种软弱：

> 太和叔侄喜心怀，尊声相公有英才，花户一般如软木，
> 我今独木不能栽，还靠相公栋梁才。

崇阳花户乃至民众到底是悍猾还是软弱，长诗《钟九闹漕》和《崇阳冤狱始末记》的描述是对立的。但是《钟九闹漕》在描写民众软弱一面的同时，并不忌讳表现民众在拆打粮房时的强悍作风：

> 等到三日一起来，千万乡民涌上街，喊叫一声齐动手，
> 门片窗棂乱打开，各种物件碎成柴。西门打到小东门，砖
> 头瓦片两边分，连墙带脚掀到底，良民铺户放宽心，衙役
> 人家不留存。（一打粮房）
> 四城观看太平灯，遇着衙役两相争，喊叫一声齐动手，
> 打得衙役各逃生，个个脸上有伤痕。……家家做的新房屋，
> 油漆点金色色新，半个时辰一扫平。（二打粮房）

在《崇阳冤狱始末记》中，殷塈是这样描述"二打粮房"的：

> 逆等于二十一年灯节，手执红旗大书官逼民反，统众
> 入城，名为送灯，暗藏器械。拆毁书差房屋，抢掠资财衣
> 物。据城三日，拆掳无遗。虽无损于民，民亦因之闭门
> 罢市。

在整个《崇阳冤狱始末记》中，殷塈的叙述是一边倒的，完全看不出崇阳民众也有软弱的一面。在殷塈眼中，拆打粮房的崇阳花户无异于悍匪。我们对照一下两种记述的用词就能明显看出二者的差异。《钟九闹漕》使用的动词较为中性——"打"、"掀到底"和"齐动手"，而《崇阳冤狱始末记》使用的动词接近于"有罪推定"了——

"拆毁"和"抢掠"；对于拆打粮房的成果，前者使用"不留存"和
"一扫平"，后者使用"拆掳无遗"；对商户的影响或反应，前者说
"良民铺户放宽心"，后者说"虽无损于民，民亦因之闭门罢市"。这
好比两个画家面对同一个人画出了两幅相貌迥异的肖像。这一差异
我们还将在后面遇到，但最好不要简单地将《崇阳冤狱始末记》归
之于"反映了统治阶级仇视劳动人民的立场"的结论上去。

## 二、溃不治事的官府

前面我们已经读到了魏源撰写的《墓志铭》中前崇阳知县折锦
元的"溃不治事"，武昌知府明峻的"调停姑息"，知道上下两级地
方官的不作为态度，对"悍猾"的崇阳民众没有采取得力的措施来
平息或化解矛盾。魏源《墓志铭》中紧接其后的一句话是："湖广督
抚劾罢折锦元，以金云门往署县事，禽金太和置武昌狱，势少
戢①。"折锦元是在道光十九年（1839 年）春天接任崇阳知县的，其
时金太和在湖广总督周天爵判决后出狱回到崇阳不久。因周天爵的
判决"所革者均属书差重敛，无损于官，官亦不为深较"，但书差将
因公的各种费用推诿给时任知县折锦元，所以"官既不能为之整复
旧规，亦只得不诺而诺②，遂渐受书差之挟制"。而此时，金太和等

> 置柜十一张，分注里名，抬送县堂。刊刷传单，派定
> 日期，依期投纳。自封投柜，不容迟乱，杜绝粮差下乡，
> 书差之弊全除。

书差岂能容忍，他们将金太和扭送见官并被解往武昌府委讯——
"金悉招承，籍抬柜之人未到案延革不结，将金太和久困圄圄"。对
此，殷埕评曰："府县均为崇之书差作此愧偲。"钟人杰率众于道光
二十年冬闹漕后，因书差在花户交米给票时百般刁难，又于道光二
十一年灯节之际"二打粮房"。在捕厅、城守两人询问"掳拆之由"
时，钟人杰等以受刁难为由制定禁革钱漕积弊以及花户自愿每石加
收二斗二升的章程，再加上前次督抚所定每两纳钱二千一百四十文

---

① 戢音集，这里为收敛、止息意。王力等：《古汉语常用字字典》，169
页，北京，商务印书馆，2005。
② 意谓放纵书差自行其是。

的规定，"自书告示"，勒逼折锦元加盖县印，在城乡四处竖立。①

"二打粮房"时，有书差"先遁赴省上告"，武昌府委派陈通判到县弹压，而钟人杰等人已四散回乡。折锦元与陈通判商议，以送灯带纳粮时，因争论银子成色发生冲突、人多拥挤导致民居毁坏的过程报呈上司。但陈通判回府后仍据实上报，武昌府于是"将折公照人地不宜奏撤，另补委候补知县金云门来署办理此案"。金云门上任后因书吏的推诿而陷入狼狈不堪的境地。对于钟人杰"二打粮房"一案，因县里不敢亦无法将钟等人归案，一直拖延。而武昌府"控催益急，雪檄频仍，委员接踵"，金云门与幕僚佐贰计议邀请绅士捐助赔偿书差被毁坏的房屋，同时"拟将金太和照不应律杖释，了结置柜之案第"。

但是士绅已重复承受钟人杰等人收敛讼费和书差浮收之累，心有不甘，故"首诺心违，收之不易"。金云门署任六月之久，而完结两案之议一直没有进展。师长治此时正"持凭到省"候补官缺。金云门与师长治曾经在浙江一同为官，以"其精明强干必能了理此案"之语向上司推荐师长治立即上任接手崇阳政务。

师长治匆匆抵任即面临开漕征税。他"金点柜书"，但是书差都"推诿不承"。师长治"展转导谕，继之以威"，乃至承诺"自造册、刷串、纸工、领斛、盘川费用悉出于官"，书差"方允许认办"。但花户的规费已有新章程，此时师长治感到事情并不好办。

> 通计民输二斗二升及水脚每两征钱四千六百文，仅敷府道漕规。部、司、府、道房费，仓规各费，书役纸工饭食等用，（师长治应得的）地丁银羡余合廉奉（养廉银）计之不敷。摊捐、派捐、修铺、役食、囚粮等用，（师长治的）家口之需尚在虚悬。当此时，旧规难复。（师长治）亦不肯为人作嫁，遂无意远图上下。不思长久之计，拟将新漕办竣，不计盈亏。博一安静之名，摆脱而去……陈宝

---

① 《钟九闹漕》长诗是这样叙述的："……上司大人有定案，章程就是靠壁山，不要想个么机关。一众头目听此言，刊碑立石大堂前，四城都要立一块，年月移上前一年。"不过长诗将"二打粮房"置于师长治上任以后，刊碑立石亦在师长治任内。

铭、金恢先①、金贵子②等率领粮户先来作俑。官悉听其自
斛而不争较其余，继之照行，无波可起。踊跃输将，一月
之间缴纳过半。

师长治避让花户、息事宁人的做法使崇阳安静了不少。③ 钟人杰等
人在"二打粮房"后，因畏惧官府追究责任，一直"深潜厚卫"。花
户完粮后给钟人杰送了一块匾额，上书"德政隽阳"④。殷堃评曰：
"为逆计之名利兼收，无可复争。"闹漕之事似乎行将结束，但是未
料到潜伏的危机悄悄出现，引发了一场更大规模的动乱。

以上是根据《崇阳冤狱始末记》的叙述对崇阳几任知县的不作
为进行的描述。在民间唱词《钟九闹漕》中，亦可看出几任知县的
"溃不治事"。在"钟九闹漕"事件跨度的六七年的时间里，崇阳历
经五任知县：王县主（王观潮）、蔡县主（蔡学清）、折锦元、金云
门、师长治。⑤ 下面根据王旺国本《钟九闹漕》对之作一简要描述。

前文已经谈及，闹漕的始作俑者是金太和，导火线是金太和因
看不惯书差的盘剥行为出言相讥而在县衙被打了板子。下令打金太
和板子的是王观潮。长诗这样描写："本年是个王县主，年迈七十耳

---

① 应为"金瑞生"，因崇阳方言发音导致殷堃笔误。

② 金太和之子。

③ 本句抄袭自《社会冲突中的官、民与法——以"钟九闹
漕"事件为中心》一文。因所依据材料相同（《崇阳冤狱始末记》），本章部分论述"钟九闹
漕"过程的文字参考了《社会冲突中的官、民与法》一文。笔者认为该文行文
简练流畅，征得论文作者张小也教授同意，将大概十来个句子照该文原封未动
搬迁至本文。为避免引述繁琐，不再特别注出，若读者仔细对照，当然有抄袭
之嫌。

④ 有受访的崇阳老者说："钟人杰的祠堂的匾幅上有四个字'正树隽
阳'。"《资料（一）》，蔡富田（74 岁）口述，1975 年 11 月 2 日。

⑤ 金太和与书差争执被打板子发生在道光十六年丙申，而县志讲王观潮
于道光十四年甲午任崇阳知县，王观潮应该就是《钟九闹漕》唱词中讲的"王
县主"。蔡学清于道光十七年丁酉年代署理县事，应为《钟九闹漕》唱词中接任
王县主的"蔡县主"。参见同治本《崇阳县志·职官志·知县》卷六，317～327
页。张小也在《史料·方法·理论：历史人类学视角下的"钟九闹漕"》一文中
认定同治本《崇阳县志》没有举列折锦元之前的两任知县（王县主和蔡县主），
实为阅读不仔细导致的差错。此处亦可反映出集体记忆往往可以与志书互相印
证，是值得重视的史料。

又聋，独听衙门耳边风。"王县主是这样断案的：

> 太爷开言怒不消，并不从头问根苗，责打太和四十板，今日打你这一遭，以免下次闹仓廒。①

金太和向省府告状获准系狱后，省府"一脚提牌到崇阳"，而此时王县主离任，蔡知县接印：

> 正是蔡官上任来，大开东门接提牌，蔡爷为官清如水，每逢三八告期开，当堂结案好奇才。蔡爷一见事不祥，连忙叫出众粮房，今日上司提牌到，要提你等下武昌，有名之人莫藏匿……次日提牌要动身，太爷交出众衙门，非怪本县少德政，只因你等罪孽深，上司俯究不容情。②

道光十九年（1839年）春，折锦元接任崇阳知县。

> 谁知蔡官退县权，折爷就将印来圆。折爷为官心气高，恼恨崇阳定钱漕，名利两无官难做，又无钱米来扎腰，再到哪里赚分毫……贪官清官大不同，可恨折爷通详文，衙役复印增新例，重加盘剥黑良心，放虎还山嚼乡民。③

"一打粮房"后，陈宝铭代表拆打粮房的花户进入衙门与折锦元交涉，折锦元态度强硬："太爷骂声陈宝铭，你等惹祸罪不清，本县宁可刀下死，坐在堂上不动身，忠信二字录朝廷。"折知县宁死不肯在钟人杰、陈宝铭等人索要的章程上钤盖官印，众人群情激奋，局面眼见就要失控。幸好知县夫人出来打圆场了："夫人一见事不同，忙出章程免灾兄，宝铭捧与众人看，太爷假装不依从，官有印信就为凭。"众人散去之后，折锦元"手指夫人骂一餐，你把印信随意玩"，

---

① 同治本《崇阳县志》评王观潮"政尚宽厚"，见323页。
② 同治本《崇阳县志》讲蔡学清"勤课士，晋接如师生，讲论经义，娓娓不竭。折狱不尚威猛，感其德者颂好官"，见327页。
③ 同治本《崇阳县志》无折锦元传。查县志中为知县立传者皆言其功德，功德显著者其传文也较长，可见折锦元在崇阳官声不怎么样。

并马上"就要详文下武昌，提兵督将灭崇阳"。折夫人从一更劝到五更，"一夜讲到大天光，鸳鸯枕上有商量，今年崇阳管百姓，晓得明年落何方，留点念记在崇阳"。自此，折锦元才开始"溃不治事"。

长诗中将"二打粮房"放在了师长治任期内，但根据《崇阳冤狱始末记》，"二打粮房"应当在折锦元任期内，金云门上任之前。"二打粮房"事后，新任湖广总督裕泰以崇阳农民连年闹粮案，劾罢知县折锦元，金云门接任。长诗称他"内洲人氏见识高，断事如神不差毫"。虽然任职时间不长，金知县在任内得到了民众良好的评价：

> 金老太爷到县来，光棍痞子不上街，捏故栽赃都不敢，无头冤案治得开，千方百计巧安排。辛丑年来雨水多，落到五月方调和，晴雨相应民安乐，乡里小儿唱歌谣，金官是个活阎罗。①

长诗的描述与《崇阳冤狱始末记》明显不同，金云门在这里似乎颇有作为。② 转眼到了秋天，上任才几个月的金云门卸任，师长治接印。长诗说他"四川省份是故乡③，银钱捐纳到崇阳"。长诗这样描写师知县的出场：

> 一程来到北门街，狂风接落轿顶来，只见乌鸦阵阵叫，堂上拜印把头歪，帽子滚落地上来。

乌鸦的叫声，预示着师长治宰崇的不祥际遇。接着，长诗还顺带讥讽了师的迂腐：

---

① 同治本《崇阳县志》评价金云门"勤敏刚决，遇事勇为，驭下严肃，尤善听讼，判断若神，民无冤屈。舞文之吏、刀笔之徒，皆畏服焉。前后莅崇六年，祷雨祈晴，立应如响，岁无水旱，闾里安生。以故崇民皆德侯，私立菊仙生祠尸祝之"，见 324 页。以此对照《崇阳冤狱始末记》中的记述，集体记忆和地方志注重维护地方利益与殷塑过于偏袒师长治的情景语境分际明显。

② 孙敬文本《钟九闹漕》中金云门没有出现，折锦元卸任后是师长治接任。

③ 师长治为陕西韩城人，参见同治本《崇阳县志》，323 页。

> 师爷做官有些迂，不知早晚昼夜时，无论大小人命案，
> 状子言语概不知，只听衙门不看词。①

的确很不幸，钟人杰一方与书差的冲突很快就找上了"有些迂"的师知县。蔡德章因为无后纳妾，书差谓之"拐带幼女配成婚"并告到县衙。

> 师官恼恨蔡德章，连忙起解下武昌。上司拆开详文看，
> 德章奸拐起祸殃，钟九打屋你知详。德章开言诉冤情，我
> 在衙内未动身，自从端正钱粮案，衙门不服记仇深，自毁
> 房屋赖乡民。上司要押蔡德章，一纸文书到崇阳，钟九毁
> 拆民房屋，如何诬赖蔡德章，七品知县少纲常。②

师长治和书差请出讼师蔡绍勋撰写状词，"要办钟九一班人"。"上司提牌到县来，钟九无事不上街……并无差役上门来。"长诗认为，二十一年冬漕纳粮又复旧规，激发了钟九等人起事"杀绝众狗差"的决心。③ 道光二十一年十二月初十夜（1842 年 1 月 20 日）钟人杰率众起事。1 月 22 日黄昏，起事民众攻破县城，师长治等避往关帝庙，钟命人四处搜索。

------

① 同治本《崇阳县志》讲师长治"遭钟逆之变，侯守土以死誓，城破尽节。朝典优恤，入昭忠祠，世袭云骑尉"，323 页。可能师长治任职时间较短，只能根据中央认定的烈士称号写传。

② 此处记述与实情有误。穆彰阿的奏折中说："革书王士奇、金两仪等怀恨于二十一年正月间，籍蔡德章娶亲指为拐带，欲行裹官纠治。经蔡德章邀集同堡多人将王士奇等房屋拆毁（'二打粮房'——笔者注）。蔡绍勋又代王士奇等作呈赴省控告，将蔡德章提省同金太和一并看押，并将折锦仪奏忝撤任"，而同治本县志说师长治"道光二十二年八月任"。见 Qing Docs Vol. Ⅱ，29 页；同治本《崇阳县志》，323 页。

③ 长诗记述"二打粮房"发生在师长治上任之后，紧接着发生了蔡德章因"拐带幼女"被拘之事。殷垫对师长治任内发生的如此大事不予以记述是不合情理。《崇阳冤狱始末记》描述师长治避让花户，打算将该年冬漕办理完毕即设法卸任的记述比较可信。因此，长诗的记载要么不在事中或时过境迁而记述有误，要么属于"张冠李戴"的文学手法指师长治激起民变。

> 谁知太爷躲得乖，关帝庙内藏起来，钟九走进庙内去，
> 只见太爷战筛筛，低头默语装痴呆。

钟人杰要求师长治向上司具文请释金太和。师长治已将印信交儿子师世杰携往蒲圻，不肯具文。起事头目之一的汪桂子（又作"汪贵子"）"封喉一刀断喉咽，宰了这个祸孽根"。

从长诗《钟九闹漕》看，"年迈耳聋"的王县主可能是行将致仕，自然不可能有所作为，但是他偏袒了书差并下令打金太和板子。根据长诗叙述，蔡知县任职时间应为道光十八年夏（端阳节）① 至十九年三月②，在任时间仅十个月不到一年时间。诉讼由总督和巡抚衙门管辖，判词下来后，蔡知县距卸任的时间亦不远了。因此，蔡知县在崇阳闹漕案中无所作为情有可原。但是《钟九闹漕》认为蔡知县的不作为系受上司的压制而不得已为之："次日提牌要动身，太爷交出众衙门，非怪本县少德政，只因你等罪孽深，上司俯究不容情。"尽管如此，并未偏袒书差或花户，"勤课士"、"折狱不尚威猛"并且涉案不深的蔡知县还是博得"清官"之名。民众的话语立场在王县主和蔡知县两者身上可见一斑。

在"钟九闹漕"事件中的几任知县中，折锦元任职崇阳知县最长，从道光十九年春三月至二十一年初春，近两年长的时间。除师长治因案身亡外，折锦元涉案最深，花户两次拆打粮房就发生于其任内，折本人也因此被"照人地不宜奏撤"。从长诗《钟九闹漕》和《崇阳冤狱始末记》的记述来看，折锦元在书差和花户之间摇摆不定，总的来说拿不出有力的措施来阻止局面的日益恶化。在折锦元任内，声势浩大的花户一方两打粮房，在与书差的争斗中明显占据了上风，因此民间长诗中才唱道："花户一见米好完，绅士挂匾贺清官，民之父母四个字，折爷迎接好喜欢，尽是一般读书郎。"金云门

---

① 长诗《钟九闹漕》中讲丁酉年（道光十七年）金太和上控获准被湖广总督周天爵下令关押后，钟人杰、蔡德章、汪敦族、金瑞生四人于戊戌年（道光十八年）下乡收敛讼费，"走尽四处与八方，回家又是过端阳……一连几状告发了，大人准状就存档，一脚提牌到崇阳。正是蔡官上任来，大开东门接提牌……"

② 《钟九闹漕》："乙亥年来百事全，好个县主蔡官员，正是农忙春三月，谁知蔡官退县权，折爷就将印来圆。"

任职仅仅半年时间（道光二十一年初春至秋天①）。如前所述，金云门任内亦控制不了局面，对书差和花户双方都无可奈何，最后向上峰推荐了师长治接任。

### 三、鱼肉百姓的书吏

说到崇阳的书吏②，可谓史册有名。同治本《崇阳县志》记载了北宋名臣张咏（字复之，别名乖崖）宰崇期间，拔剑斩杀贪吏一事，也即成语"水滴石穿"的典出：

> 崇阳自五代来，胥吏跋驰，剥百姓，凌官长，了无忌惮，至宋时余风未革。一日，吏自库中出，咏视其鬓间著钱，诘之，库中钱也，命杖吏，吏抗辩曰："一钱何足道，能杖我，不能斩我。"咏援笔判云："一日一钱，千日千钱，绳锯木断，水滴石穿。"自仗剑斩之，申台府自劾，境内肃然。③

此段记述采自宋人罗大经著《鹤林玉露》，撰志者评曰："乖崖此举，非为一钱而设，其意深矣，其事伟矣。"④ 可见时至同治年间，崇阳胥吏的名声还是好不到哪里去。这里先主要依据瞿同祖《清代地方政府》一书简要介绍清代书吏的概况。⑤ 书吏是清代州县衙门中四种佐助人员之一（其他三种是幕友、衙役、长随）。清朝规定，州县

---

①　《钟九闹漕》："到了八月桂花香，金官卸位下武昌，来了正印师县主……"

②　书吏亦称"书差"、"书办"、"胥吏"。书吏情况介绍参见瞿同祖：《清代地方政府》，65～94 页；林乾：《清代衙门图说》，75～89 页，北京，中华书局，2006。关于胥吏在中国历史上的由来及其与政治文化的关系参见阎步克：《士大夫政治演生史稿》，北京，北京大学出版社，1996；秦晖：《西儒互通，解构"法道互补"——典籍与行为中的文化史悖论及中国现代化之路》，载杨念群、黄兴涛、毛丹主编：《新史学——多学科对话的图景》，342～388 页。

③　同治本《崇阳县志·职官志·知县》卷六，304 页。

④　同治本《崇阳县志·杂纪志·广撮》卷十二，657 页。

⑤　另亦参考林乾：《清代衙门图说》；完颜绍元：《天下衙门》，北京，中国档案出版社，2006。

官既不许在本省任职，也不允许在距其家乡 500 里以内的邻省任职。① 因此，州县官作为地方的外来人，在不熟悉地方情况和问题甚至听不懂方言的情况下，必须依靠当地人来佐助政务。书吏一般在当地招募，要求"身家清白"（无从事任何"卑贱"职业者之家）和基本的读写算能力，有些未登科甲（即未能通过最低级别的科举考试）的学生也常放弃学业进入书吏生涯。清代一县的书吏人数依其辖区规模而不等。根据当时人的估计，大县有 1000 名书吏，中县有 700～800 名书吏，小县最少也有 100～200 名。② 州县衙门的书吏们按照中国官衙公务的传统划分被编为六"房"：吏、户、礼、兵、刑、工。其中户房负责收税及所有与钱库粮仓相关的事务，同时还保管有关档案（包括"税户"［即"花户"］名册）。③

书吏的任期为五年。役满之时，书吏经常能根据职位的肥瘦程度向接替之人索取"缺底"（出钱顶补）④；或在将满之时先行告退，可以不受役满之限，过几个月后重新充役。某些有家产、熟悉公务或者表达能力良好的书吏也能突破服役年限，而州县官对此一般睁一只眼闭一只眼。有些书吏还通过更改姓名来重新服役——《钟九闹漕》中就唱道："一众粮房出牢笼，回到崇阳又行凶，改个名字居原役。"《崇阳冤狱始末记》中讲总督周天爵第一次审决崇阳粮案时将"书差责革"，但被革书差"回县以子弟应卯"，"仍隐身后办事"。对这块肥肉差事，书吏们都不肯轻易放弃。

清代地方官员调动频繁，经常是"官转吏不转"。前任之吏，复任于后任，事权之重，反而比本官还大。⑤ 由于书吏长期经营，通晓成例，熟悉档案，关系盘根错节，州县长官有时候被讥讽为"牵

---

① 瞿同祖：《清代地方政府》，40 页。

② 前述估计"钟九闹漕"期间崇阳人口当在十几万，为一人口小县。《崇阳冤狱始末记》中讲钟人杰自首前"嘱其族党书差不可留存一人"，"搜杀两昼夜"，事后统计"查缺书差七十八人"。故笔者认为崇阳书差的人数当在 100～200 人之间。

③ 因此前述穆彰阿的总结性的奏折中称之为"户书"。

④ 《崇阳冤狱始末记》中有"近因书柜岁有更易，入者固可昨贫今富，出者含恨难泄久之"句。

⑤ 林乾：《清代衙门图说》，87 页。

线木人头"①。晚清首位驻外公使郭嵩焘曾说"本朝与胥吏共天下耳"。根据殷堃的记述，金云门到任后，书差因埋怨官府不能在诉讼中偏袒而"潜匿不出"，导致"无熟手承办公事"。金知县"沿门招致，各皆推诿不承"。金云门只好"亲往催科，自给夫役饭食"，狼狈不堪。②

　　在谈到书吏的贪赃之前，我们必须先了解一下"陋规"。清代州县政府的办公经费基本靠自筹。"每一类支出由一项确定的税费来源去满足；特别资金被特别指定给政府的每一特定用途。如果没有特定资金去供给某一项特定费用，官员们就不得不寻找别的某种途径去筹敛。"③ 一般情况下，列入办公经费目录中用于公务支出的资金数字极小。州县官要向幕友和长随支付报酬，而一个州县官的全部薪水几乎不够给幕友付酬。同时，州县官还得应对"摊捐"——在政府经费不足时，布政使命令州县官及省内其他官员捐钱支持政府用度④；为过境的上司、上级差官提供各种招待以及礼物；与上司衙门的职员们打交道时致送"规费"（例费）。更有甚者，地方官还可能被迫捐钱添补若干年来的累积亏空（"历年亏空"）。在薪水有限而开支巨大的情况下，"陋规"就产生了。瞿同祖认为，"陋规"必须被看成是一种制度；它在法律的默许之内，并不能把它看成贿赂或其他形式的贪污腐败，尽管有时候两者界限不清。清初以后，各类衙门中的书吏都没有薪水，衙役的薪水也很低，几乎不敷生活费，长随的薪水稍好一些，但也只是名义上的。因此陋规收入使州县官们及其僚属们得以维持生计及满足各种办公费用。因此，衙门职员们可以与州县官分享陋规费收入。《清代地方政府》一书中列举了"纸笔费"、"传呈费"、"进仓钱"等名目繁多的陋规费形式⑤，甚至还有诸如"茶规"、"香规"、"土规"等特殊项目，但

---

　　① 　完颜绍元：《天下衙门》，133～144 页。书中第 134 页刊有清代的一幅讽刺画。画中长官坐堂问案，下跪二人，旁边站着书吏。长官的眼与手和书吏之间有虚线相连。

　　② 　殷堃：《崇阳冤狱始末记》。

　　③ 　瞿同祖：《清代地方政府》，47 页。

　　④ 　《崇阳冤狱始末记》："上官……信穷通省印官，公凑二千金为归葬之费。"估计是裕泰为师长治的治丧费用向湖北省内官员的"摊捐"。

　　⑤ 　瞿同祖：《清代地方政府》，82～84 页。

"漕规"是只有八个征收漕粮的省份才有。① 前述咸丰七年"武昌府告示"中有一份"崇阳漕南一切陋规单"，洋洋洒洒有一百几十项名目。②

长诗中金太和首次出场后质问粮房："崇阳册载七千米，一年收纳两万多，贪心不足所为何。"虽然我们不能在官方文献中找到崇阳县纳粮的实际数字，但两万多石是包括"陋规费"和浮收在内的。"一打粮房"后，"开征不上两个月，大小花户完得清，实在只有七千零。"崇阳征漕因陋规项目的浮收之重可见一斑。殷珵说："（崇阳）柜书③不论纳钱漕多寡，掣（抽）串钱每张（票）二百文。"绝大多数花户所纳银钱并非整数，柜书令其"毫厘包分"进位到分缴纳，而书吏缴库时则"见厘交厘"。此等羡余都落入了书吏们的腰包。"地丁银④每两纳钱二千一百四十文，以七分七厘七毫归官，其余镕解费用之外悉归柜书。"⑤ 崇阳书吏在陋规费中获利甚大。但是征漕时附带征收的"漕规"并没有被书吏们独吞，漕规的大部分的去向是"漕馆"（县令向上司"分润"）、"漕口"（靠漕规混饭吃的士子，后文还将谈到）、"水脚"（向兑运漕粮的旗丁、运丁赠送的规费）、"漕余"（征漕的县令所得之规费）。⑥

除陋规外，书吏和衙役还经常共同合作进行勒索。涉及"钟九闹漕"事件中的漕粮征收时，负责记录谷米数量并开具收据的书吏们经常以拖延验收的手法敲诈钱财，有时也以谷米达不到样米的标准为借口进行敲诈。书吏与"斗级"（收粮掌斗的衙役）经常合谋，以"敲打斗斛使其能装下更多的谷子，或在斗斛刻度线上再堆高使

---

① 参见洪振快：《亚财政：非正式财政与中国历史弈局》，104、151～168页。明清时代建都北京，为了解决首都驻军、京畿部队及百官的吃饭问题，从南边八个近江近河因而运输较为方便的省份——山东、河南、江南（现江苏、上海）、江西、安徽、浙江、湖北、湖南，调运粮食，是谓"漕运"。

② 同治本《崇阳县志》，230～236页。

③ 管理（存储税银的）金库的书吏，其职责是给纳税人开收据。

④ 指土地税和劳役税（丁银，成年男子之税），系清廷的"正项钱粮"，构成了支撑宫廷、政府和军队的基本财源。1713年，清廷决定以1711年的人丁登记作为丁银征收的永久性依据。参见瞿同祖：《清代地方政府》，217～220页。

⑤ 《崇阳冤狱始末记》。

⑥ 洪振快：《亚财政：非正式财政与中国历史弈局》，112～123页。

其装得更多等等"手法多收谷粮。① 崇阳的书差更甚——"当时完粮饷、县里收粮用皮斗，米一装进去就变大了。还有风车风，风出来的米不能给农民带回去。一百斤米难完七十斤"②。长诗《钟九闹漕》中也说："一把升子七寸方，斗米把作七升量。"书差用升子量米，升子做得比一般标准的容积大。十升为一斗，因此花户的一斗米只能缴纳不到七升。

　　如此陋规费用，如此漕粮浮收，书吏在崇阳民众心目中的形象自然好不到哪儿去了。长诗《钟九闹漕》在介绍崇阳漕粮浮收的情况时，描述书吏形象的语词颇有触目惊心的质感：

　　　　粮房柜上一窝蜂，全靠花户米来供，踢斛摇斗乱行抢，三盘样米太不公，羊入虎口痛难忍。左一扯来右一拖，担米抢去半箩多，若有半句话不好，反骂愚民莫啰嗦，打个嘴掌不敢呵。世间最毒是粮房，串成一党恶难当，欺天灭地多诡计……朝廷国课理当完，肆行刻剥实难安，千端万弊贪无厌，外嚼乡民内骗官，明贿诈索暗又瞒。

不仅崇阳民众极端仇视书吏，前引魏源《墓志铭》中亦有"胥役故虎而冠，凡下乡催征钱粮漕米，久鱼肉其民"之语。前面介绍崇阳书吏时交代了他们在陋规、浮收中的贪赃情形，而《冤狱始末记》除对陋规、浮收的具体数额进行叙述外，对书差的形象也还有细致的描写：

　　　　……官欲争之③补不足之费，（书差）宁退不肯归。其风如此，粮户久受其累，谓为官之重敛，忍不敢言……承催之役虽无一定之规，遇畸零则掣票代纳。沿乡收垫数十文之正款，须数百文差费、饭食、驴脚等款。懦弱之家具酒食不仅肉蛋而已，必致争宰鸡鸭，否则摔盆掷碗，甚有奸淫人妇……此粮差为害之甚，遂有文生汪敦族、武生陈

----

① 瞿同祖：《清代地方政府》，114 页。
② 《资料（一）》，程和清口述，1975 年 10 月 27 日。
③ 指陋规费、浮收等利益。

> 宝铭、革生逃徒钟人杰、民人金太和纠众上控府道督抚各
> 衙门，词告柜书浮收、粮差勒索。

另外，书差利用自己"公家人"的身份便利参与到挑唆讼词和包揽
钱粮的事务中，谋取利益。这一名为"歇家"的兼职与部分下层绅
士的谋生业务重合，是两者对立乃至冲突的重要诱因。清代崇阳，
由于经济、环境等因素，县城基本没有如今的旅馆业。乡民进城办
事当天不能返回的，通常宿于相识歇家。《清代地方政府》中曾介绍
类似的"保歇"的情况，表明歇家不仅仅是歇脚客宿之地，歇家还
接受乡民的委托代办缴粮完税或者诉讼事宜。《崇阳冤狱始末记》中
也说："更有山民世未及城者甚多，离城嫌远者不少。担负为艰，以
钱交歇家代完折色。"在书差和花户中间，保歇作为纳税担保人和中
介人，他们在乡民的缴粮纳税中间获取高额利润。①

> 　　家名曰歇家，凡事皆托歇家主持。乡民以歇家为靠山，
> 歇家以乡民为腴肉，甚至彼之歇家勾此之歇家串唆挑讼，
> 两歇家从中乐利。……乡民歇于里差之家者又多串唆成案。
> 既是原差又是歇家，代理差房并说讼事，指官撞骗落利恒
> 多。案之利弊为里差垄断矣。……甚有原被并未入城而词
> 已雪叠，皆两造歇家主持。此书差歇家把持之风如此积习
> 久锢，虽严明强悍之官不能挽回，习悍之民亦难脱此范围，
> 玩官民于掌上。钱漕之弊尤甚，科敛倍于官之羡余。②

书吏在官府中也没有讨到什么便宜。长诗《钟九闹漕》讲蔡知县将
崇阳书差交与上峰审讯时说："次日提牌要动身，太爷交出众衙门，
非怪本县少德政，只因你等罪孽深，上司俯究不容情。""二打粮房"
后，书差向知县折锦元控告，因被陈宝铭、钟人杰所胁，夫人又劝
告的情况下，"太爷一见怒满怀，大骂几声众狗差，徇私舞弊一伙
党，讹诈乡民太不该，你教本县怎安排"。而书差被骂得不做声，
"垂头丧气出公门，恼恨折爷无道理，反与乡民一合心，船开不顾岸

---

① 瞿同祖：《清代地方政府》，88～89 页。
② 《崇阳冤狱始末记》。

上人"。如前所述，穆彰阿的奏折也代表朝廷将钟人杰叛乱的主要原因之一归之于"该县户书向花户勒索耗银、样米等项"。咸丰七年武昌府在崇阳发布的告示中说："自此次定章之后，官吏丁役如敢格外多索，一经访闻或被告发，丁胥立拏杖毙，官则专案严参惩办。"可见，书吏在朝廷和官府眼中的地位也是何等卑贱。

## 四、走向县治的下层绅士

明清时代的绅士①，中外学者们已经作了比较详尽的研究。一般来说在下面三个问题上，学者的看法已经趋于一致：一是绅士阶层是享有声望和特权的地方精英，二是绅士阶层作为非正式权力参与地方公共事务，并且这种参与得到了官方的认可，三是绅士阶层往往被官方视为地方利益的代表。无论清代地方社会权力结构被建构成地方官—绅—民的垂直等级关系还是地方官—上层士绅—下层士绅的三国演义图式②，绅士阶层总是在从事或介入地方的多种公共事务。

长诗《钟九闹漕》中最大的遮蔽之处是对钟人杰等人的身份没有进行完全的勾勒。纵观《钟九闹漕》全文，我们看到的钟人杰是"幼年入学未登科，举笔成词震山河"；闹漕的领导者之一蔡德章是个"聪明读书郎"；汪敦族是钟人杰、蔡德章的"学友"；陈宝铭是"武庠秀才"生。在文中并没有提到"漕司"或者讼师一词，我们从钟人杰为金太和撰写状文的情景可以推断出钟人杰是一名讼师，但是起码这一叙述并没有如《崇阳冤狱始末记》的叙述那样明确。③

---

① 笔者在这里主要以绅士或士绅来称呼这一阶层。张仲礼的研究将这一阶层分为上层绅士和下层绅士，下层绅士指各类生员，上层绅士则由贡生、举人、进士以及担任官职者组成。本文认同这一划分，但因为涉及绅士作为地方政治势力与官府的关系，这里特指取得功名但未担任官职或已经致仕者。参见张仲礼：《中国绅士研究》，3～7页，上海，上海人民出版社，2008；李世众：《晚清士绅与地方政治——以温州为中心的考察》，9～44页，上海，上海人民出版社，2006；陈宝良：《明代生员及其相关概念辨析》，载《浙江学刊》，2003（1）；徐茂明：《明清以来乡绅、绅士与士绅诸概念辨析》，载《苏州大学学报》（哲学社会科学版），2003（1）。

② 李世众：《晚清士绅与地方政治——以温州为中心的考察》，380～381页。

③ 钟人杰等人的"漕司"或讼师身份在崇阳民间广泛流传，详见后文对华中师范学院工农兵学员所撰《资料》的讨论。

《钟九闹漕》不仅没有明写钟人杰等人的讼师身份，而且将收敛讼费写成是"派钱文"，着墨稀少，有故意淡化之嫌。根据殷埕提供的数据（见下文），钟人杰等人收敛的讼费数额巨大。但是作为讼师，不管讼费数额再大、是否已经到手，官司成败与自己的利益真有那么大的关系吗？以至于不惜冒着被凌迟处死的危险，组织民众攻占县城挟官请释当事人来求得胜诉吗？这在逻辑上是讲不通的。出于一个"他者"对崇阳不熟悉的缘故，殷埕在《崇阳冤狱始末记》中对此问题没有交代清楚。倒是钟人杰、陈宝铭、汪敦族三人的口供中"我们因敛收讼费，把持钱漕，与书差构讼"句露出一点真相。① 穆彰阿的奏折则开门见山地说："钟人杰……与陈宝铭、汪敦族并已正法之金太和等代各堡包揽完纳漕粮。"② 看到这里我们才明白，钟人杰在闹漕诉讼中并不仅仅是收取代理费的问题，其中可能涉及一个庞大的产业利益的问题。这一产业的从业群体就是所谓的"漕口"。

要了解漕口，必先了解"漕规"。漕规其实是陋规的一种，系漕运系统的陋规。按照民国《醴陵县志》的说法："（地方官吏征收漕粮时）加派外费银两，曰'漕规'。'漕规'例勒高价折银。分润上司，曰'漕馆'。州县所得曰'漕余'。分肥劣衿，曰'漕口'。酌给船划，曰'水脚'。"③ 所谓"衿"大致指具有较低功名的生员，加上一个"劣"字反映了官府对于通过干预地方钱粮事务获利的这一类生员的否定性评价。张仲礼对绅士阶层内部的分类进行过精细的研究。他将绅士集团划分为上层绅士和下层绅士。上层绅士由学衔较高（以贡生为界）以及拥有官职的绅士组成，而下层绅士集团包括生员、捐监生以及其他一些只具有较低功名的人。一般说来，上层绅士较下层绅士享有更多的特权。④ 有学者认为，从晚明开始，生员相对贫困化，逐渐从绅士集团中游离出来，构成相对独立的阶层。⑤ 从"钟九闹漕"事件来看，这一判断应该是符合实际的。从钟人杰、陈宝铭和汪敦族三人的口供以及穆彰阿奏折的认定来判断，

① 尽管三人的口供存在被篡改的可能，但是供词中的说法并非空穴来风，不能当做"莫须有"来对待。
② Qing Docs Vol. Ⅱ，28 页。
③ 转引自洪振快：《亚财政：非正式财政与中国历史弈局》，113 页。
④ 张仲礼：《中国绅士研究》，6～40 页。
⑤ 陈宝良：《明代生员及其相关概念辨析》，载《浙江学刊》，2003 (1)。

钟人杰和汪敦族系县学文生，陈宝铭为县学武生，三人还都因事被斥革了功名①，无疑（或曾经）属于下层绅士。鉴于这一阶层的相对独立性，我们在《崇阳冤狱始末记》中看到，殷垫并未将钟人杰等人与崇阳的绅士大户视为一体，而是作为两个不同的利益群体来叙述的。

经历了明末清初的战乱之后，举业复兴，至太平天国前全国绅士已达 110 万之多，其中只有 12 万即 11% 左右属于上层绅士②，大量的生员只能通过在地方事务中提供某种"服务"来牟取经济收入。③ 这些下层绅士之所以能参与"漕规"浮收的分肥，在于州县官员的浮收是违反朝廷的规定的。"劣衿"们读书识字，了解朝廷法规，拥有比一般老百姓的信息优势和渠道，加上作为士子的特权不怕见官，使得他们敢于抓住陋规、浮收违法的短处要挟州县官，从而分享漕规。据清代地方大员的奏折来看，一县一般有漕口约数十人，最多的一县甚至有三四百人。每名漕口分享漕规的数额大致在数十两至百两银子之间（当时一户中农的年收入不过价值二三十两），总数还是相当吓人的。漕口另外牟利的方式是包揽小户，代交漕粮——即前文谈到的"歇家"的业务。④ 根据当时湖南巡抚骆秉章在奏折中的表述，漕口们如"少不遂意"，就会"阻挠乡户完纳，或赴上司衙门砌词控告，甚至纠聚多人，闯署殴吏，酿成事端"⑤。

---

① 《钟人杰口述》："我是道光七年科考，王学院取进县学文生，十六年因包庇程中和挖煤案，代作呈词，犯案斥革，拟徒发配孝感县安置。后因在配穷苦逃回。"《陈宝铭口述》："我是道光十二年岁考，吴学院取进县学武生，因事斥革。"《汪敦族口述》："我是道光十三年岁考，吴学院取进县学文生，因事斥革。"穆彰阿奏折："钟人杰、汪敦族均系湖北崇阳县已革文生，陈宝铭亦系该县已革武生。"见 Qing Docs Vol. Ⅱ，15、17、18、27 页。

② 张仲礼：《中国绅士研究》，112～113 页。

③ 同治本《崇阳县志》找不到关于崇阳生员包揽钱粮、词讼的记载，因为编纂县志由少数上层绅士和大量的生员包办，不会自曝家丑，而参与编纂方志和宗谱纂修也是下层绅士谋生的手段之一。参见张仲礼：《中国绅士研究》，253～255 页。

④ 参见张仲礼：《中国绅士研究》，37～39 页。书中举例说："道光二十二年（1842）有一上谕特别提及湖北崇阳的绅士包揽钱粮，并饬令，凡包揽钱粮的绅士都要治罪。"此处的上谕见 Qing Docs Vol. Ⅱ，14 页。

⑤ 此处有关"漕口"的介绍系根据吴思和洪振快的研究简约归纳而成。参见吴思：《血酬定律：中国历史中的生存游戏》，255～262 页；洪振快：《亚财政：非正式财政与中国历史弈局》，104～126 页。

这与"钟九闹漕"事件的前传如出一辙。至此，我们可以明确，作为叛乱领导者的钟人杰等人具有生员、讼师、漕口三重身份，单独构成了崇阳地方的一个利益团体和权势集团。由于金太和讼案的成败关系到这一团体的巨大利益（涉及生活来源的问题），钟人杰们铤而走险不惜破城挟官的举动才能得到经济理性的解释。

在道光时期的崇阳，歇家和"漕司"（讼师）往往兼而为一。一本研究中国古代讼师的专著指出，歇家是讼师进行业务活动的一个主要场所，有些歇家甚至就是讼师投资建立的。乡民赴官诉讼必先投宿于歇家，歇家指挥讲定呈词代作费、承行胥吏所取的费用、差役所取费用等全部诉讼费用后才可以提呈词。而讲定的诉讼费用，由承行胥吏、差役与歇家四六分肥。① 在 1975 年华中师范学院工农兵学员的田野访谈中，许多当地民众指称钟人杰、汪敦族、蔡德章、蔡绍勋为"漕司"，都会"写状子"②。"漕司"在现代版《崇阳县志》中作"曹司"，在《钟人杰起义历史资料》中又被写成"朝市"或"朝司"，即我们通常说的"讼师"。而漕司又往往同时是歇家，例如蔡绍勋"是当时管钱粮的老板"③。瞿同祖介绍说税户们为图方便常常从官仓附近的粮行买粮纳税，而粮行老板通过向书差、斗级及负监督之责的长随行贿让他们刁难税户以便使自己参与到其中而获利。④ 钟人杰、汪敦族、陈宝铭三人的口供尽管有被篡改的嫌疑⑤，但是皆有"因把持钱漕，与书差构讼，我就主使向各堡花户敛收讼费，从中分肥"⑥ 的叙述，钟人杰等人从中牟利并不完全是空穴来风。由此看来，民间唱词《钟九闹漕》的作者因为各种因素而遮蔽了钟人杰等人的真实情况。真实的情况就是下层绅士和书差胥吏都涉足歇家业务，从而构成了利益上

---

① 党江舟：《中国讼师文化——古代律师现象解读》，153～156 页，北京，北京大学出版社，2005。

② 《资料（四）》，18～39 页。《崇阳冤狱始末记》称蔡为"崇阳第一刁笔"，而钟为"崇之第二刁笔"。

③ 《资料（四）》，37 页。

④ 瞿同祖：《清代地方政府》，88 页。

⑤ 陈辉认为裕泰为逃避清廷责罚失职而编造了供词，但笔者认为供词为三人被槛送京城后由穆彰阿等人会审后所撰录。参见陈辉：《钟人杰起义史实考》。

⑥ Qing docs. Ⅱ，15～19 页。

的冲突。

《钟九闹漕》只有三处谈到了收敛讼费的情况。因为花户打抱不平而遭书差毒打，金太和一直郁闷在心，决心上控。道光十七年（1837 年）元宵，金太和与侄儿金瑞生叔侄二人商议，"先到各堡走一遭，大众齐心事坚牢"：

> 正月走到立夏时，四十八堡尽皆知，崇阳地方都走到，
> 各处花户愿助资，并无一人有推辞。

道光十七年（1837 年）端阳节，太和叔侄商议邀请钟人杰写状词。在钟人杰家，"三人讲话意相连，忠心想告钱粮案，今世都要共死生，雄鸡血酒誓同盟"。金太和手持钟人杰做的"诛语一出鬼神惊"的状词赴省城武昌告状。几经周折，湖广总督周天爵受词，命将金太和"交差管押"。金太和赴省城上控，书差也已知晓。书差余五呈词上控，亦被收押。但是官府拖延审讯，金太和一直被押，只得在狱中托人向钟人杰求救。钟人杰邀其好友汪敦族、蔡德章与金瑞生一起计议如何营救金太和。转眼是道光十八年（1838 年）立夏，钟人杰邀、汪敦族、蔡德章、金瑞生四人商议只有坚持上告才能引起官府注意。四人于是又分头下乡向众花户收敛讼费：

> ……四人都要一合心，同到乡下派钱文……一不以公
> 报私怨，二不肥己自扎腰……四人一路摆摆摇，为首出众
> 受辛劳，传明钱文付保正，限定日期把钱交，都是送到白
> 霓桥。

"一打粮房"后，书差一直怀恨在心。很快到了道光二十年（1840 年）夏天，风闻金太和将被释放回崇，房屋被毁的书差们再也坐不住了，于是由书差金仲华出面邀请"崇阳第一刁笔"蔡绍勋撰写状纸，赴省城控告。控告获准，金太和依旧被关押。金太和无奈，"一封书信到崇阳，还要掉钱下武昌，绍勋反状将我告，告我教匪又拆房，这个冤枉实难当"。

从上面我们起码可以感觉到当时打官司是颇费钱财的一件事。

耗费的钱财一是用于各种"司法陋规"①，以民事诉讼为例，当事人
交的陋规包括：一、"挂号费"（递交诉状）；二、"传呈费"（呈递诉
状给州县官员）；三、"买批费"（从衙役手中拿到官员受理或驳回的
批示）；四、"开单费"（书吏开列涉案人名单）；五、"出票费"（书
吏开传票传人到案）；六、"到案费"或"带案费"（传唤当事人到堂
听审）；七、"铺堂费"或"铺班费"（州县官升堂问案，书吏衙役的
出场站班之劳务报酬）；八、"踏勘费"（诉讼中需要到现场勘察）；
九、"结案费"（案件审结）；十、"和息费"（双方当事人和解息
案）。② 清代名幕汪辉祖（1730—1807 年）对当事人诉讼费用负担之
重有生动的描述：

> 谚云："衙门六扇开，有理无钱莫进来。"非谓官之必
> 贪，吏之必墨也。一词准理，差役到家，则有馈赠之资。
> 探信入城，则有舟车之费。及示审有期，而讼师词证，以
> 及有关切之亲朋相率而前，无不取给于具呈之人。或审期
> 更换，则费将重出。其他差房，陋规名目不一。谚云："在
> 山靠山，在水靠水。"有官法之所不能禁者。索诈之脏，又
> 无论己。余尝谓作幕者，于斩绞、流刑重罪，无不加意检
> 点，其累人造孽多在词讼……谚云："堂上一点朱，民间千
> 点血。……"③

从汪辉祖的叙述可以看出，诉讼当事人向讼师支付的"代理费"亦
是另一笔不小的开销。殷堃在《崇阳冤狱始末记》中对钟人杰等人
收敛讼费的情况予以数字明确的记载。金太和上控获准，湖广总督
周天爵"将书差责革，禁免钱票、差票垫费"后，"逆等回乡照钱粮
每两派钱二百文，计敛讼费二千余千"。"二打粮房"后，"逆等深潜
厚卫，非重兵难入其村"，"复照纳漕之数每石敛钱一千以备讼费，
计敛四千余千"。两次收敛的讼费合计"六千余千"，就是六百多万

---

① 长诗《钟九闹漕》中讲金太和上控获准后，交由差役管押，"大人吩咐
与我管，这场肥案要钱多，免得施刑受折磨。太和取出一锭银，把与差爷莫嫌
轻，惟愿官司得了胜，也是差爷有名声，日后还要谢你们"。
② 司法陋规远远不止这些。参见洪振快：《亚财政：非正式财政与中国历
史弈局》，163～165 页。
③ （清）汪辉祖：《佐治要言》"省事"。

钱。咸丰年间，崇阳市间以 1600 钱兑白银 1 两 （16 两制）①，以 600
万钱计，可以兑换白银近 4000 两。考虑到鸦片战争之后白银外流严
重，银价日昂，钟人杰等人收敛的讼费应当大大超过 4000 两白银。
咸丰四年（1854 年）崇阳额征正耗银 14468 两，咸丰七年（1857
年）崇阳征漕米折征银 7198 两，加上耗银、驴脚银、提兑费银共
8858 两。② 这就是说，钟人杰两次收敛的讼费差不多是朝廷在崇阳
征税总额的三分之一③，或者相当于崇阳花户缴纳漕粮折银数的一
半，这还不包括金太和首次上控之前预收的讼费（当然这些费用有
小部分要花在司法陋规方面）。

## 五、稍逊风骚的士绅大户④

　　在殷塈的描述中，"悍猾异常"的崇阳人在城镇中主要由书差、
歇家、漕司（其中书差和漕司又可能同时兼营歇家）构成，在农村
中是"山中之民"（主要是花户）——例如"金族率众乃敢复围县
城"中的金族众人。《崇阳冤狱始末记》通篇关于崇阳民众的描述，
给人以"洪洞县内无好人"的印象。但是细心阅读，我们发现殷塈
并没有将崇阳的士绅大户纳入"刁民"的范围，或者说，崇阳的士
绅大户并不"悍猾"。士绅大户到底悍猾否？我们来看看《崇阳冤狱
始末记》有关他们的记述。

　　道光二十一年十二月十二日黄昏，陈宝铭率众攻破县城。群乱
之中，姓方的幕友将师长治之子师世杰"送至致仕程千户宅内，保
护出城，怀印送省"。知县师长治被杀后，殷塈先是"附邓城守而匿
于营廨"，后"杂逆众而游奕"。当时"市衢满街闭户，适有黄姓衣
庄店半掩"，殷塈"侧身挨入"。店铺主人得知殷塈的身份后，"乃设
法覆藏两昼夜，大费心机"。此时，钟人杰将师长治未亡眷属安置在

---

　　①　现代版《崇阳县志》，341 页。

　　②　同上书，317 页。

　　③　有趣的是，这一比例接近黄宗智估算的清代诉讼费用一般占诉讼标的
额的 35％左右的结论。黄宗智认为司法腐败给清代民众造成的诉讼费用负担并
不是很严重。参见黄宗智：《民事审判与民间调解：清代的表达与实践》，164～
190 页，北京，中国社会科学出版社，1998。

　　④　这里"士绅大户"一词系沿用《崇阳冤狱始末记》中的说法。如同读
者将看到的，《崇阳冤狱始末记》可能将一些并不具有绅士地位的富裕庶民如商
户或农村大户也包括在"士绅大户"之列，本书对此并不细究。

熊节妇宅内，并供应膳食。店铺主人将此情况报知殷堃。殷堃"于黄昏出探未亡，月下被逆党所识，扭见诸逆"。钟人杰等问清殷堃的身份后，发出了"后悔不及劫数使然"的感叹，并问殷"愿去愿留"。殷表示"愿与枢眷同归"后，钟等表示过十天备船筹款，派人护送出境。随后殷堃亦被送往熊宅安置。当时崇阳县城内"往来络绎，昼夜呼杀，胆破心悬"，

> 有铺户高鸿顺见眷属与逆众杂处相安，不敢骚扰，于十二月二十七日将眷属九口移居高宅。明为怜悯，暗保货财。

上面讲到的主要是绅士大户的"猾"。而钟人杰、陈宝铭的被擒才真正体现了一种强悍：

> （钟人杰等）十八日再集乡民，宁死不应。递有亡命丁钜华父子五人，暗布敢死之众数十人，于县堂争缚钟逆。陈见而奔于仪门下，扭获交与在城绅士。其时逆之户族骨附赶杀丁钜华等。遁匿绅士等先发飞马赴营报获，旋解逆缚，进以酒食，陈说利害，并指其众心解散、钱粮无措情形，诱其自绑投诚，阖邑绅士为之具保。逆等声诺不疑。于十九日轿抬钟陈二逆投营……适湖南防堵之官越赴通城将汪敦族擒到。①

湖广总督裕泰二十六日临县，"山民尚敢出劫"官方资产，被抓获十八人。清军克复崇阳后，金云门复任崇阳知县。而在追赃究逆的过

---

① 《崇阳冤狱始末记》在这里记述有误，钟人杰、陈宝铭、汪敦族三人应该在崇阳同时被清军捕获。三人供词中皆述汪敦族攻下通城后任知县，但扶泷为千总之事，钟、汪二人还都有汪"（因官兵围逼、人渐逃散）转回崇阳查看"语，且三人皆有"绅民诱带我们出城，被一并获解送案"之供。穆彰阿在会审后的奏折中亦认可此经过："汪敦族即伪称该县知县，管理通城事务……汪敦族亦伪回至崇阳。"《钟九闹漕》唱词虽未述及绅士诱捕之事，但也写到汪敦族回崇及一并赴清兵营自首的经过："钟九写信上通城，多拜贤弟汪敦族，如今官府要进兵，火速风行转崇阳……钟九领头往前行，昂首阔步进官营，三人同见刘提举……"

程中，被追逆的乡民之间竟然可以互保而释，出保绅士"勾金公门丁大开贿赂之门"，"受显诛者亦仅百人"。官府的追赃究逆令殷塈很不满意。对追赃过程中的"领搜"绅士的贪渎，"殷指诉当道亦不为深追"；对"真贼被匿、凶徒漏网"之情形，"殷丁屡请惩犯追贼，概置之不理，具禀当道亦因而不问"。

根据上述《崇阳冤狱始末记》的文字，崇阳绅士大户是当得起"悍猾异常"四个字的。但是在《崇阳冤狱始末记》中，描述破城之前过程的文字仅仅零星地提到这些士绅大户。这样，在殷塈建构"钟九闹漕"缘起的过程中，并没有绅士大户的身影。在殷塈眼中，崇阳难治的因素主要来自书差、歇家、漕司以及山中之民的"悍猾异常"。尽管殷塈对追赃究逆过程中的崇阳绅士十分不满，但他还是没有在《崇阳冤狱始末记》中将其列为崇阳地方难治的因素。

将绅士大户排除在"悍猾"之外，殷塈的话语在结构上表现出矛盾性。在钟人杰等人破城之前，殷文是将崇阳的"绅士大户"与"懦弱之民"并列的：

> 周制军天爵亲讯得实，将书差责革，禁免钱票、差票垫费。原告审依本户钱漕无多，不应恃符上控，责报完案。被革书差回县以子弟应卯，仍隐身后办事。绅士大户、懦弱之民改为见厘纳厘，仅免包分，仍给票钱。畸零小户、强悍之民既不包分，又免票钱，粮差下乡，催之不理。由此书差含恨莫奈伊何，隐寻报复之隙。逆等回乡照钱粮每两派钱二百文计敛讼费二千余千。小户感其为众除害，不独踊跃乐输，并以身命相许兼甘助势。绅士大户为数即多又难拘其令，又不敢结怨书差，是重复受累。

前述讲"二打粮房"后，到崇阳调查的陈通判回府后仍据实上报，武昌府于是"将折公照人地不宜奏撤，另补委候补知县金云门来署办理此案"。金云门上任后因书吏的推诿也陷入狼狈不堪的境地。对于久拖不决的钟人杰"二打粮房"一案，金云门接受僚佐的建议"邀集绅士量力书助"赔偿书差被毁坏的房屋，同时"拟将金太和照不应律杖释，了结置柜之案第"。但是，

> 书捐绅士薄敛于柜书，厚输于逆众，重复受累，已属

> 不甘，再受捐赔之害，有城火池鱼之叹。故首诺心违，收
> 之不易，署任六月之久未曾破白適。

钟人杰起事当晚三更，书差们聚至县衙，称"钟人杰在白霓桥将蔡绍勋房屋焚烧，满门绑缚，现在宰猪造饭，食后进城"。金榜也领其嫁到蔡家的妹妹前来，"云脱绑逃来，入署呼救"。书差"悚惧请闭城"。师长治关闭城门之后，查"营兵壮丁仅三十余人"，根本无法守御。师长治只得"一面劝谕士民铺户协力保城，一面谘访绅士造逆之由"。

从殷塈的叙述中，我们可以感觉到绅士在崇阳地方公共事务中占据的重要位置。《崇阳冤狱始末记》中叙述的有关金云门"邀集绅士量力书助"、师长治"谘访绅士"、丁钜华等诱捕钟人杰、陈宝铭以及事后崇阳绅士参与追赃究逆等种种情形也印证了学者的相关分析。绅士阶层在社会结构中的领导地位和作用的合法性不仅为官府所认可，也被普通民众视为理所当然。但是殷塈是从一个"他者"的视角来看待崇阳绅士阶层在地方公共事务中所起的作用，在其叙述中，有"绅士大户"与"懦弱之民"、"畸零小户"、"强悍之民"的区分。换句话说，殷塈的视角更注重崇阳地方不同阶层的特殊利益。在殷的眼中，起码绅士大户与"民"或者中小花户是不同的利益群体。这可以看做是一种话语策略，以凸显钟人杰们起事的不合法性——钟人杰等并不能代表崇阳地方的公共利益。但更为可能的实质是政治文化或者意识形态形塑话语秩序的体现——以读书人为主体的绅士群体是传统中国社会的精英阶层，这一根深蒂固的政治认知从根本上形塑了殷塈话语中的崇阳绅士乃至全体崇阳人的形象。

与殷塈这个"他者"从"国法"、"政体"① 出发建构崇阳绅士形象的话语不同，崇阳人自己更注重地方利益的整体性。长诗《钟九闹漕》中叙述知县折锦元在"二打粮房"后被迫按实征粮后，

> 花户一见米好完，绅士挂匾贺清官，民之父母四个字，折爷迎接好喜欢，尽是一班读书男。金装奇匾做得奇，挂在大堂好光辉，一众绅士齐喝彩，升堂换紫朝中衣，留得

---

① 语出前述《崇阳冤狱始末记》中评金太和首级传回崇阳、金族众人再度围城一事的用语——"不知国法何在，政体何存？"

110

芳名万古遗。折爷一见笑嘻嘻，大堂摆宴款绅耆，绅士官
长同一乐，宴罢作辞转回归，这场欢宴古今奇。

注意，这里送匾的是绅士和读书郎（可见民众眼中上层绅士和生员
是一体的），喝彩的是众绅士，参加县衙门公款吃喝的也是绅耆①、
绅士，没有一个民，尽管匾上写的是"民之父母"。也就是说，地方
政坛的头面人物是命官与绅士，这既是社会结构的映射，也是处于
霸权地位的意识形态向庶众话语长期渗透的结果。

　　长诗《钟九闹漕》叙述钟人杰等人并非为绅士诱捕，而是自首：

　　　　钟九敦族陈宝铭，三人计议一条心，我等起义为百姓，
好汉做事好汉承，免得百姓受苦刑。又送书信走如飞，拜
上合县老绅耆，我等杀官为百姓，三人自愿穿囚衣，力保
一县无忧危。

我们可以清楚地看出《钟九闹漕》将钟人杰等人视为崇阳整体利益
的代表，不仅是普通花户的代表，也是绅士大户的代表，凸显了
"钟九闹漕"事件的合法性。在《钟九闹漕》中，绅士大户无疑是与
钟人杰们、中小花户利益一致的群体，对闹漕行动是持支持态度的。

# 第三节　从抗粮运动到武装叛乱的文化解释

## 一、抗粮诉讼：并非理性选择的行为

　　从第二节的介绍中，我们可以明确地感觉到陋规和书吏的过度
勒索已经导致了崇阳民众普遍的怨恨感和剥夺感，从而构成了民众
爆发集体性行动的结构性诱因。当然从前文的叙述中可以看出，怨
恨的对象首当其冲的是书吏集团，其次才是代表朝廷的知县，但是

---

　　①　张仲礼认为，"耆老"是六十岁以上，具有显著威望、能力、财富并且
在地方事务中起领袖作用的老年男子才能获得的荣誉称号，有些耆老还会被授
予低级的官服和顶戴。所有非绅士的耆老往往都有别于庶民而与绅士相提并论，
或者仅次于绅士之下，但是他们不能享有绅士某些重要的特权，也不能像绅士
那样出任官职。参见张仲礼：《中国绅士研究》，13～14页。

结构性怨恨和结构性诱因并不一定就会导致针对书吏或知县的集体行动。在正常的情况下，人们大多数会依据社会文化中的一般信念来行事。在一个政府还在正常运转，社会局面平稳的条件下①，人们大都希望通过惯例来行动而不是显得那么突兀。

通过前文叙述我们可以看到，崇阳书吏之间宛若一个组织，唱词中"世间最毒是粮房，串成一党恶难当"便是直观的写照。尽管我们不能完全明确谁是这个组织的首领，但是从金云门、师长治等人遭遇的不约而同的"罢工"行为来看，书吏之间已经结成了一个紧密的利益集团。别说几个缴纳漕粮的花户，即使作为一县之主的朝廷命官也没有能够拿出有效的办法对付这个并不大的组织群体。集体行动需要一定的组织，我们在现代社会经常看到此起彼伏的抗议运动，在西方国家，即使农民也不例外。传统社会的农民并非完全一盘散沙，完全不从属于任何组织或机构的社会人员是不存在的。农民除了从属于自己的家庭以外，他在社会公共层面上主要从属于宗族。宗族虽然与官府保持着一定的距离，但是族长一般不会为某个成员的利益出头去与官府对抗。② 所以前面讨论崇阳民众软弱的民风和忍气吞声的做派并不是没有道理。人都有强硬和软弱的两个方面，但即使是狮子，面对群狼时也往往选择退避三舍。

面对一伙"恶党"，民众或花户的一般信念是什么呢？我们不妨先看看民间唱词是怎么建构"自我"形象的。唱词中赞美崇阳民众"风淳俗美"和"男勤女俭"，用在中国哪个地方都可以。这表明崇阳民众也与其他地方的人们一样辛勤劳作，按章缴税纳粮，并无二致。如果是专注于农事的农民，那么他在日常劳作中最关心的是收成。在靠天吃饭的农业社会，春种秋收与风调雨顺是紧密相连的，两者也是农民以及统治者最盼望的。《钟九闹漕》在叙事的过程中，将气候、节气、农时结合在一起来叙述一种围绕农事展开的时间，暗示并建构了"自我"或者崇阳民众的顺民形象。

长诗开始并没有交代金太和出场的具体时间，在描述完粮房的

---

① 这里应当注意到当时鸦片战争对内地的影响主要表现在抽调军队和协运物资方面，对社会层面的民众影响很小，而且相比于 10 年后的太平天国运动，除了道光初期在新疆的平叛，道光中前期并无大规模的战事，可以说"承平日久"。

② 清代对宗族的控制与打击参见沈大明：《〈大清律例〉与清代的社会控制》，126～127 页，上海，上海人民出版社，2007。

"肆行刻剥"后，以一句"过了一春又一春，看着粮饷步高升"替代了具体的时间。金太和串联上控，"正月走到立夏时，四十八堡尽皆知"。金太和上控被关押的时间较长，这段时间是如此叙述的：

> 戊戌年来好寒天，贫民小户受煎熬，惊蛰春分落大雪，
> 清明谷雨才开天，立夏小满好栽田。不表农夫插秧忙……

紧接着才叙述钟人杰、蔡德章和汪敦族等人商议再行上告以营救金太和的过程。又如：

> 己亥年底后一天，庚子一到是新年，正月过了元宵节，
> 桃李花开二月天，不觉清明到眼前……六月炎天热难当

这是在交代书吏请蔡绍勋代作呈词的时间。而金云门的任职和师长治的接任时间是这样叙述的：

> 时节秋冬两相交，折爷要往别县调，又是金官来圆
> 印……辛丑年来雨水多，① 落到五月方调和，晴雨相应民
> 安乐，乡里小儿唱歌谣，金官是个活阎罗。到了八月桂花
> 香，金官卸位下武昌，来了正印师县主……

与《崇阳冤狱始末记》中"巅崖峻岭"的建构不同，农时与节气是对崇阳顺民心态的一种隐喻。《钟九闹漕》中，金太和在狱中给家人写信道"绍勋反状将我告，告我教匪又拆房，这个冤枉实难当"，而师长治被杀主要是因为"一语吐出话语真，本县奏了教匪文"。关于教匪，也就是白莲教、天地会等秘密会社的反清起义，有清一代始终未停止过。② 清廷一直予以严厉打击，道光期间亦频频发生小规模的秘密会社起义。③ 关于崇阳叛乱系教匪的说法，并不是空穴来

---

① 此言不虚。同治本《崇阳县志·杂纪·灾祥》（卷十二）载"二十一年辛丑，春淫雨，夏麦熟"，626 页；Qing Docs Vol. Ⅱ，39 页。

② 参见刘平：《文化与叛乱——以清代秘密社会为视角》。

③ 喻大华主编：《清朝通史·道光朝》，310～320 页；清代对民间宗教和秘密会社的控制参见沈大明：《〈大清律例〉与清代的社会控制》，117～121 页。

风。旻宁给裕泰的谕旨中曾说："再前奏诡称术能封枪之僧人，现在曾否拏获？如已伏诛，该逆僧是何名姓？凭何确据？著该督确切查明。如尚漏网，仍当生擒解京，以免煽惑。"① 《崇阳冤狱始末记》中也有"裕制军、刘提督闻有妖僧邪术，勒兵于咸宁堵御，不敢前进，逆遂得志"的说法。② 民间唱词《钟九闹漕》话语看似不经意间营造的农民主体形象和地位，也是为了将崇阳民众与清王朝视为匪寇的教匪彻底区别开来。

作为埋头耕作的田间劳作者，自然就不会搞歪门邪道来应对书吏带来的问题。这是他们的基本信念之一。在没有可以依靠的组织来进行反击以前，他们的首选是期望有一个青天大老爷来结束不利于自己的状况。《钟九闹漕》中对前后几任知县和督抚提督等大员的或赞美或嘲讽和批判，证实了这一点。我们再来看长诗《钟九闹漕》的开篇唱词：

> 君安民乐享升平，听唱贤言叹古今，宇宙江山终不改，残冬一过是新春，一朝天子一朝臣。盘古开辟数千秋，三皇五帝夏商周，春秋秦汉并三国，两晋南朝与北周，唐宋元明万古留。大清洪福果齐天，创业容易守业难，良将贤臣保社稷，国泰民安气象新，一统江山万万年。顺治登基十八春，传位康熙圣明君，雍正传位乾隆坐，嘉庆皇位道光承，广施恩德爱黎民。仁义善政古无双，有道君王出祯祥，官清民乐处处好，湖广省城建武昌，首府一州九县堂。江夏县内近武昌，嘉鱼蒲圻是故乡，通山大冶并兴国，咸宁独立在中央，通城交界是崇阳。③

作为民间传唱的口头文学，为何开篇要加这么一段叙述从开天辟地到道光朝历史的唱词呢？"这个开头是口头文学经常采取的叙事形式，它是流畅和容易记忆的……它与结尾相配合构成了一套完整的官逼民反，

---

① Qing Docs Vol. Ⅱ，11 页。

② 关于巫术在秘密会社叛乱过程中的形式和作用，参见刘平：《文化与叛乱——以清代秘密社会为视角》，173~176 页。

③ 1957 年孙敬文本开篇唱词不同，后文将讨论。

只能寄希望于皇帝的概念装置。"① 尽管长诗的创作者甘冒危险创作了与朝廷结论相反立场的口头文学作品，但是为表明创作并非对抗朝廷和大逆不道的举动，作者还是在开篇书写了一大段描述正统王朝历史的话语，以鲜明地表达了一种观念上的"政治正确"。开篇唱词起码表达了"政治"上的两个"正确"之处：一是对君主专制统治的认可，二是对清廷统治的认可。前者代表了对一种统治形式的合法性和必然性的认知图式，后者表达的是对具体的现世统治者合法性的认可。更需要指出的是，前者乃是千百年来积累的历史文化在话语间的流淌，后者恐怕更多的是霸权之下无奈的模仿秀。无论是迫于朝廷统治的威力还是书吏抱团生成的力量，分散的个体农民的第一选择还是忍耐，等待着清官或圣君出面来解决问题。

农民对于官府的权威还是习惯性地存在着畏惧心理。当金太和被拖进县衙门打板子之时，长诗是这样描述的："衙门带进金太和，双膝跪地把眼梭，太爷坐在二堂上，三班六房一邀呵，好似阴鬼见阎罗。"前述讲督抚临崇阳后，"合县名士两百多，见官好似见阎罗"。这些描述都是社会秩序在民间话语秩序中的映射。造成农民怨恨的书吏自成一党，花户之间宛若散沙，在没有外来思想资源的情况下②，人们千百年来遗留下来的经验模式就构成了支撑他们选择无可奈何、忍气吞声的基本信念。这些基本信念在《钟九闹漕》中金太和妻子彭氏劝阻太和不要出头打钱粮案的"十劝"话语中表露无遗：

一、民不与官斗。七劝——"莫到公门呈英雄，官官相卫不由你，人随王法草随风，满腹冤屈也依从"；八劝——"斗米当差告上司，朝廷司法千条路，官断十条九不知，怕你后来失悔迟"；一劝——"世上小事成大事，恐怕时倒运又衰，梦见官司也退财"。

二、出头的椽子先烂。三劝——"是非只为多开口，烦恼皆因强出头，不受辛苦也忧愁"；四劝——"一时骑在虎背上，举目无亲往深山，骑虎容易下虎难"。

---

① 张小也：《史料·方法·理论：历史人类学视角下的"钟九闹漕"》。

② 崇阳自古产茶，粤商首次进入县内收购红茶发生在道光三十年（1850年），英商在崇阳开设茶庄收茶则延迟至咸丰十一年（1861年），俄国茶商进入崇阳的时间为同治二年（1863年），而直到光绪三十年（1904年），天主教才传入崇阳（现代版《崇阳县志》，9～11页）。因此，即使中英之间在东南沿海打得如火如荼，"钟九闹漕"前后的崇阳依旧是帝国中"山高皇帝远"的古老治地，并未受到西风东渐的影响。

三、自得其乐，休管闲事。五劝——"只扫自己门前雪，休管他人瓦上霜，海水不可用斗量"；九劝——"安分守己过光阴，乡下闲事切莫管，是非场中早抽身，多求安乐少图名"；二劝——"哪个花户有良心，倘若钱粮扳了正，只说天地有眼睛，谁个念你金太和"。

这些经过千百年凝练成的俗语长期扎根在世世代代的话语中，成为指导并规制人们一般行为的文化信念。但是，金太和用来反驳妻子的话语也是俗语，表明人们的基本信念还有另外一面：

> 贤妻说话不再三，这个冤枉实难担，黄河不静渡难过，
> 要修桥梁搭过滩，免得后人过水难。

这一基本信念也激起了金太和的荣耀感：

> 骂声子媳莫多言，我这性命值几何，倘若钱粮扳正了，
> 谁个不念金太和，万古千秋照古模。

金氏族谱对金太和赞曰："志气四方，磊落英雄，心性慷慨，器宇宽宏。"① 看来，对贪官污吏的忍气吞声并未体现出文化的全部因素，农民也有受压反抗的一面。文化因素的不同方面在不同的契机之下将选择性地发生影响。一个新的契机马上就出现了，这就是前文已述金太和因为仗义执言而被王县主打了板子。金太和被官府毒打，出得衙门，下决心要控告："蹬一脚来恨一声，冤屈良民不甘心，贪官污吏同一党，崇阳有冤不能伸，一心要下武昌城。"如上所述，家人的劝阻并未产生效果，反而激起了金太和心中的豪情。在侄儿金瑞生的帮助下，金太和开始在四乡串联上控之事：

> 太和到处出海言，倒落天来我乘肩，我今舍命把状告，
> 众位兄弟莫卸边，自有云开见青天。

诉讼是消解怨恨感的制度途径（当然诉讼指望的还是一个"青天"），但为什么一个制度化的行为在金太和那里要搞得豪气冲天呢？与这

---

① 《资料（一）》。调查人"金龙大队调查钟人杰起义小分队"，调查对象孙敬文（1957 年本《钟九闹漕》搜集整理者），1975 年 11 月 1 日。

一问题紧密相连的就是，为什么众多花户都选择忍气吞声而不通过诉讼的途径来一吐怨气呢？还有，拥有某些特权而比庶民具有更多政治资源的绅士阶层为何也选择了沉默呢？除了前面介绍过的诉讼费用过高可能压抑了诉讼意愿之外，关于清代民众厌讼、好讼或健讼、惧讼的论点都可以找到各自的论据。① 在崇阳闹漕案中，花户的沉默显示了惧讼的一面，而《崇阳冤狱始末记》中"甚有原被并未入城而词已雪叠"的叙述又隐指了崇阳地方健讼的民风。徐忠明认为，"在不同语境下，人们表现出来的态度（厌讼抑或好讼、畏讼）也会有所差异，他们的行为选择（提起诉讼还是忍气吞声）自然会有所不同，这是极其正常的现象"②。在一个较为平稳的情势下，行为模式的选择，是语境干预文化的策略性结果。

从前述《钟九闹漕》和《崇阳冤狱始末记》对崇阳绅士阶层的描述来看，这一阶层在崇阳的地方政治中发挥了很大的作用。例如金云门、师长治在处理漕案时频频向绅士咨询协商，清军在克复崇阳后也是绅士作为民众代表晋见大吏，洽商善后事宜。历史学家的研究表明，除了向地方官提出咨询建议外，清代绅士阶层还通过领导或参加公共工程和公共福利、教育活动、保甲管理、操纵宗族等活动参与地方政治，影响地方行政，进而对基层社会具有相当的控制作用。③ 同时，除了在地方上享有的政治声望和司法上的某些豁免以及特殊保护外，作为官民之桥梁的绅士阶层本身拥有诸如免除差徭等多项经济上的特权。④

更进一步的是，绅士阶层对陋规、火耗等附加费提出合法性质疑，使得官府常常只能根据惯例按较低的附加费率向绅士征税。因此，更重的税收负担只能转嫁给普通花户。⑤ 前述殷埕在谈到金云门向绅士大户募捐，赔偿书差被毁坏的房屋以平息漕案时说了一句：

---

① 参见徐忠明：《众声喧哗：明清法律文化的复调叙事》，114～227 页。

② 同上书，193 页。

③ 参见张仲礼：《中国绅士研究》，40～56 页；瞿同祖：《清代地方政府》，305～314 页；沈大明：《〈大清律例〉与清代的社会控制》，206～210 页。

④ 参见张仲礼：《中国绅士研究》，26～40 页；瞿同祖：《清代地方政府》，293～297、305～314 页；沈大明：《〈大清律例〉与清代的社会控制》，206～210 页。

⑤ 张仲礼：《中国绅士研究》，34～37 页；瞿同祖：《清代地方政府》，316～317 页。

"书捐绅士薄敛于柜书，厚输于逆众，重复受累，已属不甘。"此句印证了张仲礼和瞿同祖的描述。前述吴思所讲"出售英雄"之故事发生地浙江鄞县，官府在征纳地丁银时，绅士以"二千以外"钱折银一两，用红纸封好自行投柜，而普通花户需以"三千以外"钱折银一两（白纸封），"皆由书差催收"。这种明显转嫁负担的做法引起了普通农民的强烈不满，导致了"请平粮价"的集体骚乱。新任知县段光清为平息乱民，决定"无分红白"，一律按"每两二千六百"折算。① 而崇阳的绅士大户对按缴纳钱粮摊派讼费感到"即多"又"难拗"钟人杰等人的命令，而"又不敢结怨书差，是重复受累"。他们对金云门的募捐赔偿建议也是"首诺心违"，因而"收之不易"。以上表明崇阳的绅士大户在书吏的浮收和勒索过程中受到的利益损害较小②，他们具有"搭便车"的动机，但不会为一点蝇头小利而冒着与官府交恶的风险出头诉讼。即使闹漕成功，他们所获的利益不会明显增加，反而由于按粮派钱（摊派诉讼费用）而相对减少了所得，因此如同我们前面所看到的，"搭便车"的绅士大户们在闹漕的后期打起了退堂鼓。

如前所述，由于相对贫困化，作为下层绅士的崇阳生员集团已经深深卷入了分享漕规、包揽钱粮、挑唆词讼的地方事务中。按理说，作为健讼之人，讼师应当对诉讼持有热心的支持态度。但是在"钟九闹漕"中，下层绅士出头诉讼的意愿由于三个因素被压制了。首先，如果不能收敛讼费，讼师出头打这样一个公益性质的官司于自身收获有限，而他们因为生员的身份在官府征纳钱粮方面也受到某些优待。其次，在法律层面上《大清律例》对讼师是持禁治态度的，对于"教唆词讼"者规定予以严厉惩处③，同时许多条例对于生员涉足争讼和衙门公事亦加以警告并规定了较严的惩罚措施。④最后，《大清律例》规定"凡实系且己之事，方许陈告"。在漕粮案

---

① （清）段光清：《镜湖自撰年谱》，60~61 页。

② 1975 年工农兵学员的田野调查中也有多位受访者谈到这一点，见后文。

③ 《大清律例·刑律·诉讼·教唆词讼》。

④ 参见瞿同祖：《清代地方政府》，323 页。钟人杰就是因为在程中和挖煤案中代作呈词而被斥革功名的。

中，"州县征派，务须里长率领众民公同陈告，方准受理"①，可见，讼师或生员不具有原告的资格。从经济理性和制度层面来分析，钟人杰们没有理由和意愿冒着被严厉惩治的风险，单独出头打一场可能不会被官府受理的公益诉讼。

《崇阳冤狱始末记》中讲总督周天爵判决"原告依本户钱漕无多，不应恃符上控，责抱完案"，而金太和之妻也说金太和"斗米当差告上司"，说明金太和作为原告资格的法律理由也是不充分的，看来这一点官民双方都比较清楚。需要说明的是，自先秦儒、法、道等主流学派到后世高举儒家旗帜的帝国官僚，一脉相承地都高调吹捧"无讼"的理想社会秩序②，因此前述清代的类似规定也是抑制诉讼出现的制度性安排。在这样一个社会语境中，并不能从诉讼中获取多少利益的金太和发动的乃是一场利他的公益诉讼。如果不能从经济理性的角度来解释的话，我们只能说，本来对浮收就心怀不满的金太和因为被王县主毒打，激发了其潜藏的"志气四方，磊落英雄"的理想情怀，即使作为原告的资格有瑕疵也下定决心要打这场官司。这里既有为人修渡搭桥的文化信念，也有其个人"心性慷慨，器宇宽宏"的性格冲动，两者在受辱被打的契机下爆发出来，引发了一场轰轰烈烈的抗粮运动。

但是个人的力量是有限的，金太和与侄儿金瑞生商议"先到各堡走一遭，大众齐心事坚牢"，开始了在各堡花户间的串联活动。③众花户自然"并无一人不心愿，既是老者有此意，大小花户有万千，

---

① 《大清律例·刑律·诉讼·诬告》。这有点与今天中国法律通过对原告要求的"利害关系"的资格限定来拒绝受理公益行政诉讼相似。《最高人民法院关于执行〈中华人民共和国行政诉讼法〉若干问题的解释》第12条规定："与具体行政行为有法律上利害关系的公民、法人或者其他组织对该行为不服的，可以依法提起行政诉讼。"

② 参见徐忠明：《众声喧哗：明清法律文化的复调叙事》，181～188页；党江舟：《中国讼师文化——古代律师现象解读》，209～216页。

③ 赵鼎新认为，在中国，串联作为一种现代集体行动方式起始于五四运动时期（那时候北京学生向全国发电报并派学生南下上海等地发动民众），但是在"文化大革命"时期和当今中国，串联已经成了任何大规模集体行动的一个必有的环节，并且传统社会没有示威、游行、串联这三种表达政治诉求的方式（赵鼎新：《社会与政治运动讲义》，209、223页，北京，社会科学文献出版社，2006）。但是从本书考察的晚清闹漕案来说，起码串联是一个必不可少的环节，而"打粮房"也可以看做一种社会示威行动。

按照粮饷派银钱"。吴思在讲完"出售英雄"的故事后这样评论道："民众开始并不敢闹事，在正当秩序中的良民早就当不成了，他们照样在贪官污吏建立的潜规则中当了数十年顺民，如果没有替他们承担组织成本和法律风险的英雄出现，顺民还会继续忍受霸道不公和敲诈勒索。"① 我承认人都有行为理性，但是如果将农民对贪官污吏的忍耐完全解释为理性计算有失偏颇。起码，在清廷剿灭钟人杰叛乱后，前述金云门复任崇阳知县所遭遇的农民三次再度围城挟官的强悍行为，用理性是解释不通的。

吴思指责农民最后出卖英雄是"搭便车"的心理作祟，认为农民在决定是否参加闹粮时完全依据利害计算，英雄是"顺民转化为暴民的催化剂"②。但是吴思首先好像搞错了奥尔森"搭便车"理论所描述的机制。奥尔森（Mancur Olson）认为随着群体成员数量的增加，个体最后从公共产品中获取的利益会减少，个体对于集体的贡献会相应减少并导致成员成就感的降低，群体内个体之间的监督也会逐渐减少，而组织集体行动的成本会大大提高。结果，就造成了三个和尚没水吃的"搭便车"困境。③ 在闹粮案中，民众所追求的结果是税率的统一降低，是"非零和性公共物品"，参与人数的增加并不会使个体从中获取的利益减少。④ 因此即便从利害计算来看，民众参与闹粮的可能性中并不存在"搭便车"的困境。更重要的是，吴思按照他一贯的经济理性的思路推断了鄞县农民的行为选择倾向，忽视了人并不仅仅是一个经济理性动物。奥尔森以人为理性行为者作为前提假设，构造一个逻辑上的理论没有什么大的问题。而吴思在经验分析中把包括文化在内的具体的历史语境剔除干净，仅仅依据一个官员有点自吹自擂的自传性文字就判断鄞县农民具有好"搭便车"的倾向，似乎论据不足。起码在崇阳闹粮案中，崇阳花户并没有出卖反而是要极力保全金太和，至于士绅大户最后退缩乃至倒戈并不矛盾，他们本来就不是抗粮的主体。

金太和及其侄儿金瑞生遇到的另外一个问题就是，由于"文化

---

① 吴思：《血酬定律：中国历史中的生存游戏》，138 页。

② 同上书，138～139 页。

③ Mancur Olson, *The Logic of Collective Action*：*Public Goods and the Theory of Group*，Harvard University Press，1965；赵鼎新：《社会与政治运动讲义》，158～159 页。

④ 参见赵鼎新：《社会与政治运动讲义》，161 页。

资本"① 的匮乏，无法胜任抗粮的领导工作。② 本文提及的湖南醴
陵、湖北崇阳、浙江鄞县三个地方的闹粮案，分别发生于道光初年、
道光中期和咸丰二年，还有魏源《墓志铭》中点名的湖南耒阳案，
其领导者都是生员，也就是前面论及的下层绅士。这里对此现象无
需再重复论述原因，而需要指出的是，崇阳抗粮运动的领导权自然
而然地转移到了以钟人杰为首的生员集团手中，而文化，将成为领
导者手上的一副牌。

　　……次日瑞生问太和，掌案还要钟九哥，大号名叫钟
人杰，幼年入学未登科，举笔成词震山河……
　　钟九送出太和来，嘱咐言语记心怀，万事有我钟人杰，
任起风波治得开，大胆稳坐钓鱼台。

## 二、拆打粮房：无意对抗官府的集体行动

　　但是诉讼并非坦途，从开始诉讼到破城戕官之间有五年多时间，
崇阳闹粮案并未得到解决。道光十六年冬漕金太和受辱被打，十七
年，"遂有文生王敦族、武生陈宝铭、革生逃徒钟人杰、民人金太
和，纠众上控府道督抚各衙门"，词告"柜书浮收粮差勒索"。二十
一年十二月初十夜，"……仓促起事，仅只百人"③。在长达五六年
的时间里，诉讼为什么没有获得一个确切的结果，反而引起了一场
大规模的地方叛乱？难道钟人杰等人在此期间就开始了谋划叛乱吗？
　　我们已经无法找到钟人杰当年替金太和撰写的状词了，但是

---

　　① 在清代，士绅阶层较庶民具有明显优势的"文化资本"。关于"文化资
本"，参见［法］布尔迪厄：《文化资本与社会炼金术》，包亚明译，上海，上海
人民出版社，1997；张意：《文化资本》，载陶东风等主编：《文化研究》第5
辑，267～282页，桂林，广西师范大学出版社，2005。
　　② 费正清认为，汉字构型臃肿和汉字文本源远流长、汗牛充栋造成字词
意义繁复，因此确切地掌握中文书写及其意涵并不是一件容易的事情——汉文
几乎成了统治阶级的专利品。士绅家族之所以能不断主宰农民，不仅靠其拥有
土地，而且因其有财力供养子弟长期学习中国语文，从而进入士子阶层，部分
则可以更进一步成为官僚士大夫的成员。参见［美］费正清：《美国与中国》，
38～45页。
　　③ 《崇阳冤狱始末记》。

《钟九闹漕》透露出些许诉讼的话语策略。

> 钟九把笔做状文，诛语一出鬼神惊，官吏刻剥无深浅，
> 上瞒天地下绝民，肆行虐政哄朝廷。崇阳粮饷实难堪，一
> 倍要得五倍完，花户冤屈沉海底，伏望青天救生船，广施
> 仁政万民沾。

既然诉讼还是在制度的框架下解决问题，钟人杰不可能写出什么出格的措辞，否则既要触怒上官，于诉讼不利，而且会吓跑老实巴交的花户，减少抗粮的群体力量。把希望寄托在朝廷和清官身上，符合彼时老百姓的一般信念。同时，抗粮作为集体行动或社会运动，提起诉讼只是一个开始。既然是刚刚开始，群体的组织性也处于创建阶段。在没有真正形成组织的时候，运动领导者如果提出过于激进的口号或者策略，突破了民众日常的一般信念，很有可能使部分花户犹疑甚至拒绝参与抗粮行动，反而不利于组织的形成。同时，在社会较为平稳的时期，老百姓一般倾向于根据日常的文化经验行事，出格和越轨并不是首选。

金太和下武昌上控被收押后，钟人杰、蔡德章、汪敦族、金瑞生等人加紧了下乡串联和组织工作："四位头人伙下乡，各走一路好匆忙，出门不上两个月，走尽四处与八方。"前面已经介绍了这同时也是一次收敛讼费的过程："四人一路摆摆摇，为首出众受辛劳，传明钱文付保正，限定日期把钱交，都是送到白霓桥。"注意，讼费是由保正收的，保正可不是钟人杰等人任命的抗粮运动的基层组织负责人。清代基层社会的治安组织分为牌（10 户），甲（100 户）和保（1000 户），州县衙门为这些组织指定负责人，保正或保长就是保的负责人。保甲制的基本功能是"建立起缉查违法者，特别是缉查强盗、土匪的治安组织网络"。尽管学者对保甲制在清代是否得到过普遍确实的执行还存在不同认识①，但是钟人杰等人已经能够有效地利用官方的基层组织为抗粮行动服务。白霓桥是距县治约 9 华里的崇阳第二大市镇，钟人杰就居住在那里，以钟人杰为核心的运动领导层可能就以此为据点进行策划和指挥。保正能够负责收集辖内民

---

① 参见瞿同祖：《清代地方政府》，250～257 页；沈大明：《〈大清律例〉与清代的社会控制》，196～199 页。

户摊派的讼费汇交到钟人杰处，意味着抗粮运动已经初具组织形态。①

随着串联的持续和深入，抗粮愈发显示出组织性。总督周天爵作出的判决有利于花户，金太和亦被释放返乡。此后，"金太和置柜十一张，分注里名，抬送县堂。刊刷传单，派定日期，依期投纳，自封投柜，不容迟乱"。此句的施事者虽然只有金太和一人，但是我们可以想象，从策划到施行这些行动，金太和一个人是不可能完成的。这一系列类似组合拳的行动只能是群体的组织行为。折锦元上任后支持书差整复浮勒旧规，金太和代表花户控告又被送至武昌管押②，引发了"一打粮房"。

> 风信传到白霓桥，钟九传帖把人邀，限定三日一齐到，同到县里走一遭，要将粮房洗窝巢。等到三日一起来，千万乡民涌上街，喊叫一声齐动手，门片窗棂乱打开，各种物件碎成柴。西门打到小东门，砖头瓦片两边分，连墙带脚掀到底，良民铺户放宽心，衙役人家不留存。时刻难饮

① 《八十年前底崇阳农民革命运动》中说："道光十七年七月十五日，四十八堡各推一人，到白霓桥畔，钟人杰家，开代表大会。密议进行办法……他们团结力量的办法，异常周密，便是（一）按照花户大小抽款，富室多抽。（二）各堡自行保甲制度，每堡分十二甲，每甲又分上中下三排。堡置堡董，甲置甲长，排置排长，又由各堡董公推五人为总正，层层节制。大事由各堡董议决，总正执行。（三）公推钟人杰、金太和、王敦族、金瑞生、蔡德章五人为总正。会议散后，分途进行，不到一月，布置就绪。抽取捐款，亦已集存。人心齐，谁敢欺。金太和就下省告状。"作者这样书写恐怕是"时代误置"，把道光时期的农民抗粮运动当成了民国时期的农民革命运动了。在我看来，"钟九闹漕"组织得最严密的情形应当在四年后，即道光二十一年十二月攻占县城以后，因为军事行动才最需要严密的组织，而不是在战争还八字没一撇的时候。

② 金太和如何又被送到省城关押，说法不一。《崇阳冤狱始末记》说："（书差）……遂乘其时扭见前官，以置柜刷帖、把持钱粮，送府辗转委讯。"钟人杰等三人口供说，在拆打粮房后，书差由蔡绍勋作词唆使上省控告，"蒙委员赴县严拏，案内有名的金太和、蔡德章俱被获解管押"。穆彰阿奏折："钟人杰又主使金太和赴省控告尚未结案。"孙敬文和王旺国本《钟九闹漕》皆讲金太和代表花户到县衙门控告，折锦元将呈词扯烂，"就把太和押下府，连夜起解无人知"。从当时钟人杰等人的策略考虑，恐怕赴省城诉讼还是第一选择。笔者认为穆彰阿奏折的叙述比较可信，其将蔡德章被获解提省"同金太和一并看押"的时间确定为"二打粮房"之后，也与《钟九闹漕》的叙述一致。

> 一杯茶，毁拆粮房有数家，起家如同针挑土，败家好比水
> 推沙，雪大难见日光华。

"一打粮房"显示出崇阳抗漕运动已经具有进一步的组织性，并不是自发聚集的行动。"良民铺户放宽心"和"时刻难饮一杯茶，毁拆粮房有数家"表明这是一场有组织的"骚乱"，一次限制规模的"示威行动"。打粮房行动也并未涉及作为王朝统治象征的县衙门，表明钟人杰此时的策略还是把运动的矛头指向书差。虽然乡民打粮房后围堵县衙"扬拳舞掌骂贪官"，但是代表花户与折锦元交涉的陈宝铭也只是声称"只因粮饷变了卦，崇阳百姓不甘心，鱼死网破要章程"，并没有号召民众与官府乃至朝廷对立。折锦元迫于压力改立章程后，钟人杰们又奉赠"民之父母"匾额。与县堂复归于好，属于既打又拉的策略，有利于在省城的诉讼能够偏向抗漕一方，金太和也可以早日获释。

"一打粮房"后，书差一直怀恨在心。很快到了道光二十年（1840年）夏天，风闻金太和将被释放回崇，房屋被毁的书差们再也坐不住了，于是由书差金仲华出面邀请"崇阳第一刁笔"蔡绍勋撰写状纸①，赴省城控告。作为书差一方的军师和讼师，蔡绍勋的状词也具有相当的水准：

> 单告太和是光棍，田无升合饷无分，假称花户告衙门。
> 又告太和是刁民，能说会道武艺精，常在乡下欺懦弱，一
> 虎三彪父子兵，欺压北山一源人。

状词的原本我们已经无法找寻，但唱词如果体现了状词的主要论点，那么可以说蔡绍勋打中了金太和的要害部位，不愧对"崇阳第一刁笔"的名号。蔡绍勋上控的重点并未放在钱粮方面，那样做无异于自杀。老谋深算的讼师把重点放在金太和的个人身份上做文章。前面已经说过根据清代的法律，金太和对于这列钱粮案并不具备原告

---

① 《崇阳冤狱始末记》中说蔡绍勋是金仲华的妹婿。《钟九闹漕》说"绍勋才学也不差，头顶功名好贪花……娘屋哥哥拜拜你，满腹冤屈不能伸，除非靠着我情人"，将金妹描述成蔡的姘妇。

资格。① 有学者指出，清官府对扛帮唆讼的健讼之徒最为忌恨，对于扰害统治权力与社会秩序的"光棍"更是强调要予以严惩。② 刁笔的话语果然奏效，金太和"望穿眼睛一场空，要想回家在梦中"。

此时的闹粮案，虽然钟人杰一方在崇阳取得了上风，但是金太和毕竟没有获释，官司就这样僵持着。书差一直在寻找机会泄愤，不久机会就来了。"革书王士奇、金两仪等怀恨，于二十一年正月间藉蔡德章娶亲指为拐带，欲行禀官纠治。经蔡德章邀集同堡多人，将王士奇等房屋拆毁。"③ 这就是"二打粮房"。《崇阳冤狱始末记》是这样记述的：

> 逆等于二十一年灯节，手执红旗，大书"官逼民反"，统众入城。明为送灯，暗藏器械。拆毁书差房屋，抢掠资财衣物。踞城三日，拆掳无遗。虽无损于民，民亦因之闭门罢市……逆等卡守四隅仅截，公牍不通，官无所措。

与"一打粮房"相比，"二打粮房"的规模和激烈程度要大得多，但是运动的组织性也进一步增强。《钟九闹漕》先讲打书差衙役："喊叫一声齐动手，打得衙役各逃生，个个脸上有伤痕。"后说拆毁房屋："家家做的新房屋，油漆点金色色新，半个时辰一扫平。"《崇阳冤狱始末记》说事后宪委陈通判到崇阳县查勘，"书差房屋数十家悉成平地，满街案卷缤纷"。而"一打粮房"时，"毁拆粮房有数家"，《钟九闹漕》也并未有描写殴打书吏或衙役的情况。可见抗粮运动的进一步扩大化。

但是，运动的扩大并不减弱组织程度，其计划性和目的性大大增强了。首先，"二打粮房"很好地利用了崇阳民间灯节乡民进城玩龙灯的时机："钟九闻听说一计，假称乡间疾病多，大放花灯照山河。九龙盘圣上街游，又玩狮子滚花球，引动乡间人无数，都是健

---

① 1974 年华中师范学院的工农兵学员所作的调查显示，金太和主要靠造纸为生，田产很少，"一年完斗米的国课"。《资料（四）》，32～33 页。

② 张小也：《史料·方法·理论：历史人类学视角下的"钟九闹漕"》。

③ 穆彰阿奏折，Qing Docs Vol. Ⅱ，29 页。《崇阳冤狱始末记》中未讲蔡德章之事，而《钟九闹漕》说蔡德章因无后娶二房，"一心娶个小娇娥"，"人财两交拾得归"。

汉少年夫。"① 其次，钟人杰等安排人手把守崇阳通往外界的要道，几乎使对外联络断绝："逆等卡守四隅禁截，公牍不通，官无所措。"再次，"二打粮房"的目的性较强。一是寻找蔡绍勋："打散衙役四处奔，不见祸孽蔡绍勋，乡下人家不能躲，躲在县内不现身，四城紧闭要搜寻。难得搜寻蔡绍勋，就打粮房也甘心……"二是打粮房后，在捕厅、城守两人询问"掳拆之由"时，钟人杰等以受刁难为由制定禁革钱漕积弊以及花户自愿每石加收二斗二升的章程，再加上前次督抚所定每两纳钱二千一百四十文的规定，"自书告示"，勒逼折锦元加盖县印，在城乡四处竖立。② 可见事前经过商议，钟人杰等人有备而来。最后，同"一打粮房"一样，"二打粮房"并未伤及无辜民户和县衙。

最引人注目的是"手执红旗，大书'官逼民反'"。这是抗粮运动第一次明确地运用符号性行为，目的在于为乡民打粮房的集体行动进行正当性辩护，同时也在展示合县民众的巨大威力，向官府施压。"官逼民反"在这里的意味是，"民"反是反了，但是缘由和责任都在"官"。"官逼民反"隐含的逻辑是，民是不会反的，只有官府将民逼得忍无可忍，民才会反。在这种情形下，要么是主官贪污腐化，要么是主官昏庸无能。对于民众来说，"官逼民反"是一个既符合逻辑又符合其价值观的选择。对官员来说，如果承认"民反"，就得归因于"官逼"；而如果不认定为"反"，那么就没有"官逼"一说。但是钟人杰等人"踞城三日，拆掳无遗"，"卡守四隅"，不是"反"又是什么呢？折锦元就此被逼到了既不能认定"民反"亦不能承认"官逼"的死角，而只能"无所措"。

"官逼民反"之所以能产生这样的效应，在于文化的霸权和民间的观念都承认其正当性。先秦时期大部分学派几乎都提出了"重民"的主张，大致可以分为立君为民说、君主利民说、民养君说、得民

---

① 崇阳民间正月，有乡民自组队伍进县城玩龙灯、耍彩狮的习俗，正月十五是高潮。笔者于20世纪八九十年代居住崇阳时还经常目睹此景：玩龙灯、耍彩狮过处，锣鼓喧响，儿童追逐嬉闹，商铺、民户笑逐颜开，鸣鞭讨彩，并赠钱、物（主要是香烟）。

② 《崇阳冤狱始末记》。《钟九闹漕》长诗是这样叙述的："……上司大人有定案，章程就是靠壁山，不要想个机关。一众头目听此言，刊碑立石大堂前，四城都要立一块，年月移上前一年。"不过长诗将"二打粮房"置于师长治上任以后，刊碑立石亦在师长治任内。

为君说、民弃君说和民水君说等理论。这些理论"看到了民众的力量"，是"奉献给君主们的一付清醒剂"①。儒家认为取得政权的合法性必须有三个前提，即天予、人归和尽君道。随着春秋以来民本论的隆起，"天予"愈来愈需要落实到民意的表现上来，正所谓"天视自我民视，天听自我民听"②。孟子说："桀纣之失天下也，失其民也；失其民者，失其心也，得天下有道，得其民，斯得天下矣；得其民有道，得其心，斯得其民矣；得其心有道，所欲与之聚之，所恶勿施，尔也。"③ 为儒学登上官方意识形态宝座立下汗马功劳的董仲舒则说："天之生民，非为王也，而天立王以为民也。故其德足以安乐民者，天予之；其恶足以贼害民者，天夺之。"④ 作为批判暴政、倡行仁政的理论和制约君主行为的道德规范，无论是孟荀程朱一类的思想家，还是唐太宗到康乾雍一类的帝王，抑或以儒生为主的士大夫官僚集团，大抵是一脉相承的。⑤ 从这个意义上说，作为运动领导者的钟人杰等人是在运用霸权的话语来对付霸权。

　　当然农民没有工夫去参与这些帝王和夫子们的理论了，他们只从感性和经验的层面来得出自己的价值判断。"天高皇帝远"——老百姓与皇帝之间并不直接发生关系，不管是"重民"还是"民本"，他们只能通过"官"来体悟相关的道理。完颜绍元在其著《天下衙门——公门里的日常世界与隐秘生活》一书中辑有许多俗语、民谚、诗词、歌谣、故事、笑话等民间话语，来映射古代民众对官员和衙门的认知与感受，比如俗语民谚有"千里当官只为财"，"要钱典史，不要钱御史"，"纱帽底下无穷汉"，"三年清知府（县），十万雪花银"，"衙门八字朝南开，有理无钱莫进来"等，还有一首明代歌谣："来时萧索去时丰，官帑民财一扫空。只有江山移不去，临行写入图画中。"⑥《钟九闹漕》中"官猫吏鼠同一党"、"官官相卫不由你"等也是崇阳民众贴切的体认。中国古代官僚的贪污是普遍的现象⑦，

_____

　　① 刘泽华主编：《中国传统政治思维》，284～299 页，长春，吉林教育出版社，1991。

　　② 同上书，478 页。

　　③ 《孟子·离娄上》。

　　④ 《春秋繁露·尧舜不擅移汤武不专杀》。

　　⑤ 刘泽华：《中国的王权主义——传统社会与政治思维》，331～349 页。

　　⑥ 完颜绍元：《天下衙门》。

　　⑦ 刘泽华：《中国的王权主义——传统社会与政治思维》，85～88 页。

上述话语就是民众用不同方式从不同角度对这一现实进行的建构。

但是官与皇帝毕竟不同，厌恶官僚并不等于遥远而神秘的皇帝在民众中就失去了尊崇感。有学者认为，"中国农民是带有形而上意蕴的社会群体"，民众通过建构官僚贪污现象这一过程体悟到了儒家天听民听、天视我视的观点，以至于足以刺激耕夫樵子觊觎神器、心生"取而代之"之意。① 但我认为这只是一种臆推，农民有赶走虐政的地方官之意，但绝大部分并无进一步推翻朝廷甚至坐上龙庭的冲动。前述浙江鄞县"乡民滋事，烧毁府县署衙"，上峰调段光清新任鄞县。段光清下乡劝谕，问一老农曰："事已至此，尔等真一县同反乎？"老农答曰："何敢反？前不过周千祥谓'完粮有红白两封名目，太不平均'，故邀同四乡百姓入城，请平粮价。"② 即使将府县两级衙门都烧毁了，老百姓也没认为自己在造皇帝或朝廷的反，而仅仅在表达对政策和前署官员的抗议。

历史上农民的集体行动能够扩大至社会运动甚至叛乱，主要在于其领导者的话语操纵和诱导，起码在"钟九闹漕"的文本中是如此体现的。③ 从《钟九闹漕》的文字来看，长诗的创作者对钟人杰等人率众闹漕是持高度赞赏的态度的，这与朝廷的态度完全对立。但是"官逼民反"中反的是贪官污吏，并不是皇帝。民众认为这种"反"具有正当性，应当得到皇帝的认可，所以钟人杰被害是冤屈而死。这恐怕才是老百姓对"官逼民反"的基本解读模式。

> 钟九志气果刚强，好汉做事好汉当，自坐囚笼去领罪，冤沉黑海见圣王，诉明起祸听端详。朝廷律法知我情，我等并无谋反心，只因贪官心肝黑，饲养污吏剥乡民，为民扶危救难行。钟九坐在囚笼内，只想面圣得意回，要求圣君深作主，只把贪官一扫推，确保崇阳无灾危。谁知钟九运不逢，官官相卫果是真，恐怕钟九面了圣，连累众官难脱身，半路杀害不留情……扳正钱粮救庶民，官逼民反不

---

① 张鸣：《乡土心路八十年：中国近代化过程中农民意识的变迁》，16～17 页。
② （清）段光清：《镜湖自撰年谱》，51 页。
③ 在 1975 年的调查材料中，只有很少的受访者认为钟人杰等人有推翻清王朝的意图。

> 虚情，众怒意气杀县主①，冤上加冤不能伸，人随王法草
> 随风。

钟人杰精心将进一步扩大的打粮房选择在灯节之时，并截断崇阳衙门与上峰的通信，表明其有意减弱和控制行动所造成影响的程度和范围。作为生员和讼师，钟人杰自然应当知晓官府对此类行为的定性和惩治是非常严厉的。但是，"二打粮房"之前，书差已有所耳闻，于是"被害书差临事先遁，赴省上控"。这次还是蔡绍勋的手笔，长诗唱道："钟九结盟伙一党，毁街灭市难抵挡，欺凌官长霸崇阳。状文做得有高才，行到武昌把封开，大人一见明如镜，钟九不是小人才，火速风行出提牌。"② 省里委派陈通判到县弹压，但钟人杰等人已解散。知县折锦元与陈通判商议，以送灯带纳粮时，因争论银子成色发生冲突、人多拥挤导致民居毁坏的过程报呈上司。但折锦元想以民间械斗之类的冲突搪塞过去没有得逞，陈通判回府后仍据实上报，武昌府于是"将折公照人地不宜奏撤，另补委候补知县金云门来署办理此案"。"官逼民反"的逻辑效应在现实中得到了检验，钟人杰等人的话语策略奏效，赶跑了折锦元，来了个更和稀泥的金云门。

### 三、破城戕官：在激变中走向武装叛乱

道光二十一年春，金云门接替折锦元署理崇阳。金云门上任后因书吏的推诿而陷入狼狈不堪的境地。对于钟人杰"二打粮房"一案，因县里不敢亦无法将钟等人归案，一直拖延。而武昌府"控催益急，雪檄频仍，委员接踵"，金云门与幕僚佐贰计议邀请绅士捐助赔偿书差被毁坏的房屋，同时"拟将金太和照不应律杖释，了结置柜之案第"。但是如前所述，绅士大户并不买账。金云门署任六月之久，而完结粮案之议一直没有进展。师长治此时正"持凭到省"候补官缺。金云门与师长治曾经在浙江一同为官，以"其精明强干必

---

① "众怒意气杀县主"一句有不同抄本作"忿气错斩七县品"。见《资料（三）》，"一九六八年戊申冬日上浣程巨福抄写"，1975 年 11 月 20 日摘抄。

② 《大清律例·刑律·贼盗》规定，"抗粮聚众"，为首者斩立决，从者绞监候，"哄堂塞署，逞凶殴官"的，为首斩决枭示，同谋斩立决等刑罚。参见沈大明：《〈大清律例〉与清代的社会控制》，96 页。

能了理此案"之语向上司推荐师长治立即上任接手崇阳政务。殷埏谓之"作此明保暗卸之计，捐项未收，案未发落，解脱而去"。

前面介绍官府的"溃不治事"时，我们已经谈到了师长治忍气吞声的做法，因此征漕时，民众"踊跃输将"。正在崇阳催督地丁漕粮的"提案委员"将此情形传至省城。"各宪闻之颇有善安之誉，乃将金太和提禁保押，传人集讯。"金太和置柜一案眼看可以审结，但正值开漕纳粮之时，书差不可能到案，而巡抚赵炳言的履新改变了崇阳粮案的进程。前述"二打粮房"之前，已有书差先行赴省城控告，其中一个叫金榜①的书差派父亲和弟弟持讼师蔡绍勋的状词前往。而蔡之状词"为众词之最"，引起武昌府的关注。"赵中丞莅任"，金榜的弟弟金两仪又正在省城催促控案。赵炳言"下车伊始，见此等案件久延不办，乃严批侯委明干大员，督提惩办"。钟人杰等"见批不无悚惧"。其时办理湖南郴州案的钦差因"人卷解到"，遂"驻蒲圻审讯"。武昌知府明峻闻讯前往谒见，而此时"委员到崇提人，书差遂请复勘拆毁情形，仍报空文而去"。此等凑巧事件加剧了钟人杰等人的疑惧，终于酿成破城戕官的事端。

> 逆等意谓蒲圻非驻审之地，本府临蒲、委员到崇，疑有督提协捕之事，益觉惊恐。又闻金太和复收府禁之谣言，更生疑惧。复被太和子侄贵子恢先等逼迫，于十二月初十之夜仓猝起事，仅止百人。

按照钟人杰等人口供的说法，钟人杰等起初只想挟制蔡绍勋，迫其撤诉以换得金太和脱释。因此，钟人杰等人打算先拿住蔡绍勋"泄操刀之忿"。但当他们赶赴蔡绍勋家中，"满门绑缚，蔡独遁飏"。对于蔡绍勋，殷埏介绍，"蔡为崇阳第一刀笔"，是"钟之业师而又母舅"②。二人在白霓镇"比邻"而居，而钟"素畏服"蔡。同时书差金榜（金仲华）是蔡绍勋的妻兄。钟人杰"疑蔡遁入城，本有入城寻蔡之心"。而金贵子、金瑞生为"桀骜之性"，"欲效送灯之尤，胁官脱释金太和"。钟人杰等"遂率众来城"。钟人杰等人的供词亦证

---

① 长诗中的金仲华。

② 《钟人杰起义历史资料》中的受访者基本上认可钟人杰是蔡绍勋的外甥，并且是向蔡绍勋学习的撰写状词之本事。

实了起事最初的筹划和事件初始的过程。①

当晚三更，书差们聚至县衙，称"钟人杰在白霓桥将蔡绍勋房屋焚烧，满门绑缚，现在宰猪造饭，食后进城"。金榜也领其嫁到蔡家的妹妹前来，"云脱绑逃来，入署呼救"。书差"悚惧请闭城"。师长治关闭城门之后，查"营兵壮丁仅三十余人"，根本无法守御。师长治只得一面"劝谕士民铺户协力保城"，一面"谘访绅士"问询"造逆之由"。但因是"风闻"，"不敢以无据之词"指实上报。一直拖延至黎明，有"百人手执旧旗，各持兵刃，用木石攻击东门"。攻城众人虽被"城内鸟枪击退"，但仍然"蚁聚城外"。

十二日黄昏，陈宝铭率众攻破县城。群乱之中，姓方的幕友将师长治之子师世杰"送至致仕程千户宅内，保护出城，怀印送省"。师长治和部分幕丁、眷属暂避武庙。此时，"首逆搜杀书差，寻见蔡绍勋支解而死，头悬北门"，而金朝拔、金榜父子"授首东门"。殷埜对蔡绍勋的死发表评论说："久不操刀，更不肯结怨于甥徒，为妻所误，遭此憭祸。"

师长治在东门闻报城破，后见"逆众纷纷拥挤进署"，"乃于武庙暂息"。十三日黎明，"贼众攻击庙门，坚不可破，至裂未启"。暴动民众于是"由后院穿壁而入……逆众拄矛背立，呼杀太爷"②。陈宝铭、汪敦族、金瑞生等与师长治就开释金太和、暴动据城二事进行了一番辩驳。陈宝铭等人表示官府损失可以"照数赔还"，在逃监犯亦可"弋获还禁"，但坚持要求师即刻"详府请释"金太和，"俟太和到县方能退兵"。师长治"稍迟则群逆满院喧声震耳"。师长治无奈"草成"详文交与对方。晌午，陈宝铭等回来称"情词不

①　"后因拆毁书差王士奇们房屋，被蔡绍勋作词唆使书差上省控告，蒙委员赴县严拏，案内有名的金太和、蔡德章俱被获解关押。金太和屡次叫他儿子金攀先带信，要我们设法救他出来。我想邀人拏住蔡绍勋，便可挟制他和息了案。当与陈宝铭、汪敦族商允，于二十一年十二月初十日，纠同兄弟钟十四、陈宝铭的兄弟陈宝亮、金太和的儿子金攀先、侄子金恢先并素好的汪溃仔、饶肉它三、谭九海、但扶泷、雷一青、金青茂、刘老五们，并金青茂转纠多人，就是那日挨晚同到蔡绍勋家。他家闻信先已逃走，听说逃到县城里去了。我们就放火把他房屋烧毁，带同众人赶到县城，时已深夜，城门关闭。十一日仍不开城，我们在城外，原想要县官捉住蔡绍勋交给我们再散。"引自钟人杰口供。

②　殷埜在附录的"上访"文本中说："身等劝解之际尚无横矛直指之人。"可见当时情形还未到你死我活的千钧一发之际。

切……请易其稿"。

> 公云围城两日，破城劫署，纵犯开仓，罪不缓诛。挟
> 官请释，情理如此，尚有何切词可措。尔等自拟。

午后陈宝铭等将自拟文稿送来。师长治考虑县印已被儿子带走，无法"钤盖"，同时想拖延时间"以候府援"，"故令其删改"。金瑞生、金贵子等"见事不协，率族众赴白霓桥，逼钟人杰到县"①。"钟逆为崇之第二刁笔，知此事难以弥缝，执笔凝思，无词可措。"黄昏时分，（主要是）金家族众"胁钟逆至庙前"，金瑞生等入庙拥师长治而出，师长治跌倒在地。钟人杰喝道："教你详，你不详！将首级取来！"师长治大呼："我当自任，不可伤我良民！"此时汪贵子"于项右一刀刺入，血出气断"。

从《崇阳冤狱始末记》的叙述来看，这次行动并不是一次经过周密策划、组织井然的行动，显得有点闹哄哄。第一，仓猝起事，出于谣言和疑惧，并无周密应对之策划。围城之时，师长治"因思钱漕悉听民章不较，无可复争，何为叛逆"，乃请士民出城询问。但市民知"不可解"，"无敢应诺"，而"旋见城外掷进木板一片，大书'城内居民不必惊慌移动，有能献出蔡绍勋者赏银五十两'"。到任不满百天的师长治不明就里，问"索蔡之由"。城里士民将合县已知晓的传闻告诉了师长治：

> 士民云称，蔡为崇阳第一刁笔，是金两仪妹婿。前者
> 金赴抚辕控催之词，钟疑必出蔡笔。得此严批，又委员来
> 县提人勘屋，并有谣传已将金太和取保，不日集讯释放。
> 今见抚批，金太和复禁拟斩，不日出决等语。

第二，行动的目标一再改变。欲息案，目标首选是蔡绍勋，但是暴烈的金太和子侄要求进一步"胁官请释"。金家子侄的提议并未马上得到相应，因为即使在围城之时，钟人杰还掷木板入城悬赏捉拿蔡绍勋。如果师长治真交出了蔡绍勋，或许钟人杰等就率众而退

---

① 笔者怀疑钟人杰已在城内。藏而不露的缘故在于钟人杰还未决心组织一场"叛乱"，与官府正式公开相抗。

了。但是最后的目标还是指向了师长治。

第三，行动方式显然没有统一的计划。起意是去抓蔡绍勋，未获而将蔡家满门绑缚并烧毁蔡家房屋。钟人杰本来想以寻常方式进入县城寻找蔡绍勋，而金家子侄提出想仿效"二打粮房"找个名义混进县城，但最后却变成了武力攻城。围城众人索要蔡绍勋未果，而师长治幻想近在蒲圻的知府明峻率兵来援，因而坚守不出。众人"见无人解围，遂鸣锣下乡召集各堡亡命"，乡民"越聚越多，四门攻城"①，而"城内兵勇已觉不敷分布"。破城之后，搜杀书差，肢解蔡绍勋，最后将师长治也杀了。行动的目标和方式一步步突破而走向暴力杀戮，表明行动已经失控，与两次打粮房时的节制形成鲜明对比。同时，参与攻城的人员先是百人（应该是骨干分子），而其余大部分是临时召集的，这与打粮房时的事前约定有天壤之别。②

如果说一次针对蔡绍勋个人的行动最终演化成暴乱，这是钟人杰始料未及的，那么可以说钟人杰实际上也并未完全掌控这次行动。按《崇阳冤狱始末记》的说法，首先，这次行动乃金家子侄"逼迫"而仓促起事。其次，提出"胁官请释"的也是金家子侄。再次，一马当先率众攻城的乃是武生陈宝铭。最后，先与师长治协商乃至逼迫请释详文的是陈宝铭、汪敦族、金瑞生，钟人杰是被金瑞生、金贵子"逼到县"。至于杀死师长治，钟人杰在抓获殷堃后对他发出了"后悔不及劫数使然"的感叹③，并且用新安金氏寄放在庙中的三具寿材将师长治及自缢的小妾和侄女"收敛安供正殿居中"④，对师长治随行的亲属及幕友家丁等人亦未再行伤害。钟人杰对移居庙旁熊

① 《钟九闹漕》讲师长治开征漕粮，"这回完米更习难"，"官吏一党似神仙"，于是钟人杰"在家好心烦，邀人来到大集山"，议定"要把衙门杀绝烟"，于是"众人点头就动身，鸣锣邀众聚乡兵，正是腊月十一日，四十八堡尽知音，同到县里杀衙门"。这里将行动描写成经过策划好的组织行为，并没有提先往白霓桥捉拿蔡绍勋之事。从钟人杰等人的口供和《崇阳冤狱始末记》互证，《钟九闹漕》在这里的叙述并不可信。

② 以上关于破城戕官的引文出自《崇阳冤狱始末记》。

③ 《钟人杰口述》："……就把师知县围住，要他发禀往省求放金太和回来。师知县不允，并说要把我们拏解。我气忿，喝令汪溃仔、饶肉它三把师知县杀了。" Qing Docs Vol. Ⅱ，15 页。

④ 《钟九闹漕》："七品知县命归天，杀在关帝庙门边，就用棺木来装起，停放关帝庙门前，无人烧香化纸钱。"

133

节妇祠内的师长治随行人员"送柴米"，交给居住在县城的金太和的族侄金长子"供膳三餐"，并对殷塈表示过十天备船筹款，派人护送出境。对于钟人杰等人先杀后悔的行为，殷塈是这样评说的：

> 逆之初意原欲挟制县官详释金太和而已，本无远图。不意弄假成真，噬脐不及。遂胁乡民为兵，劫典当应饷，用官仓之米觳卖铺户之货物。初则聚众自卫，敛死抚生，痴心梦想欲希前愆。①

很显然，搜杀书差，肢解蔡绍勋，以至杀掉师长治，并不是钟人杰等人的策划。我们只能说，暴力杀戮的行动更多地出自情感和本能，并不是理性的选择，或者说不是按照社会的常规方式行事。如果说殷塈描述崇阳山民"鲜知纲常法律，悍猾异常"有道理的话，那么即使对"不肖之族人或积窃之贼匪"，也要"集族长村邻"，才能"或捆溺或活埋"。就是说这种草菅人命的血腥做法也要在宗族权力和家族法的照应之下才能施行。② 如果说中国古代农民有滥杀的暴民倾向的话，那么这种倾向也不会在常态下爆发出来，否则社会就不可能正常运转。师长治详文"稍迟则群逆满院喧声震耳"，钟人杰"执笔凝思，无词可措"时，"双港堡山蛮野性声色俱厉"等描述见证了某种情绪的高涨。可以说，这次破城戕官的集体行动基本上被情绪和本能冲动所左右。"众怒意气杀县主"③、"忿气错斩七县品"④，是崇阳民间对激情杀戮的评说。

我们如何看待关于金太和案的传闻引发了激情杀戮的骚乱？如果仅仅用民风强悍或者怨恨累积来解释是行不通的。相反的是，如殷塈所述，师长治甚至是自掏腰包贴补，"悉听民章"以求早日完成征纳漕粮，赶快离开是非之地。花户们也是"踊跃输将"，按理说民众的怨恨感应该大大减弱，积怨应当有所化解。如果说民风强悍，

---

① 《崇阳冤狱始末记》。

② 乾隆五年，清廷已经禁止宗族私自处死人犯，将生杀大权收回朝廷，但宗族私刑的做法并未禁绝。参见沈大明：《〈大清律例〉与清代的社会控制》，126 页。

③ 王旺国本《钟九闹漕》。

④ 《钟九闹漕》另一抄本之结尾，该本未见全篇。《资料（三）》，程万巨抄本，1975 年 11 月 2 日。

那么他们在浮勒猖狂之际为何选择忍耐和支持诉讼，并没有形成自发的集体行动？在钟人杰等人组织的情况下，两打粮房也比较自控，没有伤及恨之入骨的书差的性命，更何况持械攻入县署抢掠？我们已经看到，这次行动并没有什么策划与组织，带有很大程度的自发性。但是自发性并不一定导致激情杀戮。前述浙江鄞县闹粮也具有很大的自发性。当时领导者周千祥被关押起来，乡民自发聚集劫狱，烧毁署衙，凌辱知府，捣毁粮房，但并未造成伤亡。那还有什么使得仅仅捉拿蔡绍勋的行动演变成一场破城戕官的大骚乱呢？

一百余年前，一位法国社会心理学家勒庞（Gustave Le Bon，1841—1931）提出的所谓"心智归一法则"或者说"群体精神统一性的心理学规律"（law of the mantal unity of crowds）或许能给我们一些启示。勒庞认为，人一旦进入群体之中，随着聚众的规模扩大，个体在常态下所显示的个性（包括平时的理性、教养、文化、责任感等）因为个体之间的相互影响、启发和感染而趋于消失，各色人等的思维和行为方式渐趋一致；他们的行为也越来越受到脑下垂体控制，变得越来越非理性，或者说行为表现出无异议、情绪化和低智商的特征。① 如果说，勒庞的理论从整体上论证了从集体行动到社会运动乃至革命的行为方式特征，那么美国的布鲁默（Herbert Blumer）的循环反应（circular reaction）理论和特纳（Ralph Turner）的突生规范理论（emergent norm theory）则更能从微观上说明集体行为方式的形成过程。前者强调聚众的形成过程时人与人之间的符号互动过程，即谣言和愤怒感在聚众内的"集体磨合"（milling）、兴奋、感染以至爆发集体行动。特纳则认为集体行为的产生需要某种共同的心理，包括共同的意识形态和思想，或共同的愤怒。这种共同心理是聚众产生某个共同规范的关键；共同规范产生于一个不确定的环境中，一般有一个符号性事件以及与之相伴随的谣言在起着关键作用。②

钟人杰聚众破城戕官很显然是一次集体行动。由于师长治息事宁人和钟人杰因为畏惧官府抓人而"深潜厚卫"，崇阳地方应该说安静了不少。但是因为官司未结，形势并不明朗，安静只是一时。钟

---

① 参见［法］勒庞：《乌合之众：大众心理研究》，冯克利译，北京，中央编译出版社，2004；赵鼎新：《社会与政治运动讲义》，61～62 页。

② 赵鼎新：《社会与政治运动讲义》，61～64 页。

人杰等与书差的博弈也只是暂时取得了上风，存在着较大的变数。这时，武昌知府督提协捕、金太和复禁拟斩的谣言开始流传，当然伴随的可能是花户一方输掉官司，崇阳钱粮将整复旧规。这一谣言本身就可以激起花户的担忧和愤怒。钟人杰等人商议拿住蔡绍勋逼其息讼。绑缚蔡家，纵火烧屋，信息于是向乡民开始传递：蔡绍勋是粮案的罪魁祸首。① 此时，谣言的内容并未广泛扩展，聚众人数也仅百人。但书差入署呼救指称叛逆，师长治命关闭城门，"多募乡勇，召集义勇"，"竭力就保守"，同时"募健步改扮灾民递送府禀"。

师长治的处置给人的印象就是要保全蔡绍勋和书差。这就可能使另外一种谣言升起："师知县与书差已结成一党。"按崇阳粮案几年间的反复状态，以及从前述民众对"官"的基本认识和态度来看，在崇阳民众看来，这一信息就不会是谣言。同时，谣言的内容还在进一步扩展。《钟九闹漕》讲"师官误听蔡绍勋，急忙就通教匪文"。前文讨论的朝廷事后追查是否邪教反叛的叙述并非空穴来风，可以判定也是来自民间传闻。这一冤屈崇阳民众的谣言更将师长治推向花户的对立面，而师长治在产生谣言的过程中可能被进一步妖魔化。我们前面已经讨论过《钟九闹漕》对师长治的嘲讽，将"二打粮房"、拘捕蔡德章安排在师长治任内，以及师长治征漕恢复浮勒旧规，并不符合史实。民间唱词如此话语的目的突出了"官逼民反"正当性的主题，但在将自身行为正当化的过程中同时妖魔化了师长治。《钟九闹漕》虽然是事后话语，但是这一话语应该来源于集体行动中由共同心理形成的"突生规范"。如果说《钟九闹漕》可能由于时过境迁记忆有误，那么来看看钟人杰戕官据城后发布的《誓师文》：

> 敢昭告于国人，天下国家可均也，不患寡，而患不均，不患贫，而患不安。由周而来，分田制禄，可坐而定，仰不足以事父母，俯不足以蓄妻子，乐岁终身苦，凶年不免于死亡，此惟救死而恐不瞻。暴君污吏，今又赋粟倍；农夫也，□其田而不足，则必取盈焉。师尹（知县师长治——笔者注）为民父母，为之聚敛，而附益之。其徒数十人，博弈饮酒，般乐怠教，无非取于人者。使民盼盼然，

---

① 蔡绍勋事前就获得消息而得以遁入县城。

将终岁勤勉，不得以养其父母，凶年饥岁，老羸□于沟壑，壮者散而之四方，民之憔悴于虐政，未有甚于此时者。此率兽而食人，其罪不容于死，恶在其为民父母也？皆曰可杀，然后杀之。师死，有司克告于君。王赫斯怒，爰整其旅，往而征南蛮鸩舌之人，而不行仁政，是上慢而残下，动天下之兵也。为其杀是童子而征之，四海之内，皆曰非富天下也，为匹夫匹妇复仇也。民为贵，君为轻，若大路然，不可罔也。君之视臣如草芥，臣之视君如寇仇，夫民今而后得反之也。千室之邑，百乘之家，乃积乃仓，乃裹糇粮，于□于囊，思戢用光，弓矢斯张，干戈戚扬，爰方启行，以至仁伐不仁，仁者无敌，请勿疑。三里之城，七里之郭，环而攻之，民归之，由水之就下，以为将拯己于水火之中也。得道者多助，失道者寡助。寡助之至，亲戚畔之，多助之至，天下顺之。以天下之所顺，攻亲戚之所畔，彼恶敢挡我哉？吾少也贱，未尝学问，好驰马试剑，四境之内，皆举首而望之，从之者如归市，而谋动干戈于邦内，岂予所欲哉？予不得以已也。至于治国家，莫大乎与人为善，中天而立，定四海之民，吾从周。制民之产，必使仰足以事父母，俯足以蓄妻子，乐岁终身饱，凶年免于死亡。杀无道，就有道，省刑罚，薄税敛。贤者在位，能者在职，得志行乎中国。凡有血气者，盍归乎来！——农兵三军元帅钟人杰①

为了符合儒家民贵君轻、官逼民反的理论逻辑，《誓师文》将师长治彻底贪官化、虐政化——"师尹为民父母，为之聚敛，而附益之。其徒数十人，博弈饮酒，般乐怠敖，无非取于人者"。但事实上，钟人杰的口供并未以此来抗辩，而是说"师知县到任只有三个多月，并无虐民激变的事"②。很明显，这是集体行动的领导者在动员过程

---

① 参见蔡天祚：《八十年前底崇阳农民革命运动》。在笔者所查阅的全部有关"钟九闹漕"的档案和文献中，仅有蔡天祚的这篇文章提到钟人杰的"誓师文"。因此，尽管全文较长，笔者还是全文照录，并仔细校对，使之在服务于本书的同时，亦可作为资料供他人参考。对照《孟子》，可见"誓师文"大量引述《孟子》原文，其实是"圣人革命论"（见第三章讨论）的翻版。

② Qing Docs Vol. Ⅱ，17 页。

中的话语策略，这一策略照顾到了聚众的共同心理和文化信念。

而"城内鸟枪击退"攻城的百人，书差衙役得意洋洋的态度可能进一步激怒了众人：

> 城上衙役把话言，大骂钟九胆包天，聚众围城该何罪，哪怕人多上万千，自然要你丧黄泉。钟九一听怒不休，骂声衙役众狗猪，若不开城与我进，破进城来一刀休，杀得鸡犬不存留。

百名聚众在城下待了一天，而正在蒲圻的武昌知府明峻接到禀信后"坐视不救，胆怯遁去"。但是师长治得知信已送到，以为援兵会马上赶到，"守备益力，至午后集至千人"。聚众的领导者见无人解围，遂鸣锣下乡召集乡民。可以说，师长治的武力护城激怒了民众，而明峻的胆怯则放纵了民众。

聚众围城的人数很快就达到了几千人。① 由于围城已经一天一夜，前面的谣言和攻城众人的愤怒情绪估计早已传开。几千人聚集一处，又处在激烈的武力行动过程中，情绪有可能如着火了一般，兴奋之极。破城之夜，"爆竹之声络绎不绝"；破城之后，金太和的族侄金长子"引双港堡逆众"在殷垄等寄居的熊宅内外"往来络绎，昼夜呼杀"，让人"胆破心惊"②。这些都是情绪亢奋的写照。需要刻意指出的是，"官逼民反"在民众信念中的正当性，更易让聚众不假思索地接受谣言和"杀绝众狗差"、"消除祸孽"等符号性话语。还有，攻城造成的伤亡③，可能进一步加深了谣言带来的仇恨感和复仇欲望。野火般的情绪，加上主要领导者钟人杰对行动失去掌控（而金家子侄为救金太和更为激进和煽动），聚众就终于变成了"乌

---

① 聚众攻城的人数可能在三四千人，但后面与清军作战时，义军人数应当超过一万人。参见陈辉：《钟人杰起义史实考》。

② 《崇阳冤狱始末记》。

③ 同治本《崇阳县志·人物志·忠义》（卷八）记载："阴五，西乡人，钟逆人杰之变，应募守城，中鸟枪死。又汪某亦应募防御，城陷被害。"（438页）除此之外，笔者再未发现有其他文献言及攻城过程中双方的伤亡情况，但可以想象伤亡是不可避免的。崇阳民间至今保有人刚刚死亡时燃放鞭炮的习俗，如溺亡之人被打捞出水、病人在医院医治无效停止呼吸之时，家人都会为之鸣鞭示哀。破城之夜的爆竹之声不绝，也可能表明丧命之人为数不少。

合之众"——"逆党系乌合之众，本不遵约束。将署内资财衣物抢
掠一空，地坪□板拆卸净尽搜寻财物"。最后，在群情激奋之中，知
县师长治也被杀，钟人杰们就算不想反叛也不可能了。

其实，师长治在被害前与逼详的陈宝铭、汪敦族、金瑞生等人
有一番理性的辩驳：

> 公谕钱漕事毕方能收捐赔屋，被拆之家心悦诚服方可
> 集讯发落。昨之委员尚去，云金太和交保并未复禁，况照
> 律问拟，罪不至死。本府临蒲因诏星使而来。尔等身列黉
> 门，不守卧碑，以风谣意度造此寸磔之罪，将有灭族之祸，
> 尤敢问难于父母之前，实禽兽不若。入城一夜所作何事？
> 仓库监狱衙署曾否启动？①

然而，"个人可以接受矛盾，进行讨论，群体是绝对不会这样做的"。
师长治面对的，是一个不准备承认和理解"在自己的愿望和这种愿
望的实现之间会出现任何障碍"的激愤群体，他"哪怕做出最轻微
的反驳，立刻就会招来怒吼和粗野的叫骂"。勒庞指出，在这种状况
下，"假如现场缺少当权者的代表这种约束性因素，反驳者往往会被
打死"②。很不幸，这位与聚众争辩的知县还就真被杀死了。

一场并无预谋的反叛至此开始。从道光十六年金太和代表花户
抗粮始，至钟人杰等破城戕官，最终形成了地方志上的"灾异"：

> 十六年丙申，虫食松殆尽，秋有年。冬少雪。十七年
> 丁酉，夏麦熟，五月寒。自正月至五月，霪雨不止。六月
> 雨少止，尤寒。自丙申、丁酉后，四五年间，城乡好服尖
> 顶帽，短衫衣，窄鞋底，行步促，数城市尤甚。帽俯首即
> 坠，鞋站步不稳。识者谓为妖服。二十年庚子春，黄雾四
> 塞，昼夜不见日月，凡数十日。冬十一月，催耕鸟鸣。十
> 二月十五夜，大雷电。二十一年辛丑，春霪雨，夏麦熟。
> 五月，乌龟山、龙塘堰同日蛟起。六月，苗多螟。冬十
> 月，邑西山民得鼠土窖中，五头共一尾，烹食之。十一月

---

① 《崇阳冤狱始末记》。
② ［法］勒庞：《乌合之众：大众心理研究》，23～36 页。

> 大雪，连月不消。有鸦数万，飞蔽天日，其鸣哀，集县
> 署，驱之不去。逾月，钟逆变作，明年大兵入城，始散。
> 十二月，逆首钟人杰、陈宝铭、汪敦族倡乱陷城，知县师
> 长治、典史王光宇死之。先是人杰以诸生健讼被革，迩因
> 连岁吏民构讼，遂至于乱，大杀胥役，邑民惧逼，四散逃
> 匿。逆党陷通城，犯蒲圻、通山。二十二年壬寅，春正
> 月，制宪裕提督刘统大兵入城，逆首就缚。招抚流离，民
> 始复业。①

同治本《崇阳县志》是在官府的督导下集合崇阳绅士（包括生员）集体编纂的。无论编纂者中对"钟九闹漕"有什么不同看法，在文字中也只能称之为"逆"。但是县志中从金太和因漕粮浮收与书差争执被毒打的道光十六年丙申开始，一直到钟人杰起事的辛丑年，可以说整个"钟九闹漕"期间崇阳地方异象、天灾不断，是否正应了"国家将兴，必有祯祥；国家将亡，必有妖孽"的传统说法？②编纂地方志的绅士们对清廷和官府的不满情绪隐匿在这些灾异背后，暗示了其时绅士阶层与满清统治的心理分离倾向。但是，专制王朝与其文化支持者的正式割裂还要等到 20 年后的废除科举与辛亥革命。

---

① 同治本《崇阳县志·杂纪志·灾祥》卷十二，626～627 页；Qing Docs Vol. Ⅱ，40～41 页。

② 参见［美］田霏宇：《一门历史课的历史》。

# 第三章　革命：激变时代的精英叙事

## 第一节　革命文化的兴起

### 一、崇阳农民革命运动

　　转眼到了民国十六年，也就是公元一千九百二十七年，"钟九闹漕"事件再一次被人提起。当然，我不是指"钟九闹漕"在崇阳民众中口口相传的过程——这一表述和传播形式自然没有间断过。这一次既不是在奏折和谕旨中，也不是在私人的笔记中，而是在现代媒质——报纸上出现了有关这一事件的记述。这一年的《汉口民国日报》在三月和四月连载了蔡天祚撰写的《八十年前底崇阳农民革命运动》（以下简称《崇农革命》）。

　　《汉口民国日报》在北伐军攻克武昌后，于 1926 年 11 月 25 日创刊，社长（经理）为董用威（必武）。该报刚创刊时为国民党湖北省党部机关报，1927 年初因国民党中央和国民政府迁来武汉，也兼作武汉国民政府和国民党中央机关报。《汉口民国日报》创刊后，基本掌握在共产党和国民党左派手中。该报发行量 10000 份，在全国有重要影响。1927 年 7 月 15 日汪精卫与中共分裂后，该报实行改组，共产党人被迫退出，其性质也随之改变。1927 年 9 月 30 日停刊。① 关于署名作者，笔者未能了解更多情况——蔡天祚，字旭德，生于 1892 年，卒于 1950 年，湖北崇阳人，武昌商业大学毕业，曾任专署主任秘书，民国三十二年五月至民国三十五年二月任蒲圻县（今赤壁市）县长。② 这样一位作者和这样一份报纸，又会怎样叙述八十余年前的"钟九闹漕"呢？

　　《崇农革命》一文首先从文本标题上给"钟九闹漕"定性——既非"闹漕"，也不是什么"抗粮"。《崇农革命》全文共分十八小节，除

---

　　① 李炎胜：《中国报刊图史》，111 页，武汉，湖北人民出版社，2005。

　　② http://www.cbrx.com/html/chinifengqing/chibigaikuang/chibig-aikuang/chi/2009/0216/131.html.

"（一）总论"和"（十八）结论"外，含有"革命"一词的小结标题包括：（二）压迫阶级的眼光与崇阳农民的革命；（三）崇农革命血潮中开出的主义花；（四）崇农革命运动与时代背景；（十）崇农革命的潮声惊醒满洲皇帝的美梦；（十一）崇农革命的血潮冲决了数县的城池；（十七）崇农革命运动是满清衰亡的症候。① 在"（一）总论"中，蔡天祚为全文述评"钟九闹漕"事件定下了"革命"的基调：

> （崇阳农民）鏖战月余，血潮怒号，妇女荷戈，老弱倚马，矢尽道穷，人无退志，惊天动地，可泣可歌，真算是中国农民革命运动的破天荒。换句话说，就是被压迫阶级向压迫阶级宣战的第一声。在今日中国革命运动高潮中看起来，非常有意义。他们的革命运动，是有主义的，有组织的，先前经过了四五年的长期运动，然后爆发流血革命。他们革命运动的潮声，惊醒了满洲皇帝的美梦，他们的锄头打碎了贪官污吏的脑骨，他们的热血，灌开了太平天国的鲜花。而且他们认清了自己的阶级地位，认清了自己的出路。所以认定革命是为自己生活的"真实"表现，要把自己从黑暗专制的锁链中解放出来。

除了冠之以"革命"的头衔外，蔡天祚随后写道：

> 这件事情，我认定是很有益于宣传革命的材料。实在是农民运动历史上的先河。老早就想记载出来，因为黑暗的环境，缄默了我的口，锁住了我的手，写也不能执笔。等到现在，天已明了……我也急忙跳到"国民之友"② 的讲台上面，大呼一声："是时候了，是应和世界农民革命歌

---

① 蔡天祚：《八十年前底崇阳农民革命运动》。三月二十二日和二十三日的连载上有各节标题，但大多数不能辨认，多数标题系笔者从后面的连载文本中摘出。但第十四到十八节的内容仅存有四月二十二日的连载文本，根据其文义内容应属于"（十八）结论"部分，其余部分缺失。本章对出自该文的引文不再标注出处，对引文中诸如"八十年前底"中的"底"字以及其他字类似的用法，都不作改动，对根据上下文亦不能辨认的字以"□"代替，尽量使读者看到原貌。
② "国民之友"系《汉口国民日报》的副刊版面名称，是《崇农革命》连载的版面。

声的时候了。"

"先河"一词以及前引的"破天荒"、"宣战的第一声"诸语，表明崇
农革命不同于中国历史上以往的农民运动。这一不同首先是因为崇
农革命运动是"有主义的"。其次，崇阳农民的"革命"纳入了"世
界农民革命"的范畴。这两点可以概括为崇农运动的"世界革命意
识"。蔡文在"（二）压迫阶级的眼光与崇阳农民的革命"一节中具
体分析了崇农运动的"世界革命意识"。在这一节中，蔡天祚大量引
用了《清史纲要》、《湖北通志》、《湖南通志》和《曾国藩家书》中
有关崇农革命的记述①，归纳这些记述将崇农革命定性为"犯法"
和"叛逆"，"都是立足在压迫阶级观点上面说话"。蔡天祚批评这些
"过去的历史家和政治家"——"只知道主观的'神圣王法'，哪知
道客观的'革命生活'"，并讽刺他们"眼光如豆，不足深责"。蔡文
认为，站在革命观点上看，压迫阶级底下的生命是"任人宰割的"，
劳力是"填人欲壑"的，而"惟有革命的路"，才能"免除这两层痛
苦"，"才是到人权之路"，"才是到自由之路"。在这一节的最后，蔡
文号召"鼓其勇气，联合世界的被压迫阶级，共同干一个伟大的
'犯法''造反'的世界革命运动，到那时候，才能独立自由，才能
生活安全。"因此，蔡天祚在这一节中为崇农革命归纳出的"世界革
命意识"有两点：一是革命是反抗阶级压迫、争取自由和人权的斗
争，二是中国崇阳农民的"革命"与世界其他国家的革命都同样是
这一性质。而"钟九闹漕"——"崇农革命"，正是"世界革命意
识"的典型叙事。

## 二、传统中国的"圣人革命论"

在晚清关于"钟九闹漕"的文本中，我们并没有看到革命的字
眼，但这并不表明革命是一个外来词，"革命"一词在中国古已有
之。作为古典汉语合成词的"革命"，最早的出处应该是《周易·革
卦》："天地革而四时成。汤、武革命，顺乎天而应乎人。革之时义
大矣！"②陈建华认为，"革命"一词在中国古代政治文化中的基本
含义是"改朝换代，以武力推翻前朝，包括了对旧皇族的杀戮……

---

① 这些记述与我在第二章中引介的清廷官方文献大致相同，此处不再赘述。
② 《四书五经》，523页，北京，中华书局，2009。

这是西方 revolution 的意义里所没有的"。陈著还引用周立波的小说《暴风骤雨》中贫农赵玉林在批斗恶霸地主韩老六时说的"非革他的命，不能解这恨"之句来资证此释义。①

笔者以为，汤武革命的释义还是要回到原典产生的语境里来进行，不能将周立波笔下的"革命"与两千年以前的"革命"等同起来，毕竟时过境迁，物不是人亦非。一般认为，商周之际宗教观念发生了嬗变，"天"的观念首次出现。天与上帝在西周仍是尊敬畏惧的对象，虽然周人的祖先与神保持密切联系，但与神已经分离了。因此，"惟命不与常"（《周书·康诰》），周的祖先既然已非神，周取代商的正当性在哪里？在于上帝授其天命予有德者，而不是祖先神在眷顾后人。自此，政权更替需引征天命。②《易传》中的汤武革命论其实就是周人为周取代商而进行正当性辩护的话语，其重点自然不在强调革命的暴力手段，但是其基本的意义包不包含改朝换代呢？

> 夏商周三代的关系，不仅是前仆后继的朝代继承关系，而且一直是同时的列国之间的关系。从全华北的形势来看，后者是三国之间的主要关系，而朝代的更替只代表三国之间势力强弱的沉浮而已。③

> 从地域上看，夏商周三国是列国并列的关系，其间在地理上的重叠甚少，可能代表朝代持续其间控制范围的变化。④

依据以上考古学的判断，我认为周人在叙述汤武革命之时并未有非常清晰的改朝换代意识，很可能只是在为一场重大的战争或杀戮来辩护。当然战争或杀戮造就了一方的坐大，但是这一坐大并不意味着形成了秦灭六国的那种压倒性优势。在征服过程中，由于人力资源和政治技术不能同步发展，征服者与被征服者之间往往仅形成比

---

① 陈建华：《"革命"的现代性：中国革命话语考论》，5 页。

② 参见张光直：《青铜挥麈》，174～178 页，上海，上海文艺出版社，2000；许倬云：《西周史》，106～108 页，北京，三联书店，1994；杨阳：《王权的图腾化：政教合一与中国社会》，137～142 页。

③ 张光直：《青铜挥麈》，19 页。

④ 同上书，20～21 页。

较松散的联合体，被征服者也同时往往保持原有的社会状况和宗教信仰以及组织形式。① 或者也可以说，汤武革命论是在为又一次新的"封建"说明合法性。

> 夏、商进行的是氏族分封，形成一种联盟式的邦国群体，或者反过来说，夏、商分封是对氏族邦国群体的承认。②

> 在殷商，王与诸侯尚未确定君臣名分，周武王克殷后大分封，称诸侯为"友邦君"，君臣名分仍未明确。直到周公东征平叛，再行分封时，才明确封建诸侯为周之臣子……天子正式成为诸侯的君主，王权得以提升。③

因此，在由战争草创中国文明早期形态的三代时期言说"革命"，改朝换代的意味并不会很强烈，更多地意味着一种盟主权的更替。这一盟主权与秦以后的君权有着截然不同的性质，三代的政治形态与后世的君主专制王朝也迥然不同。这也意味着，中国古代革命中改朝换代的基本意义是后世加诸汤武革命论的。

当代通说认为，《易经》是西周卜筮记录而成的占测事典，《易传》则是以经为基础的义理论著汇编。④ 换句话说，《易经》经历了儒家的经典化过程⑤，因此中国上古时期的"革命"话语体系经过了儒家的一系列阐述在先秦时已经大体成熟，衍化成"圣人革命论"。圣人革命的观念来自先秦儒家对汤武革命的释义。如果说，周人在阐述对汤武革命的理解时，其自然的（革命或政权交替犹如四时变更）和道义的释义还没有比较清晰的分离，那么，到孟荀时汤武革命的释义则明显偏重于道义性解释了。孟子说商汤的革命是

---

① 杨阳认为"战争在中国国家起源上发挥了至关重要的作用，也决定了中国早期国家和后来权威的基本类型"。参见：《王权的图腾化：政教合一与中国社会》，102～110 页。

② 冯天瑜：《"封建"考论》，19 页。

③ 同上书，23 页。

④ 参见叶福翔：《〈周易〉思想综合分析——兼论〈周易〉成书年代及作者》，载《周易研究》，1995（4）。

⑤ 参见［日］浅野裕一：《儒家对〈易〉的经典化》，载《周易研究》，2009（2）。

"非富天下也，为匹夫匹妇复仇也……诛其君、吊其民，如时雨降……救民于水火之中，取其残而已矣"①。而荀子则说："汤、武非取天下也，修其道，行其义，兴天下之同利，除天下之同害，而天下归之也。"② 刘小枫认为这一宗教性释义是由汉代今文家通过将汤武比拟为尧舜一类的圣人来实现的③，即革命者是天命的化身。这样，汤武革命的释义就从专注"义"的道义性解释向"圣人受命"的宗教性解释转化了。由此，汤武革命在先秦与汉儒的话语中，已经是一场道德—宗教革命。④

刘泽华一系的学者认为，先秦儒家对汤武革命论进行了圣化——即革命是复活圣化传统，圣人是革命的主体。儒家一般认为取得政权的合法性必须有三个前提，即天予、人归和尽君道。当民不聊生、政治黑暗之际，圣人挺身而出率众摧毁暴君所控制的非法政权，可以称之为"革命"。董仲舒说："天之生民，非为王也，而天立王以为民也。故其德足以安乐民者，天予之；其恶足以贼害民者，天夺之。"⑤ 但是，儒家认为这种"革命"后取而代之的政权必须认同"圣化文化"——即儒家的礼义制度，否则即使取得政权也不具有合法性。关于圣人革命的方式，孟子说："武王之伐殷也……王曰：'无畏，宁尔也，非敌百姓也。'若崩角稽首，征之为言正也，各欲正己也，焉用战？"⑥ 孟子见

---

① 《孟子·滕文公下》。
② 《荀子·正论篇》。
③ 如董仲舒《春秋繁露·尧舜不擅移汤武不专杀》："王者亦天之子也，天以天下予尧舜，尧舜受命于天而王天下……儒者以汤、武为至贤至圣大圣也，以为全道究义尽美者，故列之尧舜，谓之圣王，如法则之。"
④ 刘小枫认为公羊家进一步发展出了"素王"革命论。按照刘小枫的归纳，"素王"革命论包含四个要点：一、孔子造经（为天下立法）也具革命性；二、孔子作革命书（春秋）为万世革命立法；三、孔子受天命改制；四、"受命"论是以天道与华夏民族的治道联系在一起的，即"中国的治道以尧舜之制为正道，革命的必要性和正当性也在于，一旦中国偏离尧舜之道，或夷狄进逼威胁到尧舜之道，就当有圣王拨乱反正"（刘小枫：《儒教与民族国家》，127～144 页，北京，华夏出版社，2007）。由于本文探讨的重点在于"大众的文化"，故这里并不跟进更深入的介绍。
⑤ 《春秋繁露·尧舜不擅移汤武不专杀》。
⑥ 《孟子·尽心下》。

梁惠王，提出"不嗜杀人者"能统一天下的主张。① 可以看出，儒家相信"仁者无敌"，认为革命过程中应当尽量避免暴力和杀戮。② 因此，"圣人革命论"的重点在于阐述政权转移的合法性是否合乎圣道，并没有鼓吹暴力手段的倾向。尽管中国古代历史上的"革命"往往杀戮过重，但就一种政治理论或政治哲学而言，儒家的"革命论"并不赞同暴力的手段。也就是说，实践中的"革命"与理论或哲学的"革命"在方式上相距较远。

但是我们知道，君臣大节是中国古代社会政治秩序得以维护的基础，也是儒家或传统文化思想的"大框架"③。革命同时又是违背君臣大节的举动，如何克服这一矛盾呢？不解决这一矛盾，革命后的新政权是无法获得合法性的。所以儒家在提出以"有道"取代"无道"的同时，提出只有圣人才是革命的主体——革命是圣人的权力。但是在革命的过程中，如何认定谁是圣人并不是具有可操作性的工作。因此，革命首领（即新朝代的开国君主）的圣人资格并不是在革命开始的时候被认定的，而是随着政治实力的上升而逐渐解决这一问题的。当其坐稳皇位的时候，"圣化"的过程并没有结束，为了维护自身政权的合法性，这一圣化活动将走向另一个高潮。刘泽华指出，"革命论最终成为对政治实力派以武力角逐权力的一种文饰"④。

虽然先秦儒家对老百姓的不幸命运大多表示同情，但是在"圣人革命"话语中，民只是一种工具前提下的目的。《荀子·君道》："爱民之为安国也。"孟子也说："桀纣之失天下也，失其民也；失其民者，失其心也，得天下有道，得其民，斯得天下矣；得其民有道，得其心，斯得其民矣；得其心有道，所欲与之聚之，所恶勿施，尔也。"⑤ 由此可见，圣人革命话语中，"得民心"和"安民"是取得

---

① 《孟子·梁惠王上》。
② 刘泽华主编：《中国传统政治思维》，477～496 页。关于中国传统文化的"圣化"特征，参见该书第十九章。杨阳：《圣化与王化——政教一体与王权主义政治秩序的泛化》，载《文化秩序与政治秩序——儒教中国的政治文化解读》，157～182 页，北京，中国政法大学出版社，2007。萧延中：《中国传统"圣王"崇拜的生产逻辑：一个政治符号学取向的分析》。
③ 刘泽华：《中国的王权主义——传统社会与政治思维》，278 页。
④ 刘泽华主编：《中国传统政治思维》，491 页。
⑤ 《孟子·离娄上》。

或维持权力的策略。在昏君当道、社会凋敝之际，作为底层的农民一般充当了圣人革命的工具。刘泽华认为圣人革命的话语弥散为政治文化，并铸造了中国古代政治史中的一个基本模式："当一个王朝走向末期，发生全面危机时，只有认同圣人革命原理，通过革命来克服危机。""圣人革命论"可以被看做是中国古代思想家的政治批判话语，但是同时我们也必须看到，它也是"装在庞大的君主专制祠堂上的一个政治避雷针"。

"圣人革命"话语起始于先秦，但是在其后的发展中，出现了道德弱化、趋向功利的势头。陆贾在与汉高祖的争论中就提出了"汤武逆取而顺守"①，将汤武违背君臣大节的行为看做过渡性的行为，而"顺天道"施政则可以确立新政权的合法性。后世更有儒家将"圣人革命"话语从政治道德的云层里拉回到政治实力博弈的现实中来。比如宋儒张载提到周武王不管行不行仁义，如果没有八百诸侯的支持，一样会变成"独夫"："此事间不容发。一日之间，天命未绝，则是君臣。当日命绝，则为独夫。然命之绝否，何以知之？人情而已。诸侯不期而会者八百，武王安得而止之哉？"② 朱熹也说："盖四海归之，则为天子；天下叛之，则为独夫。"③ 这类话语，并未以儒家的礼义规范作为衡量革命的正当性的标准，反而以政治博弈的结果为标准。作为革命主体，如果革命成功，则继天命；如果革命失败，则为乱臣贼子。④

但是我们反观汉代以后近两千年的中国政治话语史，"革命"一词出现的频率极低，政治人物或思想家在此出言谨慎。⑤ 当新政权取代旧王朝需要谋求继承天命的合法性的时候，儒家的革命话语是可以被提起的。但是当新的王朝已经巩固，而其统治权力有可能面

---

① 参见《史记·郦生陆贾列传》。

② 朱熹：《四书章句集注》，222 页，北京，中华书局，1983。

③ 同上书，221 页。

④ 以上论述根据《中国的王权主义——传统社会与政治思维》一书第十七章"顺天应人：圣人革命"编写。

⑤ 刘小枫认为儒家革命论出于三代，显于汉代，汉代之后不彰，直到晚清才又成为显论。儒家革命论在汉代成为显论的原因是今文家致力于恢复三代政制的正当性，汉以后因为这种正当性（大道）的确立，革命论不彰，至晚清因西方的政治理念侵入，革命话语重又彰显。刘小枫：《儒教与民族国家》，101～103 页。

对被颠覆的时候，革命则成了当政者的避讳。汉景帝时，儒生辕固与黄生曾就汤武革命发生激烈的争论。黄生主张帽子虽破，必须戴在头上；鞋子虽新，也只能穿在脚上。辕固则主张革命论——帽子破了，就应该去掉，否则，"高帝代秦即天子之位"，岂不成了非法的了？已经革命成功坐稳江山的汉家天子无法接受——万一自己成了破帽子怎么办？景帝于是专横地下令："食肉不食马肝，不为不知味；言学者无言汤武受命，不为愚。"① 可见，在统治者那里，"圣人革命"话语并不是可以不受限制地言说的。坐在皇帝宝座上的人并不热衷于提起"革命"这两个字眼。朱元璋也说："前代革命之际，肆行屠戮，违天虐命，朕实不忍。"② 这番话明确否定了历代"革命"的合法性，只有明太祖自己的"革命"是"应天顺民"而具有合法性，实际上是在排斥儒者重新言说革命话语。明太祖的这一意图从他对待孟子的行径中亦可看出。③ 实际上，先秦以后的历代王朝中，革命都是受到压抑的话语体系，而宣扬君臣大节的话语始终是主流。虽然这种改朝换代的革命对于社会发展而言谈不上否定和飞跃，仅仅是对所谓天道的恢复和重建，但是哪一个皇帝愿意把江山拱手相让与他人来续天命呢？中国古代的革命话语，更多的是在潜伏状态下用来维护君主专制社会秩序的隐性武器。于当政者而言，不能言革命，对已经覆灭的王朝则可以言革命。言革命必定涉及君臣关系，一不小心可能触犯龙鳞，把言说者的性命给革掉了。先秦之后的儒家对于革命话题一般来说也是小心翼翼，鲜有讨论者。

---

① 参见《史记·儒林列传》。

② 《明史·太祖纪二》。此句亦可佐证中国汉代以后理论规范上的"革命"主要言说的还是以天命改换为基础的政权交替，并不包含暴力手段。

③ 早在明初（洪武二年或洪武五年），朱元璋就下令取消孟子在孔庙配享的地位，过了一两年才恢复其配享地位。洪武二十七年（1394年），朱元璋命翰林学士刘三吾等人重新修订《孟子》。刘等删节后编成的《孟子节文》不包括八十余条"辞气抑扬过甚"、内容"非臣子所宜言"的语句。朱元璋将新编的《孟子节文》颁行天下，作为科举考试的标准读本，直至1411年（永乐九年）才得以被恢复原貌。可见孟子贵民、养民以及以"仁"、民心来肯定汤武革命的言论招致了朱元璋的反感乃至恼怒。参见陈虎：《朱元璋为何要把孟子清理出孔庙》，载《炎黄春秋》，2008（6）；张佳佳：《〈孟子节文〉事件本末考辨》，载《中国文化研究》2006年秋之卷；邵燕祥：《朱元璋所删〈孟子〉章句》，载《中国文化》，2007（1）；杨海文：《〈孟子节文〉的文化反思》，载《中国哲学史》，2002（2）。

因此，即使作为"标志古老中国走向近代里程碑式的人物"①，魏源通过"钟九闹漕"事件激烈地批评了清廷的国策，却也未轻言"革命"话语以资进谏。

### 三、革命话语嬗变中的激化倾向

有学者运用数据库统计了二十五史和十三经中"革命"一词的意义类型，主要包括：①易姓；②彻底变革；③王朝更替；④汤武革命；⑤天地（周期性）变化。② 这些意义类型可以说都是先秦以来围绕阐释"汤武革命"而产生的意涵，总体来说，未能脱离"圣人革命论"或者刘小枫所言"道德—宗教革命"的范畴。"革命"在20世纪20年代的中国已经从历史的隐身处走向时代的前台，但是，"革命"话语在现代中国的变异和蔓延并不始自20世纪20年代，《崇农革命》以及国共诸君言语中的"革命"亦不是革命话语变异的唯一结果或表现形式。根据陈建华的研究，中国"革命"话语变异的路径是：先出口日本，再转内销，与西学东渐进来的西方革命话语发生碰撞，伴随着政治、经济、文化的变迁而发生变异。

在重新阐述这段旅途之前，我们有必要先了解一下英语 revolution 的意涵。英语 revolution 的词源来自拉丁文 revolvere（意指旋转、循环），其早期用法意指时间或空间上的旋转循环运动。在14世纪之后，一般的武装起义或反叛运动被称作 rebellion 和 rebel。在 revolution 拥有政治意涵之前，其同根词 revolt 就具有政治上的意涵，也指"叛乱"。15世纪以后，revolution 作为转变（alternation）的意涵就相当明显了。17世纪初，revolt 具有的政治意涵开始渗透进 revolution 里。在1688年"光荣革命"之后，revolution 主要的意涵还是恢复（restoration）与改革（renovation）之前的法定执政当局的意涵③，而 rebellion 则还是维持"不正当地反对执政当局"

---

① 陈胜粦：《论魏源的历史定位——鸦片战争前后中国社会思潮转型的界标》，载《船山学刊》，1994（2）。

② 金观涛、刘青峰：《观念史研究：中国现代重要政治术语的形成》，368页。

③ 阿伦特针对把"光荣革命"称为"革命"时说："事实上，'革命'一词的原意是复辟，因此，对我们而言为是的一些东西恰恰为非，这不仅仅是语义学上的啧啧怪事。十七、十八世纪的革命于我们而言，揭示了一种新精神、一种现代精神，其本意确是企图复辟。"（[美]汉娜·阿伦特：《论革命》，陈周旺译，32页，南京，译林出版社，2007）

的意涵。而 1789 年法国大革命的发生，使得 revolution 中"恢复法定执政当局"的意涵被"必要的革新"、"建立新秩序"的新意涵所取代。同时，与 evolution（进化、发展之意）比较，revolution 带有"暴力推翻"之意。"因而，是法国革命给这个术语打上一个永久的印记，在其旧的用法上增加了新的含义。"① 当然，revolution 一词并不仅仅在政治语境中使用，它还可以指其他活动中的"根本性的重要变革"，如工业革命（Industrial Revolution）、科技革命（technological revolution）等。②

　　根据陈建华的考证，日语中的"革命"一词是从中国输入的外来词，汤武革命的理论早在 8 世纪就传入日本。但是，基于日本万世一系的天皇观，中国儒家革命话语的日本之旅并未全身而退。在江户时代（1603—1867），日本儒学学者越来越强调民族主义和"神道"宗教，对中国儒学开展批判，汤武革命说便是争论的焦点。山崎暗斋宣扬日本天皇"宝祚天壤无穷"，提倡极端的忠君报国主义。他的弟子浅见絅斋干脆把汤、武说成是"杀主之大罪人"。但是这种批判并没有导致日本抛弃儒学和革命话语。到江户末期，日本激进的爱国志士提倡"尊王攘夷"，大意是在反对幕府专制的同时，主张在天皇的领导下进行封建制度的改革。在此脉络之下，"革命"与"改革"或"维新"的意义相近。至明治时代，"明治维新"和"明治革命"是同义语。同时，日人用"革命"一词对译英语 revolution，其意义主要指梁启超所言"群治中一切万事万物莫不有"的"淘汰"和"变革"，而"激烈的政权交替"之意则显得相对弱化。在政治方面，革命（revolution）既指法国式的暴力革命，也指英国式的和平革命，意义变得较为复杂。③ 列文森在谈到中国"革命"的日本之旅时这样评论：

　　　　只要"革命"（Ko-ming）一词在字面上的儒家意义是
　　它所具有的唯一意义，那它就不可能在日本的词汇中有任

---

① ［英］彼得·卡尔佛特：《革命与反革命》，4 页，张长东译，长春，吉林人民出版社，2005。

② ［英］雷蒙·威廉斯：《关键词：文化与社会的词汇》，411～417 页。

③ 此段论述摘编自陈建华：《"革命"的现代性：中国革命话语考论》，8～9、31 页。

何正常的位置。但是，当近代日本在向外国的学习中，从接受中国的影响转向接受西方的影响，并增加自己的词汇以包含西方的思想时，"革命"（Ko-ming）这一具有强烈的政治突变所意味的复合词，便被赋予了西方意义上的革命（Revolution）的涵义。近代中国人也依次扩大了他们的词汇，并在日本的语言中发现了一个现代词汇的贮藏所。当他们将日本词汇中的革命（Revolution）一词借用过来时，他们便依据它的涵义对中国的"革命"（Ko-ming）一词作了同样的转换，即从字面的儒家意义转换成比喻的西方意义。①

但是 20 世纪初中国人再将"革命"输回国内时，事情并不像列文森描述的那样简单。根据陈建华的考证，中国"革命"话语最早与西方"revolution"话语接触的场域是关于法国革命的介绍，具体来说是在王韬于 1890 年撰写面世的《重订法国志略》一书中。在王韬之前，魏源的《海国图志》、徐继畬的《瀛寰志略》、林则徐的《四洲志》中皆有关于法国革命的零星记载。在鸦片战争中负责防守台湾的姚莹几乎与魏源编撰《海国图志》的同一时期编写了《康輶纪行》，书中对法国革命的描述可能是在王韬之前最为详细的了。但是，这些对法国革命的描述都未使用"革命"这一字眼，也没有证据来说明这些描述在当时的中国产生了怎样的反响。② 换句话说，就是中国儒家的"圣人革命"理论并未复活，而西方的 revolution 话语也还未渗透进国人的意识，法国革命不过是路易十六与拿破仑之间权力交接过程中的插曲而已。

《重订法国志略》首次引进了"法国革命"这一概念。王韬在书中的自述表明，该书的编写重点参考了日人冈千仞《法兰西志》、冈本监辅《万国史记》两书。《重订法国志略》中的"革命"反映了明治时代对法国革命模棱两可的评价。一方面在叙述巴黎市民暴动和革命过程中，称之为"叛党"、"暴徒"，另一方面又将 French Revolution 译为"法国革命"，对其进行肯定。因此，

---

① ［美］列文森：《儒教中国及其现代命运》，253 页。

② ［日］佐藤慎一：《近代中国的知识分子与文明》，182～183 页，刘岳兵译，南京，江苏人民出版社，2008。

当王韬几乎原貌照搬冈本的时候，就产生一个道德的悖论：如果巴黎市民是"暴徒"、"叛党"，就不应当称之为"革命"；反过来说，既称之为"革命"，就相当于尊之为人心、天命所归，不应当称之为"暴徒"或"叛党"。这样模糊叛乱和革命的界限，已经错乱了传统革命话语的内在逻辑，实际上预示了"革命"话语的现代动向。这对于当时政治腐败、危机四伏的清王朝来说，即使王韬在主观上没有恶意，至少在客观上含有某种威胁性。①

陈建华认为，王韬的翻译行为是一种文化选择，反映了当时许多中国知识分子崇尚日人著作，进而崇尚西学的心理。王韬本人是一个失意的知识分子，《重订法国志略》对"革命"、"叛乱"、"暴徒"等词汇的矛盾的使用，既是王韬本人"边缘"心态的反映，也是晚清政局动荡不止而导致的政治文化纷扰的结果。作为"第一个肯定议会制的中国人"，王韬并未体会日本学者著作中法国"革命"的"自由"意味②，而是认定法国革命是一种集权政治形式取代另一种集权政治形式，造成这种现象的罪魁祸首正是路易十四以来君权的不断集中。因此，王韬的著作其实是对清廷的警示之作。③ 王韬对"革命"的理解并未放弃儒家古典理论的渊源，但是其将"革命"首次与"世界革命"接轨的行为，表达了当时知识分子的困惑和迷乱：中国的"革命"是否应当纳入"世界革命"？

除却王韬从日本引进的颇为矛盾的"法国革命"话语，当时亦有从英语世界中介绍法国革命的文字通过翻译进入中国。1896 年，由英国传教士李提摩太（Timothy Richard）翻译的《泰西新史揽要》（以下简称《揽要》）由上海广学会出版。《揽要》系英人麦肯孜所著《19 世纪史》（Mackenzie, *History of the Nineteen Century*）的中文译本。《揽要》在列举的凡例中认为"法国者欧洲乱之所由萌，亦治所由基也"。这一说法无疑表明译者将法国革命定性为标志欧洲现代史开始的重大事件。这一点与王韬在《重订法国志略》中

---

① 陈建华：《"革命"的现代性：中国革命话语考论》，32 页。

② 冈本监辅《万国史记》中对美国革命及南美诸国反抗殖民压迫大加赞美，参见陈建华：《"革命"的现代性：中国革命话语考论》，32 页。

③ ［日］佐藤慎一：《近代中国的知识分子与文明》，187～190 页。

将法国革命视为王朝交替之间的幕间剧颇为不同。在法国革命中，巴黎市民在攻占巴士底狱后，接着包围了王宫。路易十六看到这一切，问身边的随从："是叛乱吗？"随从答道："不，是革命。"在法国革命史书中经常被引用的这段著名对话，《揽要》是这样翻译的："（王）问曰：'我民尽反乎？'某官侍侧对曰：'民叛……'"《揽要》对于美国独立战争也使用了"叛"字："属英之亚美利架洲人民忽群起叛而自立为国，并使百姓公举有才德者以为君。"《揽要》因为1789 年 8 月国民会议带来的政治上的巨变，认为法国革命实现了划时代的变革，所以将其置于卷首。佐藤慎一认为，译者在此将"叛"与"反"两字区别开来使用，"反"表示对君主个人的反抗，而"叛"是以打倒体制为目的的。①

对于一个以汉语为母语的人来说，"叛"与"反"两字在使用的涵义上至今亦没有李提摩太在《揽要》中的这一区分（尽管或许有其他的区分）。或许，李提摩太认识到了法国革命与中国历代的叛乱或者改朝换代有着根本的不同，但是在汉语词汇中又找不到能够确切与 revolution 对译的词汇以体现这种不同，不得已而在"叛"与"反"两字间的涵义上作了区分。但是，我们又不能简单地将《揽要》中的"叛"字等同于王韬从日本回输的"革命"一词，毕竟"叛"字在汉语文化中还有根深蒂固的贬斥之义。例如《揽要》对路易十六的处决是这样说明的："判其狱，词曰：国会有律，犯之者视如叛贼。王已犯国会之律矣，宜加以身首异处之刑。"② 这样，"叛"于旧体制的民众，站在新体制的立场上，宣判国王为"叛贼"，处以极刑。② 这样，"叛"字在《揽要》中的表达就有微妙的矛盾和含混之处。

"任何现存的意义关联都来自历史的巧合，这些巧合的意义则取决于跨语际实践的政治。这种联系一旦建立起来，某一文本就在翻译这个词通常的意义上成为'可翻译的'。"③ 法国革命之所以被作为"革命"引介入中国，并不是因为儒家原典里"革命"一词与revolution 的某种等值关系，而基本上是一种历史的巧合。这一巧合

---

① ［日］佐藤慎一：《近代中国的知识分子与文明》，190～192 页。

② 同上书，192 页。

③ 刘禾：《跨语际实践：文学，民族文化与被译介的现代性（中国：1900—1937）》，10 页。

缘于日本在种族、历史、文化和地理上与中国的亲近性，而正是被
传统王朝视为边缘小国的日本自明治维新以来在国力上远远超越了
中国，并一举在甲午海战中击溃了清廷自以为豪的北洋舰队。中日
两国间实力的对比和转化对于中国知识分子的震动无与伦比，因此
即使日本对中国是一种威胁，但是他们因为中日间的亲近性还是将
日本视为可以获取改变中国落后局面的"智库"。这一点从甲午战争
后中国学生留学日本和汉译日书的盛况可以看出。① 出于这样一种
历史的巧合，"法国革命"乃至英语世界中其他被命名为"revolu-
tion"的事件在汉语世界中最终以"革命"这个"回归的书写形式借
贷词"② 定格下来，以致传至今日变得理所当然。设想一下，如果
晚清没有日本这样一个迅速超越自己的近邻，或者这位近邻没有用
"革命"而是使用另外的词汇来对译"revolution"，那么我们今天对
二百余年前发生在法国的那一系列值得史书的大事件该怎样称呼呢？
历史不能假设，但不能说法国的 revolution 在汉语世界中成为"革
命"就是必然的，尤其对于不知晓英文 revolution 涵义的中国人而
言。这里无意再纠缠于语言之间的翻译问题，而是试图考虑：这些
引介进来的西方的"革命"，如何冲击了中国人的思想，以致成长为

---

① 据统计，1896～1911 年间，汉译日书为 958 种，其中人文科学 412 种，
社会科学 374 种，两类译书占绝大比例。自甲午至抗战前夕，汉译日书数量一
直处于各语种译书之领先地位。晚清之际，这一领先地位居于压倒性优势。可
见，日本在中西文化碰撞和交流过程中是主要的"二传手"或"中转站"的角
色。参见王奇生：《民国时期的日书汉译》，载《近代史研究》2008（6）；［美］
任达：《新政革命与日本：中国，1898—1912》，李仲贤译，南京，江苏人民出
版社，2006；［美］费正清、刘广京编：《剑桥中国晚清史，1800—1911》（下
卷），341～356 页，中国社会科学院历史研究所编译室译，北京，中国社会科
学出版社，1985。

② "回归的书写形式借贷词"指的是这样一些古汉语复合词，它们被日语
用来翻译欧洲的现代词语，又被重新引入现代汉语。当然我们不能认为汉语中
的新词汇或新涵义仅仅是日语对汉语的单向度输入，实际上"这些类型是 19 世
纪以后，在汉语、现代日语以及欧洲语言之间建构起来的"。日本近代在输入西
学的过程中，从 16 世纪开始以利玛窦为代表的在华欧美传教士的汉译西书也是
"构筑现代日本文化，或者说创造了现代日语"的知识源泉之一。参见刘禾：
《跨语际实践：文学，民族文化与被译介的现代性（中国：1900—1937）》，
360～454 页；［日］飞田良文：《日中西语言交流史的研究》，载冯天瑜等主编：
《语义的文化变迁》，79～90 页。

20 世纪 20 年代乃至更长历史时期的主流话语？因此，革命话语（儒家古典的和西方现代的）在 19 世纪末到 20 世纪初在中国的碰撞、变异、蔓延是更值得关注的过程。

我们首先关注中国的"革命"如何具有了"世界革命"的意识，或者说中国的"革命"怎样与国际接轨的这一问题。当王韬从日本将"革命"重新输入中国时，中国的知识人已然处在一个彻底更新知识系统的过程中。葛兆光认为，从 16 到 18 世纪，西方的新知和奇器已经"渐渐进入中国的知识、思想与信仰世界"，但是这种"进入"在观念层面上还是处于"西学中源"的认识中，在知识层面上是被当做实用技术。这种"进入"可以在小范围内改变中国知识，但是不能从根本上动摇中国固有的知识系统，不能动摇的原因在于中国知识人还没有经历对西方知识话语系统全面的"细嚼慢咽"的过程。但是进入 19 世纪下半期，西方列强的侵略逼迫中国知识人不得不开始重视并研究"外面的世界"，这就意味着西方知识开始了对中国固有的知识系统的颠覆过程。无论这一过程开始得多么混沌、曲折和艰难，中国的知识分子终于开启了对照世界重新思考中国文明和文化的历程。① 可以说，革命话语在中国复活的第一天起，就身临一个全然不同于原典儒家"圣人革命"话语诞生与依存的语境。用传统—现代的框架术语来说，革命话语复活的同时正面临着"现代性的入侵"（inbreak of the modernity），这就给中国人提供了实际上源自西方的、有别于中国传统的思考方式。② 可以说，革命话语的复活也就是中国知识分子用西方的"revolution"来反观中国"革命"的开始。所以《崇农革命》的作者要高呼"是应和世界农民革命歌声的时候了"，而不是还拘囿于那个改换天命的中国古老的"革命"。

按照刘小枫的说法，近代西方的"革命"观念与传统儒教的革命论不同，当西方的 revolution 经日本输入中国思想界时，就会发生一场有关"革命"的"相互格义"③。如果从话语的互文性视角来看，这种"相互格义"就是晚清以至民国的知识分子如何回应和重

---

① 葛兆光：《中国思想史》第 2 卷，446～476 页，上海，复旦大学出版社，2001。

② 同上书，464～465 页。

③ 刘小枫：《儒教与民族国家》，161～162 页。

新加工儒家革命话语与西方革命话语，并致力于创造新历史的问题。我们回顾晚清以来的历史，便会发现，"三千余年一大变局"使得这一回应、重新加工与创造的过程呈现出多元、繁复的图景。1895年是中国思想史或政治文化发展过程中具有分水岭意义的年份。这一年，甲午战争的失败以及随之而来的割地赔款深深刺痛了中国人（尤其是传统士大夫）的心灵，内忧外患引发的思索和言论突然地变得广泛而大胆，一股激进的政治情绪开始在知识分子中间蔓延。①"革命"话语就是在此种背景下开始升温，伴随着民族危机的日渐沉重一步步走向20世纪20年代的沸腾。

但是在1898年戊戌变法之前，"革命"还没有成为一股潮流，国内思想界流行的主要观念还是"维新"、"改革"、"改良"和"民主"、"共和"等。② 作为维新运动领导人的康有为、梁启超、谭嗣同等人当时并不赞同"革命"或者提出要"革命"的主张。比如康有为在戊戌变法前后进呈给光绪帝的《法国革命记》③ 中，对法国革命造成的惨状进行了浓彩重墨的描写，突出了流血死亡的悲惨和社会动荡不安的一面："流血遍全国，巴黎百日而伏尸百二十九万……暴骨如莽，奔走流离，散逃异国，城市为墟，而革变频仍，迄无安息，漩入洄渊，不知所极。"与《泰西新史揽要》不同的是，康有为认为"酷祸"的"近代革命"正是肇始于法国革命。在法国革命爆发的原因上，康有为认为并非路易十六乃暴虐的专制君主而导致革命，而是因为路易十六优柔寡断，对民众的强烈要求反应甚微，才导致了革命。康有为认为"近世外国行立宪之政，盖皆由法

① 参见葛兆光：《中国思想史》第2卷，530～550页；张灏：《幽暗意识与民主传统》，134～176页，北京，新星出版社，2006；[美]费正清、刘广京编：《剑桥中国晚清史，1800—1911》（下卷），271～331页。

② 李泽厚：《中国近代思想史论》，68～76页，北京，人民出版社，1979；侯外庐：《中国近代启蒙思想史》，1～14页，北京，人民出版社，1993；陈建华：《"革命"的现代性：中国革命话语考论》，189～192页；金观涛、刘青峰：《观念史研究：中国现代重要政治术语的形成》，269、382页。

③ 与《法国革命记》一同进呈的还有《日本明治变政考》、《俄罗斯大彼得变政考》、《突厥削弱记》、《波兰分灭记》四本书。康有为编撰这几本书籍的目的是"给即将到来的中国改革提供借鉴和参考之用"。但《法国革命记》一书是否为戊戌变法前之作则存在疑问。参见[日]佐藤慎一：《近代中国的知识分子与文明》，195页；孔祥吉：《康有为变法奏议研究》，沈阳，辽宁教育出版社，1988。

国革命而来"。法国革命开启了人民参与政治的世界潮流性，中国若不想重蹈法国的覆辙，清政府必须自行进行彻底改革。① 这是康有为撰写《法国革命记》一书的结论和目的。佐藤慎一评价说："一百年前的法国革命，第一次通过康有为之手，与同时代的中国问题紧密地联系在了一起。"② "既可畏，又可鉴，这就是资产阶级改良派在戊戌变法前夕对法国革命的总结。"③

在甲午战争到戊戌变法这一个时期，虽然中国思想界日趋活跃，但是公开使用"革命"一词的知识分子也是十分罕见的，至少能够找到的文献并不多。作为变法的领军人物，梁启超和谭嗣同当时尽管言论颇显激进，但是并未有直接言说"革命"一词。④ 即使是后来转向革命派的章炳麟，在1897年的改良派刊物《时务报》刊登的《论学会有大益于黄人，亟宜保护》一文中谈到"革命"，也是持否定的态度。他说原先中国的革命"系一国一姓之兴亡而已"，但如今"不逞之党，假称革命以图乘衅者，蔓延于泰西矣。……自兹以往，中国四百兆人，将不可端拱而治矣。……变郊号，柴社稷，谓之革命；礼秀民，聚俊才，谓之革政。今之亟吾，曰：以革政挽革命。"⑤ 至于后来被称为"革命党"的孙中山何时开始使用"革命"一词，则众说纷纭。根据陈建华的考证，孙中山接受"革命"作为其反清的口号应当在1898年夏天，当时孙中山因1895年的广州起义失败后正流亡日本。⑥ 此说也从侧面应证了当时知识分子对以法国大革命为代表的"revolution"的负面评价。1900年以前，"革命"在当时的文献中出现二百余次，绝大多数指法国革命、欧洲和外国

---

① 《康有为政论集》（上册），308～310页，北京，中华书局，1981。
② ［日］佐藤慎一：《近代中国的知识分子与文明》，196～197页；陈建华：《"革命"的现代性：中国革命话语考论》，11页。
③ 张芝联：《清末明初政论界对法国大革命的评议》，载《法国史论集》，89页，北京，三联书店，2007。
④ 根据陈建华的考证，晚清"诗界革命"的口号是梁启超于1899年底在《夏威夷游记》（又名《汗漫录》）中提出，这也是梁第一次使用"革命"一词。参见陈建华：《"革命"的现代性：中国革命话语考论》，183～201页；夏晓虹：《晚清社会与文化》，128页，武汉，湖北教育出版社，2001。
⑤ 陈建华：《"革命"的现代性：中国革命话语考论》，11、191页。
⑥ 同上书，61～150页。冯自由回忆孙中山于1895年流亡日本时，在神户见日本报纸称其为"革命党"后才接受"革命"一词。参见冯自由：《革命逸史》初集，1页，北京，中华书局，1987。

的社会动荡；造反者和制造动乱者也被称为"革命党"①。

1895 年至 1898 年之间"革命"词汇使用的情形表明，当时的知识分子，无论看来是保守的维新派，还是激进的革命派，对"革命"都没有什么好感，或者出于某种原因而回避使用"革命"一词。陈建华分析王韬的《重订法国志略》一书影响重大，在王韬对法国革命的暧昧情绪中，康有为和章太炎承袭了"革命"的否定意义，而孙中山等人则从肯定的角度加以使用，自称为"革命党"②。革命在此际大体上还是等同于叛乱或者造反。但是正如张灏指出的，1895 年至 20 世纪 20 年代初是中国近代思想史的转型时代。戊戌时代的改革运动已经隐含了一些激化的趋势，后来革命派的一些激进分子如邹容、陈天华、吴樾乃至五四时期的李大钊都奉谭嗣同为典范人格就是证明。③

20 世纪初期，以引进立宪君主制为目标的改良派，与力争立即实现共和制的革命派之间，围绕法国大革命，展开了激烈的论战。他们论争的主题有：进化与革命、专制与革命、民主与革命、革命与国际环境。我们可以想象，伴随着这些争论的不仅仅是革命的话语，还有一套西方的民主政治理论和焦虑的民族主义情绪。④ 在论争的过程中，"革命派很快取得了压倒性的优势"，"中国的思想界开

---

① 金观涛、刘青峰：《观念史研究：中国现代重要政治术语的形成》，371 页。

② 陈建华：《"革命"的现代性：中国革命话语考论》，11～13 页

③ 张灏：《幽暗意识与民主传统》，164 页。谭嗣同的思想在当时可能更为激进。李泽厚认为从陈天华、邹容、吴樾等人的言论思想及行动中，"几乎可以直接嗅出谭嗣同反清反封建急进思想的影响"。而张灏认为，"他的思想实兼有当时所了解的革命与改革两种成分，假若他未死于戊戌之难，他后来的思想演变究竟属于改革型还是革命型，实在很难说"。参见李泽厚：《中国近代思想史论》，182～248 页，所引见 191 页；张灏：《梁启超与中国思想的过渡（1890—1907） 烈士精神与批判意识》，崔志海、葛夫平译，217 页，北京，新星出版社，2006。

④ ［日］佐藤慎一：《近代中国的知识分子与文明》，213～223 页。金观涛、刘青峰的研究表明，"革命"一词的使用在 1903 年和 1906 年达到了两个高峰，与此对应的是"改革"（含"维新"、"改良"）也出现了使用上的高峰，但次数远不及"革命"。参见金观涛、刘青峰：《观念史研究：中国现代重要政治术语的形成》，382～383 页。

始出现革命崇拜的现象"①。毋庸置疑，这一对"革命"的崇拜是以法国大革命为楷模的。因此，法国大革命的"自由、平等、博爱"之精神，和它激进、暴力的方式，作为政治文化的形象一起进入到中国知识分子的脑海中，作为"一种将支配整个 20 世纪中国历史的革命崇拜心态"初步确立了下来。②

"五四"之后，革命，已经成为中国政治的主旋律；革命，在那个时代，已经成为争夺政治合法性的符号。政治活动，若不是"革命的"，便是"反革命的"；政治人物，若不是"革命者"，便是"反革命分子"。革命，成为政治势力或者政治力量证明自身正当性的符号资源。当然不仅仅是国共两党声称"革命"，至 20 世纪 20 年代，多个政党都在竞相宣导革命。近年有学者撇开沿袭已久的"国共合作"的叙事框架，重新对这一历史文化形态进行了描述：

> 不仅"革命"一词成为 1920 年代中国使用频率极高的政治词汇之一，而且迅速汇聚成一种具有广泛影响且逐渐凝固的普遍观念，即革命是救亡图存、解决内忧外患、实现国家统一和推动社会进步的根本手段，改良及其他救国途径（如教育救国、实业救国、学术救国等）被视为缓不济急和舍本逐末。革命高于一切，甚至以革命为社会行为的惟一规范和价值评判的最高标准。"革命"话语及其意识形态开始渗入到社会大众层面并

---

① 张灏：《幽暗意识与民主传统》，238 页。"革命"一词在各个领域如"经济革命"、"社会革命"、"文学革命"等的广泛使用，证明在 1915—1919 年间，"革命"观念逐步在社会知识层面形成共识，尽管人们对"革命"的认识可能不同。参见金观涛、刘青峰对《新青年》杂志中"革命"的意义分类统计，载《观念史研究：中国现代重要政治术语的形成》，390~392 页。

② 高毅：《法国革命文化与 20 世纪初中国革命崇拜的确立》，载《历史教学问题》，2000 (1)。当然辛亥革命后，陈独秀、朱执信、李大钊等知识分子对法国革命和俄国革命进行过比较性的讨论。但本文注重的是西方 revolution 观念在中国的确立和文化影响，毫无疑问，法国大革命才是这一影响的源头。参见 [日] 佐藤慎一：《近代中国的知识分子与文明》，195 页；高毅：《法国革命文化与现代中国革命》，载《浙江学刊》，2006 (4)。

影响大众的观念和心态。

　　与之相随，"反革命"则被建构成为一种最大之"恶"，随即又升级为最恶之"罪"。"革命"与"反革命"形成非黑即白的二元对立，二者之间不允许留存任何灰色地带和妥协空间……"革命"与"反革命"被扩大化为非常宽广层面的各种社会力量之间的阶级较量……与清末相比，1920 年代的"革命"与"反革命"话语既带有浓烈的专断性，又富有浓烈的任意性，在此基础上开始凝固成一种新的"革命"政治文化。[①]

尽管 1919 年后，俄国"十月革命"在中国的影响已经超越了法国大革命。[②] 但是阿伦特（Hannah Arendt，1906—1975）指出，自法国大革命之后，"革命"一词除却"创新性、开端和暴力"这些因素之外，西方在运用"革命"一词时始终都深受"不可抗拒性"这一观念的影响。"革命洪流"、"革命的暴风骤雨"、"革命火山喷射出的壮丽熔岩，无物可以幸免，无人可以阻挡"，这些隐喻标示了革命不可阻挡的历史方向。这一历史发展的必然性在黑格尔哲学中得到发挥——世界历史运动"本质上是直线式的，故而并不回复到之前已知的那个样子，而是一往无前地延伸到不可预知的未来"。但是，问题的关键在于，

---

　　① 王同奇：《"革命"与"反革命"：一九二〇年代中国三大政党的党际互动》，载《历史研究》，2004（5）。

　　② 1919 年后，"俄国革命"、"无产阶级革命"、"世界革命"逐渐成为使用"革命"一词最多的内容，表明马列主义和俄国"十月革命"在中国知识分子中间的影响超越了法国大革命，《新青年》后期"革命"一词的主要含义是苏联式的无产阶级革命（金观涛、刘青峰：《观念史研究：中国现代重要政治术语的形成》，389 页）。与此相对应的是，我们在现代有关"革命"的文本中经常可以看到将革命比喻成"节日"的说法。这一比喻源自列宁："革命是被压迫者和被剥削者的盛大节日。人民群众在任何时候都不能像在革命时期这样以新社会秩序的积极创造者的身份出现。在这样的时期，人们能够作出从市侩的渐进主义的狭小眼光看来是不可思议的奇迹。"列宁的话语充分应证了下面阿伦特对西方"革命"观念的分析。列宁的叙述见《社会民主党在民主革命中的两种策略》，《列宁全集》第 9 卷，98 页，北京，人民出版社，1959。

> 从整个十九世纪一直到二十世纪，所有追随法国大革
> 命足迹的人，不仅将自己看成是法国革命者的继承人，而
> 且是历史和历史必然性的当局者。结果显而易见却又自相
> 矛盾，那就是，必然性取代自由成为政治和革命思想的中
> 心范畴。①

历史发展的必然性论说对于儒家的"圣人革命论"来说是致命的。
不管是回归"圣化文化"还是"复或损益三代之制理想"②，都不再
对 Revolution 的拥趸们有什么吸引力。用张灏的话来说，就是"摆
脱了传统的循环史观而接受了主要来自西方的直线发展史观"，从而
造就了对"革命"认识的"历史的理想主义心态"③。同时，法国大
革命完全切断了天命与国家政权之间的关系，"天赋人权"的观念使
"人人都有革命的权利"的意识成为必然，革命已经不复为"圣人"
的专利。④ 而"所有追随法国大革命足迹的人"，都把自己当做是
"历史和历史必然性的当局者"，因此，倡导"革命"的知识分子对
自己的道德和智力、能力充满自信，从而发展出张灏所称的"志士
精神"和"戡世精神"。前者的出发点是传统儒家的道德理想主义所
形成的使命感，认为人是为了实现崇高的道德理想而活，必须把生
命无条件地奉献出来，通过政治去实现道德理想。后者认为人是万
物之主，不仅征服自然，而且可以改造社会世界，转化人的生命，
造就理想社会。⑤ "革命"围绕法国大革命的跨语际实践，以儒家
"圣人革命论"的大跨步隐退而告终。至于"中国革命"伴随的暴力
问题，不能就仅仅说成是法国大革命的文化影响，明太祖不也说
"前代革命之际，肆行屠戮，违天虐命，朕实不忍"的话吗？

---

① ［美］汉娜·阿伦特：《论革命》，35～46 页。

② 刘小枫对儒家圣人革命论的说法，参见刘小枫：《儒教与民族国家》。

③ 张灏：《幽暗意识与民主传统》，240～241 页。

④ 用邹容的话来说，就是"黄帝子孙皆华盛顿"。参见邹容：《革命军》，
"绪论"，冯小琴评注，7 页，北京，华夏出版社，2002。当然毛泽东在 1958 年
7 月所作《送瘟神》诗中有"六亿神州尽尧舜"句，可见"革命观"已有神化
人自身的趋势。

⑤ 张灏：《幽暗意识与民主传统》，247～249 页。

## 第二节　精英与民众的文化分立

### 一、"钟九闹漕"的国民革命化

（一）"钟九闹漕"的叙事变迁

1. "崇农革命"的背景建构

与清叙述"钟九闹漕"的文本相比，《崇农革命》在话语方面的变化较大。很明显，《崇农革命》的史实叙述在很大程度上依据民间传唱的叙事诗《钟九闹漕》。这里晚清的话语以奏折和谕旨、《崇阳冤狱始末记》、王旺国本《钟九闹漕》为依据。除《崇农革命》外，"国民革命时期的普遍话语"亦作为参照项列出。

表1　《崇农革命》对"钟九闹漕"时代背景的话语建构对比

| 谕旨、奏折 | 《冤狱始末记》 | 《钟九闹漕》 | 《崇农革命》 | 国民革命话语 |
|---|---|---|---|---|
| 1. 无明确提及鸦片战争<br>2. 提及漕税政策 | 1. 崇阳地方难治<br>2. 魏源《墓志铭》提及"夷寇"、"银价日昂"涉及鸦片战争 | 1. 崇阳风醇俗美<br>2. 只有国课最难完<br>3. 官吏一党<br>4. 无提及鸦片战争 | 1. 满清专制和阶级压迫<br>2. 明确提及鸦片战争和帝国主义侵略 | 1. 三民主义<br>2. 反帝反封建 |

从表1中我们可以看出，道光时期，中英鸦片战争对中国内地的影响甚微。魏源在为知县师长治撰写的《墓志铭》中，并未将鸦片战争和西方列强的影响作为明显的背景举例，事实上魏源于道光二十一年（1841年）曾在专办浙江攻剿事宜的钦差大臣裕谦府中作幕数月①，对中英鸦片战争应当深有体会。"钟九闹漕"从根本上说与传统社会中无数的农民起义并没有什么大的不同，因此即使是已经"睁眼看世界"的魏源亦没有太过牵强地将之与帝国主义的侵略联系起来，何况还并无此种意识的皇帝及其大臣和普通民众呢？清廷在事后的政策调整属于一个传统王朝对统治政策的自我反思，并无针对外敌入侵进行改变的意图。因此整个道光时期，有关"钟九

———————

① 参见杨晓伟：《魏源浙江行迹考》，载《文史资料》2009年2月号中旬刊。

闹漕"的叙事都是在一个并无文化新意的语境中展开。

> 崇阳农民革命运动，远在一八四一年，即道光二十一年，鸦片战争发生，英帝国主义者的炮舰，攻陷了舟山的次年，太平天国新中国成立的前十年。回想当年，在满清专制全盛时代，威力巍巍，武功赫赫，高枕酣睡，睥睨四方。普天之下，率土之滨，谁敢不悚息□□，□□而歌舞之呢？四万万民众，任他宰割躁蹋，憔悴呻吟于虐政之下，又谁敢呵一声气呢？

反观《崇农革命》，帝国主义侵略是钟人杰起义的主要原因或背景之一。因为鸦片战争"军用浩繁"，清廷征收田赋"甚急"，这样，"民不堪扰"，"因此就激发了他们的革命心理，坚定了他们的革命志愿"。而钟人杰既然"洞明当时社会心理"，又"愤慨于英帝国主义的强暴侵略和清政府的柔媚无能"，于是"更益决定颠覆清廷，实行革命"。为了证实钟人杰的此番心理活动，蔡文引用了钟人杰遗集中的古词以及批注：

> 将军破敌宰相和戎，企牌十二，竟堕厥功，江山半壁，气数将终，冤哉武穆，耿耿精忠。

钟人杰自己的批注是：

> 岳武穆破金兵，秦桧主和，林则徐战英人琦善□防，和戎误国，古今同概，愤而书感。

而另外一个基本背景是土地兼并所造成的农民生活困顿，即"社会生活的压迫"。根据"崇阳各姓族谱和县志的记载"，蔡文指出，嘉道年间的"人口的蕃殖率"是"按照几何级数递加"，但是"土地的生产率，反不能照数学级数递增"。因此"社会的生活，自然矛盾不安"。同时道光年间的旱灾和水灾导致了饥荒和土地兼并。蔡文指出"道光十五、十九、二十、二十一等年的旱灾水灾，接踵而至"。他引述了《湖北通志》的说法："道光二十一年秋湖北大水，饿民流氓江汉间者二十万有奇。"这时，

"自耕农和半自耕农"为维持生活，只得"卖田鬻产"。蔡文用钟人杰的遗诗来描述这一状况——"豪强相兼并，土田不能均，苛政猛于虎，憔悴甚吾民"①。所以蔡文总结说："崇农革命运动的背景，就是内受社会生活的压迫，外感帝国主义的侵略啦。"

历史变迁至 20 世纪 20 年代，帝国主义侵华已经成为当时中国社会面临的主要政治危机之一。我们无须再复述那段自晚清开始的民族屈辱史，只是想指出，1920 年前后，外国在华势力已经达到一个顶峰（日本侵华战争除外）。② 针对这种"半殖民地"和外国人享有特权地位的情景，费正清说："从这幅外国人建立的生活方式的图景中，我们可以理解为什么在 20 世纪 20 年代，国民革命是在反帝情绪中爆发的。帝国主义的存在，成了较之以往更为团结进行革命的目标。"③ 1924 年 1 月国民党"一大"宣言——《中国国民党全国代表大会宣言》说："海禁既开，列强之帝国主义如怒潮骤至，武力的掠夺与经济的压迫，使中国丧失独立，陷于半殖民地之地位。"并且列强支持军阀，"可知中国内乱，实有造于列强"。国民党"民族主义"的第一个方面是"使中国民族得自由独立于世界"。国民党政纲中的外交政策包括撤销不平等条约、取消外国人在华特权以及有条件承认外债问题。④ 作为国民党的联盟者，共产党也宣称"我们早已看透了中国的病根是由于帝国主义的列强之剥削操纵及国内军阀之扰乱"⑤，而且中共当时几个重要的声明性和呼吁性的文件在其文尾都将"打倒帝国主义"的口号排在首位。⑥

---

① 笔者未能在其他有关文献中找到该遗诗以及蔡文所提到的遗集。

② 参见［美］费正清编：《剑桥中华民国史，1912—1949》（上卷），126～198 页。

③ ［美］费正清编：《剑桥中华民国史，1912—1949》（上卷）"导言"，3 页。

④ 《中国国民党全国代表大会宣言》，原载《向导周报》第 53、54 期，1924 年 2 月 20 日出版。转见《中国革命史参考资料》（第二集），1～12 页。

⑤ 《中国共产党第三次对于时局的宣言》，原载《向导周报》第 82 期，1924 年 9 月 10 日出版。转见《中国革命史参考资料》（第二集），13 页。

⑥ 这些重要文献包括《中国共产党第三次对于时局的宣言》（1924 年 9 月）、《中国共产党第四次大会宣言》（1925 年 1 月）、《中国共产党为反抗帝国主义野蛮残暴的大屠杀告全国民众》（1925 年 6 月）。参见《中国革命史参考资料》（第二集）。

　　土地兼并在 20 世纪 20 年代亦成为革命者面对的另一个需要解决的基本社会问题。国民党的三民主义之"民生主义"就是"平均地权"和"节制资本"。"平均地权"的主张是，"盖酿成经济组织之不平均者，莫大于土地权之为少数人所操纵……国民党之主张，则以为农民之缺乏田地沦为佃户者，国家当给以土地，资其耕作"①。1927 年 6 月发表的"中国国民党中央执行委员会农民部土地委员会报告"称，在全部农业人口中，"无地的佃农、雇农等"占 55％，"有地而地极少的贫农（一亩至十亩）的"占 20％，因此，"百分之七十五"的农业人口是要求土地的。② 1927 年 5 月的中共"五大"亦宣称要"彻底将土地再行分配"，"向着土地国有、取消土地私有制度的方向而努力进行"③。但是蔡文在此的叙述是自相矛盾的。在"（五）崇阳农运的发端"一节中，蔡天祚说："在前清嘉道年间，崇阳人口有五十多万，农民占百分之九十，而自耕农又占大半数。"④而晚清有关"钟九闹漕"的叙述并没有涉及土地兼并的问题，海外学者一般也将"钟九闹漕"视为 19 世纪中期长江中游发生的抗税运动中比较著名的事例而已。⑤ 事实也的确如此，起事的崇阳花户并未针对当时的士绅大户。

---

　　① 《中国国民党全国代表大会宣言》。

　　② 《第一次国内革命战争时期的农民运动资料》，3～4 页，北京，人民出版社，1983；［苏］A. B. 巴库林：《中国大革命武汉时期见闻录》，233～234页，郑厚安等译，北京，中国社会科学出版社，1985。

　　③ 《中国共产党第五次全国代表大会关于"土地问题议决案"》，参见《第一次国内革命战争时期的农民运动资料》，54 页。

　　④ 《崇农革命》中说："在前清嘉道年间，崇阳人口有五十多万，农民占百分之九十，而自耕农又占大半数。"崇阳人口在康熙五十五年（1716 年）大致为 6 万到 7 万，光绪三十一年（1905 年）入册人口为 195561 人，民国 21 年（1932）为 207560 人，因此嘉道年间崇阳人口不可能超过 20 万。参见现代版《崇阳县志》，93 页。从《钟九闹漕》"大小花户有万千"的描述来看，自耕农可能确实占了大多数。

　　⑤ 参见［美］孔飞力：《中华帝国晚期的叛乱及其敌人》，101～103 页；［美］王国斌：《转变的中国：历史变迁与欧洲经验的局限》，192～196 页，李伯重、连玲玲译，南京，江苏人民出版社，2008。

### 2."地主—农民"的阶级对立

**表 2　《崇农革命》建构道光时期崇阳社会阶层的话语对比**

| 文本<br>人物 | 谕旨、奏折 | 《冤狱始末记》 | 《钟九闹漕》 | 《崇农革命》 | 国民革命话语 |
|---|---|---|---|---|---|
| 农民 | 绅民焚香跪道<br>被胁乡民 | 鲜知纲常法律，<br>悍猾异常 | 1. 忍气吞声<br>2. 打粮房杀贪官 | 生活困苦的受压迫阶级激发起革命心理联合起来 | 1. 所受痛苦以农民尤甚<br>2. 农民于革命之重要性 |
| 官员 | 略 | 1. 溃不治事<br>2. 推诿卸责<br>3. 应对无方 | 1. 贪官、清官<br>2. 毒官、善官<br>3. 官官相卫 | 1. 贪官污吏<br>2. 虎猛而苛政<br>3. 师长治民贼也 | 略 |
| 书差 | 向花户勒索耗银、样米已久 | 玩官民于掌上科敛倍于官之羡余 | 粮房狠毒 | 见前引金太和唱词 | 略 |
| 皇帝 | 略 | 未提及 | 圣君、广施恩德爱黎民 | 安安逸逸，睡在宝座上做梦 | 无力御外、箝制家奴、侧媚列强 |
| 士绅<br>大户 | 1. 焚香跪道<br>2. 向导、内应 | 1. 两头不敢得罪<br>2. 诱捕钟人杰等 | 大堂摆宴款绅耆拜上合县老绅耆 | 土豪劣绅摧残农兵生机 | 土豪劣绅、不法地主、封建势力 |

关于农民，清廷在处理钟人杰事件的谕旨和奏折中着墨不多，这可能有两个原因。一是当时朝廷的注意力主要集中在以钟人杰为首的领导和骨干分子身上，所谓"擒贼先擒王"。二是依照经验认识，在地方上民众是由绅士代表的，皇帝和朝廷在官方力量之外，首要的还是要依赖和运用地方绅士集团的势力。由于殷堃撰写《崇阳冤狱始末记》的目的在于为师长治辩诬，加之其地方社会的视角，崇阳花户尤其是宗族族众的强悍是其描述的重点。《钟九闹漕》是表明崇阳民众闹漕的正当性，民众怨恨及呼愿就是说明正当性的基础内容。在晚清的叙事中，农民是没有主体性的，即使在《钟九闹漕》中，也是"绅士"和"耆老"在代表他们。但是在国民革命时期，农民与工人一道具有了主体性，可以"组织自己阶级的政党"，甚至建立"明日的劳农共和国"，这在中国几千年的历史上从未有过。这表明中国第一次有了明确的社会阶级分层意识，再也不是过去的绅民一体。

在有关"钟九闹漕"的话语序列里，"农民—地主"范畴第一次出现在《崇农革命》一文中，但是该文只是 20 世纪 20 年代及再早一些时候无数使用"农民—地主"范畴的文本之一。"地主"和"农民"两词在中国古代也在使用，只不过并不是作为一个二元对立的范畴而出现。作为对立的范畴呈现后，它们就成了刘禾所说的"回归的书写形式借贷词"，是"被日语用来翻译欧洲的现代词汇，又被重新引入现代汉语"。

"地主"一词在中国古代大致有三种意涵：（1）谓当地的主人，对客而言；（2）神名，《国语·越语下》："皇天后土，四乡地主正之"；（3）谓田地之主人，主要强调法律上的土地所有权。"地主"一词被日语用来对译英语"landlord"一词。① 但是现代英语"lord"一词源出"hlaford"（译为"领主"，字面上的意思为"供给面包的人"）。② "农民"一词在中国古代指务农的人。《谷梁传·成公元年》："古者有四民。有士民，有商民，有农民，有工民"，范宁注："农民，播殖耕稼者。""农民"一词对译英语"peasant"和"farmer"。③ "farmer"与"务农的人"含义基本相当。而 peasant 在 16 至 19 世纪期间的涵义一般指"不但居住在乡下，而且在土地上耕作的人"，但是西欧封建社会中的 peasant 与"拥有土地的贵族形成一个封建半封建的关系"④。实际上，西欧封建社会中 peasant 对 hlaford 有很强的人身依附关系，中译本往往将这种依附形式译为"农奴制"⑤。

冯天瑜认为，西欧封建社会的领主占有土地是一种政治特权，不得转让与买卖。领主在领地享有行政权、司法权，所辖庶众对领主有着法定的人身依附。而中国自秦汉以下由于土地自由买卖及王权与庶众直接对接，土地拥有权与人身占有权分离，因而农民虽然

---

① 刘禾：《跨语际实践：文学，民族文化与被译介的现代性（中国：1900—1937）》，408 页。

② ［法］布洛赫：《封建社会》（上卷），302 页，张绪山等译，北京，商务印书馆，2004。

③ 刘禾：《跨语际实践：文学，民族文化与被译介的现代性（中国：1900—1937）》，412 页。

④ ［英］雷蒙·威廉斯：《关键词：文化与社会的词汇》，346 页。

⑤ 参见［法］布洛赫：《封建社会》（上卷），386～438 页。

深受剥削压迫，但一般并未背负法定的人身依附枷锁，改事他业、迁移住地在法律上不成问题，这与欧洲中世纪的没有人身自由的农奴差异较大。① 指出这种差异自然是很重要的，但是今人在阐述中国历史时运用"地主—农民"这一对范畴是否恰当呢？如果历史主义地考虑该问题，我们便可以指出，中国古代从来没有使用"地主—农民"的范畴来看待社会的群际关系，起码明清时期使用的基本范畴在政治和文化层面是"绅—民"，在经济（以及税赋）层面主要使用"户"的概念（花户、大户、富户、小户、佃户等）。如果没有绅士的功名身份，那么即使拥有再多的土地也是"民"或"农民"，也就是前面所说的"大花户"而已。可见，用"地主—农民"范畴并不能清楚地阐述明清时期的社会群际关系以及更广泛领域的情况。

冯天瑜著《"封建"考论》一书详细地论述了自秦汉以下的中国古代社会如何"被封建"的过程，"地主—农民"范畴就在这一过程中被移译进入中国。前文已就"革命"一词进行了冗长的讨论，这里不再打算做类似的工作，只是想指出，"地主—农民"范畴是与英语"class"概念的输入同时进行的。英语 class 一般被译作"阶级"，当然它还有其他的意涵。中国古代，"阶级"的意涵一般有：（1）指台阶；（2）指尊卑上下的等级；（3）指官的品位、等级；（4）谓阶段、段落。② 日语用"阶级"对译英语"class"一词又重新输入中国后，"阶级"一词的上述四种古典意涵在现代汉语中都逐渐消失殆尽。从语用学的角度，我们不必再赘述英语"class"意涵的复杂演变③，只需要指出"阶级"一词在现代中国语境中的意涵便可以解决这里的问题。现代中国的阶级斗争理论源自马克思和列宁，《现代汉语词典》是这样解释"阶级"一词的："人们在一定的社会生产体系中，由于所处的地位不同和对生产资料关系的不同而分成的集团，

---

① 冯天瑜：《"封建"考论》，501～502 页。

② 参见刘禾：《跨语际实践：文学，民族文化与被译介的现代性（中国：1900—1937）》，399 页。

③ 参见［英］雷蒙·威廉斯：《关键词：文化与社会的词汇》，51～65 页。

如工人阶级、资产阶级等。"① 这个定义明显来自列宁的论述。② 但众所周知的是，是马克思将"阶级"引入了社会学领域，从而取代了群体、阶层、精英、种姓之类的范畴。在马克思那里，阶级取决于其成员同生产工具的关系，它既是一个客观的、外在的批评标准，也是一个主观的批评标准。③ 中国共产党的阶级斗争理论就是在马克思、恩格斯、列宁等人的论述上发展起来的，"地主—农民"就属于其中的范畴。毫无疑问，阶级斗争理论构成了中国近现代以来无产阶级革命学说的论述基础。

绅民分立之后，过去的士绅和地主变成了"土豪劣绅"。王先明的研究认为，清末的"新政"不仅将传统社会中官、绅、民的利益—权力制衡关系猝然破解，而且将士绅阶层直接推向权力重构中心。绅权的"体制化"是构成"绅民冲突"的制度性根源。另外，1905年废科举设学堂的制度改革，从根本制度上切断了传统乡绅与国家权力联系的管道。传统时代作为地方社会权力代表的士绅阶层借助新学途径纷纷摇身变为绅董、局董、团绅等，直接进入地方正式权力体系。同时，具有文化适应能力的士绅纷纷向城市流动，素质较差的劣绅和地主继起填补权力真空。绅权向正式公共权力的扩张导致了士绅阶层对公共资源的过度攫取，加上乡绅素质的普遍下降，在清王朝的最后十年造成了普遍的"绅民冲突"④。同时，士绅阶层的分化使"中国社会各阶级都呈现出离心的倾向，在这个倾向之中，清朝两百多年的统治就结束了"⑤。

---

① 《现代汉语词典》，575页，北京，商务印书馆，1983。
② "所谓阶级，就是这样一些大的集团，这些集团在历史上一定社会生产体系中所处的地位不同，对生产资料的关系（这种关系大部分是在法律上明文规定了的）不同，在社会劳动组织中所起的作用不同，因而领得自己所支配的那份社会财富的方式和多寡也不同。所谓阶级，就是这样一些集团，由于它们在一定社会经济结构中所处的地位不同，其中一个集团能够占有另一个集团的劳动。"列宁：《伟大的创举》，参见中共中央马恩列斯著作编译局马恩著作翻译室编：《马克思恩格斯列宁斯大林论政治和政治制度》（下册），669页，北京，群众出版社，1984。
③ ［英］理查德·奥斯本、［英］博林·梵·隆：《视读社会学》，刘竞、李园园译，51页，合肥，安徽文艺出版社，2007。
④ 参见王先明：《变动时代的乡绅——乡绅与乡村社会结构变迁（1901—1945）》，1～29、452～459页，北京，人民出版社，2009。
⑤ 陈志让：《军绅政权》，15页，北京，三联书店，1980。

从中国近代军阀政治的起源到衰弱的过程来看，晚清时绅士领导军队，辛亥革命以后是军人起主导作用，而绅士在军阀的庇护之下为地方军权提供财政支持。① 陈志让认为 1860～1895 年的中国是绅—军政权，而 1895～1949 年的中国是军—绅政权，尤以 1912～1928 年最为典型。这一时期，军阀在自己的地盘上征收重税，垄断如盐、茶等专营，提前征收田赋，发行货币，使毒品、赌场、色情行业合法化以便收税等，可以说横征暴敛。但这些经济收入并不上交中央，主要是用来维持军队开支以及落入军阀的私人腰包，用于公共用途的份额并不多。军阀之间还经常为了抢地盘或利益而发生战争，造成地方局势的混乱和动荡。可以说是穷兵黩武。②

但是国民革命并不是一开始就将土豪劣绅纳入革命的对象。国民党"一大"宣言仅仅将帝国主义和军阀列为革命对象。《广东省农民协会成立宣言》尽管言及土豪劣绅对农运的武力攻击，但亦仅仅提出"打倒国际帝国主义"和"推翻国内一切军阀"的口号，并没有提出打倒地主或土豪劣绅的要求。③ 激进者如毛泽东在 1925 年 12 月的《中国社会各阶级的分析》一文中也只将"一切勾结帝国主义的军阀、官僚、买办阶级、大地主阶级以及附属于他们的一部分反动知识界"视为"我们的敌人"④。在 1926 年 9 月中共的《农民运动决议案》中的"对地主政策"还主张团结"中小地主"，使"不积极作恶的大地主中立"，只攻击"极反动的大地主，如成为土豪劣绅者"，认为"不可简单的提出打倒地主口号，以打倒劣绅土豪的口号，事实上打倒大地主"⑤。有学者认为，绅士阶层在辛亥革命后被

---

① 参见高海燕：《地方主义·军事主义——近代中国军阀政治探源》，载《史学集刊》，1998（3）；魏光奇：《清末民初地方自治下的"绅权"膨胀》，载《河北学刊》，2005（6）。

② 参见陈志让：《军绅政权》；〔美〕费正清编：《剑桥中华民国史，1912—1949》（上卷），277～290 页。

③ 《广东省农民协会成立宣言》，原载《广州国民日报》1925 年 5 月 12、13、14 日，参见《中国革命史参考资料》（第二集），30～36 页。

④ 毛泽东：《中国社会各阶级的分析》（1925 年 12 月 1 日），《毛泽东选集》第 1 卷，9 页，北京，人民出版社，1991。

⑤ 《农民运动决议案》，中共第四届中央执行委员会第三次扩大会议通过。参见《第一次国内革命战争时期的农民运动资料》，38 页。

"历史"地认定为 20 世纪 20 年代开始的"国民革命"的对象①，这一判定是不确切的。国民革命在目标上有"从政治革命到社会革命"的发展过程②，前者针对帝国主义和军阀，以造就一个独立统一之国家，后者乃针对军阀而延伸出来的社会利益分配问题。

笔者认为，尽管国民革命中的农民运动在初始阶段就遭遇了地主—士绅阶层的抵抗，但是直至 1926 年下半年开始，伴随着重新分配土地的要求和农民、地主之间斗争的加剧，"打倒土豪劣绅"的口号才从基层农会那里正式提出来，直至国民革命的领导者在 1926 年底和 1927 年初确认之。如 1925 年 5 月 1 日的《广东省农民协会成立宣言》虽然提出"打倒国际帝国主义！推翻国内一切军阀！"的口号，但是没有提出打倒土豪劣绅，直至 1926 年 5 月《广东省第二次农民代表大会宣言》才公开提出口号："打倒一切贪官污吏、逆党、土豪劣绅及反动的大地主！肃清内部的劣绅土豪及农贼！"1926 年11 月《湖南省第一次农民代表大会宣言》明确提出"打倒土豪劣绅"的口号③；1927 年 1 月《湖北省武昌县农民协会第一次代表大会宣言》有口号："打倒帝国主义、军阀、贪官污吏、土豪劣绅！"④

张国焘在 1927 年初说："在中国，土豪劣绅、小官吏和买办是一个特殊的阶层。这个阶层与军阀勾结得非常紧密，以至军阀缺了他们就弄不下去。在是否需要征税，是否需要建立政权机关等问题上，这些绅士都是活跃分子。军阀离了他们就办不成事。"⑤ 毛泽东在 1927 年 3 月发表的《湖南农民运动考察报告》中有一节的标题就是"打倒土豪劣绅，一切权力归农会"。国民党二届三中全会通过的《对农民宣言》中，国民党对此亦有鲜明的态度："农民参加革命的第一个行动，除参入战争扶助革命军胜利外，就是打倒军阀、土豪、劣绅，推翻封建地主在乡村的特权。这个封建地主阶级，乃直接剥

---

① 参见王先明：《变动时代的乡绅——乡绅与乡村社会结构变迁（1901—1945）》，141 页。

② 参见［美］费约翰：《唤醒中国：国民革命中的政治、文化与阶级》，李霞等译，250～267 页，北京，三联书店，2004。

③ 参见《第一次国内革命战争时期的农民运动资料》，262、285、401 页。

④ 原载《汉口民国日报》1927 年 2 月 12 日。参见［苏］A. B. 巴库林：《中国大革命武汉时期见闻录》，228 页。

⑤ 《华南时局》（张国焘的报告，1927 年 1 月 31 日于汉口）。参见［苏］A. B. 巴库林：《中国大革命武汉时期见闻录》，314 页。

削农民最厉害的一个特殊阶级，一切帝国主义、军阀、贪官污吏对于农民的剥削，都凭附这个特殊阶级才能达到目的。"①

可以说，直到 1927 年初，"打倒土豪劣绅"才成为国民革命领导层开始运用的策略性符号。而这个时候，既是农民运动与土豪劣绅对抗达到高峰的阶段，亦是国民党与共产党决裂的前夜。矛盾的争夺无疑复杂而艰难，"土豪劣绅"作为符号在争夺过程中凸显出来，成为世人瞩目的焦点。皇帝已经消失，贪官污吏在此时并没有主导性地参与基层尤其是农村的局势，《崇农革命》的话语变迁在此时于是就围绕着晚清发展而来的地主—士绅阶层而进行。

关于崇农革命如何失败的经过，我们只能看到民国十六年四月十七日的连载部分，《崇农革命》关于这一经过的叙述不得而知。从四月十七日刊载的内容看，蔡天祚认为官府对土豪劣绅的策反从根本上导致了崇农革命运动的失败。

> 到此在崇阳革命势力范围里面，显然的出现了一道鸿沟，形成两个阶级对峙着，就是农民大联合和土豪劣绅大联合了。因为石某等十人奉命遄反崇阳以后，分途运动，张贴布告，传报消息，不遗余力。在土豪劣绅方面受了农兵摊派柴米的负担，劣绅又失掉了他们绅阀的地位，自然容易受石某等的勾结。不到十天，土豪劣绅就大联合起来了。

石某等人"秘密计议，分作两派进行"。一方面石某等"假向钟人杰投效，输款练兵"，请求"带兵进攻咸宁"。钟人杰以"石某出身武庠"，又是"平日好友"，乃"深信不疑，概然照准"。另一方面程某等"乃向四乡宣传"，大意是钟人杰存心造反，清大军将崇阳围得"水泄不通"，害得"我们连鹽②都没有吃"。又逢饥荒年岁，倘若围困日久，全县的人"恐怕都要饿死"。不过制台大人说了专治"罪

---

① 《中国国民党第二届中央执行委员会第三次全体会议对农民宣言》（1927 年 3 月），参见《第一次国内革命战争时期的农民运动资料》，46 页；[苏] А. В. 巴库林：《中国大革命武汉时期见闻录》，230 页。学者王先明在引用该文献时作《对全国人民的宣言》，似有误。参见王先明：《变动时代的乡绅——乡绅与乡村社会结构变迁（1901—1945）》，474 页。

② 鹽字音古，指盐。参见王力等：《古汉语常用字字典》，128 页。

魁"，"胁从罔治"，因此"大家可以休矣"。

在所见到的《崇农革命》一文的残篇中，清军是这样突入崇阳的：

> 哪知到了十七日夜间，反动派的石某密约咸宁乡勇和清保所部军队，也包着红巾，诈称石某所部农兵，由板巷岭上的险路，乘虚闯入崇阳的黑桥，切断了崇阳通山的联络线路。当晚石某向导清保军队，直袭崇城，十八日清晨，官兵已进抵白霓桥。

3. "崇农革命运动"的过程建构（表3）

在《崇农革命》一文中，"钟九闹漕"事件彰显了一次现代社会运动或革命从谋划到组织及至军事战斗的有条不紊的过程。

（1）崇阳农民大联合

这是一个很重要的会议，但是并没有当时的文献记录，笔者姑且称之为"七一五会议"——"道光十七年七月十五日，四十八堡各推一人，到白霓桥畔，钟人杰家，开代表大会"。"七一五会议"确立的"大体方针"是"先礼后兵"，即"一面到省向上级衙门控诉，一面团结力量，准备直接行动"，而"团结力量的办法"是：

> （一）按照花户大小抽款，富室多抽。（二）各堡自行保甲制度；每堡分十二甲，每甲又分上中下三排。堡置堡董，甲置甲长，排置排长，又由各堡董公推五人为总正。层层节制。大事由各堡董议决，总正执行。（三）公推钟人杰、金太和、汪敦族、金瑞生、蔡德章五人为总正。

议决诸项在会后进展很快：金太和赴省城上控被总督周天爵系狱，九月十四日粮房余五被传亦"押到监牢"，但"竟有悬案到次年八月未结"。此时，"幸逢……贤明的蔡知县到任"，知道"粮房的黑暗，和农民的痛苦"，马上把"粮房王大鄂四何二刘七程绍南押解送省，请求抚院讯办"。巡抚伍长华"体恤民艰，雷厉风行，严加惩办"，释放金太和，将余五王大等"判处徒刑，解回崇阳监禁"。又规定"石米斗耗"和"两银扣钱二串四百"，"施行一年，弊绝风清"。不料"十九年二月，换了质知县①接任"，到九月恢复粮房，余五王大等"运动出了牢门，一个个的恢复原役"。"粮房积弊，更甚于前"，真正是"放虎还山"。钟人杰金太和等遂到县衙门"质问理由"，质知县以为"人民干政"，又把金太和收押，翌日"押解送省，详情惩办"。

（2）反贪官污吏大示威运动

金太和被押解送省后，各堡董于九月二十日"麇集钟人杰家开第二次代表大会"。"九二〇"会议的"议决要点"是"一面努力于自身组②，一面定期集合全体农民举行大示威运动"。在"组织方面"，钟人杰等人成立了"农隙讲武团"。讲武团由总正任"总训监"，堡董任"分训监"，甲长任"督练"，排长任"教练"，层层督导，"训练武技"。不久，"要求解放的剧烈运动，就从此开始了"。

> 九月三十日四十八堡农民，齐集县城，举行示威大运动。集合人数，约五万人。大家肩着"洗粮房的巢窝，泄我们的夙愤""警戒质知县，营救金太和"的大旗。由钟人杰向前指挥。喊叫一声"毁污吏的屋"的口号。群众一齐动手，只见瓦砾纷飞，转瞬之间，由西门打到小东门，各污吏衙蠹，平日榨取农民脂膏，做成的华屋，都已毁坏一空。余五王大等也打得头破血流。痛痛快快，大闹半天。

打完粮房后，群众涌进县衙，质问知县"为什么押解金太和？为什么违例恢复粮房"。质知县"战战兢兢"，"糊糊涂涂"，"没有法子开消"。好在质知县的太太"明白事体"，急忙去请武秀才陈宝铭来解围。群众提出了三个条件："（一）取消粮房，（二）宣布完粮规章，（三）释放金太和。"陈宝铭将此转达给质知县。质知县表示："宁可死不可辱，纲常要紧，不能答应。"但经他太太"苦口相劝"，质知县应允将第一和第二个条件"即刻出示宣布"，第三个条件"亦由禀请上司办理"。知县太太也亲自出面安抚，乡民"始各回乡"。蔡文说"这是第一次大示威运动的经过"。

由于书差的接连上控，金太和没有被释放，继续关押在省城。

---

① 崇阳土音中"质"和"折"同音，应为"折知县"。

② 原文如此，疑为"组织"。

至此，钟人杰"已经下了决心"，认定"我们农民要解除痛苦，向黑暗政府，呼冤控诉，是无效的"，毕竟"还是要用我们自身的力量，来解除自身的痛苦"。钟人杰与陈宝铭寻访"武庠生或明武事者"，"实行组织农兵"。又请"高僧白青偕危诰（后来做了太平天国的户部尚书）往江西湖南二省，联络农民，共图大举，藉谋解放"。在此种情况下，质知县"见势不妙"，挂冠而去。金知县云门"到差没有几个月"，也"知难而退"了。

二十一年六月，师长治上任。蔡天祚说他是"四川的富家子，捐赀纳官，不晓得政治是什么东西"，"只比得木偶菩萨"，而粮房劣绅"好像是呼风唤雨，作雨的巫师"。书差趁机报复，于八月二十日将蔡德章监禁起来。① 四乡农民"愤激万状"，又召开"第三次代表大会"。会议决定，借"玩太平花灯之名，于重阳节日"，举行"第二次示威运动"。于是，九月九日，群众"一起动手"，"一刹那间，又打得落花流水"，只见"满街片瓦"。打完粮房后，又在县衙门口和四城门口竖立了刻有"警戒贪官污吏"六字的纪念石碑五块。对于这两次"示威运动"，蔡天祚是这样评论的：

> 他们这两次大示威运动，是多么光明正大而且痛快的事啊！……荷着锄，持着铲，拔去遍地的荆棘，使人人都向自由路上走，永远的奋斗，勇往的猛进，这是何等的精神啊！

### （3）武装斗争

粮房被拆打后，书差们纷纷进县衙，"跪地泣诉钟人杰等毁街灭市欺官谋乱"。师长治"自然兔死狐悲"，表示要"详情裕制军剿办"，罪名就是"同盟结党，毁街灭市欺官谋乱"，并要求书差们推荐一位"捉刀好手"。众书差赶紧找来了钟人杰的舅父蔡绍勋。师长治对蔡绍勋说："你的外甥钟人杰谋乱，谅你必然知情。好罢，你快快代本县做篇详文，表明心迹，将来不株连你。"蔡绍勋闻听，"骇得魂飞魄散"，赶紧提笔挥就详文。师长治阅后甚为满意，并称赞蔡

---

① 《崇农革命》未叙述蔡被指"拐带幼女"的情节。蔡德章因拐带被押应发生在折锦元任上，见第二章。

绍勋"大义灭亲"，即刻命余五"送文下省"①。

蔡绍勋代书详文的消息传出，蔡马上被视为"众矢之的"，崇阳乡民"人人皆欲食其肉，而寝其皮"。钟人杰闻讯去信质问舅父如何敢犯众怒，蔡绍勋回信称"师父台嘱草教匪详文……威势迫而使然"，并"请甥勉之谅之"。钟人杰由此证实了外间传言的教匪详文之事。蔡文写道："到了这个紧张的时期，自然龙不伤虎，虎就要伤人了。不得不实行武装暴动，为先发制人之计。"

> 十月初一日又召集各堡的军正和分训监，在道林寺开紧急会议。议决发动时日，筹措饷械，外方联络种种计划。接连二个月内钟人杰危诘白青汪敦族陈宝铭金瑞生等，都蛰伏于寺内幽密禅室。停辛伫苦，绞脑呕心，朝夕计议，了无虚夕。

十二月十三日，"裕泰发兵一千□②崇"，欲以"铁血政策，镇压农民"。而师长治"胆为之壮"，粮房衙蠹"气势益张"，官府"辉煌文告，缉拿首凶"。此时可谓"杀机弥漫，一触即发"③。然而农民"激于压迫义愤，万死不辞，很敏捷谨慎的传达武装暴动的命令"。十二月十一日黎明，"四万农民，各执武器锄头，围到城下"。围城三日至十三日午时，陈宝铭率众攻入城内。④ 与《钟九闹漕》唱本

---

① 对这段经过，民间唱词是这样写的："师官商议众衙门，两个文书年又青，红笔师爷二十岁，黑笔师爷十九春，做事如何有分明。衙门搬出蔡绍勋，快快叫他做状文，太爷不能深作主，还有我等一合心，要办钟九一班人。一叫绍勋进二堂，提笔滔滔写主张，钟九结盟伙一党，毁街灭市难抵挡，欺凌官长霸崇阳。"

② "□"疑为"到"字。

③ 根据第二章对各种文献的解读，蔡文这里所谓官方明了崇阳局势、采取先发制人策略的叙述不可信。

④ 《钟九闹漕》唱词说到"十一围城到十三，宝铭当先闯头关，一声号令地炮响，城墙连根两边翻，破城只有起头难"（见王旺国本《钟九闹漕》）。但是殷埕在《崇阳冤狱始末记》中说攻破县城的时间为"十二日黄昏"。钟人杰、陈宝铭、汪敦族三人供词亦称十二日占据县城。裕泰在报告出事的奏折中也引述师长治之子师世杰的表述称"已于十二日夜攻入县城"。笔者以为破城时间为十二月十二日黄昏较为可信。

叙述只杀贪官污吏不同①，破城后，"平日作威作福的一般贪官污吏，土豪劣绅，杀得狗血淋漓，七脚八拳，横尸二三百具"。关于师长治的死，蔡文并没有交代陈宝铭、钟人杰等胁迫师长治具禀详文请释金太和的经过。钟人杰等"搜到关帝庙的神殿上"，抓获了师长治，"马上就提到庙门外面宰决"，民众"呵呵一声，送他老人家上断头台去了"。师长治"伏诛"后，"全县农民团"宣布了他的罪状，大意如钟人杰的"誓师文"。

十四日清晨，钟人杰在城外南门洲上，开"全县农民大会"，集合人数在"十万以上"。钟人杰登台做报告说：

> 城占了官杀了，污吏衔橐，除余五王大漏网外，余尊皆伏诛了。大众心理，异常痛快。但是我的心中，是非常忧怕的，因为事到今日，势成骑虎，逼到我们，只有绝路一条可走，便是赴汤蹈火，干到底。或者绝处可以逢生。大家意见怎样？

群众齐声回应："走绝路，走绝路，要干就干到底，忧什么？怕什么？"钟人杰又说："大家既要干到底，就要忍饥饿，守秩序，听命令，舍性命。"群众又同声答道："做得到。"钟人杰见"大众一心"，于是提出编组农兵的办法。他设想仿照"周朝大国三军的制度"，暂时组编"三军"，军置"军将"，军将之上置"三军元帅"。众人同意后，公推钟人杰为三军元帅，陈宝铭、汪敦族、金瑞生为军将。大会结束后，钟人杰等进城"在县衙门内就职，欢呼三声九千岁"。钟人杰就职后，马上发布誓师文和军令十条军歌二章。其军令如下：

> 农兵三军元帅钟人杰为军民约法十章 （一）奸淫者死，（二）抢掠者死，（三）匿藏贪官污吏者死，（四）以公报私怨者死，（五）勒派饷米者死，（六）泄漏军机者死，（七）结交敌人者死，（八）匿谷不□高抬米价者死，（九）欺瞒客商扰害商市者死，（十）替贪官污吏□逃财务者死。

---

① "打开西城路一条，城上役卒乱奔逃，钟九当时传一令，良民铺户莫开刀，衙门尽斩不能饶……一连杀了几十人，并无一个是良民……"（见王旺国本《钟九闹漕》）。

钟人杰将内部组织就绪，即令汪敦族攻通城，金瑞生攻通山，陈宝铭攻蒲圻。农兵"一律以红巾为标帜，便利识别"。十六日，汪金陈三军将"各带农兵一万多人，由崇城向目的地出发"。这样，"崇农革命的血潮，好像山洪暴发起来了"。

十七日，汪敦族攻占通城，"守卒投诚，知县出亡"。敦族"布告安民"，惩办粮房衙蠹，而民间"毫无惊扰"。农民"皆大欢喜"，家家"杀猪宰羊来慰劳农兵"。钟人杰闻听捷报，即令"汪敦族镇守通城，署代知县，相机进攻平江"。

十八日晚，金瑞生到达通山城外，经过激战，于二十日攻入城内。参加队伍的通山农民也把"平日造恶过甚衙蠹粮房，诛杀十多个人"。逃到通山的崇阳书差"投河溺毙"，金瑞生"把首级割下，解回崇阳示众"。钟人杰得报，"传令嘉奖"，令金瑞生镇守通山，"相机进攻咸宁，会师武昌"。

陈宝铭于十七日晨攻到蒲圻城下，在城外与守备清军"激战三日三夜"，"两方死伤，好似山积"。二十日天明，农兵"奋勇猛攻，守备兵大败"，纷纷"向汀泗桥逃窜"。陈宝铭领兵入城，"出示安民"，蒲圻市民"放鞭欢迎"。在搜到崇阳书差王大后，陈宝铭令在城门外斩决，传首示众。钟人杰闻讯传令嘉奖，并令陈宝铭"乘胜进攻汀泗桥，夺取水陆要地，以便会师武昌"。陈宝铭率军进攻汀泗桥受阻，占领港口（属崇阳，毗邻咸宁汀泗桥——笔者注），听候援兵到来。

钟人杰此时仍认定"未可乐观"，又增编三军，令陈文鳞、廖福、廖平为军将，准备"策应各方"。又令危诰前往江西湖南"联合战线，催促响应"，白青"由通山绕道兴国州，前往武汉，接洽饥民"，在武昌"揭竿起事，联合奋斗，动摇敌人的根据地"。

蔡天祚在文中赞曰：

> 崇农革命的血潮，一天一天的高涨，汹涌澎湃，冲决了三四县的城池，淹毙了无数的官兵。确是星星之火，已成燎原，蹄涔之水，泛成江河啦。

**表3　《崇农革命》建构"钟九闹漕"过程的话语对比**

| 文本建构 | 谕旨、奏折 | 《冤狱始末记》 | 《钟九闹漕》 | 《崇农革命》 | 国民革命话语 |
|---|---|---|---|---|---|
| 表达事件过程的名词化 | 1. 戕官据城<br>2. 谋反大逆 | 1. 崇逆事<br>2. 钟逆之乱<br>3. 聚党逼城劫官① | 1. 闹漕、抗粮<br>2. 打粮房<br>3. 起义 | 1. 革命<br>2. 农民运动<br>3. 反贪官污吏大示威运动 | 农民运动 |
| 符号运用 | 设立钟勤王伪号并竖立都督大元帅红旗分设知县千总伪职② | 手执红旗大书官逼民反 | 1. 贪官污吏成一党<br>2. 官逼民反 | 1. 钟人杰《誓师文》中的"均产主义"<br>2. "也含有一点民生主义的精神"<br>3. 反抗阶级压迫 | 1. 革命与反革命<br>2. 三民主义<br>3. 打倒帝国主义<br>4. 打倒军阀<br>5. 打倒土豪劣绅<br>6. 世界革命 |
| 领导者描述 | 1. 谋逆首要各犯<br>2. 无赖匪徒<br>3. 已革文生包揽完纳 | 逆、讼师、收敛讼费 | 钟九应该奉为神太和瑞生世间少敦族宝铭是英雄<br>另书生、学友 | 领袖、三军元帅、反清反帝、谋略 | 1. "崇阳四乡差不多都被我走到。"③<br>2. 领袖④ |
| 群体描述 | 1. 匪徒聚众滋扰<br>2. 党羽 | 1. 山蛮野性<br>2. 乌合之众 | 都是健汉少年夫多少勇士站两旁果然威风镇崇阳 | 1. 因受压迫"自然最易反映出阶级斗争的心理"<br>2. 全县农民大联合起来反抗 | 略 |
| 组织形式 | 1. 推钟人杰为元帅陈宝铭、王敦族为副帅金青茂等位头目<br>2. 设立令旗帅印并三军司命等旗号⑤ | 1. 仓卒起事，仅止百人<br>2. 鸣锣下乡召集各堡亡命<br>3. 胁乡民为兵 | 限定三日一齐到同到县里走一遭鸣锣邀众聚乡兵同到县里杀衙门钟九挂帅坐大堂三军司令称元帅钟九军令有十条 | 1. 代表大会<br>2. 自行保甲制度层层节制<br>3. 农隙讲武团层层督导，"训练武技"<br>4. 道林寺密筹<br>5. 编组农兵 | 1. 农民运动讲习所⑥<br>2. 组织农民协会<br>3. 农民协会第一次代表大会<br>4. 建立农民武装⑦ |

续表

| 文本建构 | 谕旨、奏折 | 《冤狱始末记》 | 《钟九闹漕》 | 《崇农革命》 | 国民革命话语 |
|---|---|---|---|---|---|
| 军事行动 | 1. 该县（指通城）知县等不能抵御退去遂复将该县城占据⑧ 2. 贼匪攻通山蒲圻均经官兵击毙⑨ | 1. 先攻通山不克 2. 东破通城劫仓库典当以应支给 3. 攻汀泗桥被民勇拒败而归 4. 西攻蒲圻守固难入被奇兵夹击大败 | 1. 攻占通城，县官"远走他乡不回头" 2. 蒲圻献出书差余五、陈宝铭退兵 3. 攻通城杀得神哭鬼嚎，未破城 | 1. 分别攻陷通城、通山、蒲圻 2. 往江西湖南"联合战线，催促响应" | 略 |

表 3 说明：

①魏源：《湖北崇阳县知县师君墓志铭》。

②旻宁谕旨，参见 Qing Docs Vol. Ⅱ，9 页。

③《沈昌亚向湖北省农民协会报告书》（1927 年 3 月 17 日），现代版《崇阳县志》，793 页。沈昌亚（1907—1927），崇阳人，1923 年加入中国共产党，1926 年 11 月湖北省农会派沈回崇协助特派员彭制开展农运工作，后任崇阳县农民协会农运部长。1927 年 8 月被土豪引联防团捕获杀害（现代版《崇阳县志》，684～685 页）。中国共产党著名的农民运动领导人澎湃也曾经在广东海丰农村做发动农民的工作，参见澎湃：《海丰农民运动》，原由广东省农民协会1926 年 10 月编辑出版，转见《第一次国内革命战争时期的农民运动资料》，136～223 页。

④《湖北省农民协会第一次全省代表大会为阳新惨案宣言》。"领袖"一词在当时可能与"领导者"的涵义相当。当时国民党在孙中山逝世后称其为"总理"。1927 年 7 月 13 日《中国共产党中央委员会对时局宣言》中有如下说法："国民党中央及国民政府多数领袖"、"国民革命领袖孙中山先生"。1927 年 4 月21 日蒋介石在《对党务宣传大纲宣言》中说："中正希望各同志共同敦促汪精卫同志销假复职，使党内领袖团结一致。"（［苏］A. B. 巴库林著，郑厚安等译：《中国大革命武汉时期见闻录》，257 页）

⑤穆彰阿奏折，参见 Qing Docs Vol. Ⅱ，31～32 页。

⑥讲习所招收青年农民培训作为农运骨干，关于其情况的多种资料见《第一次国内革命战争时期的农民运动资料》，67～130 页。

⑦《本党联席会议对农民问题决议案（1926 年 10 月）》中规定"农民协会有组织农民自卫军之自由"，原载《江西省第一次全省农民代表大会会场日刊》，1927 年 2 月 22 日第 2 期第 3 版，转见《第一次国内革命战争时期的农民运动资料》，44 页；《中国国民党第二届中央执行委员会第三次全体会议对农民宣言》

（1927年3月）中说："农民应有自卫的武装组织……本党尚设法使农民廉价购得武装。"

⑧穆彰阿奏折，参见 Qing Docs Vol. Ⅱ，31～32 页。

⑨旻宁谕旨，参见 Qing Docs Vol. Ⅱ，9 页。

（二）笔为利剑：为农民革命运动辩护

对照晚清文献关于"钟九闹漕"的话语，如果纠缠于《崇农革命》叙事是否符合历史真相的问题上，我们要么在这里成为考证史实的历史学者，要么会陷入一场有关历史相对主义的争论。我并不是否认历史编撰可以与真实相符合，或者否认追寻历史真相的重要性。在前一章讨论晚清文献时我在很大程度上就是在找寻历史的真相，同样，在讨论《崇农革命》以及同时代的国民革命时本文也不会抛弃对历史真相的依赖。但是如同我在导论中阐述的一样，史实考证不是本文的焦点。焦点是如何理解《崇农革命》的意涵，进一步地，我还将考察该文本形成的条件。

即使《崇农革命》面世于八十年前，但如同蔡天祚能够大体把握八十年前有关"钟九闹漕"的叙事一样，我们亦能够明确地指出《崇农革命》的意涵，因为语言在构成一种制约的同时，也是人们共有的资源。《崇农革命》讲述了八十年前的历史事件，它是革命，是农民运动。那个时候，农村土地兼并严重，农民税赋负担沉重，可以说民不聊生。在此情形下，农民的反抗意识和革命心理就被激发出来。在钟人杰等领袖的带领下，崇阳农民组织起来，先后两次到县城进行大示威行动。清廷官府欲以铁血政策镇压农民运动，钟人杰等率领农民先发制人，武力攻进崇阳县城，杀了贪官污吏和土豪劣绅，正式举义。他们攻占了周边的通城、蒲圻、通山，还派人往江西和湖南联络。在崇阳农兵与清军对峙并有望取得扩展的形势下，崇阳的土豪劣绅与清军勾结，出卖革命，导致了崇阳农民革命的失败。从《崇农革命》的叙事看，作者无疑是对崇阳农民的革命运动持赞赏的态度，而对清朝的皇帝、贪官污吏、地主绅士持敌对和嘲讽的态度。这基本上可以概括《崇农革命》的意涵，它论述的主题就是农民运动或农民革命在历史过程中的正当性。

但是《崇农革命》中存在着大量可能与历史真相相去甚远的描述。例如，"钟九闹漕"的直接目的是减轻漕税负担，而不是反抗地主阶级的压迫和推翻清政府的统治；钟人杰等人的下层士绅和讼师的身份在文中没有提及；关于代表大会、农隙讲武团等可能是虚构，钟人杰等在破城戕官之前并没有操作如此的程序决策和严密组织；农运的群体规模被夸大，按第二章的分析，道咸时期崇阳也就十几万人口，如果四万农民暴动，十万农民集会，难以想象连老弱妇孺都得出动了……

也许有人为作者辩护说，在动荡的年代，蔡天祚占有的史料不足，一些情节只能凭想象，不能苛求前人。但是此种辩护并不能成立。首先，《崇农革命》引述的金太和"沿门击节唱歌"的唱词与《钟九闹漕》大致相同。蔡天祚作为崇阳本土生人，熟悉崇阳民间话语对"钟九闹漕"的叙述并不意外，但是《钟九闹漕》中也并未讲钟人杰起事后攻下了通山、蒲圻两县城，也并未说破城戕官之前总督裕泰就要发兵镇压崇阳农民运动。《崇农革命》很大程度上依据崇阳的民间叙事，但是作者重新建构的成分较多。其次，《崇农革命》不仅依靠民间话语来建构"钟九闹漕"事件，而且查阅了许多历史文献，占有的史料算不得太缺乏。《崇农革命》批评"过去的历史家和政治家"在看待崇阳农民革命运动时"眼光如豆，不足深责"，这一批评涉及的文本包括《清史纲要》、《湖北通志》、《湖南通志》、《曾国藩家书》。在文尾评论崇农革命时，涉及了《胡林翼书牍》和中华书局的历史教科书。《崇农革命》对这些文本都进行了引述，长短不一。对于一般的历史学者来说，官史、地方志、精英记述、民间话本，样样具备已属难得。对于蔡天祚这样一位历史学的业余研究者来说，资料并不算缺乏。

也许是蔡天祚研究历史的能力低下，臆造历史？当时大学毕业，后来官居县长的蔡天祚不能算能力低下，从其引述来看亦不是在臆造历史，何况报纸文本的生产并非蔡天祚这位作者，还有编辑在修正、把关。难道作者在故意制造谎言，歪曲历史？我的回答是：是的，《崇农革命》的确是在故意制造神话，一个"时代误置"的神话。笔者在这里无意去指责作者的遮蔽和虚构，而是想强调指出，《崇农革命》在它面世的语境里是多么的自然从容而且能够获得理解。为什么？因为《崇农革命》并非在考证史实，而是在行动，在参与一场激烈的辩论，文本的以言行事效应决定了它的遮蔽和虚构的正当性。

作为共产党和国民党左派掌控的报纸，刊出《崇农革命》的目的很明显，就是为当时在粤湘鄂赣四省开展得如火如荼的农民运动鼓与呼。1927年3月20日，《汉口民国日报》刊出《崇农革命》连

载的第一部分，在"编完的几句话"（相当于"编者按"）中，编辑
这样说：

> 湖北省农民代表大会结束了。我想农协代表大会，必
> 能充分的考虑，在党领导之下……政纲，组织自己阶级的
> 政党，起来作实际的政治斗争……共同奋斗，以求中国的
> 自由平等，解放自己的生活压迫……把八十七年前的崇阳
> 农民革命运动的经过，编著出来……教训……今日运动的
> 进展征途上，要加之注意。……农友们，我们是世界的创
> 作者，国民革命的主力军。……世界由我们来创造，要注
> 意当前的敌人，要注意政治的意识。……努力向前奋斗，
> 明日的劳农共和国，必能够实现。[1]

湖北省第一次农民代表大会于 1927 年 3 月 4 日在武昌国民党湖北省
党部大会堂开幕，3 月 22 日闭幕。当时已经专注于领导农民运动的
毛泽东出席大会并与孙科、邓演达等人被聘为大会的名誉主席。[2]
有学者称"蔡天祚就曾用这次起义的经验作为对湖北省农民代表大
会的献礼"[3]。武汉当时陷入了对工农运动热烈支持的氛围，但是
"编完的几句话"并不是无的放矢。尤其是"要注意当前的敌人，要
注意政治的意识"这一句，表明对于工农运动，当时社会上的政治
势力存在着尖锐的对立。

对于工农运动，在国共合作初期，两党基本都持支持的态度。
当时在广东，国民党按照全力扶持农民运动的方针，在中央设立农
民部，制定《农民协会章程》，开办农民运动讲习所，派遣大批干部
到各地进行组织、宣传，调动军事力量打击反动势力，保护农民运
动。伴随着北伐战争的展开，农民运动进一步扩展到湘鄂赣三省。
由于农民运动积极支持了国民革命军的北伐军事行动，国民党对农
运的重视也进一步加强。当时国民党中央执委会规定拨给农民部用
于指导农民运动的经费为 18000 元，为各部委经费最多者。1926 年

---

[1] 省略号代表不能辨认的词句。
[2] 程得红：《大革命时期的湖北农民协会》，载《湖北文史资料》，2002 (2)。
[3] 陈辉：《钟人杰起义史实考》。

10 月，国民革命军总政治部主任邓演达提出总政治部以后的工作要
侧重于农运方面。总政治部还把缴获的敌军枪械，拨出一批分给各
省农会组织农民自卫军。到北伐战争后期，部分地区农民运动的内
容已经从减租减息的经济斗争扩展到土地革命的政治斗争。1926 年
11 月至 12 月，共产国际召开执委会第七次全会，要求中共立即实行
土地革命。① 1927 年初，中国共产党决定接受共产国际的指示，开
展农村土地革命斗争。国民党左派最初认为土地革命符合孙中山
"耕者有其田"的民生主义原则，有利于调动农民积极性，推动北伐
战争顺利进行，也支持解决土地问题。孙科在湖北省第一次农民代
表大会上说："中国土地全在百分之五的少数人手里，我们统统拿回
来，公公道道的分配"②。同时于汉口召开的国民党二届三中全会通
过的《对农民宣言》中，国民党重申坚决扶助工农运动，其中有
"不使农民得到土地，农民将不能拥护革命至于最后成功，因此本党
决计拥护农民获得土地之斗争，至于使土地问题完全解决而后
止"③。

　　但是，农运中的土地革命行动直接触动了地主的根本利益，地
主不可能不反击。并且，农民运动组织农会，其实就是一场打倒
"绅权"的革命。④ 在农民运动中，这些土豪劣绅纷纷逃往上海、汉
口、长沙这些大城市，小一点的也躲进了县城。但是他们"还是不
曾放弃他们反农民运动反革命的工作"，"到处拼命的造谣"，"什么
农运是共产共妻，兵士六个月不回家，妻子便由农协公去，某军长
师长家财被充公、父亲被杀等无稽之谈，以挑拨革命军人与农民的
感情"。"目前在汉口，这种反动宣传就极其猖狂。"⑤ 同时，"北伐

---

　　① 共产国际执委会第七次全会关于《中国问题决议案》的情况，参见王宗华
主编：《中国大革命史 1924—1927》，154～164 页，北京，人民出版社，1990。
　　② 《汉口民国日报》1927 年 3 月 7 日。
　　③ 《中国国民党第二届中央执行委员会第三次全体会议对农民宣言（1927
年 3 月）》，参见《第一次国内革命战争时期的农民运动资料》，48 页。参见王
涛：《国民党在国民革命中的农运政策及实践》，载《人文杂志》，1997（2）。
　　④ 参见王先明：《变动时代的乡绅——乡绅与乡村社会结构变迁（1901—
1945）》，132～145 页。
　　⑤ 《湖南农民运动真实情形——湖南民众团体请愿代表团的报告》，原载《向
导周报》第 199 期 1927 年 6 月 22 日出版，参见《第一次国内革命战争时期的农民运
动资料》，391 页。毛泽东在《湖南农民运动考察报告》中也有相似的叙述。

军官多数是湖南籍，有的出自乡村殷实之家，有的身为军官，有钱有势买田置地成为暴发地主，'所谓国民革命军，士兵多数是农民军官多数是地主'这句当时很流行的话，确是切合当时的实情"[1]，因此，当时的大部分北伐军官对农运持反对态度。[2] 对于农运，当时的"从中层以上社会至国民党右派"，无不一言以蔽之："糟得很。"而国民党右派指斥"农民运动是痞子运动，是惰农运动"[3]。毛泽东在 1927 年 3 月发表的《湖南农民运动调查报告》中的话语描述恐怕并无夸大。

历史表明，当农运进一步深入尤其是发展到土地革命阶段时，地主、乡绅阶层和农民之间的斗争只能是进一步激化。巴库林 1927 年 3 月 5 日写道：

> 各地纷纷传来消息，农村的阶级斗争加剧了。例如，今天各报报道：
>
> "在湖北夏口县，一个农民协会执行委员被杀。该县土豪劣绅极其嚣张，任意反对农民协会。"
>
> "在阳新县，土豪劣绅拼命反对国民党和农民协会，他们纠集一批人示威，反对增加捐税等等。不久前，土豪劣绅勾结一帮会匪，抓走国民党县党部和农民协会九个领导人，把他们关进棚子锁了起来，然后活活烧死。"[4]
>
> "在麻城和谷城两县，农民协会最近同地主联合会及其雇农发生公开冲突，原因是农民协会夺取县政权。"
>
> 外国报刊指出，湖北省缺大米是由于各地农民协会势力扩张，打乱了农村的整个经济状况。
>
> ……

---

① 中国革命博物馆编：《张国焘回忆录》，221 页，北京，人民出版社，1990。

② 参见钟文：《试析国民革命后期农民运动的发展对国共关系的冲击和影响》，载《江汉论坛》，2004 (6)。

③ 《湖南农民运动考察报告》，《毛泽东选集》第 1 卷，15、18 页。

④ 在 1927 年 2 月 27 日的"阳新惨案"中，有九名农工领袖"被土豪劣绅淋着洋油烧死了"，参见《湖北省农民协会第一次全省代表大会为阳新惨案宣言》，参见《第一次国内革命战争时期的农民运动资料》，481～484 页。

陕西的农民彻底破产了，捐税已经预征了五年。① 那里正在成立农民协会，会员已达十五万人。农民公开反对土豪劣绅，有时割下土豪劣绅的头颅，装入麻袋带回农民协会。冯玉祥反对这样做，认为这会激化阶级斗争。②

无论是土豪劣绅攻击农会的凶残，还是农民运动的"过火"，大量的文献资料和历史研究表明，在《崇农革命》面世之前的那段时期里，北伐军占领地区的大部分农村中，土豪劣绅和农民协会之间正在上演一场血与火的斗争。毛泽东的《湖南农民运动调查报告》从正面阐述了农民运动应当做的"十四件大事"，包括"将农民组织在农会里"，"政治上打击地主"（包括清算公款、罚款、捐款、质问、大示威、戴高帽子游乡、关进县监狱、驱逐、枪毙）、"打倒都团"、"推翻地主武装，建立农民武装"、"推翻县官老爷衙门差役的政权"等。而湖南省农民协会经过总结认为湖南农民运动的障碍在于"土豪劣绅之进攻"，他们进攻的方法有：利用团防实行屠杀、勾结土匪、组织反动团体、混入农协、组织御用农民协会、造谣中伤。③

上述类似的话语才是理解《崇农革命》的语境。除了为农民运动的正当性辩护之外，我们还可以从《崇农革命》中读出以下几点：（1）农民只有举行反抗运动才能解除压迫和痛苦；（2）农民必须联合和组织起来才能进行有效的反抗；（3）农民运动应当发展自己的武装，以暴抗暴；（4）土豪劣绅不是农民的同盟军，而是农民运动的敌人，必须警惕土豪劣绅对农民运动的摧残。这些构成了《崇农革命》意涵的具体内容。

如果说《湖南农民运动调查报告》等文本是对当时农民运动的现实描摹，那么《崇农革命》毋宁是现代革命版的中国传统社会的农民叛乱，或者说《崇农革命》对晚清的"钟九闹漕"进行了"国

① "陕西省钱粮已征收至一九三一年，农民所受之痛苦可见一斑"，而四川"广安县竟预征至一九三三年"，参见《中国农民问题》1927年1月出版，转见《第一次国内革命战争时期的农民运动资料》，639～640页。军阀通过预征等其他手段解决军费问题的情况参见陈志让：《军绅政权》，113～127页。

② ［苏］A. B. 巴库林：《中国大革命武汉时期见闻录》，97～98页。

③ 《湖南农民运动真实情形——湖南民众团请愿代表团的报告》，原载《向导周报》第199期，1927年6月22日出版，参见《第一次国内革命战争时期的农民运动资料》，388～391页。

民革命化"。鸦片战争中的英军就是帝国主义，道光皇帝和总督裕泰化身为军阀（化不化身都没关系，他们本身就是"封建"的势力），"打粮房"就是大示威运动，崇阳花户化身为具有反抗阶级压迫意识的革命群众，钟人杰也成了具有反帝反封建先进思想的农民运动领袖，崇阳花户召开了四十八堡的代表大会，农隙讲武团与农民运动讲习所的功能类似，最后，"钟九闹漕"作为集体行动，其筹划和组织的严谨与条理，丝毫不让于八十余年后现代革命政党领导下的群众运动。可以说，《崇农革命》完全将道光年间的"钟九闹漕"搬移到 20 世 20 年代中期，根据国民革命的普遍话语对之重新词化，也就是按照国民革命的政治文化审美观对这一地方性的历史事件进行了再建构。

若非如此，八十年余前在崇阳发生的事件简直就不能被称为农民运动或革命。我们若不去指责文本的虚构和遮蔽，我们就必须复原《崇农革命》言说的话语网络，否则我们无法理解《崇农革命》作为文本的行动意图。至此，我们把《崇农革命》的写作者逼到了一个寒酸的、无关紧要的角落。但这又有什么关系呢？我们在主体间性的意义上理解《崇农革命》的话语，于是我们可以明确地说，《崇农革命》试图为国民革命中的农民运动绘制一幅理想的行动指南图。在《崇农革命》中，既有辩护，也有警示，还有对农民运动的期望，这些，就是《崇农革命》文本的行动意图。然而，农民理解并接受了这一意图吗？

## 二、"革命"唤醒大众？

### （一）革命的消沉看客

"1911 年的革命，基本上是一场失败，不是创造。"各省的"温和改革派，以宣告独立来继续保持他们的士绅统治"，同时以这种方式"摆脱了北京的控制而维持住他们在各自地方的政治和经济控制权"。他们"远远无意于社会革命。根本谈不上群众参与"，"任何地方农民闹事，立刻就被镇压下去"[①]。自咸丰同治时期开始的权力重心下移的倾向进一步加剧，逐渐发展为军阀割据，全国政治呈现碎

---

① ［美］费正清：《伟大的中国革命》，164 页，刘尊棋译，北京，世界知识出版社，2000。

片化的局面。① 费正清认为民国初期的问题主要三个：黩武主义，武备的扩展超越了公众意识形态的发展；老的绅士、商人、官吏统治阶级没有能力在一个全国范围的新的政治组织基础上团结起来；民族进取心处于低潮。这些，"足以激发起任何一个爱国者"，"一个新的思想和文化的创造时代显而易见已经成熟了"②。

于建嵘认为1911~1921年的乡村社会权力关系和政治结构的变化包括：（1）皇权被"民权"所取代，但是地方自治却沦为地主阶级专政；（2）族权得到强化，各种宗族组织兴起；（3）绅权发生质变，各种社会势力以暴力和强权的方式深入乡村社会。③ 而王先明将视点聚焦在晚清至民初的绅民矛盾的激化上，认为辛亥革命后"权绅化"进程欲益加速，表现在其一是"传统之'士'的文化身份特征弱化，地方强权特征强化"；其二是"绅士对于对方社会的公益性影响减弱，私利性趋势日趋严重"。权绅与地主合二为一攫取公权和公共资源，土地向权势者流转的一般趋向，使得绅民冲突在20世纪初年就已经成为乡村社会矛盾的主要内容了。④

引发"绅民冲突"的一个重要因素是涉及乡村文化共同体逐渐瓦解的历史过程。一般说来，"绅士总倾向于移居行政驻地，绅士地位的上升往往与其移居更重要的市镇有关"⑤。"钟九闹漕"的过程显示，晚清生员因为生活所迫已经积极投身地方官府的税收、司法等公务活动，而这些活动是以县治为中心的，意味着原来居于乡村的下层绅士也有迁居县城或附近城镇的意向。事实上，明清以来，随着工商业的发展，一些乡村绅士开始逐渐移居日渐繁荣的市镇，参与不同于乡村政治结构的权力重组。一项对于江南市镇权力关系

① 参见高海燕：《地方主义·军事主义——近代中国军阀政治探源》，载《史学集刊》，1998（3）；杨天宏：《中国近代转型与传统约制》，2~53页；[美]费正清编：《剑桥中华民国史，1912—1949》（上卷），199~314页；陈志让：《军绅政权》。

② [美]费正清：《伟大的中国革命》，218页。

③ 于建嵘：《岳村政治：转型期中国乡村政治结构的变迁》，134~142页，北京，商务印书馆，2001。

④ 王先明：《变动时代的乡绅——乡绅与乡村社会结构变迁（1901—1945）》，118~135页。

⑤ 张仲礼：《中国绅士研究》，41页。

变迁的个案研究很生动地揭示了这一微观过程。① 而一篇研究 1890 年兴建湖北大冶铁矿的过程中社会流动的论文，则向我们展示了近代化工业进程中，伴随着农民向工人的转化，地方绅士和权贵是如何投身工业转变为承包商和商人的。② 19 世纪末，随着沿海通商口岸城市的崛起，大量的新式学堂在城市出现，无论是接受新式教育，还是谋求新的发展空间，士绅们都不得不往城市迁移。③ 在政治方面，清末的新政也会促使乡绅纷纷走向地域行政中心参政。可以说，自清代中晚期开始的乡村绅士出走城市的趋向在清末民初达到高潮，他们出走后留下的权力真空为"土豪劣生"所接盘，而留下的文化裂缝却无人填补。

王先明在论述晚清民初绅民冲突时提出了一个很好的问题，即为什么大规模的农民运动却爆发于"大革命"年代，并具有那么鲜明的政治诉求和组织化程度？王先明认为是国民党和共产党的政治动员为农民的地域性斗争形成时代性的社会运动提供了充足的条件，但是未就这一"政治动员过程"展开阐述，而是从制度、结构的变迁和利益的冲突方面论证了"打倒劣绅"的历史必然性。④ 而笔者这里的焦点是政治文化与政治行为的关系，除却社会运动领导层策略性地运用文化和话语符号之外，运动参与者群体的文化观念也是关注的重点。

一位老者回忆，辛亥革命后，即使在爆发武昌首义的湖北省，除了剪辫子、改了公历纪年、官职易名、从秀才和举人中冒出几个革命党外，基层社会民众的政治生活和文化生活，没有什么大的改观。学生娃念的还是《三字经》、《百家姓》和四书五经，有时候读国文，"国文里面画有清朝的龙旗"，学生娃唱的是"天地泰，日月光，听我唱歌在学堂，圣天子，图自强……""实在使人分不清是现

---

① 参见赵世瑜、孙冰：《市镇权力关系与江南社会变迁——以近世浙江湖州双林镇为例》，载《近代史研究》，2003（2）。

② 姜迎春：《工业化背景下的乡村社会流动——以大冶铁矿为个案（1890—1937）》，载《中国矿业大学学报》（社会科学版），2009（4）。

③ 参见王先明：《变动时代的乡绅——乡绅与乡村社会结构变迁（1901—1945）》，31～108 页；许纪霖：《重建社会重心：近代中国的知识人社会》，载《学术月刊》，2006（11）。

④ 王先明：《变动时代的乡绅——乡绅与乡村社会结构变迁（1901—1945）》，135～145 页。

在的'民国'，还是'前清'"。但是"实际上官还是官，民还是民，老百姓谁也不敢出头"。穷乡僻壤也闹什么"民主党"、"共和党"，"许多秀才、举人、绅士老爷、乡下的读书人又找到了新的出路"。对他们来说，革命是个机会，"参加一个什么党，才能升官发财"，不能错过。"晚清时期，人们经常议论革命党，但什么叫革命党，我们就不懂得了。"①

从上述这位老者的回忆中，我们可以了解到"革命"、"民主"、"共和"一类的话语已经进入了基层社会。但是这些词汇到底意味着什么，老百姓并不清楚，只是把它们认作外来的新奇事物，并无深究。无疑，辛亥革命并没有得到民众尤其是农民的支持。张鸣认为，辛亥革命前，农民因为对现实的极度无望而认定清王朝"气数已尽"，希望改朝换代，即便不理解什么"民主共和"，"大体上还是以欢迎的态度旁观了这场革命"。农民对于辛亥革命的期待大致有三个：一是要求减免租税；二是否定地主所有制的土地要求；三是趁乱发财。趁乱发财的想法姑且不论，革命党对于农民的前两个期待根本没有回应，反而为减少革命阻力拉着地主绅士"咸与维新"，对于农民借用他们自己并不懂的新名词，闹点可能是"幼稚可笑"的集体行动表达出来的善意视而不见。而革命党不准阿Q②革命的做法，使得中国农民在辛亥革命以后的十年里，成为"消沉的看客"③。

在张灏看来，转型时代新思想成长的空间表现为新的传播媒介的大量涌现：一是报刊杂志、新式学校及制度性传播媒介的大量涌现；二是新的社群媒体——知识阶层（intelligentsia）的出现。前者代表"公共领域"在中国的产生，后者担当了启蒙者的角色。④张灏是从精英思想的产生与传播来论述思想与文化的关系，如果将这一情景放在晚清民初的中国城市中，这一结论与实情相去不远。一项关于成都大众文化的研究指出："晚清以来，成都的社会演变有其清楚的政治倾向，城市改良精英通过借阅图书、公开演讲、改良戏

---

① 李实：《辛亥革命时的乡居见闻》，载《湖北文史资料》，2004（4）。
② 阿Q是鲁迅虚构的人物，但是在鲁迅之后，阿Q不断地被建构为中国农民的代表形象，反映出许多知识分子与乡村的隔膜，对农民文化的偏见。
③ 张鸣：《乡土心路八十年：中国近代化过程中农民意识的变迁》，135~159页。
④ 张灏：《幽暗意识与民主传统》，134~139页。

剧等所谓'开民智'的措施，来对民众施加更大的政治影响。"① 但是作者又指出："成都人在经历了辛亥革命、二次革命（1913 年）、反袁战争（1916 年）以及最为惨烈的巷战（1917 年）之后，自身的处境和经验使他们对'革命'旗号下的政治运动持怀疑态度，一些人甚至开始反思'革命之祸'的问题。"② 这里的结论是，"中国知识分子和改良精英参与政治一般是为他们的理想和事业而奋斗，而下层民众加入政治斗争则通常是以改变自己的处境和生活条件为直接目的"，因此，即使城市民众集体行动较之农民更为频繁和活跃，那也只是"从一个侧面反映了人们生存环境恶化的社会现实"③，而不是表明城市下层民众已经接受甚至内化了"革命"观念。

（二）农民的"革命文化"？

从"革命"的"跨语际实践"开始，讨论法国大革命包括其他国家的革命都是在知识分子中间进行，跟普通大众尤其是农民并没有什么关系。辛亥革命之后的"革命"话语，并没有在民众中间获得热烈的响应，农民基本上是冷眼旁观。辛亥革命后的政治现实当然使革命者感到不满，而"革命"没有获得民众尤其是农民的响应更使他们陷入尴尬的境地。张鸣指出："庚子以来，特别是辛亥革命以后农民意识状态的麻木冷漠，对社会进程的漠不关心，使知识界感到了巨大的心理压力。他们意识到，要想救中国，必须进行国民的改造，启蒙恰恰是出于救亡的需要。"④

中国的启蒙运动说往往从"五四"时期或者新文化运动讲起，但是知识分子对于"国民的改造"在辛亥革命的前十年时间已经开始。其一是"开民智"。根据学者的考证，倡导白话文的运动在1900 年以后已经颇有声势的开始了。1896 年梁启超主张"文与言合，而读书、识字之智民，可以日多"，1898 年裘廷良在其名文《论白话为维新之本》中说："智天下之具，莫如白文。" 1898 年康有为的弟子陈荣衮写《论报章宜改用浅说》，指出"大抵今日变法，以开启民智为先；开民智莫如改革文言"；"盖举不晓文言之农工商贾、

---

① 王笛：《街头文化：成都公共空间、下层民众与地方政治，1870—1930》，304 页。

② 同上书，358 页。

③ 同上书，342 页。

④ 张鸣：《乡土心路八十年：中国近代化过程中农民意识的变迁》，153 页。

妇人孺子陆沉于无何有之乡，是直弃其国民矣"。但是，"启蒙者的角色认定，使晚清白话文的作者自居于先知先觉的地位"，这种"居高临下的态度"，造成白话文运动的"不乏广度，却缺少深度"。同时，文学改良运动，尤其是"小说界革命"鼓吹以"政治小说"来"改良群治"和"新民"。① 李孝悌对 1901～1911 年间以白话报刊、阅报社、讲报与演说、戏曲改良为主要形式的下层社会启蒙运动作了精细的研究。他认为"即使我们无法精确评估这个运动的实际影响"，但是"清末的启蒙运动不仅在形式和内容上影响到日后的发展，在实际的推动和运作上，也下开日后各种'走向民众'运动的先河"，因此，"世纪初的启蒙运动也和二十世纪中国的动向息息相关"②。

其二是对所谓"国民性"的批判。我们熟悉的是鲁迅在新文化运动时期对"国民性"的批判，著名的《阿 Q 正传》就写于 1921 年。但是早在 1889～1903 年之间，梁启超就已经写了大量文章从不同角度阐述中国的国民性问题。至 1911 年前后，主要的报纸杂志，都不同程度地卷入有关国民性的讨论。③ 可以说，在新文化运动之前，无论是保守的还是激进的知识分子，并没有忽视对传统的大众文化改造的问题。然而，尽管制度性传播媒介在晚清民初获得了历时性的增长，但是我认为其效果主要体现在城市的"文化人"和农村的上层绅士之中，而其在普通民众尤其是农民中间起到的影响不宜夸大。前述辛亥革命后，湖北的国文课本里不还画着龙旗，学生娃不还主要念四书五经吗？"革命"，对于民众来说，终究是个不甚了了的新鲜事物。

在新一轮的启蒙运动中，已经看出问题的知识分子终于开始眼光向下，试图要求民众理解并接受"革命"了：

吾苟偷庸懦之国民，畏革命如蛇蝎，故政治界虽经三次革命，而黑暗未尝稍减。其原因之小部分，则为三次革

---

① 夏晓虹：《晚清社会与文化》，112～150 页。

② 李孝悌：《清末的下层社会启蒙运动：1901—1911》，241～242 页，石家庄，河北教育出版社，2001。

③ 参见刘禾：《跨语际实践：文学，民族文化与被译介的现代性（中国：1900—1937）》，73～104 页。

命，皆虎头蛇尾，未能充分以鲜血洗净旧污；其大部分，
则为盘踞吾人精神界根深蒂固之伦理道德文学艺术诸端，
莫不黑幕层张，垢污深积，并此虎头蛇尾之革命而未有焉。
此单独政治革命所以于吾之社会，不生若何变化，不收若
何效果也。推其总因，乃在吾人疾视革命，不知其为开发
文明之利器故。①

陈独秀的论述已经隐隐透露出政治革命——社会革命——国民革命
的构想路径。众所周知，"五四"时期的白话文运动更为激进，并由
此开端了现代中国的叙事范式。在文学内容上，"五四"作家的"平
民意识"使"他们以描写下层劳动人民的生活、情感为文学的重大
使命"。例如人力车夫作为劳动者的代表频频进入"五四"作家的文
学作品，成为最重要的劳动人民形象就是最好的例证。② 可以说，
"平民主义"是"五四"时期知识分子改造中国社会的新主张、新思
路。③ 五四运动以后，青年知识分子投身平民教育，到民间去的呼
声越来越高，农民补习学校纷纷建立。④ 当知识分子的"革命"话
语转向下层视角时，亦正是农村破败、绅民冲突激烈之时，两者的
相遇预示着一场轰轰烈烈的从意识到实践的农村大革命运动即将到
来，而"国民革命"即是预言这一社会运动的思想资源。

"国民革命"一词最早见于 1906 年孙中山与黄兴、章太炎制定
的《军政府宣言》："前代为英雄革命，今日为国民革命"，"所谓革
命者，一国之人皆有自由、平等、博爱之精神，皆负革命之责任"。
1912 年 4 月 10 日，孙中山在湖北军政界欢迎会的演讲中说："此次
的革命，乃国民的革命，乃为国民多数造幸福。"孙中山虽然提出了
"国民革命"的口号，但是其涵义与 20 世纪 20 年代"国民革命"的
思想相去甚远。据考证，1922 年共产国际向中共提出了"国民革命"

① 陈独秀：《文学革命论》，原载《新青年》第 2 卷第 6 号，1917 年 2 月
1 日出版。转见中国人民大学中国革命史教研室编辑：《中国革命史参考资料》
（第一集），64 页，北京，中国人民大学出版社，1956。
② 夏晓虹：《晚清社会与文化》，172～178 页。
③ 参见曾传国：《平民主义——五四时期中国知识分子社会改造的新思
路》，复旦大学硕士学位论文，2008。
④ 参见桑东华：《五四平民教育思潮的演变、分化和发展》，载《党史研
究与教学》，2004（4）。

的概念，但是并未作过多的阐述。① 1922 年 9 月 20 日，陈独秀在刚刚创刊的《向导周报》第 2 期上发表《造国论》，正式宣告了国民革命思想的产生。其要义是中国现阶段"绝不是哪一个阶级的群众在短期内能够壮大到单独创造国家的程度"，只有"无产阶级和资产阶级联合的国民革命（National Revolution）的时期是已经成熟了"。而中国共产党第一次提出"国民革命"的口号是在 1923 年 6 月召开的中共"三大"的宣言中："中国共产党鉴于国际及中国经济的政治的状况，鉴于中国社会的阶级（工人、农民、工商业家）之苦痛及要求，都急需一个国民革命"；"我们的使命是以国民革命来解放被压迫的中国民族，更进而谋世界革命，解放全世界的被压迫的民族和被压迫的阶级"②。中共"三大"树立了"国民革命"的旗帜，同时确定了建立反帝反封建的统一革命战线的方针。随着国共合作的形成，国民党在"一大"宣言中正式宣告接纳"国民革命"的口号："故国民革命之运动，必恃全国农夫工人之参加，然后可以决胜，盖无可疑者。"③

"国民革命"思想一改晚清以来中国政治图变的精英模式，其确定的政治动员和政治参与的规模之广大，恐怕是中国历史上的第一次。中共"三大"宣言称："拥护工人农民的自身利益，是我们不能一刻忘乎的；对于工人农民之宣传与组织，是我们特殊的责任。"国民党"一大"宣言亦说："国民党于此一方面对于农夫工人之运动，以全力助其开展，辅助其经济组织，使日趋于发达，以期增进国民革命运动之实力。一方面又当对于农夫工人要求参加国民党，相与

---

① 有学者称，"'国民革命'这一术语是由共产国际的代表马林发明的，中国共产党为了表示与国民党合作的姿态，于 1922 年 9 月采用了这一术语，比国民党人自己使用该术语要早得多"（［美］费约翰：《唤醒中国：国民革命中的政治、文化与阶级》，250 页）这一说法是不成立的。据李达回忆："1922 年 3 月，第三国际发来一份电报，主张中国应干国民革命（National Revolution 译为国民革命）。"同年 5 月，共产国际的一份报告提到中国的"国民革命运动"，7 月，共产国际在给派驻中国南方代表马林的委任书上将中国南方的革命视为"国民革命"。参见黄振位：《"国民革命"的提出与中国"三大"的召开》，载《广东社会科学》，2003（6）。

② 《中国共产党第三次全国大会宣言》，原载《向导》周报第 30 期，1923 年 6 月 20 日出版，参见《中国革命史参考资料》（第一集），18～39 页。

③ 参见黄振位：《"国民革命"的提出与中国"三大"的召开》；姚曙光：《国民革命思想新论》，载《江苏社会科学》，2003（6）。

为不断之努力，以促国民革命运动之进行。"一个广泛的动员和组织过程即将展开，向来被视作一盘散沙的中国农民也将喷发出暴烈的火焰。

早在 20 世纪 20 年代初，中国共产党就已经在农村开展农民运动组织和宣传工作。1921 年 9 月，沈定一等人在浙江萧山衙前村发动和组织农民开展了减租抗租的斗争，成立了农民协会，发布了《衙前农民协会宣言》和《衙前农民协会》章程。当时共产党人和国民党人掌握的报纸杂志包括《新青年》、《觉悟》、《星期评论》、《责任》等纷纷报道并声明支持，在国共两党内都产生了很大的影响。①大陆关于 20 世纪 20 年代中国共产党在农村发动和组织农民运动的资料整理和学术研究可以说汗牛充栋，但是这里需要指出的是，国民党对国民革命时期的农民运动并不是袖手旁观，毫无作为，他们的作用在意识形态的历史学中可能被大大低估了。国民党在政治、军事甚至人员方面的大力支持，对于农民运动的蓬勃开展起到了不可替代的作用，起码在国民革命的中前期是如此。②可以说，是国共两党共同点燃了农民的革命之火。

国民革命中农民运动基本上是自上而下的运动，运动的组织和领导者的话语占据了社会的舆论表层，因此我们并不能完全（或基本上不能）根据这些话语来揣摩这一时期农民的情感和文化，即便他们被知识分子赋予"伟大"一类的词汇。与"钟九闹漕"时代相比较，皇帝早已不坐在龙廷上了，北京的政府也开始仿照西方国家上演有名无实的民主选举的政治闹剧。③而在农村中，绅权的扩张和绅士—地主阶层的素质下降，在民国初期进一步激化的绅民冲突，有可能对农民的地域和宗族观念产生重大的影响。但是，农村的破败和土地兼并进一步严重，以及军绅政权作为一种威权体制，使辛亥革命后的农民并没有感受到太多的自由和变化。这一切，好像都

---

① 参见何扬鸣、郑建华：《"衙前农运"及其新闻舆论宣传》，载《新闻大学》（2001·冬）。

② 参见梁尚贤：《国民党与广东农民运动》，广州，广东人民出版社，2004；王涛：《国民党在国民革命中的农运政策及实践》，载《人文杂志》，1997（2）；朱英：《北伐之前的国民党与民众运动》，载《江苏社会科学》，2009（1）。

③ 有关清末民初中国选举政治的研究参见张朋园：《中国民主政治的困境，1909—1949：晚清以来历届议会选举述论》，长春，吉林出版集团有限责任公司，2007。

为农村接受一种新的"革命"文化做好了准备，就等着青年知识分子来把"革命"的内涵交代清楚，农民就该按照革命的剧本演出了。《崇农革命》就是这样描述农民参与运动时的心理状态的："……因此就激动了他们的革命心理，坚定了他们的革命志愿，钟人杰既然洞明当时社会心理，又愤慨于英帝国主义的强暴侵略和清政府的柔媚无能，更益决定颠覆清廷，实行革命。"

对比道光年间"钟九闹漕"的时代，20世纪20年代的农民已身处全然不同的社会语境，但是集体行动的有些场景还是很相似的。一篇研究赣东北农民革命的博士论文对农民运动的场面进行了这样的"深描"：

> 张宿垣是整个贵溪县数一数二的豪绅，住在县城雄石镇上，并且与同县四大豪绅之一的汪楚书关系密切。汪是江西省议员，与在南昌的江西督办有交情。1926年11月北伐的一支队伍进抵贵溪县城，旧县政权随即瘫痪瓦解。当地的共产党知识分子于宗海等在国民党的招牌下面建立起新的革命政治机构。1927年春的一天，贵溪农协的两个小分队秘密赶往汪楚书的家，准备捉拿他去游街。汪听到了泄露的风声，乔装农民逃亡上海，愤怒的农民捣毁了他的家之后，把张宿垣捉去游街。与张一起捉去游街的还有县城的另一个豪绅。

> 贵溪地方史料没有关于农民在让豪绅游行的群众场面是否盛大的内容。但是横丰县的资料表明，这是一些让农民、尤其是男性青年农民赏心悦目的日子，是人民的日子。1927年4月下旬的一天，在这个偏远山城的大街上，一个前清翰林的后裔和一个县政府的钱粮官员在臂套红袖章的农协会员的押送下，被戴上高帽巡回示众。这是当地民间大庭广众羞辱一个人的传统做法。游街的消息此前已传遍城郊的乡村，所以这天就像往常赶集一样，年轻人成群结队从四面八方的乡间小径涌凑县城看热闹。县城本来为人烟相对阜盛之地，再加上城外来的农民，人数不下千人，满街溢巷，熙熙攘攘。对于大部分日子很单调的农民，这使他们感到了节日般的气氛和心情。一个亲历其事的农民回忆说："看到这种场面，心里真高兴得不得了。"

游街不过是其中的一种革命仪式。另外一些虽然不如游街壮观、却也浓墨重彩的场面，是以散居在乡下的土豪为对象的。比如余干县的陈家湾村就上演了这一幕。在农协的负责人的率领下，平时鱼肉一方、为当地农民所痛恨的地主周伯闻和他的大少爷，被自己村庄以及附近的农民痛打一顿。数百个农民当场分掉他的仓谷，并"杀了他家的一只猪吃"。弋阳县齐川源村的土豪钱腊厘由于拒绝给本村农民借谷，结果"杀了他家的两只大肥猪，办了酒席让全村老少吃了"，吃完之后，分掉他的存谷。斗志高涨的农民聚在一起时，他们也会放火烧毁一些有劣迹的乡绅的房子。万年孙湾村的一个反动律师在农民自卫军捉拿他的时候闻讯逃跑，这支80余人的农民队伍一怒之下，焚烧了律师的房屋。一生中很少目睹此景的乡民对此是相当震撼的。

该论文还根据史料描述了农民协会成立大会和群众集会批斗土豪劣绅的壮观场面："在县一级的节点和它的腹地，庙宇、宗祠及其前面开阔的空地往往是地方公共活动、信仰祭祀的中心。这时，它们成为演出革命的宏伟仪式的舞台。"但是这位博士指出，"大多数农民只是好奇的围观者。他们构成壮观的革命场面的主要部分，但心情轻松地置身于事外"。由于民众运动"被我们的同志包办"，在许多农民看来，"革命不过是与他们无关的年轻学生们的事情"。论文作者质疑了当时共产国际和中共中央局对农民"革命热情"的过高估计而批评江西地方共产党领导人注重掌握地方政权的做法。①

赣东北农民与道光时期农民集体行为的相似性表明，经过八十余年的历史进程，农民行为中的文化依据可能具有很大的沿袭性。在第二章讨论晚清的"钟九闹漕"时，我已经指出，即使农民有强烈的怨恨感，集体行动并不是第一选择，而历史上农民的集体行动能够扩大至运动甚至叛乱，主要在于运动领导者的话语操纵和诱导得当。在青年知识分子开口闭口的"民主"、"平等"、"自由"等"革命文化"的术语，对于农民来说，难道没有太抽象、太遥远以至毫不相干的感觉吗？我认为，国民革命中农民之所以能够被动员和

---

① 陈德军：《乡村社会中的革命——以赣东北革命根据地为研究中心，1924—1934》，复旦大学博士学位论文，2003。

组织起来参加运动，最重要的在于运动领导者将国民革命运动的目标和策略转换成了诸如"减租减息"、"打倒土豪劣绅"，乃至重新分配土地的口号，在意识形态和价值具体化的过程当中与农民的利益和怨恨感对接。但是农民起来参加运动，并不意味着农民就理解和接受，甚至内化了"革命"所蕴含的意识形态和价值观念。吃大户、烧房屋、游街羞辱甚至杀掉土豪劣绅这些暴烈的行为，与其说农民是在依据"革命"的文化行事，毋宁说是群体激愤下的举动，带有非理性的特征。

道光年间闹漕的崇阳农民和咸丰二年的鄞县农民，他们的举动有过之而无不及。如果说，强烈的情感行为出于一种说教的话，那么为什么钟人杰在《誓师文》中搬出"圣人革命论"，并把自己塑造成"四境之内，皆举首而望之"的"圣人"之后，反而陷入了"众心解散钱粮无措"的境地呢？除却当时清廷的镇压力量和士绅大户的利益离异外，从文化上找原因的话，那就是当时的农民还并未对皇帝产生强烈的怨恨感，参加抗粮运动的目标并未指向满清朝廷而是地方的贪官污吏。农民参与运动所依据的一般信念还停留在"官逼民反"的层次上。

国民革命时期农民运动的领导者在运用话语符号的策略方面较为成功，但是农民被调动起来后，他们的行为依据很大一部分还是来自生活的经验和古老的信条，而并未真正地理解并接受知识分子的"革命文化"内涵。毛泽东在《湖南农民运动调查报告》中说："孙中山先生的那篇遗嘱，乡下农民也有些晓得念了。他们从那篇遗嘱里取出了'自由'、'平等'、'三民主义'、'不平等条约'这些名词，颇生硬地应用在他们的生活上。"绅士不给农民让路，农民愤然说："土豪劣绅！晓得三民主义吗？"农民协会之间闹矛盾，领导者便宣言："反对区农民协会的不平等条约！"小孩子之间打架，可以向对方高喊："打倒帝国主义！"毛泽东因此承认："今后值得注意的，就是要利用各种机会，把上述那些简单的口号，内容渐渐充实起来，意义渐渐明朗起来。"或许，这里也是毛泽东重新思考中国革命的起点之一。

因此，我认为，在描述 20 世纪 20 年代的政治文化时，不宜笼统地用"革命文化"一词来概括。如果说，知识分子和青年学生中间可能形成了较为普遍的"革命"观念①，但是作为一种精英文化，其对农民阶层的影响和渗透不宜夸大。近年来的研究指出国民革命运动中领导者具有的民粹主义倾向，亦部分地证实了我的这一论断。② 正如有学者所指出的，20 世纪初是中国民族主义的时代，但是"受西方文化影响日深的城市精英与农村百姓之间的文化差距越来越大"，当"精英越来越习惯于援引西方的方式来面对并解决问题时"，他们"与百姓的文化差距就越来越大"。在 20 世纪 20 年代以前，20 世纪的"国家"危机的观念并没有被大部分农民所接受。所谓的国家危机，"只被中国城市精英所承认"，"民族主义的建构，变成是一种以城市为基础、以外国人为反抗对象的运动"③。

---

① 即使这样也应当有区分，英美革命的影响也不容忽视。我们应当注意到这样一个事实，虽然晚清民初的新政人士多有游学日本的经历，但是后来的变化是，中国共产党的许多领导人曾留学法国和苏联，而南京国民政府的知识型官员多为英美的"海归派"。

② 参见姚曙光：《国民革命失败的民粹主义因素分析——以湖南农民运动为个案的探讨》，载《南京大学学报》（哲学·人文科学·社会科学），2003（3）；聂长久：《中国早期民粹主义政治思想研究（1907—1927）》，吉林大学博士学位论文，2008。

③ ［美］王国斌著，李伯重、连玲玲译：《转变的中国：历史变迁与欧洲经验的局限》，144 页。

# 第四章　继续革命中的
## 文化表述①

## 第一节　文化规训中的反精英意识

### 一、人民史观对传统文本的改造

1957 年 4 月，湖北人民出版社出版了由"孙敬文等搜集整理"的《钟九闹漕》。本书一直将王旺国本《钟九闹漕》视为道咸时期开始在崇阳境内流传的民间唱词的原本。与王本《钟九闹漕》相比，尽管孙本《钟九闹漕》是我们所能见到的更早的唱词书面文本，但笔者还是倾向于认定王本《钟九闹漕》更接近于民间唱词的口头原创形态。20 世纪 90 年代较 20 世纪 50 年代的中国社会保有更多的开放和宽容，这种趋势有利于形成对新意识形态侵入的有效抵抗，因此笔者这里有意忽略了王本《钟九闹漕》本身亦含有的霸权因素。

孙本《钟九闹漕》依照钟人杰事件的进程，在叙事中分节并安排了标题。这些小节的标题包括："引子"、"完国课"、"金太和"、"十劝"、"叔侄计议"、"走访钟人杰"、"告状"、"定粮案"、"翻案"、"打粮房"、"叹五更"、"告期"、"陷害"、"诬告"、"二大粮房"、"反告"、"起义"、"捉仇人"、"大战官兵"、"尾声"。② 我相信，原本的民间唱词并未在形式上如此进行分节并标题，但这样的叙事结构的确为文本之间的话语对比提供了方便。在进行比较的时候，读者应

---

① 虽然"无产阶级专政下继续革命"的理论的正式提出是在 1967 年，但是 20 世纪 50 年代生产资料私有制的社会主义改造也被称为"社会主义革命"，并且从 1957 年的"反右"开始，毛泽东对阶级斗争的强调逐渐升温，因此，笔者认为用"继续革命"一词来概括毛泽东时代的政治主题特征是没有问题的。参见龚育之：《关于"继续革命"的几个问题》；席宣：《关于"无产阶级专政下继续革命的理论"》，两文参见张化、苏采青主编：《回首"文革"——中国十年"文革"分析与反思》（上），79～93、94～104 页，北京，中共党史出版社，2003。

② 孙敬文等搜集整理：《钟九闹漕》，武汉，湖北人民出版社，1957。本节对出自孙本和王本的引文不再引注，而在正文中直接说明。

当暂时将《崇阳冤狱始末记》和《八十年前底崇阳农民革命运动》抛之脑后，因为没有证据表明，无论是王旺国还是孙敬文等搜集整理者曾经阅读和参考过这两个文本。

（一）歌颂人民大众

这个主题贯穿了孙本《钟九闹漕》。我们先看"引子"一节：

> 太阳出来照山坡，山南山北唱山歌，千年万年唱不厌，千人万人把歌和，声声齐唱抗粮歌。崇阳四十八保宽，青山绿水紧相连，田多地厚稻粮肥，男耕女织忙不闲，只有钱粮最难完。清朝政治暗无光，欺压乡民赛虎狼，官逼民反只得反，抗粮故事在崇阳。

我在第二章谈到王本《钟九闹漕》的开篇是一大段叙述从开天辟地到道光朝历史的唱词，并引述学者对此的判断："这个开头是口头文学经常采取的叙事形式，它是流畅和容易记忆的……它与结尾相配合构成了一套完整的官逼民反，只能寄希望于皇帝的概念装置。"孙本《钟九闹漕》完全删掉王本的一大段唱词，直接描述了崇阳农民对"清朝政治暗无光"的反抗情绪。"千人万人把歌和，声声齐唱抗粮歌"一句勾勒出崇阳民众团结一致反抗清朝统治的英雄群像。与此类似的是，孙本《钟九闹漕》的"尾声"一节也仅两段，歌颂的是起义中牺牲的"众好汉"：

> 抗粮英雄把命丧，崇阳乡民皆悲伤，一众好汉虽战死，后人还要动刀枪，清朝江山不长久。钟九抗粮事一桩，唱到这里暂收场，山歌唱遍众人口，丹桂开花千里香，英雄美名万古扬。

而王本《钟九闹漕》在结尾对事件的评论大为不同：

> 钟九死得不甘心，骂声官吏禽兽人，可叹苍天无报应，一众头目命归阴，结怨还有后来人。扳正钱粮救庶民，官逼民反不虚情，众怒意气杀县主，冤上加冤不能伸，人随王法草随风。钟九应该奉为神，秉公正直鬼神钦，太和瑞生世间少，敦族宝铭是英雄，万古千秋永留名。崇阳志士

都留心，此本钟九闹漕文，英雄功高如日月，映照沉沉黑
夜中，黎民百姓不忘恩。钟九闹漕事一桩，唱到这里暂收
场，千人唱歌万人和，丹桂花开代代香，抗粮英雄美名扬。

两相比较，孙本《钟九闹漕》完全删除了王本中对钟人杰等领导者
的点名歌颂，而将他们的姓名全部隐去。在王本中，"钟九应该奉为
神"一句高度肯定了钟人杰在闹漕中的领袖作用，对金太和、金瑞
生、汪敦族、陈宝铭的英雄主义情怀也高度赞扬，反映了崇阳民众
对他们的推崇和敬重。"黎民百姓不忘恩"乃是老百姓文化信念的直
抒胸臆。但是孙本《钟九闹漕》基于意识形态的规训对之进行了大
幅度删改。

　　不仅如此，孙本对王本《钟九闹漕》中钟人杰等人的结局做了
重大修正。在第二章中，我已经介绍了王本中，钟人杰、王敦族、
陈宝铭为"免得合县又遭殃"，自缚见官，希望面圣雪冤，但是，
"谁知钟九运不逢，官官相卫果是真，恐怕钟九面了圣，连累众官难
脱身，半路杀害不留情"的有关叙述。孙本从根本上颠覆了这一
结局：

　　　　钟九敦族陈宝铭，数人计议一条心，我等起义为百姓，
堂堂正正有名声，定要击破官家兵。钟九齐集众乡民，个
个阵前表决心，箭上弦来刀出鞘，一声号令齐出城，好比
猛虎下山行。钢刀杀人不要磨，犹似农人割晚禾，杀死官
兵无其数，乡民阵里死伤多，城壕鲜血流成河。① 一连战
了几十场，以寡敌众志气昂，四城官兵围得紧，外无援救
内无粮，钟九战死在崇阳。

"大战官兵"一节其实描述的是起义民众不畏强暴、奋勇杀敌的群体

---

① 在王本《钟九闹漕》中这一段原文为："钢刀杀人不用磨，犹似农人割
晚禾，个个衙役都杀死，除灭祸害一百多，四城街上血成河。"该段是写清军进
攻崇阳前，四处张贴安民告示，"听得钟九倒了旗，出逃衙役转回归"，并放言
对钟人杰"捉住定要倒剥皮"，而"钟九一听气断肠"，下令杀死全部书差。据
《崇阳冤狱始末记》记载，钟人杰自绑赴营前嘱其族党："书差不可存留一人"，
族党于是"城乡搜杀两昼夜，无不落胆"，事后官府统计，"查缺书差七十八
人"。

英雄形象，钟九等人的领导作用在很大程度上弱化了。相应地，王本《钟九闹漕》中"英雄功高如日月"的描述在 20 世纪 50 年代的文化氛围中是不合时宜的。与王本《钟九闹漕》对钟人杰等人的高度赞美相比，赞美人民大众的力量和勇气构成了孙本《钟九闹漕》叙事的基调。

（二）"无政府主义"

在孙本《钟九闹漕》中，皇帝和朝廷基本上消失了，仅仅在"大战官兵"一节中顺带提到了这两个影子："总督抚院起毒心，从容修本奏朝廷，崇阳造反是贼匪，霸占两县动刀兵，凶邪之地要扫平。朝廷圣旨下武昌，整备钱粮办刀枪，只等调得大兵到，七省人马合一帮，方可大胆下崇阳①。"而王本《钟九闹漕》中，皇帝和朝廷是作为基本的背景而存在的。王本中描述钟人杰自首时的心理状态时说："朝廷律法知我情，我等并无谋反心……钟九坐在囚笼内，只想面圣得意回，要求圣君深作主，只把贪官一扫推，确保崇阳无灾危。"不仅仅是想象道光皇帝的圣明，清朝的历代皇帝在王本的开篇唱词中基本上都获得了肯定：

> 顺治登基十八春，传位康熙圣明君，雍正传位乾隆坐，
> 嘉庆皇位道光承，广施恩德爱黎民。仁义善政古无双，有
> 道君王出祯祥，官清民乐处处好……

孙本《钟九闹漕》基本上将皇帝和朝廷抛开，把钟人杰起事的缘由建构在地方官府身上。② 在"完国课"一节中，孙本和王本对粮房浮收勒索的情形描写大致相同。个别不同之处在于，孙本突出了地方官府的主导作用，讲"官府征粮催得凶"和"衙门讲理说不通"；而王本承认"朝廷国课理当完"，只是"肆行剥剥实难安"。

孙本对于官府的建构，首要的是将王本中表现官府威严和力量的描述基本上删除，给人的印象是道光年间的农民好像并不将官府放在眼里。王本《钟九闹漕》在写金太和因为花户鸣不平被带进衙门打板子时有一段描述衙门升堂气氛的话语："衙门带进金太和，双

---

① "七省人马合一帮，方可大胆下崇阳"句也在直言崇阳民众力量强大。

② 这也为孙本《钟九闹漕》在 1975 年遭到"只反贪官，不反皇帝"的批判埋下了伏笔。见后文。

膝跪地把眼梭，太爷坐在二堂上，三班六房一邀呵，好似阴鬼见阎罗。"这段话语在孙本中没有见到。王本中写金太和下武昌告状时这样描写地方大吏的威严："总督衙门挂大旗，先斩后奏好威仪，诸侯本是亚天子，镇守湖广杀气飞，律法严厉鬼神啼。"这一段描写在孙本中也未提及。王本讲到清军克复崇阳后，总督抚院"单传绅士与保正"及"大户"商议"按规如数交钱粮"之事时，唱道："绅士保正怎奈何，不敢坐轿跨马骡，四十八堡都完米，合县名士两百多，见官好似见阎罗。"这一段亦不见于孙本。①

除隐去类似话语外，孙本对涉及描写官府威严和能力的段落亦做了改动。

样本1——提牌将粮房押至省城，武昌府终于开审金太和上控案：

> 王本：知府衙门杀气凶，前扶后拥好威风，升堂就把粮案审，连审几场不招供，解到抚院辨雌雄。

> 孙本：犯人解到武昌城，知府衙内暂存身，次日升堂把案审，连审几场不招承，解到部堂辨真情。

样本2——金太和上控一案胜诉，民间评语：

> 王本：为官清正有才能，断事犹如泰山崩，吉星高照良民宅，崇阳百姓普沾恩，好似暗处照明灯。崇阳修正路一条，民乐官安好逍遥，一来崇阳洪福好，二蒙总督断才高，三念太和有功劳。

> 孙本：花户赢得这一遭，人人心中怨气消，一来大家团结好，二来钟九计谋高，三念太和有功劳。

样本1的王本话语中，知府的权威得到了描述，而且"升堂就把粮案审"透露出知府大人的效率。孙本的话语中，知府的权威不见了，而且"暂存身"和"次日升堂"让人感觉知府有点拖拖拉拉。"辨雌雄"和"辨真情"相比较，前者意味着官司的输赢，后者属于诉讼过程中查明案件事实的范畴。"辨雌雄"强调了作为裁判者的官府之

---

① 当然这也与孙本全文隐去绅士作用和清廷善后的过程也有关系。见后文。

手握生杀大权的权威，"辨真情"强调权威的意味要弱得多。当然，也存在另外的解读选择："雌雄"强调了花户与粮房之间的对立，"真情"强调了崇阳官府的浮收勒索政策需要上官了解。样本2中，王本中对官府作用的肯定在孙本中不见了踪影，官方在金太和一案中的作用被完全抹去，而群众和英雄的力量获得了强调和赞美。

（三）官员的集体反派形象

从样本1和样本2中，我们可以预感到官员的个人形象在孙本《钟九闹漕》中将获得一边倒的贬低描述，事实也是如此。在第二章讨论"钟九闹漕"过程中的崇阳县政时，笔者引用魏源的话概括为"溃不治事"，但是"溃不治事"并不代表崇阳民间对几任知县的评价，同治本《崇阳县志》中对王、蔡、金三位知县的评价并不低。在王本《钟九闹漕》中，除年迈昏庸的王县主、前倨后恭的折锦元、迂腐胆小的师长治之外，蔡知县和金云门还是获得了褒义的评价。例如对蔡知县的描述为：

> 正是蔡官上任来，大开东门接提牌，蔡爷为官清如水，
> 每逢三八告期开，当堂结案好奇才。……次日提牌要动身，
> 太爷交出众衙门，非怪本县少德政，只因你等罪孽深，上
> 司俯究不容情。

而孙本中是这样说的："原任县主下了台，蔡官接印上任来，见事不好自推卸，大骂衙役惹灾祸，打开东门接提牌。"蔡知县认为粮房"造下民愤大无边，事到如今不能瞒"，"非怪本县心肠狠"，于是"太爷假装泪淋淋，嘱咐解差要当心"。这样一来，王本《钟九闹漕》中的清官在孙本中就变成了粮房的保护伞，只是迫于上司的压力而做出丢车保帅、交出粮房之举。

同样，金云门在王本《钟九闹漕》中的评价亦不低：

> 金老太爷到县来，光棍痞子不上街，捏故栽赃都不敢，
> 无头冤案治得开，千方百计巧安排。……晴雨相应民安乐，
> 乡里小儿唱歌谣，金官是个活阎罗。

根据《崇阳冤狱始末记》，我们得知这一描述可能与历史真实相去较远，但是它毕竟是崇阳民间的一种声音。在孙本《钟九闹漕》中，

金云门不见了。不仅金云门没有出现，折锦元也没有出现。孙本讲"蔡官卸任回乡园，谪官接印又还原"，王县主又回来了，而王本讲的是"谁知蔡官退县权，折爷就将印来圆"，金云门半年的任职根本就没有提到。"辛丑八月桂花香，太爷调任下武昌，来了正印施①县主，拖家带着一大帮，捐官初次到崇阳。"于是，王县主又卸任，接任者是"施县主"。如果说金云门因在王本《钟九闹漕》中形象颇正面而被删除情有可原，那么折锦元被删除就令人困惑了。② 从第二章中，我们得知折锦元到任后支持粮房搞浮收勒索，后在夫人的劝说下放弃这一立场，对花户与粮房的冲突采取无所作为的态度。孙本也交代了这一过程，但是在孙本中没有见到王本叙述的如下官绅民同乐的场景：

样本3——

> 不表衙门气不平，又唱完米开仓门，开征不上两个月，大小花户完得清，实在只有七千零。花户一见米好完，绅士挂匾贺清官，民之父母四个字，折爷迎接好喜欢，尽是一班读书男。金装奇匾做得奇，挂在大堂好光辉，一众绅士齐喝彩，升堂换紫朝中衣，留得芳名万古遗。折爷一见笑嘻嘻，大堂摆宴款绅耆，绅士官长同一乐，宴罢作辞转回归，这场欢宴古今奇。

就是说，折锦元抑制搜刮的冲动，好不容易在崇阳地方赚来的一点口碑就被孙本轻易地抹去了。在事件中的历任知县，有着光辉形象的金云门不见了，蔡县主的"清官"形象亦随之隐退，由反派转变为正面形象的折锦元也被遮蔽，而王县主和师长治本来在王本和孙本中都是反派。这样，孙本中的崇阳知县就集体出演反派了。

　　不仅仅是基层的知县，地方大吏也遭遇"彻底反派"的修正。在金太和下武昌上控被系狱后，案子迟迟没有开审。王、孙两个本子都记述了钟人杰、蔡德章和金瑞生商议对策时，猜测粮案拖延的

---

　　① 孙本误将师长治为"施县主"，可见当时唱本的搜集整理者并未参考史料来佐证。
　　② 在1975年华中师范学院工农兵学员的调查中，多位受访者能够明确叙述钟九闹漕过程中，崇阳历经王、蔡、折、金、师五姓知县。见后文。

原因：

> 王本：德章说话理不通，粮案怎易得成功，湖广领管
> 十五府，几多大事理不通，哪有小事在心中。
> 孙本：钟九听罢忙回声，我们正谈这事情，定是总督
> 偏衙役，官官相护不公平，官高势大压良民。

王本和孙本，一个讲公务繁忙，一个讲徇私枉法。同样，前面说到
"总督抚院起毒心"，要扫平崇阳地方的话语，王本和孙本没有什么
大的差别。但是王本《钟九闹漕》接着说：

> 提台一见事不佳，杀官二字手中拿，崇阳本是钱粮案，
> 如何冤枉百姓家，并无仁政治中华。总督抚院心也酸，无
> 毒难作朝廷官，崇阳恶气世上少，百姓杀了父母官，朝廷
> 律法不能瞒。好个提台姓刘人，总督面前说真情，贪官污
> 吏民心变，不该引动七省兵，你我快快去安民。

而孙本对商议安民的情景交代得很简单："督抚制台三个人，一同商
议把话论，你我先把告示出，等候贼兵散了心，然后进城捉头人。"
地方大吏商议安民的情景明显是创作者想象的，但是在孙本中，想
象中出现一个体恤民情的清朝省级官员（刘提台）也是不可能的，
即使大官的恻隐之心（"心也酸"）也不允许提及。在孙本的话语中，
清朝官员从上至下，不是昏官和贪官，就是"毒官"，总之道光年间
的官僚系统与人民大众是对立的。

（四）绅士的隐退

通过第二章的分析，尤其是对殷塈《崇阳冤狱始末记》的引述，
我们得知崇阳绅士阶层在"钟九闹漕"过程中起到了很大的作用。
在王本《钟九闹漕》中，"绅士"、"绅耆"的身影频频闪现，但是在
孙本《钟九闹漕》中，绅士作为一个阶层几乎失去了踪影。例如前
述讲清军克复崇阳后，"合县名士两百多，见官好似见阎罗"是展示
崇阳地方绅士阶层参与官方善后事宜的重要场景，孙本没有提及。
样本3"绅士官长同一乐"同时也表现了地方官员与绅士阶层合作处
理地方事务的过程，孙本同样删去此处场景。王本中讲钟人杰自首
前，"拜上合县老绅耆"，表明"我等杀官为百姓，三人自愿穿囚衣，

力保一县无忧危"的心机。由于孙本说钟九等人是与清军战死而亡，"拜上合县老绅耆"的场景自然不会出现。可以说，绅士作为一个社会阶层以及参与地方公共事务的功能在孙本《钟九闹漕》中基本上消失了。

不仅如此，对于钟九闹漕的领导者钟人杰等人，孙本《钟九闹漕》也极力回避他们作为下层绅士阶层的"生员"身份（见表4）。

表4　两个《钟九闹漕》文本对钟人杰等人身份的描述对比

| 文本<br>人物 | 王旺国本《钟九闹漕》 | 孙敬文本《钟九闹漕》 |
|---|---|---|
| 钟人杰 | 大号名叫钟人杰，幼年入学未登科，举笔成词震山河 | 大号叫做钟人杰，幼年入学未登科，仗义疏财见识多 |
| 蔡德章 | 再说儒士蔡德章，德章住在黄沙堡，也与钟九同过窗，是个聪明读书郎 | 只表好汉蔡德章，德章家住黄沙堡，曾与钟九同过窗，是个正直有才郎 |
| 王敦族 | 敦族一见笑颜开，学友天上掉下来叫声窗友我故交，你在真心正钱漕 | 德章想起一人才，一同去见王敦族叫声窗友我知交，你在真心定钱漕 |
| 陈宝铭 | 当时传进陈宝铭，他是武庠秀才身 | 最先进来陈宝铭，他是乡民带头人 |

对于钟人杰，两个本子都讲"幼年入学未登科"，但是其后王本强调钟人杰"笔杆子"（包含撰写状词）的文化水平，而孙本强调其"仗义疏财"的豪迈性格和"见识多"的理性能力。比较起来，孙本《钟九闹漕》塑造的钟人杰形象更能胜任农民集体行动或起义的领导者，换言之，孙本更强调了钟人杰作为英雄人物的潜质。更为明显的是，蔡德章干脆从王本中的"儒士"和"聪明读书郎"变成了孙本中的"好汉"和"正直有才郎"。同样的是，陈宝铭的武庠生员的身份被隐去，而直接从集体行动中的角色承担为其身份定位（"带头人"）。汪敦族是钟人杰的"学友"，在孙本中一度仅仅是与生员或读书人没什么相干的"人才"。但是对于汪敦族回答钟人杰的语句"叫声窗友我故交，你在真心正钱漕"，孙本对王本又并无什么篡改，汪敦族的生员身份因此没有被完全遮蔽。较之王本《钟九闹漕》，孙本对"钟九闹漕"中几个领导者的生员身份进行了大幅度的隐蔽，有意地忽略他们作为传统社会特权阶层和理性知识群体的一面，着重

突出几人性格和情感中的正义感。通过对钟人杰等闹漕领导人的庶
众化，孙本《钟九闹漕》间接赞美了崇阳民众的聪明才智和正直
勇敢。

（五）民众的崛起

与王本相比，孙本《钟九闹漕》最大限度地突出了民众的力量
和主体地位（见表5）。在表5中，首先映入眼帘的是"千千万"、
"万万千"之类的词汇醒目地聚集在孙敬文本的话语中。孙本的话
语突出表现了参与抗粮的民众人数之多（可以说是全体崇阳农
民），以此暗示晚清社会的整个农民阶层对清统治的不满和反抗。
我们应当注意到，在"一打粮房"、"逼迫知县改立章程"、"攻崇阳
城时守城衙役的对话"等场景中，王本《钟九闹漕》也用了"千"
和"万"来描述崇阳民众，孙本对其并无什么删改之处。而在其他
场景中，孙本尽可能地修改，以言民众人数之多，社会基础之广。
为此，不惜将农民武装的力量进行夸大或夸张——攻打通城的兵力
由王本中的"两千多"变成了孙本中的"一万多"，攻打蒲圻和通山
的兵力则由"好几千"变成了孙本中的"万万千"。对于农民武装力
量，王本和孙本曾经共用"乡兵"一词来称谓，但是从金瑞生攻打
通山的场景开始，孙本中不知怎么就改成了"民兵"的称谓。或许，
"民"意味着崇阳全体民众，而"乡"仅仅指农民或花户，范围稍小
一些。

不仅人数众多，孙本还突出了民众的力量。首先，王本中关于
花户忍气吞声的描述在孙本中被一概删除。其次，孙本极言花户的
团结和组织，以及由此迸发的巨大力量。在关于崇阳民众评议金太
和一案胜诉的话语中，王本没有涉及民众力量，而将"一来崇阳洪
福好"摆在首位，而孙本将"一来大家团结好"放在第一。关于金
太和第二次控告，王本无提花户商议之事，孙本却重点突出了"一
众花户转回程，急忙商议告衙门"的"民意集中程序"。"一打粮房"
中，"一声齐动手"之前是"喊叫"还是"号令"，体现了打粮房群
众组织程度的不同。攻打崇阳县城前，四十八堡是"尽知音"还是
"齐了心"，也有类似的差别。面对众多民众团结而产生的巨大威力，
连知县老婆都说："崇阳百姓千千万，不可轻易动刀兵。"而王本
《钟九闹漕》中，知县老婆说："官要民死民就死"，完全视民众力量
如无物，让人感觉是两个老婆在说话。还有，孙本中尽量避免了
"匪"和"教匪"字样的使用，即使文本中出现的清廷官方话语也是

一样。这样，孙本《钟九闹漕》通过强调农民起事的组织性和正义感，拒绝了"乌合之众"的想象。

表5　两个《钟九闹漕》文本描述民众的话语对比

| 　　　　文本<br>场景 | 王旺国本《钟九闹漕》 | 孙敬文本《钟九闹漕》 |
|---|---|---|
| 引子 | 略 | 千年万年唱不厌，千人万人把歌和，声声齐唱抗粮歌 |
| 花户完粮<br>金太和打抱不平 | 一众花户有上千，低头默语不敢言 | 略（描述了衙役的凶狠，并无花户反应的描述） |
| 金太和与金瑞生<br>下乡串联打粮案 | 崇阳花户听此言，并无一人不心愿 | 崇阳花户万万千，无有一人不喜欢 |
| 金太和与金瑞生<br>邀钟人杰相助 | 尊声相公有英才，花户一般如软木，我今独木不能栽，还靠相公栋梁材 | （钟人杰应允后）花户一众千千万，没有状文行不开，全仗先生栋梁材 |
| 金太和上控胜诉<br>后民众评议 | 一来崇阳洪福好，二蒙总督断才高，三念太和有功劳 | 一来大家团结好，二来钟九计谋高，三念太和有功劳 |
| 蔡知县退任后粮<br>房复整旧规 | 乡民人等气不平……开告日期事务忙，太和呈状到二堂（没有提及花户商议控告之事） | 千万花户气不平……一众花户转回程，急忙商议告衙门……太和来到二堂前 |
| 一打粮房 | 等到三日一起来，千万乡民涌上街，喊叫一声齐动手 | 等到三日一起来，千万乡民上了街，号令一声齐动手 |
| 一打粮房后到县<br>衙逼迫知县改立<br>章程 | 四周都是乡民汉……人多有理说不通，堂上吵得一窝蜂 | 四围站满众乡汉……人多势众气势凶，堂前吵得乱哄哄 |
| 知县夫人劝解知<br>县作出退让息事<br>宁人 | 冤屈良民损阴功，官要民死民就死，剿灭崇阳一梦中，只怕老天不能容 | 冤杀百姓损阴功，崇阳百姓千千万，不可轻易动刀兵，只怕老天也不容 |
| 钟人杰等鸣锣聚<br>集乡民准备攻崇<br>阳城 | 正是腊月十一日，四十八堡尽知音，同到县里杀衙门 | 正是腊月十一日，四十八堡齐了心，同到县里打衙门 |
| 攻崇阳城时守城<br>衙役的对话 | 大骂钟九胆包天，聚众围城该何罪，哪怕人多上万千，自然要你丧黄泉 | 大骂钟九胆包天，聚众围城该何罪，哪怕人多万万千，要你个个丧黄泉 |

续表

| 文本<br>场景 | 王旺国本《钟九闹漕》 | 孙敬文本《钟九闹漕》 |
|---|---|---|
| 王敦族攻打通城 | 敦族跨上大白骡，带领兵丁两千多 | 敦族跨上大白骡，带领乡兵一万多 |
| 陈宝铭攻打蒲圻时蒲圻守军问话 | 崇阳犯法大如天，既捉王大人一个，为何带兵好几千，谋反叛逆在眼前 | 崇阳反势大如天，既捉王大人一个，如何统兵万万千，攻打蒲圻与通山 |
| 对聚众的称呼 | 总督抚院把令传……小心贼匪偷营盘（通山守军）大骂崇阳贼匪兵 | 总督抚院把令传……小心贼民闯营盘（通山守军）反骂民兵胆包天 |

## 二、建构人民大众的主体地位

### （一）撰写中国历史的原则

1957 年本《钟九闹漕》在唱词的正文之前进行了如下引述：

> 一八四一年——湖北崇阳县人钟人杰聚众数千人起义，自号钟勤王，并竖都督大元帅红旗，次年战败被杀。
>
> ——范文澜："中国近代史"上编第一分册

笔者找到了范文澜撰写的《中国近代史》的两个版本，它们分别出版于 1953 年和 1955 年，孙本《钟九闹漕》的引述赫然在目。[1] 根据《中国近代史》两个版本的"出版说明"，我们可以得知该著系范文澜在延安写成，1945 年 2 月初版。在今人看来，该著的印量惊人。笔者见到的 1953 年版印数为"74 001—112 000"，1961 年重印本的印数为"北京 1—30 000"，足见范著在当时的影响之大。范文澜在延安期间撰写的另一部著作《中国通史简编》在初版后的 40 余年里印数据说达到了几百万册。[2] 后来的学者评价，范文澜在延安期间完成的《中国近代史》（上编第一分册）和《中国通史简编》两

---

[1] 范文澜：《中国近代史》（上编第一分册），87 页，北京，人民出版社，1953；范文澜：《中国近代史》（上册），北京出版社根据人民出版社 1955 年第 9 版于 1961 年重印本，85 页。根据范著，孙本引语中的"自号"应为"自称"。

[2] 刘大年：《范文澜与历史研究工作》，载《刘大年集》，254～255 页，北京，中国社会科学出版社，2000。

部著作，奠定了其公认的马克思主义史学大师的地位。①

中国的马克思主义历史学起源于 20 世纪二三十年代的"社会史论战"。由"国民革命"失败后引发的社会史论战，其主题是人类社会历史的发展有无共同的客观规律，以及人类社会发展的"五阶段论"是否适用于解释中国历史。在这个主题下，学者们围绕以下三个方面展开了唇枪舌战：一是关于亚细亚生产方式；二是中国历史上是否存在过奴隶制社会；三是秦汉以后中国社会性质如何。论战最后因抗日战争的爆发而告一段落。② 抗日战争期间，已经成为中共实际上的最高领导人的毛泽东在延安对上述问题作出了明确的回答。在 1939 年 12 月发表的《中国革命和中国共产党》③ 的长文中，毛泽东说："中国自从脱离奴隶制度进到封建制度以后，其经济、政治、文化的发展，就长期地陷在发展迟缓的状态中。这个封建制度，自周秦以来一直延续了三千年左右。"除了对中国封建社会的经济和政治结构进行说明以外，毛泽东鲜明地提出了以下几个命题：

（1）封建社会的主要矛盾，是农民阶级和地主阶级的矛盾。

（2）而在这样的社会中，只有农民和手工业工人是创造财富和创造文化的基本的阶级。

（3）……总计大小数百次的起义，都是农民的反抗运动，都是

---

① 参见林国华：《范文澜与中国马克思主义史学》，山东大学博士学位论文，2007；陈其泰、张利：《范文澜在延安——20 世纪中国史学的重要篇章》，载《人文杂志》，2001（3）；陈其泰：《范文澜与 20 世纪中国史学道路》，载《学术研究》，2004（8）。

② 参见［美］德里克：《革命与历史：中国马克思主义历史学的起源，1919—1937》，翁贺凯译，南京，江苏人民出版社，2008。

③ 《毛泽东选集》的注释中说："《中国革命和中国共产党》，是一九三九年冬季，由毛泽东和其他几个在延安的同志合作写作的一个课本。第一章《中国社会》，是其他几个同志起草，经过毛泽东修改的。第二章《中国革命》，是毛泽东自己写的。第三章，准备写《党的建设》，因为担任写作的同志没有完稿而停止。""几个同志"并没有指名道姓，据冯天瑜分析，"社会史论战"中主张泛化"封建说"的社会学家王学文（1895—1985）和历史学家何干之（1906—1969）正在延安，可能参与起草了第一章，而史学家范文澜是在 1940 年 1 月到的延安，应该没有参与起草。但是 1939 年面世的《中国革命和中国共产党》一文中并没有"资本主义萌芽"的提法，而是范文澜等人在新中国成立后重新审定后加进去的，并且得到了毛泽东本人的认可。参见《毛泽东选集》第 2 卷，621、626 页，北京，人民出版社，1991；冯天瑜：《"封建"考论》，342～345 页。

农民的革命战争……在中国封建社会里，只有这种农民的阶级斗争、农民的起义和农民的战争，才是历史发展的真正动力。

（4）1840 年鸦片战争以后，中国一步一步地变成了一个半殖民地半封建的社会，自从"九一八事变"之后，中国又变成了一个殖民地、半殖民地和半封建的社会。

在第二章《中国革命》中，毛泽东将 1919 年五四运动开始的革命称之为"新民主主义革命"，强调其为"无产阶级领导之下的人民大众的反帝反封建的革命"。毛泽东还指出，中国共产党在领导完成新民主主义革命后，还要继续将其转变到社会主义革命的道路上去，这是"必然趋势"。在中国革命的过程中，无产阶级是"最有觉悟性和最有组织性的阶级"，因而是领导革命的阶级。农民"是工人阶级的坚固的同盟军"，而地主"是在政治上、经济上、文化上阻碍中国社会进步而没有丝毫进步作用的阶级"，因此，"地主阶级是革命的对象，不是革命的动力"①。

新民主主义革命学说在 1940 年 1 月的《新民主主义论》中得到进一步发挥。除了阐述新民主主义的政治和经济之外，毛泽东着重提出要用辩证唯物主义来建设"民族的科学的大众的文化"，即"以无产阶级社会主义文化思想为领导的人民大众反帝反封建的新民主主义"。而新文化运动的中国文化革命的"盟长"，要由无产阶级文化思想来承担。② 尽管《中国革命和中国共产党》和《新民主主义论》两个文本为 1949 年后构造新的共和国奠定了意识形态基础，但是对这一意识形态理论在学术领域的写作中应当如何具体实践并没有详细说明。1942 年的《在延安文艺座谈会上的讲话》很快给出了答案。

毛泽东在《讲话》中首先提出了文艺是为什么人的问题，他的答案是"最广大的人民大众"，文艺是为"占全人口百分之九十以上的人民"，即"工人、农民、士兵和城市小资产阶级"服务的。在这个大前提之下，毛泽东谈到了以下命题，与这里讨论的话语变迁紧密相关。③

---

① 《毛泽东选集》第 2 卷，621～656 页，北京，人民出版社，1991。
② 同上书，662～711 页。
③ 《毛泽东选集》第 3 卷，847～879 页，北京，人民出版社，1991。

（1）文艺服从于政治：

> 党的文艺工作，在党的整个革命工作中的位置，是确定了的，摆好了的；是服从于党在一定时期内所规定的革命任务的。

（2）政治是阶级的政治、群众的政治，不是所谓少数政治家的政治：

> 政治，不论革命的和反革命的，都是阶级对阶级的斗争，不是少数个人的行为。……革命的政治家们，懂得革命的政治科学或政治艺术的政治专门家们，他们只是千千万万的群众政治家的领袖，他们的任务在于把群众政治家的意见集中起来，加以提炼，再使之回到群众中去，为群众所接受，所实践，而不是闭门造车，自作聪明，只此一家，别无分店的那种贵族式的所谓"政治家"，——这是无产阶级政治家同腐朽了的资产阶级政治家的原则区别。

（3）文艺批评的标准首先是政治标准：

> 任何经济社会中的任何阶级，总是以政治标准放在第一位，以艺术标准放在第二位的。资产阶级对于无产阶级的文学艺术作品，不管其艺术成就怎样高，总是排斥的。无产阶级对于过去时代的文学艺术作品，也必须首先检查它们对待人民的态度如何，在历史上有无进步意义，而分别采取不同的态度。……处于没落时期的一切剥削阶级的文艺的共同特点，就是其反动的政治内容和其艺术的形式之间所存在的矛盾。
> ……一切危害人民群众的黑暗势力必须暴露之，一切人民群众的革命斗争必须歌颂之，这就是革命文艺家的基本任务。……对于革命的文艺家，暴露的对象，只能是侵略者、剥削者、压迫者及其在人民中所遗留的恶劣影响，而不能是人民大众。人民大众也是有缺点的，这些缺点应

当用人民内部的批评和自我批评来克服，而进行这种批评和自我批评也是文艺的最重要任务之一。但这不应该说是什么"暴露人民"。对于人民，基本上是一个教育和提高他们的问题。除非是反革命文艺家，才有人民"天生是愚蠢的"，革命群众是"专制暴徒"之类的描写。

至此，毛泽东关于撰写中国历史的基本立场已经明了。首先，毛泽东在唯物史观的基础上明确认同人类上历史"五阶段"发展说，周秦以下的中国历史被冠以"封建社会"的学术主张得到首肯。这一立场在 20 世纪 40 年代以后成为包括郭沫若在内的许多史学家的治史依凭。① 其次，突出阶级史观，认为阶级斗争是推动历史发展的真正动力。再次，人民大众的史观，即要站在人民大众的立场上看待历史，弱化英雄史观。最后，由于中国历史撰述的文史不分家传统，毛泽东关于文艺创作的指示也适用于历史写作。

作为马克思主义史学家，范文澜在《中国近代史》（上编第一分册）的写作中比较全面地贯彻了上述原则。范文澜著作中的历史分期和命名与《中国革命和中国共产党》一文相同，以反帝国主义侵略和反封建满清两条主线展开阐述，突出介绍和高度评价了以太平天国和义和团为代表的农民反抗运动。具体到钟人杰起义，范文澜将其放在第三章"太平天国革命"中的"绪言"中，作为太平天国运动爆发前反抗满清的诸多农民运动的典型来列举。范文澜在第二章"中国人民的反英反满斗争"的"绪言"开篇说："这种斗争不管它是原始的，规模不大的，意识模糊的，方法陈旧的，甚至有时带些野蛮气味的，但必须承认它是民主民族革命的开始，也必须承认它有无限的前途。"② 从整体上说，范文澜在近代史的写作中忠实地遵循了毛泽东提出的撰写中国历史的原则。

（二）历史是人民创造的

为什么在上面要大幅引述毛泽东的话语来说明新中国成立以后

---

① 近来有学者提出不能将"泛化封建观"说成是"马克思主义史学成果"，因为从马克思的论述中推导不出中国秦汉以下历史的"封建社会"说，故毛泽东认同此说应当受斯大林的"五种社会形态"说影响更大。参见冯天瑜：《"封建"考论》，347~391 页。

② 范文澜：《中国近代史》（上编第一分册），68 页，北京，人民出版社，1953。

历史学家普遍遵守的写作原则？这是个稍微需要论证的问题，因为人们一般认为对毛泽东的个人崇拜在"文化大革命"期间才盛行一时。但是我们不要忘了，毛泽东不仅是政治家和革命家，他还是杰出的思想家，新中国的各项缔造基本上来自毛泽东的思想设计。从某种程度上来说，是毛泽东的话语缔造了一个属于毛泽东的时代。

魏斐德（Frederic Wakeman，Jr）认为，有三个因素使得毛泽东重视对"毛泽东话语"的推广工作：

> 对中国传统的研究，使他强调为了"革新人民"（新民）而从道德上来激励他们的必要性①；马克思列宁主义方面的训练，使他对意识形态领域的问题敏感起来；国内战争年代使他懂得了动员群众的重要性。②

毛泽东思想因为实践检验而赢得的威望，加上毛泽东本人的重视，促成了毛泽东话语作为立国之言很快得到了广泛传播。据不完全统计，从 1940 年到 1949 年 8 月，全国各地（主要是根据地和解放区）出版毛泽东著作 71 种，共计 516.87 万册。1949 年 10 月至 1959 年 12 月，《毛泽东选集》的印数为，第 1 卷 495.03 万册，第 2 卷 457.67 万册，第 3 卷 436.33 万册。这仅是汉文版，不包括其他语种版。另外，这一时期内，毛泽东著作的单篇本和专题汇编集的印量可能达到几千万册。③

---

① 关于毛泽东受儒家内圣外王观念的影响，从而"高扬道德理想主义精神，注重知性主体思维方式的改变，突出强调主观能动性在认识活动和实践活动中的重要作用"的论述，参见何显明：《超越与回归——毛泽东的心路历程》，45～92 页，上海，学林出版社，2002，注释引文见 77 页。

② ［美］魏斐德：《历史与意志：毛泽东思想的哲学透视》，6 页，李君如等译，北京，中国人民大学出版社，2005。胡为雄认为，从 1932 年毛泽东在党内遭受打击开始，毛泽东逐渐意识到向全党宣传自己正确思想的重要性，在他重新回到领导岗位直至去世，这种重视和支持从未停止过。参见胡为雄：《毛泽东与毛泽东思想的宣传》，载《现代哲学》2006（2）。

③ 毛泽东著作和语录的印数在"文化大革命"期间更是激增，达到了令人恐怖的天文数字。1949 年 10 月至 1976 年底，全国总计出版 55 种文字的毛泽东著作 53 亿余册（其中不含军队系统的《毛主席语录》印数）。统计数据参见方厚枢：《毛泽东著作出版纪事（1949—1982 年）》，载《出版史料》第一辑（2001 年）、第四辑（2002 年）。

如果说农民和工人的政治和经济地位在 1949 年后获得了实质性的改善和提高，那么这也意味着知识分子社会地位的相对下降，尤其在思想独立性方面几乎丧失殆尽，基本上失去了作为社会文化重心的空间支撑。《剑桥中国史》认为 1949 至 1955 年中国经历了一个"党对知识分子的控制"的过程①，但是有学者反驳说这一时期的思想改造运动并没有压抑知识分子的"主动性和创造性"，"它的积极作用是主要的"②。但是无论怎样评价，按照毛泽东的思想和话语来书写历史或进行文艺创作在新中国成立初期已经成为文化领域各级掌权者的共识，任何不符合这一标准的话语书写都将遭到批判。新中国成立初期在思想文化领域实施的大批判运动主要有两个，一个是对电影《武训传》的批判，另一个是"胡风反革命集团"案。由于批判胡风主要发生在文艺界，经过也比较复杂，这里不作讨论。③

武训（1838—1896）是山东冠县人，清朝末年，在贫穷的鲁西地区，他以行乞集资的方式兴办义学。武训的经历由上海昆仑影业公司在 1951 年拍成电影《武训传》，1952 年 2 月公映，不久受到批判。④ 对于批判电影《武训传》的运动，这里也仅就经过毛泽东批改的《人民日报》的一篇社论进行讨论，来展示新中国成立初期毛泽东话语对文化规训的微观过程。

这篇社论在《毛泽东选集》第五卷中可以见到，题目为"应当重视电影《武训传》的讨论"。但是这个选集删掉了社论发表时本来含有的一个列举"歌颂武训"的文章和书籍目录，并不是原貌。在一本"文化大革命"爆发前后印行的《学习资料》中，笔者找到了保存有删改情形的社论原文，在《学习资料》中的标题为"批改

---

①　参见［美］麦克法夸尔、费正清编：《剑桥中华人民共和国史》（上卷），214～221 页，谢亮生等译，北京，中国社会科学出版社，1990。

②　朱地：《对建国初期知识分子思想改造学习运动的历史考察——评〈剑桥中华人民共和国史〉的一个观点》，载《中共党史研究》，1998（5）。

③　胡风案的经过参见戴知贤：《胡风"反革命集团"案件始末》，载《文史月刊》，2008（4）；王靖：《"胡风反革命集团案"始末》，载《文史精华》，1996（06，07）。

④　有关这段历史的研究参见杨俊：《批判电影〈武训传〉运动研究——从历史语境的分析》，复旦大学博士学位论文，2006。

《人民日报》社应当重视电影'武训传'的讨论"①。"批改"文本保留了那个"歌颂武训"的目录，有几十篇文章及几本书籍。目录点名的人物中，笔者了解一点的仅有电影演员赵丹、作家端木蕻良，而《光明日报》、《大众电影》、《天津日报》这些人们依然熟知的报刊赫然在目。《学习资料》的编者在文章标题之下写了这么一段——"翻印者注：〔〕内为毛主席批改时删去的字句，大号字为毛主席添加的"。我们不妨摘录重点的删改情形（几乎是重写），以看看当时的最高领导人是如何在具体的话语中重新建立秩序的（毛泽东添加的文字用倾斜的黑体字，被毛泽东删去的文字仍放在〔〕中，批改序号为本文笔者所加）：

批改 1（标题）：

〔为什么〕*应当*重视*电影*"武训传"的讨论〔?〕

批改 2：

*像武训那样的人，处*在〔清末农民反封建革命〕*清朝末年中国人民反对外国侵略者和反对国内的反动封建统治者的伟大斗*〔战〕争的时代，根本不去触动封建经济及其上层建筑的一根毫毛……

批改 3：

向着人民群众歌颂这种丑恶的*行为*〔奴隶"文化"奴隶"道德"〕，甚至打出"为人民服务"的旗号来歌颂，甚至用革命的农民战争的失败作为反衬来歌颂，这难道是我们所能够容忍的吗？承认或者容忍这种歌颂，就是承认*或者容忍*〔历史唯物论的灭亡。就是承认超阶级的"文化""道德"的胜利，承认奴隶的愚民政策的胜利。〕*污蔑农民革命战争，污蔑中国历史，污蔑中国民族的反动宣传为正当的宣传。*

批改 4：

……说明了我〔们关于历史唯物论和新民主主义的学习还是极其肤浅的。这就

---

① 笔者数年前在地摊上以便宜价格购得数本保存完好但书页发黄的《学习资料》，所载全部为毛泽东的各种文本（以口头话语居多），有两本为刻写油印。《学习资料》皆未标明印行机构和时间，封底皆盖有"不得外传、不准翻印"的红色字样，所辑毛泽东文本的时限为 1949 至 1967 年。笔者认为这几本资料的印行时间应当在 20 世 60 年代，既有"文化大革命"爆发前印行的，也有"文化大革命"初期印行的。以毛泽东当时的地位和权威，笔者以为《学习资料》最大限度地保存了毛泽东话语的原样。当然这些不是正式出版物的文本也从另一个侧面见证了毛泽东话语获得普遍推广和尊崇的程度。

是给我们一个重要的任务，就是要利用"武训传"来学习，来清醒我们的头脑，来扫除我们思想中的唯心论和改良主义〕*国文化界的思想混乱达到了何等的程度！*

批改 5：

……①

〔因为武训传有这样的意义和影响，所以我们认为认真深入这个讨论是必要的，我们特别希望在这个问题上发表过意见的人来参加这个有重要意义的讨论。〕

*在许多作者看来，历史的发展不是以新事物代替旧事物，而是以种种努力去保持旧事物使它免于死亡；不是以阶级斗争去推翻应当推翻的反动的封建统治者，而是像武训那样否定压迫人民的阶级斗争，向反动的封建统治者投降。我们的作者们不去研究过去历史中压迫中国人民的敌人是些什么人，向这些敌人投降并为他们服务的人是否有值得称赞的地方。我们的作者们也不去研究自从一八四○年鸦片战争以来的一百多年中，中国发生了一些什么向着旧的社会经济形态及其上层建筑（政治、文化等）。作斗争的新的社会经济形态，新的阶级力量，新的人物和新的思想，而去决定什么东西是应当称赞或歌颂的，什么东西是不应当称赞或歌颂的，什么东西是应当反对的。*

*特别值得注意的，是一些号称学得了马克思主义的共产党员。他们学得了社会发展史——历史唯物论，但是一遇到具体的历史事件，具体的历史人物（如像武训），具体的反动历史的思想（如像电影《武训传》及其他关于武训的著作），就丧失了批判的能力，有些人则竟至向这种反动思想投降。资产阶级的反动思想侵入了战斗的共产党，这难道不是事实吗？一些共产党员自称已经学得的马克思主义，究竟跑到什么地方去了呢？*

*为了上述种种缘故，应当展开关于电影《武训传》及其他有关武训的著作和论文的讨论，求得彻底澄清在这个问题上的混乱思想。*

据考证，社论的原文为胡乔木所写②，但是，当时新闻界有经验的人士一眼就看出社论出自毛泽东的手笔。③ 我们可以看到，对于武训这个人物值不值得歌颂牵扯到当时意识形态路线的一些重大问题。从毛泽东对胡乔木原文的删改来看，其最直观的效果是凸显和强调了人民群众在历史上的主体地位，轻视甚至鄙视武训作为历

---

① 此处省略的为社论列举的文章和书籍目录。
② 杨俊：《批判电影〈武训传〉运动研究——从历史语境的分析》。
③ 袁鹰：《〈武训传〉讨论——建国后第一场大批判》，载《炎黄春秋》，2006（3）。

史上社会精英人物的作用。这一点是胡乔木的原文远远没有表达清晰的。《人民日报》作为中共中央的机关报，在当时的新闻和舆论界具有中央权威的地位，是中共中央的喉舌。《人民日报》的社论更是一言九鼎，具有传达国家大政方针、指明社会发展方向的功能。毛泽东在《人民日报》的社论中对歌颂武训的行为，发出"我国文化界的思想混乱达到了何等的程度！"和"资产阶级的反动思想侵入了战斗的共产党"的严厉批评，直接宣告了一种反精英意识在新的政治文化领域中将占有显赫的位置。

　　有学者分析并归纳了《武训传》批判运动对新中国史学领域的影响表现在以下几方面：（1）助长了史学领域阶级斗争观念的泛滥；（2）压制了实事求是的精神，助长了史学领域教条主义的盛行；（3）开了利用历史为现实政治斗争服务的先例；（4）强化了史学界对毛泽东的个人崇拜观念，历史学的客观与公正发生偏移。① 新中国成立初期，在史学领域还开展了对胡适、首次用"大革命"术语命名国民革命来撰写《中国大革命史》的华岗以及反右过程中对雷海宗、向达、荣孟源等历史学家的大批判。这些批判运动进一步强化了上述影响，到"文化大革命"前，"最终使史学失去自己的独立地位，彻底沦为政治的'婢女'"②。

　　尽管我们不能认为新中国成立初期的史学研究是完全的"政治化"和一无是处③，但是一种新的霸权已经渗入直至完全重构了历史学术的话语秩序则是不可争议的事实。例如，在批判《武训传》运动中，无论是否自愿，许多史学家包括郭沫若、范文澜、侯外庐、雷海宗、华岗以及诸多文艺界和学术界名人纷纷按《人民日报》社论的调子引述领袖话语，撰写文章表明立场。④ 不仅仅是这种表态性质的门面文章，史学家也在与时俱进，按照重新确立的话语秩序

---

① 王镇富：《试论武训批判对新中国史学领域的影响》，载《长白学刊》，2008（5）。

② 参见胡尚元：《建国后十七年史学领域的大批判》，中共中央党校博士学位论文，2005。

③ 对"文化大革命"前十七年中国史学领域比较公允的评价参见罗志田：《文革前"十七年"中国史学的片段反思》，载《四川大学学报》（哲学社会科学版），2009（5）。

④ 参见杨俊：《批判电影〈武训传〉运动研究——从历史语境的分析》。

修订自己以前的学术写作。例如范文澜《中国近代史》（上编第一分册，1953 年 4 月第八版）第二章"中国人民的反英反满斗争"的第三节"反满武装斗争"是这样开头的：

> 中国人民（汉、回、苗、瑶等族）一贯进行着反满起义，但满清政府在政治、军事上，积累了镇压人民的丰富经验和内战技术，常是获得胜利。它是生成用来对内镇压的一套统治机器，一遇到新的外国侵略者，对内的虎狼突变为对外的羔羊，它再想恢复虎狼的地位是困难了，就是说，一切力量都削弱了。①

上述引文不禁让人回想起 20 世纪 20 年代《崇农革命》一文描述满清统治的话语："威力巍巍，武功赫赫，高枕酣睡，睥睨四方。"然而仅仅过了两年时间，范著中有宣扬满清统治阶级力量嫌疑的文字就被删除了。在《中国近代史》（上册，1955 年 9 月第九版）中，此处开头被改成："在鸦片战争中，满清政府暴露了它的一切弱点，纸老虎②戳穿了。"③ 也就是说，满清政府在本质上就虚弱不堪，人民群众本来有推翻封建统治的力量和愿望，不需要等到外国侵略者来削弱它了再起来反抗。如果从强调阶级斗争和人民创造历史的观点来看，前者确实可能突出了反动统治的力量强大，而压抑了人民力量的伟大性质和历史规模。就笔者所见的范著《中国近代史》的两个版本中还有许多类似的修正细节。不管史学家范文澜的这些修正是出于自身的学术立场认识，还是出于迎合意识形态斗争的需要，

---

① 范文澜：《中国近代史》（上编第一分册），75 页，北京，人民出版社，1953。

② "一切反动派都是纸老虎"的著名论断出自毛泽东在 1946 年 8 月 6 日同美国记者安娜·路易斯·斯特朗的谈话，参见《毛泽东选集》第 4 卷，1191～1196 页，北京，人民出版社，1991；另有"美帝国主义是纸老虎"（1956 年 7 月 14 日）的论断，但是"纸老虎"比喻的发明权并不能就归之于毛泽东。起码，我们在前述《崇农革命》一文的引述中已经见到"……又由血海中嘘出万丈高潮，冲破清廷的纸老虎"的语句。

③ 范文澜：《中国近代史》（上册），北京出版社根据 1955 年第 9 版于1961 年重印本，74 页。

事实是，新的话语霸权已经明确地进入了他的学术写作，正在压制甚至颠覆以往史学写作中的话语秩序。

不仅历史学的大家都在按照毛泽东的历史观念和话语在重构或者撰述历史，大学中文系的学生亦是按照毛泽东在《在延安文艺座谈会上的讲话》来对《钟九闹漕》唱本进行评论的。1960 年，由"北京师范大学中文系一九五五级"编的《中国民间文学史》出版，里面有一篇题为"论《钟九闹漕》与《双合莲》"的文章。文章分两节，标题分别为"农民起义的颂歌——《钟九闹漕》"和"封建家族制度的控诉书"。

从对唱词的引述看，文章写作依据的是 1957 年本《钟九闹漕》。文章也引述了范文澜对钟人杰起义的那段叙述文字，不仅如此，文章开头就说："中国人民反抗清王朝的斗争，从未停止过。"在范文澜的著作中，相似的话语是："中国人民反抗满清，从来不曾停止。"① 文章的评论将农民群众放到了英雄主体的位置上大加赞美：

> 长诗真实地刻画了这一次农民运动由抗粮到武装起义的全部发展过程。最初是错综复杂的阶级斗争教育了农民……长诗也写出了农民起义的特点，农民起义的力量……但是，这个武装力量比起整个统治阶级来，仍是众寡不敌，起义终于失败了，这是历史条件的局限。但它给了后代巨大的影响："丹桂开花千里香，英雄美名万古扬。"长诗有鲜明的政治倾向性。作者对起义的英雄倍加歌颂，塑造了农民领袖的光辉形象。尤其是钟人杰（钟九），更具有典型意义，在他身上，具有农民英雄的本质特点。在斗争中，他机智、勇敢、富有组织才能……懂得必须和群众一齐动手才能胜利。他爱憎分明，对阶级弟兄无限同情……长诗还写了其他领导者和众花户，也都是正面的形象。正是他们，造成了"奸盗抢夺都不敢，各安本分过时光，通城百姓喜洋洋"的局面。

---

① 范文澜：《中国近代史》（上编第一分册），87 页，北京，人民出版社，1953；范文澜：《中国近代史》（上册），85 页，北京，北京出版社，1961。

最后，文章总结道："总之，《钟九闹漕》是一首热情的颂歌，是部不可多得的反映农民革命的民间长篇叙事诗。"① 在中文系学生的笔下，虽然钟人杰是长诗刻画的主要领袖人物，但他"具有农民英雄的本质特点"，"懂得必须和群众一齐动手才能胜利的道理"，钟人杰可以看做无数农民英雄的代表，所以长诗还是写出了"农民起义的力量"。对于崇阳民歌《双合莲》中塑造的追求婚姻自由的郑秀英女士，作者的评价是这样的："长诗塑造的这个形象，是封建社会妇女的优秀代表者，表现了千千万万妇女对自由婚姻的追求与渴望，反映了劳动人民的思想情感和要求愿望，具有典型性。"而在《双合莲》中与郑秀英情投意合的胡三保，他的形象也是"勇于反抗封建礼教的青年的代表"。一篇研究 20 世纪五六十年代红色小说的博士论文指出："在历史观几乎完全以一元化的主导意识形态为唯一标准的历史语境中，只要时代的权威意识形态认定历史是由人民创造的，那么，在文学中让'普通人'英雄出演主角，便成为理所当然。"②

　　1957 年本《钟九闹漕》和北师大中文系学生对文本的评述只是新中国成立初期重建社会话语秩序的过程的一个缩影。如果说，1927 年的《崇农革命》文本是中共在没有掌握政权的情况下的一种意识形态表达，那么 1957 年本《钟九闹漕》就成为"意识形态国家机器"（ideological state apparatus，ISA）③ 的微观表现形式。从政治实践来说，任何一个新建立的政权都会围绕自身的合法性来对政治文化进行改造或者施加影响。在中国的政治发展史上，专制王权统治的合法性基础至 20 世纪 20 年代已经荡然无存，袁世凯称帝闹剧的迅速失败说明了社会精英群体的政治文化已经大体走出了帝制时代。后帝制时代的中国政治充满纷争，国共之间的对立只是最显性的表现形式。在共产党最终将国民党驱逐到偏居一隅的台湾之后，那么新建立的中共政权的合法性在哪里？任何政权都不会主动将自己的合法性建立在其武力之上，传统的专制王朝说"天命"，国民党

①　《论〈钟九闹漕〉与〈双合莲〉》一文见崇阳县文联编：《双合莲——崇阳县民间长篇叙事诗集》，17～24 页。
②　余岱宗：《被规训的激情——论 1950、1960 年代的红色小说》，36 页，上海，上海三联书店，2004。
③　关于与政府、军队、警察、法庭、监狱这些镇压性的国家机器相对的"意识形态国家机器"的论述，参见［法］阿尔都塞：《哲学与政治：阿尔都塞读本》，334～339 页，陈越编译，长春，吉林人民出版社，2003。

政权讲"三民主义",而中国共产党宣称"马克思主义"。国民党在大陆失败的原因可以从多方面进行探讨,但是其意识形态中构想的"军政"、"训政"和"宪政"三阶段表明,国民党作为革命者并未将工人和农民作为政治参与的主体来对待。而中国共产党的无产阶级革命理论视工人和农民为自身存在的合法性基础,广泛地发动和组织工农参与政治是其最后得以成功的基本保障。因此,在掌握政权后,中国共产党在对政治文化的改造中突出民众的主体性实属必然。如果说,《崇农革命》一文是在为农民革命的正当性辩护的话,那么1957年本《钟九闹漕》则在极力建构农民(人民大众)在历史和政治过程中的主体地位。这一建构完全颠覆了以往社会精英主导政治文化和政治过程的历史。绅民一体下的绅士领导不再具有正当性,资产阶级领导的改良或革命也应该被抛入历史的垃圾桶。"历史是人民创造的"① 这一命题深刻地冲击了中国社会千百年来对知识精英的尊重传统,对新中国成立后三十年的政治发展造成了重大影响。

## 第二节　乡村革命文化的衰退

### 一、崇阳农民的阶级意识

（一）"开门办学小分队"

在湖北省崇阳县档案馆里,保存有一份1975年手撰的有关"钟九闹漕"的田野调查报告。报告名为《钟人杰起义历史资料》(以下称《资料》),撰者为"华中师范学院历史系74级开门办学小分队",报告形成的时间是"一九七五年十一月十六日"。《资料》分(一)(二)(三)(四)册,《资料(一)》是学员对当地居民的访谈记录和"座谈纪要";《资料(二)》是学员就事件撰写的"调查报告"以及对调查记录的归纳与整理;《资料(三)》是学员对民间叙事诗《钟九闹漕》(湖北人民出版社1957年版本)和几种老唱本的评价文章;《资料(四)》包括"前言"、"起义的基本情况"、"起义的主要人物"、"起义后的有关资料"、"有关附件"和"清方文献"等六个部

---

① 《致杨绍萱、齐燕铭》(1944年1月9日),《毛泽东书信选集》,222页,北京,人民出版社,1983。

分，其中第三到第五部分还是对田野调查的分析整理。

关于这次调查的具体由来，《资料（四）》的"前言"中是这样说的：

> 我们历史系 74 级工农兵学员，这次到崇阳开门办学，结合中国近代史的学习，调查了近代史上，湖北钟人杰起义的情况。

即使对于 20 世纪 70 年代出生的人（比如笔者），"工农兵学员"和"开门办学"都是比较陌生的词汇。1966 年，"文化大革命"爆发，全国高校亦随即停止了招生工作。1969 年，根据毛主席的指示，个别高校招收了少量工农兵学员，而全国高校是从 1972 年开始正式招收工农兵学员，至 1977 年全国高考恢复，"文化大革命"期间共计招收 90 万人。由于基本上实行"推荐上大学"的制度，工农兵学员进入高校后，一般都要进行中学教育的补课，然后再接受专业教育。在专业教学中，"开门办学"是一项重要的内容。"所谓开门办学，即走出去，到工厂中去办学；请进来，将工厂老工人、工程技术人员请进课堂讲学。"① "开门办学的本意是向工人学习课本上没有的东西，实则是文革接受贫下中农再教育的翻版，最终被历史淘汰了。"② "当时，教育领域强调的是'实践第一'，我们除了课堂学习，到基层实习成了重头戏，次数很频繁。"③ 从上述三位被引述者的回忆文章中可以看到，由于工农兵学员的知识基础薄弱，开门办学的过程中突出阶级斗争，突出生产劳动，削弱文化教育，忽视理论，强调群众作用、否定教师作用的做法，实际上造成了"开门不办学"的局面，对培养学生并没有起到什么效果。④

关于"华中师范学院历史系 74 级开门办学小分队"，笔者并未掌握更多的资料，只能从《资料》本身来推断。在《资料（一）》中，访谈笔录一般都记录了参与的调查者和调查对象的姓名。从调查者的署

---

① 周武：《我的"工农兵学员"经历》。

② 刘少才：《我经历的工农兵学员时代》，载《纵横》，2005（6）。

③ 周约维：《我当了一届"工农兵学员"》，载《文史博览》，2008（12）。

④ 参见李刚：《1972—1976 年间中国高等教育的过渡性分析》，载《社会科学研究》，2002（5）；周全华：《"文化大革命"中的"教育革命"》一文第三章第二节"开门办学的新教学体制——两个突出一个削弱"，中共中央党校博士学位论文，1997。

名情况来看，小分队大概有 20 至 30 名成员。小分队有带队教师，因为《资料（一）》中的几篇访谈记录中有作为调查人的"某老师"的记载。小分队应该是分成了若干个调查小组，深入崇阳农村进行访谈。除《资料（三）》中 1957 年本《钟九闹漕》唱本以及几种不同的唱词结尾外，学员们根据老乡的指引，还找到了咸丰七年官府所立关于酌减钱漕的石碑，并抄录了碑文。① 华中师范学院历史系如此开门办学，还真有点当今"新史学"的下层视角和田野转向。

在《资料（四）》中，我们可以看到学员们抄录的许多史料，包括钟人杰等三人的口供、《清实录》、《清史稿》、《十朝东华录》、《清史列传》以及《崇阳县志》、《蒲圻县志》中关于钟人杰事件的记载，还有魏源的《湖北崇阳县知县师君墓志铭》。当然，这些历史资料并不包括笔者在第二章所使用的《崇阳冤狱始末记》，但是在"文化大革命"时代已属难得。如果再考虑到教师带领学生深入农村搜集民间资料，华中师范学院历史系体现了很高的教学水准。② 可惜的是那个时代的开门办学始终笼罩在阶级斗争的政治阴影下，这次调查并没有形成稍具水准的学术成果。否则的话，华中师范学院历史系将在中国的历史人类学学术史上写下浓重的一笔。③ 从这一点上说，"文化大革命"后期所谓的高校"开门办学"是完全失败的。

（二）划分阶级成分与农民文化变迁

在阅读《资料》的过程中，笔者无时无刻不感受到一种突出和醒目的社会分层的语境。在《资料（一）》的访谈记录和"座谈纪要"中，访谈者（工农兵学员）给"调查对象"或者座谈会的"参加人"都标注了"成分"（成分）和年龄，多数还写明了职业（或者当时所从事的工作）。例如在"关于蔡德章的调查纪要"中，座谈会的时间、地点、人物是这样记载的：

---

① 《资料（一）》，"调查报告，华师历 7401·202 调字第十三号"，参加人：陈老师、邓贤甫、杨友礼、石洪运，1975 年 11 月 2 日。可惜三块石碑的下部因被水浸泡，部分碑文已模糊难辨，学员们抄录的碑文并不完全。

② 笔者估计当今历史专业的本科生也很少参与这样的"实践教学"。

③ 关于国内历史人类学研究的开展状况，参见徐桂兰：《历史学与人类学的互动——历史人类学的理论与实践研讨会综述》，载《广西民族学院学报》（哲学社会科学版），2001（6）；王铭铭：《我所了解的历史人类学》，载《西北民族研究》，2007（2）；张小也：《官、民与法：明清国家与基层社会》，29～37页，北京，中华书局，2007。

　　　　时间：一九七五年十月二号上午
　　　　地点：大白公社纸棚大队七小队蔡波清（大队支部书
记）家
　　　　对象：宋子香　贫农　45 岁　队长
　　　　　　　蔡辉汉　中农　37 岁　会计
　　　　　　　蔡善清　中农　69 岁　社员
　　　　　　　蔡辉西　中农　38 岁　计工员
　　　　　　　蔡贝由　中农　53 岁　原任队长（蔡德章顶房
四代子孙）
　　　　　　　宋中秀　贫农　62 岁　蔡波清（大队支书）的
母亲①

　　对一些具有特殊经历的调查对象，访谈者也对之进行了简要说明。如调查对象蔡富田，"成分：地主（黄埔军校第五期毕业生）"②。例如对孙敬文，《资料》这样记载："孙敬文，男，41 岁，家庭出身：地主。绿化公社青年大队小学民办教师（原《钟九闹漕》57 年本编者）。"③

　　华师的工农兵学员在《资料（四）》中为我们留存了一份调查后汇编的"钟九闹漕调查对象表"④，从中可一窥当时崇阳民众的社会分层结构。表内的栏目有"姓名"、"性别"、"年龄"、"成分"、"住址"和"备注"（参见表 6）。

　　调查对象的"阶级成分"。在"成分"栏中，标注为"贫农"的68 人，"中农"16 人，"下中农"4 人，三者约占调查对象总数的86%。"成分"栏标明"富农"的 3 人，"地主"4 人。另有蔡金生的

---

　　① 《资料（一）》，未载明记录人。

　　② 《资料（一）》，1975 年 11 月 5 日，"记录人"为孙老师、覃银凤、吴宗胜、翁友兰，"整理人"为翁友兰。

　　③ 见《资料（一）》中"202 调字 08 号"，"驻金龙大队调查钟人杰起义小分队"，1975 年 11 月 1 日晚。据该访谈记录，孙敬文 1957 年整理《钟九闹漕》唱本时在武汉新华通用机械厂工作，至于后来又如何回到崇阳任小学教师的情况不详。

　　④ 《资料（四）》，49～55 页，"一九七五年十一月十三日汇"。四册《资料》中，学员们仅对《资料（四）》编有页码。

成分虽然为贫农，但其"备注"栏中注明"过去当过伪人员"；甘立之的成分写明"无记载"，但其"备注"栏中注明"出身不好"；王海祥的成分虽然为中农，但其"备注"栏中注明"四类分子"。富农、地主和蔡金生、甘立之、王海祥，我们可以根据毛泽东时代的话语称之为"四类分子"，这 10 名"四类分子"约占调查对象总数的 10%。表中还有 6 人的成分标明为"未记载"，1 人的成分标明为"医生"。官方资料称中国曾经存在过 2000 多万名四类分子，学者据此推算受四类分子牵连的人口超过 1 亿，大体占当时中国大陆人口的 15% 左右。这一比例与表中所反映的政治身份构成情况相差不远。可以说，这 15% 的群体构成了毛泽东时代处于社会最底层的贱民阶层，而中间阶层是工人群体和庞大的普通农民，上层是各级官员和专业人员。据说这种由权力和社会声望划分的纺锤形的社会分层结构，有助于维持毛泽东时代的社会稳定。①

**表 6　钟九闹漕调查对象表（节录）②**

一九七五·十一·十三汇

| 姓名 | 性别 | 年龄 | 成分 | 住址 | 备注 |
|---|---|---|---|---|---|
| 雷兴典 | 男 | 28 | 贫农 | 大白公社合心小学 | |
| 李月云 | 男 | 50 | 贫农 | 大白公社五星大队 1 队 | |
| 汪文安 | 男 | 72 | 出租地主 | 大白公社小港 1 队 | |
| 汪跃普 | 男 | 40 | 贫农 | 同上 | |
| 汪水平 | 男 | 42 | 贫农 | 同上 | |
| 黄厚文 | 男 | 55 | 下中农 | 大白公社小港 2 队 | |
| 黄之臣 | 男 | 86 | 贫农 | 大白公社小港 5 队 | |
| 蔡光荣 | 男 | 42 | 贫农 | 大白公社纸棚 3 队 | |
| 宋子香 | 男 | 45 | 贫农 | 大白公社纸棚 7 队 | |

---

①　一般地说，四类分子指地主分子、富农分子、反革命分子和坏分子，1957 年开始还加上了右派分子，被简称为"五类分子"。但当今文献还对这一群体习惯称呼为"四类分子"，因为反右运动主要在城市中进行，农村很少有右派分子。关于"四类分子"的划分情况及社会境遇，参见李若建：《从赎罪到替罪："四类分子"阶层初探》，载《开放时代》，2006（5）。

②　本表为《资料（四）》"钟九闹漕调查对象表"一部分，53～55 页。

| 姓名 | 性别 | 年龄 | 成分 | 住址 | 备注 |
|------|------|------|------|------|------|
| 蔡辉汉 | 男 | 37 | 中农 | 同上 | |
| 蔡善涛 | 男 | 69 | 中农 | 同上 | |
| 蔡辉西 | 男 | 38 | 中农 | 同上 | |
| 蔡贝由 | 男 | 53 | 中农 | 同上 | |
| 蔡中秀 | 男 | 62 | 贫农 | 同上 | |
| 蔡金生 | 男 | 72 | 贫农 | 大白公社纸棚3队 | 过去当过伪人员 |
| 甘劲松 | 男 | 60 | 贫农 | 华陂中学教师 | |
| 苏天虎 | 男 | 34 | 贫农 | 华陂高中工人 | |
| 刘主任 | 男 | 30 | 贫农 | 华陂中学教导处 | |
| 甘立之 | 男 | 54 | 无记载 | 华陂公社雷程中学 | 出身不好 |
| 孙敬文 | 男 | 41 | 地主 | 绿化公社青年小学 | 57年本钟九闹漕唱词改编者 |
| 汪森林 | 男 | 76 | 贫农 | 东堡公社港桥大队 | |
| 王海祥 | 男 | 49 | 中农 | 鹿门公社河田九队 | 四类分子 |
| 钟水山 | 男 | 49 | 无记载 | 青山水库管理处 | |
| 骆明强 | 男 | 40 | 贫农 | 崇阳县文教科 | |

关于"阶级成分"，我们不能仅仅将其理解为社会学的一种统计标签，犹如我们今天指称社会阶层时可以随意开口闭口的"白领阶层"、"中产阶级"或者"农民工"、"工薪阶层"、"低保群众"一类，主要涵括经济地位的群体指代名词。划分阶级成分，不仅是经济地位的，更是政治地位的；划分阶级成分，不仅是社会学和统计学意义上的政策行为，更多的是政治斗争的历史实践行为；划分阶级成分，最终是国家对社会的规制和改造行动。

"阶级成分"一词，最早见于1933年瑞金中央民主政府《关于土地改革中一些问题的决议》。该《决定》在对富裕中农与富农的区别进行解释性说明时，首次使用了"阶级成分"一词："富裕中农与富农不同的地方，在于富裕中农一年剥削收入的分量，不超过其全家一年总收入的百分之十五，富农则超过百分之十五，这种界限的设置是实际区分阶级成分时所需要的。"其实早在1925年12月，毛泽东就在《中国社会各阶级的分析》一文中就有了对地主、贫农的表述。① 1933年10月，毛泽东写了《怎样分析农村阶级》一文，经当时中央民主政府通过，作为划分农村阶级成分的标准。毛泽东在该文中提出了划分地主、富农、中农、贫农、工人（雇农）等阶级成分的具体标准。② 在1939年12月《中国革命和中国共产党》一文中，毛泽东又具体分析了中国革命中的社会各阶级以及他们在革命中的地位问题，并明确指出，作为"无产阶级天然的和最可靠的同盟者"，"农民这个名称所包括的内容，主要地是指贫农和中农"③。此后，阶级成分一词开始频繁地见诸中国共产党的文件。

在土改中操作划分阶级成分的具体标准，一般认为是根据毛泽东的《怎样分析农村阶级》、1948年的《中共中央关于土地改革中各社会阶级的划分及其待遇的规定（草案）》、1950年8月的《政务院关于划分农村阶级成分的决定》三个文件确立的。上述三个文件主要根据占有土地的多寡、参加劳动的时间、剥削占家庭总收入的比例这三项内容来划分农村阶级成分。由于划分标准的内容过多，大的阶级成分里还有细分。如地主作为一般的阶级成分之外，还有"二地主"④、恶霸地主⑤、破产地主⑥的类别。"'阶级成分'一词，生命力顽强，枝繁叶茂，从1946年的土改到20世纪80年代初，始终占据着绝大多数中国人生活的重心，特别是在解放后，由阶级成分衍生的家庭成分、家庭出身，基本上遵循了'血统论'的'遗传原则'，将人们划分为劳动人民家庭出身和剥削阶级家庭出身两大类，父母或者祖父母的职业决定着后辈的阶级成分和家庭成分，所谓'老子英雄儿好汉，老子反动儿混蛋'，使千万个本应是劳动人民家庭出身的青少年，背上了剥削阶级家庭出身的沉重包袱，影响了

---

① 《毛泽东选集》第1卷，3～11页。
② 同上书，127～129页。
③ 《毛泽东选集》第2卷，636～637页。
④ 指"向地主租入大量土地，自己不劳动，转租于他人，收取地租，其生活状况超过普通中农"的地主。表6中的调查对象王文安的成分为"出租地主"，其实就是"二地主"。
⑤ "依靠或组成一种反动势力，称霸一方，为了私人的利益，经常用暴力和权势去欺压与掠夺人民，查有实据者，称为恶霸。地主兼恶霸者即是恶霸地主。"
⑥ "在解放前，地主已全部或绝大部分失掉了他在土地财产上的剥削，有劳动力但仍不从事劳动，而其生活状况超过普通中农者，叫破产地主。"

他们革命积极性和才智的发挥。"[1]

但是划分阶级成分不仅是和土改紧密联系在一起[2]，而且是土改中"真正的大事"；土改中划分阶级成分，不仅"改变了很多人的下半辈子，甚至影响了几代人的命运"，更重要的是"实质上它改变了人心"[3]。本文第三章已经指出，在国民革命时期，"革命"对农民文化和心态的影响甚微。原因在于，一是没有政权的支持，农民反抗土豪劣绅的成果不能得以维持，大大挫伤了农民参与农民运动的积极性；二是共产党动员农民群众的技术存在缺陷，除少数农运骨干分子外，群众基本上是旁观者。但是自此以后，在根据地、解放区发展起来的土改运动彻底改变了前两个条件，使"革命"的文化开始真正进入农民的意识世界，参与塑造了中国农民的新形象。

如果说中国共产党建立的革命根据地政权可能易手而造成观察经常出现变异的话，那么20世纪40年代后期在解放区和新中国成立初发生的土改运动，则清晰地呈现了农民文化被策略性改造的图景。在解放区和新中国成立后，中国共产党政权基本稳固，解决了农民担心"反攻倒算"的后顾之忧，为农民积极参与土改运动提供了心理上的保障。与此相配合，中国共产党在动员群众的技术上已经大为改进。国民革命时期，由于自身组织力量有限，中国共产党经常是派遣党员个人回原籍地区的农村开展农运。在解放区和新中国成立后的土改中，中国共产党一般派遣土改工作队直接进入农村开展土改，形成国家政权直接掌控运动、面对农村及其群体的局面。但是土改并不是由党员或者少数骨干分子包办将土地重新进行分配，通过"诉苦"这一技术，农民深深地卷入运动过程，再也无法充当看客的角色。

土改中的划分阶级成分不仅仅是寻找经济统计上的依据，然后将土地和劳动工具（或财产）一分了事，否则并不需要将农村人口都贴上这样一个标签。土改作为一项运动，除了改善和提高贫苦农民的经济和政治地位外，它还应当被认定为具有为中共政权寻求合法性的重

---

① 有关划分阶级成分详细标准的讨论，参见吕新民：《阶级成分》，载《档案天地》，2008（5）。本段正文及注释中的引文皆根据该文。

② 关于"土改"的研究综述，参见张一平：《三十年来中国土地改革研究的回顾与思考》，载《中共党史研究》，2009（1）。

③ 叶匡政：《土改学：划阶级成分》，载《南方周末》，2007-09-13。

大目的。"从理论上说，土地的分配和土地制度的确立可以通过政治强制来完成，但是党领导土地改革的目标主要是政治性的，即颠覆传统的乡村结构和政治秩序，于是在党的领导下，土地的分配并没有被压缩和简化成'分'与'得'两种贫瘠的行为，而是经过了诉苦这一革命仪式的展开过程，在这一过程中，农民对共产党建立的新政权的感激、信任、依恋、拥护之情被放大和强化，从而使党成功地获得了农民的政治认同并巩固了自己在乡村社会的执政基础。"[1]

作为一种政治过程的"诉苦"，有学者已经作了较为详细的描述和讨论。[2] 这里关注的是土改中的划分阶级成分和以"诉苦"为特征的政治运动对乡村文化的冲击性后果。如果说划分阶级成分是国家意识形态或者共产主义政治精英对农村社会现实的"表述性"建构，那么"诉苦"就是这一"表述性"建构成功进入农民日常生活意义的机制。具体说来，"诉苦"唤醒了农民的阶级意识，"翻身"意味着农民在日常生活中经济和社会地位的突然大幅上升（在常态的传统社会中这种转变往往意味着数代人的艰辛），最后农民不可能不认同新的政权。在此过程中，农民通过确认自己的阶级身份而形成了一种"感恩型国家观念"；从个体的角度来说，农民将自己定位为"阶级的一分子"和相对于国家的"人民"或"群众"，而不是现代意义上的"公民"。因而，这一国家观念与传统社会中的皇权思想有暗通曲款之嫌。[3]

但是"诉苦"又并非仅仅是在批斗地主、富农的集会上倾诉和指责，而是经常伴随着暴力甚至从肉体上消灭剥削分子。划分阶级成分的标准是土地、劳动和剥削三个内容，但是有关具体操作的规定是比较含糊的，地方出台的办法差异也很大，因此，划分阶级成分的"表述性"建构与实际操作的客观情形存在着较大的不一致性，

---

① 彭正德：《土改中的诉苦：农民政治认同形成的一种心理机制》，载《中共党史研究》，2009（6）。

② 参见李里峰：《土改中的诉苦：一种民众动员技术的微观分析》，载《南京大学学报》（哲学·人文科学·社会科学版），2007（5）。

③ 郭于华、孙立平：《诉苦：一种农民国家观念形成的中介机制》，载杨念群、黄兴涛、毛丹主编：《新史学：多学科对话的图景》（下），505～526页。但需要指出的是，传统社会中皇权思想与农民之间有绅士阶层这么一个中介起到协商和调节的作用，而"感恩型国家观念"直接面对农民，没有其他中介的作用。

错化或者提高成分的问题是相当普遍的。① 事实上，农民在传统社会日常生活中积累的怨恨也在"诉苦"的技术过程中一并爆发，而这些怨恨（如吵架骂人、不肯借东西）原本与阶级建构是挂不上钩的，因此乡村传统的观念和意义形态被卷入土改和"诉苦"的政治运动中重新锻造了一遍。李金诤认为，中共从改造传统的民俗伦理入手，通过"挖穷根"、"斗争大会"等方法，激发农民对地主阶级的被剥削感、阶级对立意识、革命斗争意识和拥护中国共产党的意识。此外，阶级复仇、侵夺中农利益以及不敢生产、惧怕冒尖（绝对平均主义）等传统农民心态以土改为媒介得以延续并放大。由此，农民在土改过程中呈现出来的"既兴奋又压抑的焦虑心态，对中国民众性格的变化产生了深远的影响"②。

"自觉的个性的消失，以及情感和思想转向一个不同的方向，是就要变成组织化群体的人所表现出的首要特征"③，因此，土改中划分阶级成分"是对所有农民个人生活和思想的一次介入"，"这一场'穷—富'、'善—恶'的道德戏剧，确实在每一个农民身上都上演了。它所培养的话语、仪式与精神习性，深深地保存在中国几代人的记忆中，成为以后群众运动的一个重要源头。"④ 但是阶级建构并不是凭空产生的，如果没有土改之前农村中程度各异的贫富差距，"苦"是无处可寻的，就如同今日社会所谓的"仇富"心态一样，并不完全是建构的。一位学者撰文指出，土改中的"诉苦"其实是政治运动的剧场，农民在其中接受的是一种自我保护的政治话语表述机制，而这种机制与农民的日常生活和经验世界并无太多联系。因此，研究者无法从"诉苦"的政治话语表述中去体会农民们的经验世界。⑤ 如同我在第二章中分析道光时期崇阳农民的集体行动一样，我始终认为集体行动、社会运动中参与者的话语是其文化显示的一面，我们要考虑的是为什么日常生活中没有显示这些潜藏在人们心

---

① 徐进、杨雄威：《河北新区土地改革中农村阶级的划分》，载《中共党史研究》，2009（2）；叶匡政：《土改学：划阶级成分》。

② 李金诤：《土地改革中的农民心态：以 1937—1949 年的华北乡村为中心》，载《近代史研究》，2006（4）。

③ ［法］勒庞著，冯克利译：《乌合之众：大众心理研究》，12 页。

④ 叶匡政：《土改学：划阶级成分》。

⑤ 满永：《"反行为"与乡村生活的经验世界——从〈人民公社时期中国农民"反行为"调查〉一书说开去》，载《开放时代》，2008（3）。

中的文化无意识，而是在某个特殊的节点显现出来。诚然，一般的人不可能天天在集体行动和社会运动中过日子，集体行动和社会运动结束后都得回归日常生活，但是我们不能就此否认一场席卷中国大陆的土改运动对于中国农民观念的影响。就像我们不宜夸大西方革命对于中国普通民众的影响，我们也不能完全无视中国历史上史无前例的土地革命及其"诉苦"运动对农民的某些改变。起码，土改对传统乡村的血缘（宗族组织）、地缘（绅民结构）构成的社会文化网络带来的几乎是毁灭性的冲击。①

（三）消解阶级对立的叙事

1949 年 5 月 23 日，崇阳和平解放。1950 年，全县普遍建立农会，开展减租减息运动。1951 年，组织土改工作队 800 余人进乡，对全县 150 个乡②分批分期进行土改。根据"依靠贫雇农，团结中农，中立富农，有区别有步骤地消灭地主阶级"的政策，工作队通过访贫问苦，扎根串连，建立贫雇组织，发动群众斗争恶霸地主和不法地主，"先内后外"地划分地主，即先划地主、富农，后划中贫农。阶级划分后，没收地主的土地、耕牛、农具、房屋、粮食；征收富农的出租土地和祠、庙田产，分配给无地少地的农民。1952 年秋，开展土改复查工作，即查阶级有无错划、漏划，查地主分子是否守法，查贫苦农民是否彻底翻身，查分配有无严重不公。然后民主建立村政权机构，召开庆祝大会，焚毁旧契约，颁发土地、房屋所有证。总的说来，崇阳土改在程序和形式上与其他地方没有什么

———————

① 参见何朝银：《革命与血缘、地缘：乡村社会变迁研究(1949—1965)——以江西省石城县为个案》，福建师范大学博士学位论文，2008。

② 1949 年 5 月崇阳解放后，全县划为 4 区、12 乡。1950 年 8 月分为 4 区、105 乡。1951 年分为 8 区、1 镇、151 乡。当年一个乡的辖区应该远远小于今天的乡镇建制规模。中央人民政府于 1951 年 4 月下发《关于人民民主政权建设的指示》，要求"应酌量调整区乡（行政村），缩小区乡行政区域范围，以便利人民管理政权，密切政府与人民的联系，充分发挥人民政权的基层组织作用，并提高工作效率"。因此，1952 年开始，乡建制大量增加。但是这一做法增加了管理成本和财政负担，1953 年开始又大规模撤并乡。笔者以为，增加乡建制可看做中共打算直接以国家面对农民的模式来改造和加强掌控农村的思路的初步实践，但是因为成本问题而不得不半途而废。参见现代版《崇阳县志》，80～83 页；戴钧良：《行政区划 50 年回顾与总结》，参见谢迪斌：《破与立的双重变奏——新中国成立初期乡村社会道德秩序的改造与建设》，261～262 页，长沙，湖南人民出版社，2009。

大的区别。

由于缺乏资料，这里无法对崇阳农民在土改中的心态作出即使是简单的描述。但是可以指出的是，崇阳土改前的"地主"人口占总人口的 3.04%，拥有耕地占总耕地的 18.10%，人均 12.05 亩，"富农"占总人口的 7.63%，拥有耕地占 8.80%，人均 2.32 亩，而占总人口 82.33% 的"贫农"和"中农"拥有土地占 57.80%，人均占有耕地分别为 1.10 亩和 1.83 亩。可以说，崇阳农村的土地集中并不十分严重。这种状况是不是有可能使得土改中崇阳农民的阶级斗争意识获得强化的程度要弱于土地集中特别严重地区的农民？土改后，人均占有耕地在崇阳各阶级中的分布为贫农 2.16 亩、地主 2.05 亩、中农 1.92 亩、雇农 1.78 亩、富农 1.53 亩。① 看来，作为剥削阶级的地主在土改中获得了一定的善待，而富农不知道为什么受到了压制。对于 1975 年的崇阳农民来说，20 多年前的那场土改运动铸就的阶级意识终究会在他们内心留下深浅不一的痕迹。

在极"左"的语境中，工农兵学员在乡村的调查过程中，对调查对象的"成分"和"出身"给予了非常必要而且是规范性的关注甚至是甄别，前面介绍的"钟九闹漕调查对象表"就是证明。实际上，在绝大多数的访谈中，受访人的"成分"是必备的记录项目。甚至在一次偶遇的访谈中，调查者事后还追溯了受访者的成分：

> 附：关于调查丁东祖是偶然临时进行的。队长引我们去找丁炳阳，路经东祖门口。队长问他知不知道钟九闹漕的事。丁东祖就谈了上述情况，事后才知道他是个富农。②

但是，即使在奉"政治挂帅"和"以阶级斗争为纲"为圭臬的社会语境中，阶级意识框架并不是农民建构历史的唯一模式，古老乡村的传统解读方式亦时时出现在农民的集体记忆之中。这并不代表调查对象就漠视了国家的意识形态权威，因为即使工农兵学员仅仅是这种权威的非正式性代表，但是访谈记录显示，调查地的队长、支

---

① 现代版《崇阳县志》，118～119 页。
② 《资料（一）》。"钟九闹漕调查记录（五）"，受访人丁东祖，调查人吴望华、陈泽伦，1975 年 11 月 1 日上午。

部书记或支部委员陪同参加了绝大部分的调查访谈。①

在对访谈记录进行分析前，我必须说明这些谈话基本上都是开放式的。《资料（一）》显示，调查者一般给定一个主题，由调查对象自由阐述，而不是由以调查者发问、受访者回答的形式进行。因此，调查者的话语有时候显得杂乱无章，但是，这也在很大程度上排除了工农兵学员通过发问而干扰调查对象的自我呈现。还有，访谈的地点一般在农民家中进行，尽可能地避免了正式场合使调查对象有意识地调整自己的陈述。

本小节考察的是调查对象自土改以来建立起来的阶级意识，那么我们还是要先看看这些话语是怎样建构"钟九闹漕"中的群体和人物的（话语样本中的序号、括号里的姓名、年龄为笔者加注）。

样本 4——

　　二、关于参加钟九闹漕农民的成分及其钟九起义最初集合地点，起义队伍的粮食供应情况：

　　①饶少南（65 岁）讲：参加钟九闹漕的绝大部分是穷苦人家，是一些小花户，当时的大花户是不会参加的，因为花户越大越有面子，越大越有声势，在完粮方面是不会吃亏的。大花户有钱有家产也怕官府，怕衙门。

　　②汪易杨（45 岁）讲：钟九起义最初的集合地址就是现在的金龙四队，有个灵关庙，钟九就是在那里集合队伍，以后这个庙拆掉了。58 年省博物馆来看后，还要重新把这个庙修起来，作为纪念。

　　③杨贻祖（50 岁）讲：钟九起义后，兵很多，粮食供应是四十八堡摊派。当时有四十八副碾子，专门碾米供应起义军，当时的兵源也是四十八堡的农民，钟九有个命令就是："能动手的都要去。"当时四十八堡的主要劳动力都

---

①　当然不宜夸大生产队干部的官方代表作用。与今日的村干部和乡镇干部类似，生产队的干部与公社干部也应当有区别。对于农民来说，村干部和生产队干部虽然也代表官方，但是他们同时也是乡村地缘、血缘网络中的"熟人"，具有相当的亲和性。而乡镇干部和公社干部对于乡村来说是陌生人，不具有传统的亲和性（当然不排除具有亲民作风、与群众打成一片的优秀干部）。

参加了。钟九的兵有时是白天进县城，晚上回家。①

样本 5——

　　钟人杰调查记录（三）
　　时间：一九七五年十月三十日上午
　　地点：白霓公社金龙大队十九小队丁锡虎家
　　参加人员：田年丰 46 岁 大队党支委　丁锡虎 42 岁 贫农
　　　　　　　丁绍清 58 岁贫农　　　　丁炳阳 64 岁贫农
　　　　　　　丁旭祖 66 岁贫农　　　　丁炳光 68 岁下中农②
　　　　　　　黄纯孝　陈泽纪　吴望华③

丁炳阳：

　　①我们知道的是钟九闹漕是为钱粮。……（丁旭祖插言）一石米完不到九升，多的衙门贪污不上交。斗大得很，一斗等于一斗半，踢脚摇斗太狠了。这个粮穷人太难完了，都特别恶恨。

丁绍清：

　　②完粮只差一角，就要一升，差一升，就要一斗。贫下中农完粮，就恶恨。金太和完米，就跟衙门讲理……县官就听衙门的，县官就打了金太和四十大板。金太和就不服。金太和跟钟九是同窗学友，侄子金瑞生就对太和说：您闹还是找钟九。

　　钟九是个读书人，当时三十岁左右读书，家有细伢子人去上学的不稀奇。钟九出来做事的时候，父母都已经死了。

丁炳阳：

　　③钟九大概是个中农。钟九的学问高、胆子大、计划高，所以后来拜他为帅。

---

　　① 《资料（一）》。"十月三十日调查情况综合"，调查整理人：喻枝英、宋道先、邓贤甫、朱碧波，1975 年 10 月 30 日。
　　② 毛泽东在 1955 年下半年根据农村中出现的中农化趋势，对农村划分阶级的政策进行了重新表述。在这些文章中，毛泽东把原来的中农分为上中农（即富裕中农）、中农和下中农，并指出"农业合作化必须依靠贫农下中农"。
　　③ 黄纯孝、陈泽纪、吴望华三人应为工农兵学员。

丁炳光：

钟九有两个儿子。

丁旭祖：

钟九住在金龙十一队，亲舅爷就是蔡绍勋……

丁绍清：

④乙亥年，钟九说，你金太和告粮饷，我们都支持。

丁炳阳：

⑤金太和、钟九告状以后，省里就派人送来铁升、铁斗、铁斛，粮饷就按规定完了。

老县长家是四川，告老回乡后，姓师的县官来了。姓师的也是贪污分子。他听说崇阳粮饷油水变大，就拿钱买了崇阳的县官做。来了后，不用铁，仍用木的，又贪污。金太和又告状。衙门头子金大华，妹子开鸦片烟馆铺子，跟蔡绍勋私通。蔡绍勋是个鸿门秀才，家里也蛮富，不然和衙门搞不好。

丁绍清：

⑥蔡德章是黄沙堡人，家里有田地八十亩。陈宝铭是个武官，带兵的。他原是和衙门一起的，后来钟九把他说过来了。金太和家大概有几亩田。

丁旭祖：

⑦那时状子写得好，官司就打得赢，不兴调查。钟九起义，全县的人都参加，参加的人也有富人。

丁炳阳：

⑧全县的人都恨贪官污吏黑暗的道路，所以全县的人都参加了起义，是自觉的。

丁绍清：

⑨闹漕的一般是贫穷人，有钱的大富人，有面子一般不会交蛮多钱。

……①

---

①　参见《资料（一）》。"钟人杰调查记录（三）"，未标明记录人。

样本 6——

①杀了师知县后，崇阳全县参加钟九闹漕的有一万多人，主要是贫苦农民，地方的大小绅士都没有参加。（钟念祖，70 岁）①

②参加起义的人，大多数都是农民，但也有中小地主参加。（庞文灯，30 多岁）②

③花户是有点土地的，并不是一无所有，有地就要完粮。而地主把完粮的数量都转移到地少的人身上，减轻了自己的完粮负担，同时也就加重了土地少人的担子。（刘翠云，70 岁）③

④问：听说你在 57 年之前曾经写过一本关于钟人杰闹漕的书吧？那么就请你将钟九闹漕的情况给我们讲一讲吧？

王海祥（49 岁）：这已经是十多年的事了。那时我找了许多的老书和钟人杰起义的唱本，依据这些资料写了一份几万字的稿子寄往湖北日报社，请予以发表，结果没有被刊登，原稿也给退回来了。从那以后，我也就没有再去研究它了，但许多事情也还记得一些。

问：你是否了解汪敦族的情况呢？

王海祥：汪敦族是个漕师④，相当于现在的律师。他当时有田地二、三石，相当于现在的二十多亩，是个有钱的地方绅士、文生、中小地主，当时他还戴顶子。⑤

样本 4 和样本 5 分别来自两篇访谈记录，而样本 6 是按照序号

---

① 《资料（一）》。"钟人杰闹漕调查（记录 2 号）"，记录、整理：喻枝英、宋道先、邓贤甫、朱碧波，未标明日期。

② 《资料（一）》。"钟人杰闹漕调查材料之五"，调查人：管淑英、江抗美、李振华，1975 年 10 月 30 日。

③ 《资料（一）》。"关于钟人杰调查材料之一"，调查人覃银凤、管淑英、李振华、江抗美，1975 年 10 月 27 日。

④ 我们在第二章讨论过的"漕司"在《资料》中经常被写作"漕师"、"朝司"、"朝市"。

⑤ 《资料（一）》。"调查材料整理"，"一小组三小队战斗队"，1975 年 11 月 3 日。

从不同的访谈记录中节选出来。这样做的目的一是为了给读者提供相当的语境，二是为了避免引述的过于冗长。我们先来看看样本在建构人物或社会群体时使用了哪些范畴：

第一类是"阶级成分"范畴，包括"农民"①、"中农"、"贫下中农"、"贫苦农民"、"地主"、"中小地主"。

第二类是"经济状况"范畴，包括"穷苦人家"、"穷人"、"贫穷人"、"富人"、"大富人"、"土地少的人"。

第三类是"古老"范畴，包括"（大小）花户"、"大小绅士"、"地方绅士"、"文生"、"秀才"、"漕师"。

第四类是"中性范畴"，包括"读书人"、"全县的人"、"劳动力"②。

---

①　本来在新中国成立土改以后，"地主"作为阶级已经消失了，"农民"一词应当回归经济或文化的意涵，但考虑到当时的社会语境，"农民"还是具有基本的阶级—政治意涵。进入 20 世纪 80 年代后，"农民"意涵的政治色彩随着语境的变化逐渐淡化。

②　"劳动"一词属于第三章介绍过的刘禾所命名的"回归的书写形式借贷词"。"劳动"一词在中国古代一般有四种意涵：（1）《庄子·让王》："春耕种，形足以劳动"，谓操作，活动；（2）谓使之不安宁；（3）谓烦劳；（4）与"劳驾"、"多谢"口头语相当。日语用"劳动"一词对译英语"labor"（刘禾：《跨语际实践》，408 页）。在我们当今的用法中，古典意涵的后三种已经不见踪影，只有第一种意涵还残存着某些痕迹。在英语中，labor（labour）本意是犁地或在土地上耕作，后来普遍被引申为"辛苦工作和费力"。但是，最重要的改变，就是 labour 成为政治经济学里的一个词汇。最早其普遍意涵出现在《国富论》里："每一个国家，每年的劳动力（the annual labour)"（亚当·斯密：《国富论》，导言）。这样 labour 被视为一个与资本（capital）对应的、可以衡量的与可计算的构成要素："Labour（劳力）……是衡量所有商品交换价值的真正要素"（《国富论》）。后来，Labour 发展出两种现代意涵：（1）抽象化的经济活动；（2）抽象化的社会劳动阶层，这两种现代意涵成为阶级论述的起源。Labour 作为一个社会阶级的意涵后来在英语中变得普遍起来，因此汉语中也译作"劳工"（参见 ［英］雷蒙·威廉斯：《关键词》，256～260 页）。我们今天使用的"劳动"一词，基本上转承了英语 labour 的现代意涵，如"劳动人民"，当然其"辛苦工作"的基本意涵也保留下来。但是以我在崇阳地方的体验，这种学理分析并不适用于农村。"劳动力"应当就指青壮年男子，他们能够承担繁重的体力工作以养家糊口，而并不挟带阶级意识。比如说"家里缺劳动力"，难道家里缺这个阶级或阶层吗？因此，在中国乡村口语中，"劳动力"一词主要是生理和经济的范畴，并不具有政治的或阶级的意涵。

　　样本 4～6 显示，受访者在使用上述四类范畴时并没有进行刻意的区分，而是随机性地混合采用。比如样本 5 中受访者丁绍清在②中使用属于阶级范畴的"贫下中农"，而在⑨中使用属于经济范畴的"贫穷人"和"大富人"。但是我相信包括作为调查者在内的工农兵学员可以理解丁绍清话语中的"贫穷人"与"贫下中农"指代的是同一个群体，而不会认为受访者言辞前后矛盾。同样，即使某些样本仅使用单一的范畴，如样本 4—①仅使用经济范畴（"小花户"、"大花户"、"穷苦人家"），样本 6—②仅使用阶级范畴（"农民"、"中小地主"），在乡村的语境中，在场的话语参与者都能够知晓这些范畴的所指。如果不是这样的话，调查就无法进行下去。在所有的访谈记录中，我们没有看到有调查者就这些范畴的所指发问，受访者之间也没有就范畴所指问题产生过哪怕一点点争议和反驳。如果说"漕师"这个"古老"范畴显得太地方化而不好理解的话，样本 6—④的受访者也马上对来自外地的工农兵学员进行了很到位的解释——"相当于现在的律师"。可以说，受访者们如此随心所欲地各自使用范畴来建构历史，并不妨碍他们之间的互相理解。如果不像我那样在前面非得分出几类不同的范畴来的话，他们对这种使用范畴的状况习以为常，不会去思考这有什么不对劲的地方。

　　但是仔细考虑一下，在受访者选择范畴的状况中，还真有不对劲的地方。我们只需对照王旺国本《钟九闹漕》的范畴使用情况，便可以看出，道咸时期的这本口头文学作品中，从来没有出现我前面所列举的第一类"阶级成分"范畴，即"农民—地主"范畴。相应地，在第二章讨论的晚清叙述"钟九闹漕"事件的所有文本中，亦没有出现"地主"、"农民"的字眼。新的范畴已经在不知不觉的情况下进入了人们的意识，从而影响了人们建构历史的范畴选择。

　　中国农民第一次较为广泛地接触到"地主—农民"范畴是在国民革命时期的农民运动过程中，同时伴随的是革命观念向农村的输入。本文第三章已经指出，当时中共运用革命观念和阶级斗争理论动员农民的行动因为多方面的原因遭遇了失败。自然，以"地主—农民"的阶级范畴为基础的农民革命理论并未获得广泛的传播和影响。如前所述，"地主—农民"范畴是在土改过程中开始广泛进入农民的意识层面的。"诉苦"运动的确很有助于农村的中下层成员接受阶级斗争理论和"地主—农民"的阶级划分，从而启发他们形成阶级观念。

如果说，土改及其后的一段时期，参与土改的贫农、雇农可能在思维中积极地有意运用"地主—农民"这一阶级范畴的话，那么随着时间的流逝，这种刻意的思维建构已经开始在逐渐淡化。即便在土改以后，以革命和阶级斗争为名义开展的政治运动从来没有停止过。如同样本 4～6 显示的，"地主"和"大花户"、"大富人"、"绅士"可以指代同一个群体，他们也怕"怕官府，怕衙门"，他们少交粮是因为"有面子"，而不是因为他们是"统治阶级"。他们有的也参加了闹漕或起义，并不是与抗粮民众对立的群体。这些叙述，无意中已经消解了中共阶级斗争理论和"地主—农民"范畴的使用规范。

如果说还有调查对象是在刻意区分并规范地使用各种范畴的话，那就是样本 6—④中的王海祥关于汪敦族"是个有钱的地方绅士、文生、中小地主，当时他还戴顶子"的叙述。但是我们要注意到，王海祥研究过"钟九闹漕"并写过几万字的稿子，是个"乡村知识分子"，因此他有能力按照意识形态的设定来区分并规范运用这些范畴；同时，我们从"钟九闹漕调查对象表"（表 6）中可以知道，王海祥是个"四类分子"，属于当时的"贱民"，因此他在工农兵学员面前规范使用各种范畴有可能是有意识的自我呈现（self-presentation）。纵观样本 4～6，以贫下中农为主体的访谈对象在话语中混乱地使用各种范畴，漠视"地主—农民"范畴所蕴含的划分阶级成分的政治意涵，已经无意间造成了阶级意识淡化的效果。

但是受访者众多，并非所有的话语都是混合使用多种范畴来建构历史人物，基本上使用"阶级成分"——政治范畴的在受访者中也有：

样本 7——

田国祥：钟九估计不是农民出身，是个读书人出身。老人说钟九能文能武，大口港十米宽，钟九能跳过去，说明平时经常练武，没有种田，再年纪也比较轻，三十多岁。钟九不是地主，如果是地主，官府就要交结他，要是他是地主，读了书肯定就会去做官去了。地主不会去完粮，地主的面子大。钟九的父亲可能是种田的，按我们这里的风

俗习惯（以前的）和我们的分析，钟九家里可能是富裕
中农。①

尽管资料没有显示出受访者中党员或生产队干部的话语与政治或阶
级范畴的建构表述具有规律性的关联，但是我还是先要根据记录说
明样本 6 的陈述者的情况："田国祥，45 岁，贫农，党员，队长。"
很显然，陈述者在样本 6 中要极力证明，钟九的"阶级成分"是
"富裕中农"，这是他言说的行动取向。但是陈述者使用的证据与土
改时划分阶级成分的标准（土地、劳动、剥削）不太搭界。首先，
陈述者用钟九的跳远水平推定钟九天天练武，没有参加劳动（"没有
种田"）。其次，不参加劳动，为什么不是地主呢？陈述者用三个
"极端个案"（extreme case）给出了理由：（1）官府需要交结所有的
地主；（2）地主只要读了书就会做官；（3）所有的地主因为面子大
而不完粮。最后，话语中没有举列田地的数目，只能"按我们这里
的风俗习惯"将钟九定为"富裕中农"。"我们这里的风俗习惯"其
实就是陈述者通过诉诸被公众认同的规则来使自己的判定合理化：
尽管没有钟九拥有田地的数目，但当年"我们"这里土改时都这样
划的成分，因此钟人杰"富裕中农"的阶级成分并非杜撰。陈述者
使用将自己的判断归因于公众认识的策略来避免被视为主观臆断。
尽管样本 6 的陈述者在努力使用政治—阶级范畴来建构历史人物，
但是随着建构的进程展开，"阶级"范畴反而逐渐归于消灭。因此，
样本 6 是一次并不成功的运用政治—阶级范畴的建构和表述尝试。

当然，相对于 102 名受访者乃至崇阳全体农民来说，这里呈现
的样本数量太少，我们并不能因此就下定论，说崇阳农民整体上不
具备阶级意识。但是，我可以指出的是，像样本 7 中那样单一地使
用政治—阶级范畴并努力论证历史人物的"阶级成分"的受访者仅
仅是个别现象。绝大多数受访者都是并用几种范畴或者使用非"阶
级成分"范畴来进行人物或群体的建构，因此建构出来的历史人物
经常呈现多种"阶级成分"，或者话语中就干脆没有叙述"成分"。
范畴使用的混乱状况造成的后果就是，模糊了"钟九闹漕"时期崇

---

① 《资料（一）》。"钟人杰起义调查座谈记录（二）"，调查人员黄纯孝、
吴望华、陈泽伦，1975 年 10 月 28 日下午。

阳地方的社会分层状况。或者可以说，在一个并非官方和较为宽松的访谈环境中，受访者没有刻意去建构一幅阶级分立的图景，从而没有呈现出强烈的阶级意识。

一位当年在内蒙古插队的知青回忆说："城市的紧张在农村不存在，城里的出身问题，在农村对不上号，也没有人认真追究，在老乡看来，城里人同属于一个阶级。"① 农村的相对宽松主要在于阶级范畴的悖论：地主或富农是在失去土地以后才成为地主或富农，穷苦农民是在获得土地以后才成为贫雇农或者贫下中农。如果说土改时期这一范畴建构与农村的社会分层大体吻合的话，那么经过了互助合作与人民公社两轮彻底的农业集体化运动之后②，农村土地已非个人所有，以土地占有为基础的阶级范畴划分相对于农村的分层现状来说就有点不着边际。试问，在仅保持"糊口经济"水平（有的可能吃饭还成问题）的农村③，一个贫下中农社员对同样境遇的"地主"或"富农"社员有没有剥削或反动思想能保持多大的兴趣？从这个意义上说，在公社制度追求的目标是"从农民手中获取廉价的粮食和工业原料"的情况下④，农民的低生活水平支撑了"文化大革命"期间城市中如火如荼的政治运动——红卫兵或造反派如果天天忧心肚子问题，还能有"与人斗，其乐无穷"的盎然兴致吗？

## 二、文化资本和乡土观念

（一）社会型叙事

"社会型"话语在这里指调查对象在讲述"钟九闹漕"的过程中，经常突破地方经验而依据范围更大的社会经验和社会规范来建构的叙述，因而这类话语往往详细并且明确显示了更广泛的互文性。我们先来看几位调查对象的叙述。

---

① 唐晓峰：《难忘的 1971》，载北岛、李陀主编：《七十年代》，259 页，北京，三联书店，2009。

② 关于集体化运动对农村社会结构和文化的影响，参见何朝银：《革命与血缘、地缘：乡村社会变迁研究（1949—1965）——以江西省石城县为个案》。

③ 人民公社时期农村集体经济有所增长，但是农民生活却没有什么改善。参见张乐天：《告别理想——人民公社制度研究》，277～280、317～322 页，上海，上海人民出版社，2005。

④ 张乐天：《告别理想——人民公社制度研究》，244 页。

样本 8——甘劲松（男，60 岁，成分贫农，华陂中学教师）：

　　钟人杰起义那年是荒年，农民没有饭吃，钟九一伙人就打粮房。钟九是石城人，可能与宋江有些特点，只反贪官不反皇帝。

……

　　钟九找到黄天佑①后，黄就向钟九献计。黄天佑说：要我参加可以，要听我一句话，把辫子剪掉，我们两个带头。

　　钟九怕皇上，剪掉了辫子就非反皇上不可。皇上规定，不修辫子就杀头。这样就坚决反对皇帝，钟九不敢。

……

　　结果钟九就失败了，牺牲了。其他情况不知。②

　　样本 8 中，"只反贪官不反皇帝"显然是引用毛泽东评《水浒》的话语。1975 年 8 月和 9 月间，评《水浒》、批宋江几乎形成一场全国性的政治运动（见后文），作为教师的甘劲松不可能不了解这一形势。话语中有关钟、黄二人对剪不剪辫子争论的叙述，显然也是为了说明钟人杰与宋江一般的"只反贪官不反皇帝"的特点。这一叙述无疑指向了清朝初年统治者施行的"留发不留头，留头不留发"、强制汉民归顺的政策。另外我们还需注意到话语者不说"钟九闹漕"而说"钟人杰起义"，以及使用"牺牲"一词的评价取向。

　　样本 9——骆明强（男，40 岁，成分贫农，崇阳县文教科副科长）：

---

　　① 黄天佑应为"黄廷煜"，可能是调查者不懂崇阳土语发音而误记。黄廷煜（1786—1854），字志昇，号致堂，崇阳沙坪人。清道光元年（1821 年）会试中第七名举人。不久，因事见废。道光六年丙戌科复中举，拣选知县，因不满清政，辞不就。黄廷煜一生言行轶事甚多，民间广泛流传。多位受访者谈及钟九曾邀黄共同举事，黄建言参加者需将头发漆黑或剪掉发辫，钟九不采，于是出走江西避祸（现代版《崇阳县志》，680～681 页）。《资料》中另一说法为钟九等人在黄家喝茶，黄忽告官兵突至（也有受访者说黄突然指称众人强奸其妻）以检验众人胆量，而除钟九外，众人皆失色，茶碗落地，黄于是私下认为众人不足以举事，悄然避走江西。

　　② 《资料（一）》，整理人李顺学，转抄吴宗胜，1975 年 11 月 6 日。

钟人杰起义鸣锣集结地点：白霓余耕桥的大场子。

钟人杰起义用的一把大刀和矛，被省博物馆的同志带走了的。

原来有个碑文在寨下大队，庞家界边。碑文的内容是捉拿钟九的，称钟九为"钟匪"。从县城出发 24 公里路碑那个地方便是。

钟人杰起义后，全家充军到新疆伊犁。

钟九被清军捉后到河南死了的，不是自己投案的。①

样本 9 的叙述者建构"钟九闹漕"事件的范围在地理上越出了崇阳县及周边区域。同时，"充军伊犁"也表明了叙述者的历史和文化视野。仍需注意的是，样本 9 中依旧仅使用"钟人杰起义"而不用"钟九闹漕"。

样本 10——蔡富田（男，74 岁，成分地主，黄埔军校第五期毕业生，住址为白霓镇）：

道光时期，金太和去完粮……收米要先交样米，样米合格可就完，撒在地上的米不算数……

……钟人杰的祠堂的匾副上有四个字"正树隽阳"。

……

姓甘的麻老爷，带兵镇压钟九的起义军，把起义军打散了。衙门捉了很多人，钟九无法投了案。准备带到北京，皇帝面审。衙役把钟九押到黄河，就把他弄死了，并说他是病死的。儿子顶了罪，房子被烧了。钟九的儿子锁上枷游街。钟是闹漕，说成是钟人杰造反。

……

蔡绍勋是钟的亲舅父，金仲华的妹子与他私通。蔡绍勋与钟九一直是对立的。蔡绍勋写"田无升合，地无寸土，无田无地，假充花户，告衙门"的状子。蔡绍勋是做状子的，很有学问的人，名声也很大。

……

---

① 《资料（一）》，整理人李顺学，1975 年 11 月 1 日。

"破了通城有好房，打了通城就有粮，过了蒲圻下武昌，到了武昌做国王。"

……

崇阳县人民钟人杰造反《清朝史》上有记载。湖南的曾国藩的家书上有钟九闹漕的详细事例记载。

……闹漕以后，漕粮少了，光要钱，四串钱一担米，不收米。当时各县都立了碑，现未看到。

……

过年时，钟九写了一副对子"东倒西歪几间屋，南北两岸一个人。"

……①

调查对象蔡富田的叙述较长，这里不全部照录。总体上看，样本 10 显示了叙述者对钟九闹漕的情况掌握较为丰富，这一点从叙述中的多处引用就可以看出。值得特别指出的是，在《资料》所载的访谈记录中，仅有蔡富田这位黄埔军校的毕业生明确用"道光时期"来指代钟九闹漕的时间，并且也仅有他明确提到"《清朝史》"和"曾国藩家书"上的记载。虽然我们已经无法再去了解他的个人经历，但是他的话语显示了崇阳一般民众不及的文化视野。另外在其话语中我们很容易看出，叙述者关于"闹漕"、"造反"和"起义"的使用显然存在矛盾。蔡富田可能是认为钟人杰仅仅是闹漕，算"义举"，但还没有推翻清王朝的目标。使用"起义军"这一词汇有可能仅仅是社会语境的产物。

样本 11——王怀瑾（男，84 岁，成分"医生"②，住址为白霓公社白霓大队 4 生产队）：

……钟九闹漕以后，洪秀全的队伍到过崇阳。

……钟九的起义队伍没有受训。崇阳有很多农民参加了洪秀全的队伍（有没有钟九闹漕的人参加不清楚）。两府

---

① 《资料（一）》，调查人孙老师、覃银凤、吴宗胜、管淑英、翁友兰，整理人翁友兰，1975 年 11 月 5 日。

② 《资料》中以职业来标注成分仅此一例，让人迷惑不解。

有个制（相当于省长的职务）住在崇阳，崇阳是个主要的要道。清兵胡廷翼驻长崇路①。钟九打蒲圻、咸宁，钟九的起义队伍没有受训，被清军打败了……

闹漕前，完粮要米样，一石米得升把米的样子……米要好，不输不白的不要，一石要交一石几斗。

……闹漕后，清政府对老百姓的态度比以前要强些，以前要完米，后改为以钱折米。……后来全国都改为拿钱折米，这次起义起到了一定的作用。

……

卫生局局长可能是钟九的后代叫钟龙生，钟龙生在县委会。②

很明显，样本 11 对钟九闹漕事件的建构也不仅仅局限于崇阳的地方经验，而是扩展到了国家政治的层面。

样本 12——程和清（男，51 岁，成分贫农，生产队会计，住址为白霓公社更新大队 9 生产队）：

钟人杰起义前也是农民。当时完粮饷，县里收粮用皮斗，米一装进去就变大了。还有风车风，风出来的小米不给农民带回去，一百斤米难完七十斤……

钟九这个人爱打抱不平，最厌恶官家。他曾经在自己家门前修一"圣人庙"。做官的，不论多大，经过这里都得下马。钟九修此庙的目的就是为了给官家找麻烦。有一次一个钦差大臣从庙前过没有下马，钟九于是叫人把他抓来打了个半死。放回去后，估计上面要找麻烦的，于是把这个庙又改成了"万岁庙"。果然上面又派钦差大臣下来查问，为什么打官家。钟回答："我们的庙是'万岁庙'，我

---

① 应指武汉—长沙公路崇阳段。咸丰四年（1854 年）十月十一日，布政使胡林翼率湘兵由方山入崇，令四乡办团练，抗拒太平军。现代版《崇阳县志》，10 页。

② 《资料（一）》，调查人覃银凤、翁佐南，整理人翁友兰，1975 年 11 月 5 日。

们老百姓认为皇帝好，但离我们太远，不好办，只得修个
庙每天拜。你们钦差大臣是皇帝的部下，为何连马都不肯
下来。"其实钟九说皇帝好是假的，他是具有反抗精神的。

……起义的矛头对准的只是几个收粮的人，仇恨不在
皇帝身上。所以，杀了这几个人后，各乡的人就纷纷散去，
于是大军来了起义失败了。这是一个教训，如果不反封建
统治者皇帝就一定要失败。当时声势很大，却没有坚持到
底就散了……①

样本 12 与样本 8 一样，叙述者将当时风行一时的批《水浒》的话语
插入到自己的话语中，亦属于超越地方经验的话语。

我在这里将样本 8～12 作为社会型话语的典型列举出来，并不
意味着这些调查对象的叙述中没有地方型话语。相反，我所谓的社
会型话语中包含有大量的来自地方经验的话语。作为集体记忆框架
下的话语，拥有较多文化资源的叙述者自然也在这一框架下展开自
己的叙述。同样并不奇怪的是，我在后面将要分析的"地方型话语"
有的也包含了少量的社会型话语，只是相比较而言不那么明显而已。
通过对话语 8～12 以及《资料（一）》中其他较为典型的社会型话语
进行分析，我们大致可以得出下面几点认识：

第一，我们可以认为社会型话语的叙述者相对于普通农民具有
更为良好的教育背景。样本 8～12 的叙述者的职业分别为中学教师、
文教科副科长（文化教育官员）、医生、大队会计。毫无疑问，前三
个职业要求从业者达到较高的教育水准，而担任大队会计者也要求
比一般的农民能写会算。虽然蔡富田可能因年龄较大未从业而未标
明职业，但其黄埔军校毕业生的背景意味着较其他四人可能具有更
深厚的文化资本。在整个《资料（一）》中，102 人中大约有 15 人的
叙述可以被认为具有社会型话语的特征，这一比例接近前面所述四
类分子及其牵连人群占总人口的比例。这毋宁是一种巧合——我们
并不能就此断定四类分子及其牵连人群比一般民众拥有更多的文化
资本。考虑到调查对象基本上为中老年人，他们如果接受正规教育
应当在 1949 年以前。而据《崇阳县志》记载，民国 24 年（1935 年）

———————————

① 《资料（一）》，更新大队三小队战斗小组整理，1975 年 10 月 27 日。

崇阳县仅有私塾 69 所，学生 1274 人，到 1985 年县内边远山区仍有少数私塾存在。① 而到 1949 年，崇阳县的小学适龄儿童入学率仅在 12.4%②，全日制中学在校学生也仅 269 人③。新中国成立前夕，崇阳仍有文盲和半文盲 121618 人（1949 年全县人口为 168915 人④）。1949 年后兴起的扫盲班、夜校、业余文化学习班等形式的成人教育在一定程度上提高了青壮年人口的识字率。⑤ 因此，以中老年人为主的调查对象群体中，具有良好的教育背景和文化资本的人只占少数。这一构成状况也正说明了，自民国初年到 20 世纪 50 年代国民教育尤其是农村教育发展的缓慢状态（与城市在这一时期的发展形成鲜明对照）。地方群体内部在文化资本上的差异可能造成了建构历史在话语特征上的不同。

第二，社会型话语的互文范围较地方型话语更为广泛。作为地方群体的集体记忆，社会型话语的叙述者不可能脱离群体传承的话语来展开对"钟九闹漕"事件的叙事，因此，他们的话语也大量地与地方型叙事进行互文。但是文化资本上的优越，使得社会型话语的叙述者不由自主地超越地方经验而与更宏大的话语进行互文。话语 8 和话语 12 与当时在社会上颇有声势的评《水浒》、批宋江运动进行了明确地互文。这一明确的互文性就将"钟九闹漕"事件放置在当代整个国家的政治语境中来进行评说，其互文性的特点类似于魏源为师长治撰写的墓志铭。除样本 9 外，其余 4 人都在话语中通过不同的话题涉及了"钟九闹漕"事件与皇帝、清"政府"所发生的互动关系。因此即使在建构历史的时候，他们的叙事并不仅仅局限于崇阳及其附近地域的范围，而是与历史的时代特征联系在一起。广泛的互文性来自于这些叙述者的较为丰富的文化资本，并成为他们建构历史话语的基本趋向。

第三，社会型话语虽然互文范围更为广泛，但是在表述方式上较地方型话语更为谨慎并显示出较强的逻辑性。即使两种话语都是

---

① 现代版《崇阳县志》，520 页。
② 同上书，525 页。
③ 同上书，530 页。
④ 同上书，94 页。
⑤ 同上书，535～536 页。

口语化的形式，但是我们依旧可以看出这种差别。样本 8 中，叙述者最后明确声明："其他情况不知。"样本 9 中叙述者非常精确地将碑文所在定位在"从县城出发 24 公里路碑那个地方"。样本 10 中的"道光时期"是对"钟九闹漕"发生时间的明确界定，这一点在所有调查对象的话语中是唯一的。而叙述者提及"《清朝史》"和"曾国藩家书"对"钟九闹漕"事件的记载，则有点史学论证的味道了。在样本 11 中，叙述者提到很多农民参加了洪秀全的队伍，但是表示"有没有钟九闹漕的人参加不清楚"，显示了调查对象王怀瑾作为一名老医生的职业严谨。同样谨慎的措辞也体现在老医生关于"卫生局长可能是钟九的后代"的判断中。至于起义军为什么被清军打败，是因为"起义军没有受训"。而"全国都改为拿钱折米"，钟九闹漕是一个重要原因（"这次起义起到了一定的作用"）。这两个推理都在较大程度显示了医生职业话语的逻辑特征。样本 12 中，叙述者对所讲的钟九打钦差的故事进行了解释："其实钟九说皇帝好是假的，他是具有反抗精神的。"之所以这样解释是担心叙事产生误解，显露了叙述者的严谨。样本 12 最后的话语是对钟九闹漕事件的分析和总结，表明叙述者并不满足于仅仅讲述事实，而是要进一步提供个人的结论和观点。我们很容易看出，样本 8～12 中或多或少都有叙述者个人的分析和判断，可以说这是文化资本或教育背景赋予社会型话语者的习惯和能力。但是，在叙述事实的同时进行分析和总结的现象，在《资料（一）》的地方型话语中是很罕见的。

第四，社会型话语中能指选择的一致趋势是"钟人杰起义"。关于 1842 年发生在崇阳的暴力事件，我们已了解的关于此事件的称谓（符号能指）大致有"钟九闹漕"和"抗粮传"（崇阳民间唱词的两个名称）、"钟人杰起义"（范文澜）、"崇阳农民革命运动"（蔡天祚《八十年前底崇阳农民革命运动》）、"崇阳县戕官据城"（穆彰阿奏折）、"钟人杰聚党逼城劫官"（魏源）、"钟人杰叛乱"（The Chung Jen—chien Rebellion，孔飞力、费正清）等。通观《资料（一）》中崇阳民众的叙述，涉及整个事件的称谓主要有"闹漕"和"起义"，间或可以见到"造反"和"闹粮（或打粮房）"两个语词。虽然一个调查对象的叙述中有可能同时使用了"闹漕"、"起义"、"造反"、"闹粮（或打粮房）"，但是根据这些词语出现的频率并结合它们在话语结构中的位置，我们可以判断叙述者能指选择的大致倾向。

笔者在这里根据叙述者的全文（而非前述引语）对样本 8～12 使用上述四个词汇的情况进行了统计（表 7）。

表 7　1975 年社会型话语对"钟九闹漕"事件的指称情况

|  | 起义或起义军（起义队伍） | 造反 | 闹漕或钟九闹漕 | 闹粮（房）或打粮房 | 叙述者年龄 |
|---|---|---|---|---|---|
| 样本 8 | 1 | 0 | 0 | 0 | 60 |
| 样本 9 | 3 | 0 | 0 | 0 | 40 |
| 样本 10 | 3 | 3 | 4 | 0 | 74 |
| 样本 11 | 5 | 0 | 6 | 0 | 84 |
| 样本 12 | 4 | 0 | 0 | 0 | 51 |
| 出现次数合计 | 16 | 3 | 10 | 0 |  |

考虑到"文化大革命"的语境，"造反"在当时应当具有与"起义"类似的褒义。从表 7 中看出，"起义"和"造反"出现的次数几乎是"闹漕"和"钟九闹漕"的两倍。在样本 11 中，即使出现了相反的分布，但是在分析和总结性的语句中，叙述者还是使用了"起义"一词："后来全国都改为拿钱折米，这次起义起到了一定的作用。"在后面的分析中，我们将看到"闹漕"、"钟九闹漕"和"闹粮"、"打粮房"是地方型话语指代该事件的主要称谓。也可以说，地方型话语承继地方传统的因子较多一些。这也可以部分地解释样本 10 和样本 11 的叙述者可能因为年龄较大的原因而在话语中习惯性地多次使用"闹漕"或者"钟九闹漕"。样本 10 和样本 11 的这种使用并不与社会型的指称趋势相矛盾。我们也将看到，地方型话语中也有许多使用"起义"一词来指代该事件的现象。

（二）地方型叙事

对社会型话语的分析先告一段落，我们将目光转向《资料（一）》中大量的地方型话语。这里依然选择 5 位调查对象的陈述，编为样本 13～18。为更能反映全貌，这里的引述比较冗长，但我认为是必要的。其中样本 16 和 17 为同一位调查对象在不同场合的叙述。

样本 13——尧明瑞（男，54 岁，成分中农，住址为白霓公社白霓大队 1 生产队）：

> ……在没闹漕前，花户来完粮，要交米。衙役将交的米分为三层，上层归衙役，下层归花户，中间就完粮……接着又打通城、蒲圻和通山……
>
> ……就到处说他（钟人杰——笔者注）是"身有丈二长，头有笆箩大，两耳平肩，两手过膝"的人……士兵把他关在囚笼里……不敢捉他到武昌府，在七里沿河把他捅死了。
>
> 钟九闹漕以后，崇阳在完粮方面比以前要好些，没有把米分为三层的现象。
>
> ……①

样本 14——刘小春（男，56 岁，成分贫农，住址为白霓公社白霓大队 8 生产队）：

> 在钟九没有闹漕之前，花户完粮时，衙役要拿一斗米做样米，看合格不合格，这样样米就归衙役自己。金太和是塘口公社泉坑人，他有决心打粮房，但没有能力……蔡德章住在黄沙堡，有田八十多亩，是个地主，没有后代。蔡绍勋是钟九的舅父，可能不是亲的，住现在的白霓桥医院。他是个秀才。汪敦族住在现在的金龙大队七、八生产队。金仲华（快班）、陈绍南、王大（刑房）、余五都是钟九的对头。
>
> 金仲华是个衙役，有个妹子，在白霓桥卖烟，通过他妹子要蔡绍勋告金太和的状……
>
> 钟九主要是教书。他打了粮房后，拆了衙役的房子，杀了一百多人。钟九被捉拿后……在七里沿河那个地方……在押送的路上，衙役杀了他……起义军都是崇阳人，钟九是三军元帅……②
>
> 汪敦族、金太和、金瑞生都不是地主，汪敦族是个地方二流子，文武都会一点。金太和完一斗米的国课，三亩

---

① 《资料（一）》，整理人陈莉，1975 年 10 月 26 日。

② 《资料（一）》，整理人陈莉，转抄人李顺学，1975 年 10 月 28 日。

多田。蔡绍勋……是个地主，有八十亩田，一栋房子。

钟九闹漕后，钟九的全家充了军。充军后把钟姓改为夏姓。后来钟九的孙子在外做了官，就把原钟家的破烂祠堂修了一下。县官夏太爷，其名不详。①

钟九闹漕后，全县在交粮饷方面有所改变，能完几多就收几多。不能讹诈。

崇阳全县只应上缴 7000 多担，而粮房要收粮 20000 多担。钟九闹漕后，清政府下令要剿灭崇阳，提台到崇阳后没有那样执行。提台根据情况，看钟九他们是在什么情况下才杀县官的，进行处理。②

样本 15——刘翠云（女，70 岁，成分贫农，住址为白霓公社白霓大队 2 生产队）：

钟人杰是白霓桥人……被捉，在押的途中被杀。未到北京，当时地方官怕解到北京不杀。要是到了北京，也不会被杀。

在当时闹粮时，一个姓孙的人，家住白霓桥，也参加了闹粮……由于清政府的镇压，他在本地无法安身就逃往四川。在解放前，1948 年，其后代还回到崇阳查过家谱。

花户是有点土地的，并不是一无所有，有地就要完粮。而地主把完粮的数量都转移到地少的人身上……

金太和是塘口公社、北山金家人，农民，闹粮房被捕后，没有救出来，坐水牢死在武昌府。

金太和的侄子、金瑞生是和钟人杰同学。

蔡绍勋与钟人杰是舅甥关系，钟人杰是蔡绍勋的舅父。③

当时崇阳换了五个县官，一年一个。第一个姓王，第

---

① 可能指宣统二年任崇阳知县的夏绍范，为革命志士夏明瀚之父。参见现代版《崇阳县志》，436 页。

② 《资料（一）》，整理人吴宗胜，转抄人李顺学，1975 年 10 月 30 日。

③ 原文如此。

二个姓蔡，第三个姓支①，第四个姓金，第五个姓师。

省里规定崇阳每年完粮七千石，而衙役的勒索，加重为二万石。②

崇阳有四十八个堡，分为二乡，上乡与下乡。清政府的兵住在金龙山上。当时参加钟人杰起义的很多，其中有个姓孙的……还回崇阳查过家谱。这个人到底是什么样的人，现在正在查族谱，要继续调查下去。③

样本 16——孙宇波（男，74 岁，成分下中农，住址为白霓公社金龙大队 11 生产队）：

……只听老人们讲了一些，和看过钟九闹漕的唱本，年纪大了，记得的也不多了。

钟九起义，参加的人很多，当时我的太祖（指曾祖父也参加过这次起义，叫孙裕奎）。按现在的话来说，我曾祖父是个劳动力，所以参加。还有在座的木香爹的祖父也参加过这次起义（叫钟际堂）。

钟九就是白霓桥人……钟九家不算富……过去有句俗语："文穷富武。"钟九是学文的。"东倒西歪几间屋，千锤百炼一个人"是钟九写在家门口的一副对联。钟九本人是个教书先生。

事情的起因是现在的大白公社这个地方一个叫金太和的人，到崇阳县完粮……经过了五六个月的活动，全县四十八堡都串通了，大小花户都支持闹粮案。……这样钟九就通知各处到县城打粮房，具体时间记不清……县衙门当时表示以后粮税稍微少点，这样农民才退兵，当时县主姓金。

---

① "支"和"折"在崇阳土语中同音。

② 《资料（一）》，调查整理人李振华、江抗美、覃银凤、管淑英，1975 年 10 月 27 日。

③ 《资料（一）》，调查人覃银凤、管淑英、李振华、江抗美，1975 年 10 月 27 日。引言结尾用斜体字标明的语句疑为记录人所加，是调查者的话语。

……第二年又打了一次……第三年知县换成师太爷，秋收完粮时，又闹了一次粮案，并在城内城皇庙里捉住师太爷……钟九就下令杀了师太爷……

钟九在这种情况下，挂了帅占据了县城，并一连下了三个布告。如"本帅规定有一条，不许财物乱搬盘，不准抗藏官吏衙，以前歹人莫结交。"……第三个布告是安民的，如"乡民铺户莫开刀，衙门尽窜窃莫逃"。

……钟九为了不连累崇阳合县人，自动投案进京。押送钟九的是省府的人，在米洛将钟九害死，有人说死在洪下。

钟九闹漕后，崇阳的粮税由交米改为交钱。

据说，洪秀全起义后，陈玉成到崇阳要为钟九报仇，将原来引清军到崇阳来的绅士田家的房子烧了……崇阳当地有很多人参加了洪秀全起义。①

样本 17——孙宇波（与话语 16 的叙述者为同一人，但《资料（一）》中样本 17 的标题为"关于金龙十一队孙宇波的曾祖父孙裕堂参加过钟九起义的情况"，而样本 16 的标题为"钟九闹漕调查座谈记录"）：

我的曾祖父叫孙裕堂，在老乙亥年参加过钟九起义。当时在我曾祖父手里时，家里共有六口人，有……家里共有十多亩地，每年的粮饷是五斗多，但由于粮房的盘剥要得一担来完。家里当时生活还算过得去。一般来说有饭吃，相当于一个中农。

该年我曾祖父 30 岁听说钟九、陈宝铭等打粮房起义，就自愿地参加了，参加后共进县城打过三次粮房，在金瑞生的带领下参加过打通山，打通山共去了四五天。他没有担任过什么职务，是个兵。……我曾祖父参加起义，在本

---

① 《资料（一）》，记录整理人喻支英、朱碧波、宋道先、邓贤甫，1975 年 10 月 28 日。

县时一般是平常在家种田，一有事就去，打完仗后又回家。没有钱，出外打仗发点粮食。当时的粮食是找地主收的，死后的安家费也是找地主收的。……

钟九起义失败后，开始我曾祖父还有点害怕，怕官府捉人，以后官府出了安民告示，才放心。

我曾祖父直到 75 岁才死。

以后的情况是我曾祖父向我祖父宣传的，我祖父又给我宣传，要我安分守己，不要出头，免得受苦难。①

样本 18——钟木香（男，66 岁，成分上中农，住址为白霓公社金龙大队 11 生产队，该样本的标题为"关于金龙十一队钟木香的祖父钟际堂参加过钟九起义的情况"）：

我祖父钟际堂是辛丑年参加过钟九起义的。当时在我祖父手里时，家庭是十分贫寒的，全家有七口人，只有三四亩地。曾祖父主要在外打短工，经常在白霓桥替别人打豆腐。

钟九起义后，我祖父去参加，当时我曾祖父是不同意的。我祖父那时大约有三十岁。参加起义没有钱，只是个把月，除在外吃饭，还能背斗把米回家。

钟九在崇阳挂了帅，据说有这么几句传说：钟九挂帅坐大堂，多少勇士站两旁……

我祖父参加起义中，也曾遇到过危险。说有一次，参加阻击官兵的战斗。由于人少，官兵一到就被打垮了。有一个扛大旗的兵追我祖父，直追到现在我们家旁边的河边。那个扛旗的兵旗帜被挂在树上了，那兵去拉旗帜，我祖父就趁机过了河，才脱险。

钟九起义失败后，我祖父全家人怕清兵来捉，都逃跑在外。家里的门窗、门板都被别人搬走了。

---

① 《资料（一）》，记录整理人朱碧波、喻支英、宋道先，1975 年 11 月 1 日。

以后的事情平安了，我祖父才回家。我祖父在 49 岁死去，当时我父亲才十岁。以上情况我是听我父亲讲的。①

对比社会型话语，样本 13～18 显示了不同的特征。同编选样本 8～12 一样，我首先是根据叙述话语的内容和形式特征来选择引述样本的，并没有注意样本叙述者的身份或职业，也没有考虑到叙述者的具体的教育背景或拥有的文化资本。样本 13～18 所呈现的叙述者的职业、身份和个人的教育背景、文化资本两个方面的组成存在着一致的趋势（可以认为，这种一致性趋势是随机呈现的）。我这里倾向认为，样本 13～18 的 5 位叙述者都是居住在农村的农民（生产队的普通社员），而且在生产大队或小队都没有担任或曾经担任重要的职务。这样判断的根据是《资料（一）》中在每篇访谈（座谈）调查记录中除标明每位调查对象和参加人的性别、年龄、成分外，在一些人的后面还标明了职务或政治身份。这些职务或政治身份包括队长、党支部书记（委员）、贫协主任、会计、党员等。

虽然可能存在样本 15 和样本 16 的叙述者年龄较大（分别为 70 岁和 74 岁）而未担任职务的可能，但是调查者对调查对象以前的身份或职务也会注明，如对样本 10 中调查对象蔡富田"黄埔军校毕业生"的注明，在一次调查中还这样记载："调查对象：姚离清，男，62 岁，中农，当过生产队会计。"② 当然，不能因为样本 13～18 的叙述者因为在社队体系中未曾担任过职务就判定他们未曾接受过多少正规教育（私塾或国民教育）。但是，从整体上来说，如果成分或出身没有什么问题，农村中相对拥有更多文化资本的"能人"担任生产队干部的机率是比较大的。这一文化资本的分层因素自然与他们的话语联系在一起。

与样本 8～12 相比较，样本 13～18 中的话语涉及的范围在地理上较少扩展到县域以外，与历史的互文一般也仅限于崇阳的地方史

---

① 《资料（一）》，记录整理人喻支英、宋道先、邓贤甫、朱碧波，1975 年 11 月 2 日。

② 《资料（一）》，驻金龙十二队调查小组，1975 年 10 月 29 日。

事件（也许洪秀全起义是个例外①）。例如在谈到钟九闹漕后的浮收
情况有所改善时，样本 13、14、16 都只谈到崇阳本地的状况（"崇阳
在完粮方面比以前要好些"、"全县在交粮饷方面有所改变"、"崇阳的
粮税由交米改为交钱"），而作为社会型话语的样本 11 则说"全国"
（"后来全国都改为拿钱折米，这次起义起到了一定的作用"），样本 10
则谈到"各县"（"闹漕以后……当时各县都立了碑，现未看到"）。

样本 13～18 中还代表了地方性话语的另一个倾向特征，叙述者
对钟九闹漕事件牵涉到崇阳地方的细节掌握颇丰，有如数家珍之意
味。这一点是社会型话语所不及的。例如讲钟九闹漕前纳粮的情景，
样本 13 说："衙役将交的米分为三层，上层归衙役，下层归花户，
中间就完粮。"样本 14 则说：

> ……花户完粮时，衙役要拿一斗米做样米，看合格不
> 合格，这样样米就归衙役自己……崇阳全县只应上缴 7000
> 多担，而粮房要收粮 20000 多担……金太和完一斗米的
> 国课。

样本 15 也是用数字说话："省里规定崇阳每年完粮七千石，而
衙役的勒索，加重为二万石。"样本 17 更是家庭史的记忆："家里共
有十多亩地，每年的粮饷是五斗多，但由于粮房的盘剥要得一担来
完。"而社会型话语则没有这样的精确的"数字"记忆，叙述者往往
选择笼统而模糊的说法。样本 10 的说法是："收米要先交样米，样
米合格可就完，撒在地上的米不算数。"样本 11 和样本 12 虽然提到
了纳粮数字，但是并没有使用精确的说法（"一石米得升把米的样
子……一石要交一石几斗"和"米一装进去就变大了……一百斤米
难完七十斤"）。通观《资料（一）》，调查对象此类关于"钟九闹漕"
的细节性的描述，在地方型话语中要远远多于社会型话语。这表明，
地方型话语的叙述者更多地依赖于地方和家庭的经验来展开记忆、

---

① 太平天国运动曾经波及崇阳。1854 年，太平军曾经两次攻陷崇阳县
城，太平天国丞相曾添养曾在崇阳试行"天朝田亩制"和"乡官制"，1855 年，
翼王石达开领兵数万在崇阳棠棣岭与清军激战，因此太平天国运动在某种程度
上也是崇阳的地方性事件（参见现代版《崇阳县志》，10 页）。但是《资料》中
的访谈记录未见"太平天国"这一说法。

思维和表述。

　　相应地，地方型话语并非没有对钟九闹漕事件的分析或总结，而是与社会型话语相比这种评论式的语句出现得很少。即使出现，一般也是对"钟九闹漕"事件中的人物或者行为的评价，对整个事件基本上没有进行分析或总结。例如"汪敦族是个地方二流子，文武都会一点"（样本 14）和"未到北京，当时地方官怕解到北京不杀。要是到了北京，也不会被杀"（样本 15）。在样本 13～18 中，充斥的都是对事实的描述，较少推理和论证，因此总结或分析自然罕见。如果说"我祖父又给我宣传要我安分守己，不要出头，免得受苦难"（样本 17）也勉强算对"钟九闹漕"事件的一种总结的话，那么这一总结距离国家政治或者社会政策的层面还相当遥远，毋宁说是一种家庭传承的个人体验或者"祖训"之类的东西。与社会型话语常见的广泛的共时和历时的互文性相比较，地方型话语多注重与地方文本（《钟九闹漕》唱本和民间传说）和地方（及个人和家庭）经验的互文，缺乏与更广泛的社会和历史语境进行的互文（例如"只反贪官，不反皇帝"的话语就没有出现过）。没有广泛的互文自然就缺乏深入的比较和验证，这也是地方型话语大多呈现出一种"事实描述"的面貌的原因。

　　最后，我们来看一下样本 13～18 中对"钟九闹漕"事件的指代情况。这里也是根据样本的全文来进行统计的，而不是仅仅看上面引述的话语：

表 8　1975 年地方型话语对"钟九闹漕"事件的指称情况

| | 闹漕或钟九闹漕 | 闹粮（房）或打粮房 | 起义或起义军（起义队伍） | 造反 | 叙述者年龄 |
|---|---|---|---|---|---|
| 样本 13 | 5 | 1 | 1 | 0 | 54 |
| 样本 14 | 6 | 3 | 2 | 0 | 56 |
| 样本 15 | 0 | 4 | 0 | 0 | 70 |
| 样本 16 | 3 | 4 | 7 | 0 | 74 |
| 小计 | 14 | 12 | 10 | | |
| 样本 17 | 0 | 2 | 4 | 0 | 同样本 16 是一人 |
| 样本 18 | 0 | 0 | 3 | 0 | 66 |
| 合计 | 14 | 14 | 17 | 0 | |

从表 8 中可以看出，样本 13～16 中"闹漕"、"钟九闹漕"和"闹粮（房）"、"打粮房"这些词汇出现的次数远远超过"起义"一类的词汇，与表 1 中的分布恰好相反。即使算上样本 17 和样本 18，这一趋势也并未改变。样本 17 在《资料》中的标题是"关于金龙十一队孙宇波的曾祖父孙裕堂参加过钟九起义的情况"，而样本 18 的标题为"关于金龙十一队钟木香的祖父钟际堂参加过钟九起义的情况"。两个样本的调查对象都是参加过"钟九闹漕"的农民的后代，后代叙述祖上参加"钟九闹漕"的经历在《资料》中也仅此两例。从《资料》中的大多数地方型话语来看，用"闹漕"、"钟九闹漕"和"闹粮（房）"、"打粮房"来指代事件的情况还是占多数份额的。这种分布说明，大多数调查对象并未从"义"这一涉及统治合法性的层面上来考虑或评价，而是在地方公共事务的框架内建构"钟九闹漕"事件。因此，尽管受访者一致地认为抗粮具有正当性，大多数人并未更深入地思考这一事件与国家的关系，即——"钟九闹漕"究竟是不是一场"起义"，在大多数受访者脑海中并未成为一个问题。在受访者言说中占大多数的地方型话语的叙述中，"钟九闹漕"最终被建构成一个地方性的正义事件。

事实上，中国农民浓厚的乡土观念并未随着城乡分立和农村的集体化运动而消失。费孝通指出，"在一个乡土社会中生活的人所需记忆的范围和生活在现代都市的人是不同的"，"历世不移的结果"，使得祖先们的经验"也必然就是子孙们所会得到的经验"；"因为大家生活在同一环境里，走同一道路，他先走，你后走；后走的所踏的是先走的人的脚印，口口相传，不会有遗漏"①。崇阳农民的乡土观念叙事悄悄地与城市中蔚然成风的"革命文化"拉开了距离。但是对照社会型话语，我们可以看到较普通农民具有更好教育经历的地方社会成员不自觉地将叙事与国家政策、时事政治、社会历史等超出崇阳地方的经验和事件联系起来，并倾向于对"钟九闹漕"事件在更为宏大的知识背景中作出论证或总结，显示了一种与霸权对话的潜在欲望。而且，这种基于更广阔的知识和文化视野的潜在欲

---

① 费孝通：《乡土中国 生育制度》，21～22 页，北京，北京大学出版社，1998。

望并没有脱离崇阳地方的乡土经验。尽管我们并不能将这些少数更具文化资本的受访者及其相类似的人们等同于晚清的乡绅或者民国时代的知识阶层，但是是否也可以这样认为，地方社会中文化资本更丰富的群体总是有着代表社群与外部世界和正式权力沟通的倾向和欲望。在一个不承认非正式公共权力的政治架构中，我们只能说一种无趣的制度安排压抑并抹杀了社会文化资本的欲望和情调。在文化资本并不能发挥沟通与协商功能的情况下，霸权与民众实现了强行对接。

## 三、极端的革命文化叙事

### （一）"钟人杰起义调查报告"

华中师范学院历史系的工农兵学员在完成访谈调查后，撰写了一篇"钟人杰起义调查报告"①。报告的开头是这样写的：

> 一八四一年，在湖北崇阳地区爆发了抗漕粮的农民起义。他们称帅称王，攻城夺县，队伍很快发展到一万多人，历时四十天，打击了封建阶级，写下了农民革命的战斗篇章。

与《八十年前底崇阳农民革命运动》一样，报告首先将钟人杰事件定性为"农民革命"②。在第一部分中，报告就体现了强烈的阶级意识：

样本 19——

> ①腐朽的封建官绅、地主豪强，把这笔巨额耗费，用加租加税的办法，转嫁到农民和手工业者身上，使本来已经十分残酷的封建剥削制度变得更加沉重。
> ②连地主阶级中的个别人士，也意识到问题严重，惊叹"国家转漕七省，帮费日重，银价日昂，本色、折色日

---

① 《资料（二）》，无署名，1975 年 11 月 17 日。
② 需要指出的是，《崇农革命》一文没有使用"起义"一词。

浮以困"（魏源《湖北崇阳县知县师君墓志铭》）①。

　　③泉坑（现塘口公社八一大队七小队）的小手工业者
金太和，因完粮时骂书差衙役……

　　钟人杰是个乡村知识分子，家中较为富裕，他爱打抱
不平，在群众中颇有声望……陈宝铭出身大地主，本人是
知识分子；汪敦族出身较苦，蔡德章是个小地主，他们都
和钟人杰是同学。

对起义领导者的"成分"或"出身"进行具体阐述，这是在《崇农
革命》一文中没有的。我们可以说，中国共产党的阶级理论在 20 世
纪 20 年代并未成熟，是毛泽东在 20 世纪 30 年代以后逐渐发展起来
并主导了以后中国共产党的意识形态建构。工农兵学员的报告依然
遵循着毛泽东关于划分阶级成分的理论。前文介绍阶级成分范畴的
来源时，仅仅讨论了农村的情况。其实报告中出现的"小手工业者"
和"知识分子"在毛泽东的文本中早就出现了。在 1925 年 12 月的
《中国社会各阶级的分析》一文中，毛泽东将自耕农、手工业主、小
知识阶层（学生界、中小学教员、小员司、小事务员、小律师、小
商人）都归类为"小资产阶级"，而且小知识阶层是"小资产阶级的
左翼"；小手工业者与半自耕农、贫农、店员和小贩被称为"半无产
阶级"，小资产阶级和半无产阶级都是无产阶级"最接近的朋友"②。
在 1939 年 12 月《中国革命和中国共产党》一文中，毛泽东将"知
识分子和青年学生"、"手工业者"还是划分为"小资产阶级"这一

---

　　① "当时全部政治机关凶暴贪污，比鸦片战争前更甚，连曾国藩那样残忍
的汉奸都认为农民太苦，力劝满清统治者'务思所以更张'，以缓和阶级矛盾。
他举出农民所以困苦原因是由于：第一，是'银价太昂，钱粮难纳'……曾国
藩代表一部分缺乏政治势力的有产者诉苦，社会大多数穷民的冤苦，他是不会
理的。但是仅就这三条来说，满清官僚的政治黑暗，农业生产的摧残，足够证
明人民要求革命的正当了。"作为那个时代历史系的学生，参考马克思主义史学
大家的叙述并模仿之是情理之中。不过将曾国藩称为"汉奸"，透露出日本侵华
战争所导致的高涨的民族主义情绪。参见范文澜：《中国近代史》（上册），北京
出版社根据 1955 年第 9 版于 1961 年重印本，83～84 页。
　　② 《毛泽东选集》第 1 卷，5～9 页。

"革命的很好的同盟者"之列。① 1957 年"反右"之前，在 1957 年 2 月的《关于正确处理人民内部矛盾的问题》的报告中，毛泽东还是将知识分子中出现的问题视为人民内部矛盾，并且提出了"百花齐放、百家争鸣"的方针。尽管从 1957 年"反右"至"文化大革命"结束，"左"的政策将知识分子从"工人阶级的一部分"划入资产阶级行列（1961～1962 年间有个短暂的"脱帽加冕"）②，但是在古代农民起义的研究中，知识分子甚至地主可以充任农民革命领袖是得到了毛泽东和史学界认可的一种结论。③

但是，在"文化大革命"期间极"左"的政策和"以阶级斗争为纲"的语境下，如果把金太和之外的主要领导者都划入地主阶级有可能遭到质疑，甚至惹来政治上的麻烦。因此，在许多调查对象提供的口述资料使得钟人杰有可能戴上"地主阶级"或"富农"帽子的情况下，也为了不与贫下中农提供的"史料"相冲突，报告很有策略地将他建构为"乡村知识分子"④，只是"家中较为富裕"⑤。

---

① 《毛泽东选集》第 2 卷，641～642 页。延安时期的毛泽东很重视知识分子在革命中的重要作用，参见该卷中收录的"大量吸收知识分子"（1939 年 12 月 1 日）一文，618～620 页。

② 参见吴敏先、张永新：《建国以来知识分子政策及政策调整研究述评》，载《东北师大学报》（哲学社会科学版），2008（2）；周思源：《中国共产党的知识分子政策的历史考察》，四川大学博士学位论文，2005。

③ 毛泽东在《中国革命和中国共产党》一文中说"从秦朝的陈胜、吴广……直至清朝的太平天国，总计大小数百次的起义，都是农民的反抗运动，都是农民的革命战争"，其列举的领导者项羽、李密出身于贵族，刘邦、窦建德出身流氓或土豪，而洪秀全更是一个不得志的知识分子（《毛泽东选集》第 2 卷，625 页）。新中国成立后的历史学者据此阐述了中国古代农民革命和农民起义的性质并不取决于领导者出身的论断。参见黄元起：《论中国历史上的农民革命领袖——项羽、刘邦、李密、窦建德等算不算农民运动的领导者?》，载《新史学通讯》1953 年 2 月号；万绳楠：《什么是农民起义? 什么人才可称为农民起义军的领袖?》，载《安徽大学学报》（哲学社会科学版），1961（1）。

④ 多位受访者谈到钟九在乡下教书。

⑤ 有工农兵学员根据访谈资料认为"钟九是地主：a. 读书八年，开过漕坊放过酒，开过豆腐铺；b. 蔡绍勋的姐姐是钟九的母亲。蔡绍勋出身地主，在封建社会里，婚姻是政治工具；c. 群众对钟九的看法是：'琴棋书画打，歌诗词赋唱。'如家里穷，是不能具备这些条件的。"这一看法很有见地。参见《资料（二）》，"综合材料"，李其荣、罗乾顺、陈祥林、宋祥政整理，1975 年 11 月 6 日。

而即使陈宝铭的"出身"是"大地主"，但是他本人是"知识分子"。蔡德章是"小地主"（"瞎子漕司"①），但他是钟人杰的同学，也是"知识分子"，加上汪敦族，可以说是"知识分子"领导了农民起义。报告如此建构，极力避免了形成"地主阶级领导了农民起义"的印象或结论。但是我们看到，魏源连一个"知识分子"的头衔都没捞着，仅仅是"地主阶级中的个别人士"，这也是意识形态史学写作造成的悖论。

报告的第二部分主要叙述钟人杰等攻占县城到农民军被清军镇压的过程。但是这一部分同样注重叙述起义领导阶层的"非剥削阶级"的特征和"地主—农民"阶级对抗的农民战争特点：

样本 20——

①贫苦农民汪贵仔忍无可忍，挥刀杀了师长治。

②钟人杰就自称元帅，派陈宝铭、汪敦族为副帅。在西门处设立帅台，制"都督大元帅旗号"。领导核心由钟十四（钟人杰之弟）……陈宝亮（陈宝铭之弟）等人组成。这些人或出自贫苦农民（金攀先、金恢先、汪贵仔），或是乡村教师（谭九海），或是武打教师（但扶泷）。既不是纯粹农民，也属于封建社会中下层的人民，只有少数人出身地主（陈宝铭、陈宝亮）。

③农民又推钟人杰为"钟勤王"，建立了农民政权，发布文告，和封建政权分庭抗礼。

④崇阳农民起义的信息，震惊了反动的清朝统治者。处于封建社会末期的腐朽的清朝统治集团，害怕任何一点革命星火成燎原之势。

⑤清政府还号召崇阳、通城一带的地主绅士组织地主武装，以配合对起义军的镇压。通城黎锡康，暗中拉起了队伍，窥视方向，以求一逞。不少地主绅士，也纷纷混进起义军，或作侦探，或为内应，从中蛊惑人心。

⑥"一面设法攻击，一面散其党羽"，清政府使用了反革命两手。

---

① 多位受访者说蔡德章没读几天书，或者识字不多。

⑦在军队进攻的同时，裕泰和前崇阳知县金云门分别悬赏招揽士民，号召地主绅士作内应，并募了不少地主分子作为进攻崇阳的向导。

⑧正月二十日，农民军首领钟人杰、陈宝铭、汪敦族等弃城逃走，被地主绅士诱骗至清军兵多之处，不幸被俘。正月二十二日，通城绅士得知崇阳复被清方占领，立即发动内乱，将镇守通城的农民军将领但扶泷捆送清军衙营。复又引清兵进城，抓了二十多名起义军战士。至此，一场农民起义就被清朝统治者残酷镇压了。

可以说，报告的第二部分除了叙述起义军英勇作战和清朝官府的军事行动外，着重渲染了崇阳地方农民和地主两个阶级的对立。渲染的目的在于，说明"钟九闹漕"是一场农民起义或农民革命战争，但是这样定性需要根据。毛泽东在《湖南农民运动调查报告》一文中说："革命是暴动，是一个阶级推翻另一个阶级的暴烈的行动。农村革命是农民阶级推翻封建地主阶级的权力的革命。"① 在《中国革命战争的战略问题》一文中则指出："战争——从有私有财产和有阶级以来就开始了的，用以解决阶级和阶级、国家和国家、政治集团和政治集团之间、在一定发展阶段上的矛盾的一种最高的斗争形式。"②《中国革命和中国共产党》一文说："在汉族的数千年的历史上，有过大小几百次的农民起义，反抗地主和贵族的黑暗统治。"1961 年，有学者根据毛泽东的论述归纳出农民起义或农民战争应当具备的几个基本条件：Ⅰ 起义的参加者必须全部或大部是农民；Ⅱ 起义的反对对象必为地主阶级和此一阶级的封建国家；Ⅲ 起义的目的在推翻和改造封建黑暗统治、谋求农民自身解放；Ⅳ 起义军对地主阶级必然采取暴力手段。③

样本 20—①和②既有配合样本 19 强调说明起义的领导者中来自农民或劳动人民阶层的成员占多数，同时也在暗示起义的参加者以

---

① 《毛泽东选集》第 1 卷，17 页，北京，人民出版社，1991。

② 同上书，171 页。

③ 万绳楠：《什么是农民起义？什么人才可称为农民起义军的领袖?》。

农民为主体，契合了条件Ⅰ。样本20—③、④①主要证明契合条件Ⅲ，当然报告紧随其后还有一段较为细致的描述来说明起义的目的是推翻清朝统治：

> 农民军打开监狱，释放因反漕粮被抓的一百多人；打开仓库，分发粮食，或留军用；勒令富户，帮助粮食；搜集铁器，打造兵器，加砌砖石，增修城墙；挖断要隘，设立关卡，并派头目分兵把守。整个崇阳县城，沉浸在革命的欢乐之中，农民欢呼自己的"盛大节日"到来。
>
> 农民军提出了"打通城，有钱粮，打通山，有硫磺，打蒲圻，有战场，到蒲圻，下武昌，到了武昌做国王"的革命纲领，矛头直指封建皇帝。

在证明了钟人杰起义的目标直指满清王朝后，地主阶级反对农民起义的叙述也应当登场，否则这场起义或战争就缺乏毛泽东定义农民起义或农民革命的主要要件。样本20—⑤至⑧的叙述很好地补充了这一要件。但是需要指出的是，报告中关于绅士和地主瓦解、反抗起义的描述基本上来自官方文献，工农兵学员调查的受访者很少谈到这些情况。如⑤中说到的通城黎锡康，受访者应该是不知晓的。《清实录》中说："通城职员黎锡康，业已暗募练勇，各守要口。我兵逼近通城，如有贼匪骚扰，即可协同攻击，使之首尾不能相顾。……该抚当激励绅士，招募壮勇，认真防御要隘，以安众志而杜贼踪。"② ⑧中关于钟人杰等被俘的叙述亦来自官方文献。"该邑绅士，乘机诱令首逆出城，经官兵义勇赶至合围，立将首犯钟人杰及要犯陈宝铭、汪敦族一并生擒。"③ 钟人杰的口供中是这样说的：

---

① 样本20—④中"革命星火成燎原之势"很明显出自毛泽东《星星之火，可以燎原》一文。参见《毛泽东选集》第1卷，97～108页。但是我们已经在《崇农革命》一文中读到"崇农革命的血潮……确是星星之火，已成燎原，蹄涔之水，泛成江河啦"的语句，因此毛泽东也并不是首次使用此暗喻来言说革命之人。

② 《清实录·宣宗实录》卷三六六，593页。

③ 同上书，597页。

"适有绅民多人诱带我们出城，走不多远，即被官兵前来围住，把我与陈宝铭、汪敦族擒住解送的。"① 而《资料》显示，受访者或说清军捉住钟人杰，或说钟人杰为免合县被屠而自首，但没有一人谈到绅士或地主诱捕的细节。在受访者中，间有谈及地主、富户不参加起义或对摊派钱粮不情愿的情况，但是几乎没有叙述绅士、地主公开对抗抗粮运动的活动情况。与此相对照，《清实录》中类似的叙述也很有限，并且基本上都是像"激励绅士，招募壮勇"和前署咸宁县知县夏廷樾和金云门"悬赏招觅士民"、"刘允孝亦募绅民向导内应"② 一类的笼统叙述，没有什么具体的描述。③ 因此，我们可以说，报告对绅士、地主的对抗活动进行了夸大和渲染，以迎合建构一场"农民—地主"阶级对抗的农民战争的需要。

报告的第三部分延续了阶级对抗的思路。首先根据清朝官方文献简约叙述事后清廷的赏功罚过，报告对此评论道——"农民军战士的鲜血染红了他们的顶子"，"一褒一贬，暴露了清政府对革命的刻骨仇恨"。接着叙述，"起义失败后，清王朝统治者开始了更血腥的屠杀"：

> 进入崇阳县城的清兵，遵照统治者血淋淋的屠杀令，
> 在地主绅士的带领下，从县城一直杀到白霓桥，鸡犬不留，
> 生灵涂炭。

不仅如此，而且"屠杀延迟了三年，被杀害的起义军战士不计其数"。对于清廷在崇阳的纠逆，《清实录》是这样说的：

> 谕内阁：……除钟人杰、陈宝铭、汪敦族三犯，乃遵
> 前旨派员解京外，其僧白青、钟十四二犯，著于讯明后，
> 即在该处正法。逆属十四名口，从犯一百二十五名，及各

---

① 《钟人杰口述》。Qing Docs Vol. Ⅱ，17 页。

② 《清实录·宣宗实录》卷三六六，597 页。

③ 最详细的记述可能是——"该县（指通城，笔者注）士民探闻崇阳各逆首就擒，即于正月二十二日，将据城逆党但扶沆及要犯但十、沈长捆送行营，现派文武员弁前往安抚居民……"（《清实录·宣宗实录》卷三六七，603 页）

> 逆田产，著该督分别照例办理。此次裕泰……首要各犯并
> 逆匪家属，全行生获，不留余孽，甚属可嘉。①

我在第二章讨论崇阳的士绅大户时，曾经引述了崇阳绅士贿赂金云门出保被获"逆党"，而"受显诛者亦仅百人"令殷埥很不满意的情景。对"真贼被匿、凶徒漏网"之情形，"殷丁屡请惩犯追贼，概置之不理，具禀当道亦因而不问"②。从殷埥的叙述看，清廷并没有将牵连范围扩得很广（殷埥没有遮蔽一场大屠杀的动机）。这与我在第二章中讨论的清朝的善后政策是一致的。在 1975 年的受访者中，很少有人谈到清军克服崇阳后进行了大屠杀，而多数人谈及闹漕后粮赋有所减轻。另外，报告中"从县城一直杀到白霓桥"不可信的理由在于清军的军事行动路线。清军主要从北面的咸宁、蒲圻和东面的通山进入崇阳合围县城，咸宁方面和通山方面的清军先攻占东距县城约 9 华里的白霓桥，接着俘获钟人杰后才进城的，湖广总督裕泰也是在听闻这一消息后从洪下（靠近蒲圻）向县城进发的。《清实录》中的记载清晰地显示了这一军事行动过程，而工农兵学员绘制的"钟人杰起义军事行动示意图"亦呈现了相同的进军路线。③ 那么，清军在白霓桥会师后没有沿路杀到崇阳县城，而是在克服县城后再返过头来屠杀乡民，这样的可能性有多大？还有，"屠杀延迟了三年"这一说法明显站不住脚。试想，清廷会留军队驻扎在崇阳三年吗？第二章的讨论已经指明，鸦片战争时期，清朝军力吃紧。如

---

① 《清实录·宣宗实录》卷三六七，606 页。《大清律例·名例》："凡谋反及大逆，但共谋者，不分首、从（已、未行），皆凌迟处死。（正犯之）祖父、父、子孙、兄弟及同居之人（如本族无服亲属，及外祖父、妻父、女婿之类），不分异姓，及（正犯之期亲）伯叔父、兄弟之子，不限（已未析居）籍之同异，（男）年十六以上，不论笃疾、疾废，皆斩。其十五以下及（正犯）之母女、妻妾、姊妹，若子之妻妾，给付功臣之家为奴。（正犯）财产入官。"参见沈大明：《〈大清律例〉与清代的社会控制》，95 页。按照清廷法律，受株连亲属的范围是很广的。但是官府事后在百余名首从犯之外究竟诛杀了多少群众，并不能确切估计。

② 《崇阳冤狱始末记》。

③ 《资料（四）》，44 页。

果没有一支常规军队,谁来进行大屠杀?① 指望出身本地的县衙门里的衙役和书差是不可能的。清廷对反叛的镇压自然是残酷和血腥的,这是中国历代王朝的常规做法。但是报告的叙述突出了绅士、地主与官兵的勾结,夸大了清廷的杀戮后果,意图在于指出,以绅士、地主为基础的清王朝(封建)统治已不具有民意上的合法性。

在叙述清廷镇压方面,报告采取了漠视调查对象的口述材料的做法,但是在另外一处,报告直接又将口述材料作为信史而采纳。试比较:

样本21——

①迫害只能激起反抗。一八五一年,洪秀全在金田村举起造反大旗,建立太平天国。一八五四年,太平军将领陈玉成带兵西征,路过崇阳,钟人杰起义的部下,不少参加了太平军。西征队伍高喊"为钟人杰报仇"的口号,在钟人杰部下的引导下,队伍开到白霓桥,烧了诱骗钟人杰出城的姓王绅士的房屋……不甘做奴隶的、不愿被杀害的钟人杰起义的部下,又集合在太平军的旗帜下,向清统治阶级发动了猛烈进攻,汹涌澎湃的革命洪流,显示了农民阶级推动历史前进的巨大力量。

②据说洪秀全起义后,陈玉成到崇阳要为钟九报仇,将原来引清军到崇阳来的绅士田家的房子烧了(田家屋现在金龙13队这个地方),后来又烧了现在更新九队姓王的绅士的房子,并要找到钟九的后人。崇阳当地有很多人也参加了洪秀全起义。②

样本21—①显然来自工农兵学员的报告,②来自调查对象的口述。

---

① "钟九闹漕"后,金云门复任崇阳知县"营缮办理一切善后事宜",死里逃生的胥役们有的"请置重镇","增兵三百弹压"。金云门曰:"崇阳偶酿巨案,非其民怙乱也,增兵必增饷,是区区者乌足以给,某在此,脱有变请以身当之。"于是"大府允其请,乃改议兵"。可见湖北大吏当时有留保安军队驻崇阳的打算,因金云门拒绝而未施行。参见同治本《崇阳县志》,323页。

② 《资料(一)》。"钟九闹漕调查座谈记录(记录1号)",参加座谈的有孙宇波(74岁)、孙水生(61岁)、钟木香(66岁),喻志英、朱碧波、宋道先、邓贤甫记录整理,1975年10月28日。

据同治本县志记载，太平天国到过崇阳的较为出名者有翼王石达开，丞相曾添养、钟廷宣，将领曾添爵、石祥桢等，并没有陈玉成。撰志者曰："旧志但列兵荒于灾祥门，而用兵之人、交兵之地，则概从略。近十余年，邑苦于兵。讨贼诸公或奏绩于斯，或死事于斯，皆不可不志。"① 因此，太平天国赫赫有名的英王②到崇阳闹出这么大动静，同治初年修的县志不可能不书。但就算陈玉成真到了崇阳，他就有那么大的动力要为钟人杰报仇（我们基本上要排除陈玉成和钟人杰曾经相识或是友人的可能性）？老百姓的传说可能是对钟人杰的美好追念，专业的历史调查报告却将其作为信史加以发挥，说明写史者脑海中事先已经设想了一个材料取舍的框架，而不是根据材料的可信度来组织材料和撰写历史。这就是意识形态史学编撰历史的基本方法。

报告的结尾在叙述官府立碑减赋后指出："但实际的漕粮征收却从未减轻，贪官污吏的恶行也不会因为一个不会兑现的命令而收敛。崇阳人民反抗漕粮的斗争，也从未停止。封建社会的基本矛盾不解决，漕粮问题上的阶级对抗就不会停止。"报告的结论最终还是回到了毛泽东在《中国革命和中国共产党》一文中论述的"封建社会的主要矛盾，是农民阶级和地主阶级的矛盾"的命题上来（但是地主和农民一样要缴纳漕粮啊?!）。毛泽东的历史观，就是新中国成立后意识形态史学编撰历史的路径依赖（path dependency）。

（二）"只反贪官，不反皇帝"

上述"钟人杰起义调查报告"的结尾其实还有两段，照录如下：

太平天国革命期间，崇阳又出现了《钟九闹漕》的唱本。作者站在地主阶级的立场上，适应当时统治阶级愚弄和欺骗被压迫阶级的需要，把这一场农民阶级反抗地主阶级的武装起义歪曲成地主阶级内部的派别斗争，把农民起义性质歪曲成"只反贪官，不反皇帝"的典型。从农民起

---

① 同治本《崇阳县志·杂纪志·灾祥》卷十二，627～629页。现代版《崇阳县志》也未见载陈玉成，参见第10页。

② 关于陈玉成在太平天国运动后期的重要作用和显赫战功，参见贾熟村：《对陈玉成集团的考察》，载《安徽史学》，2003（1）；聂蒲生：《论太平天国后期的擎天柱——英王陈玉成》，载《广西民族学院学报》（哲学社会科学版），2002（5）。

义失败到现在的一百多年中，唱本流毒甚大，混淆了视听，颠倒了历史，造成极坏的影响，必须严肃批判。

被颠倒了的历史必须重新倒过来。地主阶级在农民起义上散布的种种迷雾必须澄清。用历史唯物主义对这次农民起义给予科学的说明，歌颂劳动人民创造历史的伟大功绩，用以鼓舞正在无产阶级专政下继续革命的革命人民，是我们极其光荣而艰巨的任务。

之所以另起一小节书写"只反贪官，不反皇帝"的问题，一是因为工农兵学员专门撰写了一篇长文"评《钟九闹漕》"来阐述这一问题①，二是如此评述历史乃是史学沦为政治的"婢女"的典型写照。在介绍长文"评《钟九闹漕》"前，我们先简单介绍与长文撰写有关的社会语境。

1975 年，"文化大革命"已经进入第九个年头。邓小平在这一年的一月份里，接连出任中共中央军委副主席兼解放军总参谋长，中共中央副主席、中央政治局常务委员，国务院第一副总理等党政军要职。按照《1975 年评〈水浒传〉始末》一文的说法，毛泽东启用邓小平的用意在于，在坚持"文化大革命"的前提下既维持国家稳定，又把国民经济搞上去。1975 年毛泽东的身体越来越差，开始担忧百年之后自己所坚持的政治路线能否继承下去，党内是否会产生大分裂的局面。邓小平作为接班人有能力主导恢复国家和社会生活的正常秩序，但是他否定"文化大革命"的做法，以及与党内极"左"势力的冲突，更明显加重了毛泽东的隐忧。②

晚年毛泽东视力不佳，喜欢阅读古籍的他便请人替他"代读"，念给他听。1975 年 4 月，北京大学中文系教授古典文学的青年教师芦荻进入中南海为毛泽东读书。8 月 13 日晚，芦荻向毛泽东请教古典文学的有关问题。在谈到《水浒传》时，毛泽东发表了如下看法：

----

① 《资料（三）》，"评《钟九闹漕》"，无署名。

② 参见霞飞：《1975 年评〈水浒传〉始末》，载《党史纵览》，2005（4）；席宣、金春明：《"文化大革命"简史》，281～315 页，北京，中共党史出版社，1996；张沱生：《邓小平与 1975 年的全面整顿》、夏杏珍：《当代中国文艺史上特殊的一页——1975 年文艺调整述论》、程中原：《1975 年整顿中的三个著名文件》，载张化、苏采青主编：《回首"文革"——中国十年"文革"分析与反思》（下），1144～1199 页。

《水浒》只反贪官，不反皇帝，屏晁盖于一百零八人之
外。宋江投降，搞修正主义，把晁盖的聚义厅改为忠义堂，
让人招安了。宋江同高俅的斗争，是地主阶级内部这一派
反对那一派的斗争。宋江投降了，就去打方腊。

（《水浒》）好就好在投降，做反面教员，使人民都知道
投降派。

鲁迅评《水浒》评得好，他说："一部《水浒》，说得
分明：因为不反对天子，所以大军一到，便受招安，替国
家打别的强盗——不'替天行道'的强盗去了。终于是
奴才。"①

金圣叹把《水浒》砍掉了二十多回。砍掉了，不真实。
鲁迅非常不满意金圣叹，专写了一篇评论金圣叹的文章
《谈金圣叹》。②

《水浒》百回本、百二十回本和七十一回本，三种都要
出。把鲁迅的那段评语印在前面。

上述引语呈现了毛泽东谈《水浒》的大致情形。《1975 年评〈水浒
传〉始末》一文认为，毛泽东"在这一番谈话中，透露出了他内心
的隐忧，即担心中国出现'反复'，即否定'文化大革命'，他认为，
那就是'投降'了。他所说的'招安'、'投降'，都是针对否定'文
化大革命'的"。芦荻的回忆认为"主席当年评《水浒》的确有反修
防修的政治含义。但绝没有具体所指，没有影射某人的意思"③。

毛泽东评《水浒》的批示一经传达，全国各地大小报刊开始连
篇累牍地发表评《水浒》的文章，广泛宣传要揪当代的"投降派"
和"宋江"，已成将在全国搞一轮声势浩大的政治运动之势。1975 年
9 月，国务院在山西省昔阳县召开全国农业学大寨会议，目的是搞好

---

① 此段文字引自鲁迅：《流氓的变迁》，原刊于 1930 年 1 月 1 日《萌芽月
刊》第 1 卷第 1 期，收入《三闲集》。转引自来凤仪选编：《鲁迅杂文》，279～
280 页，杭州，浙江文艺出版社，1999。

② 鲁迅《谈金圣叹》一文原载 1933 年 7 月 1 日《文学》第 1 卷第 1 号，
收入《南腔北调集》。转引自来凤仪选编：《鲁迅杂文》，290～292 页。

③ 记者撰稿：《毛泽东评〈水浒传〉的前前后后——芦荻访谈录》，载
《文艺理论与批评》，1998（3）。

农业生产。邓小平在会上的讲话就围绕这一主题展开。而江青到会后却大讲与会议主题毫不相干的《水浒》中"两条路线的斗争问题"，同时扯到评《水浒》的"现实意义"上来。后来江青要求邓小平、华国锋在全党范围内播放她的讲话录音，印发她的讲话稿，遭拒。不久，毛泽东指示华国锋对江青的讲话"稿子不要发，录音不要放，讲话不要印"。从 8 月中旬到 9 月下旬，1975 年的评《水浒》、批宋江运动也就持续了 40 余天。①

虽然运动的时间不长，但是由于《人民日报》、《红旗》杂志的权威地位以及全国各地跟风造成的强大舆论氛围，加上毛泽东并未公开批评江青或者明确指示停止评《水浒》、批宋江，运动在意识形态领域造成的影响不会马上消失，再者一般民众也不了解上层之间的政治斗争，例如武汉大学和华中师范学院的学报当时就分别发表了跟风文章。② 根据《资料》显示的日期，华中师范学院的工农兵学员是在 1975 年 10 月下旬到崇阳开始调查的，而且笔者估计他们去崇阳之前已经开始做一些史料搜集的准备工作（如查阅《清实录》），因为在崇阳地区再临时寻找《清实录》（崇阳地区有没有《清实录》还是个问题），并据之撰写调查报告的可能性不大。当然并不能就此马上判断华中师范学院历史系的这次"开门办学"就是因评《水浒》、批宋江运动而起，但是我可以断定工农兵学员的田野调查和历史写作极大地受到了这一政治事件的影响。"评《钟九闹漕》"一文就是明证。

关于批评民间唱词《钟九闹漕》的本子问题，"评《钟九闹漕》"一开头是这样说的："《钟九闹漕》（以下简称《闹漕》）的七言唱本分手抄和铅印的两种本子。最早的本子尚未找到。解放前流传的手抄本又有各种各样的。其中有程氏的抄本，原始面目保存比较完全，我们这里分析批判的主要就是依据这个本子。"如同读者即将看到的工农兵学员的分析和批判，这个本子与 1997 年王旺国本比较接近。但是在"结束语"中，撰写者又将 1957 年孙敬文本也连带批判了：

---

① 以上叙述根据《1975 年评〈水浒传〉始末》、《毛泽东评〈水浒传〉的前前后后——芦荻访谈录》、席宣、金春明：《"文化大革命"简史》（309～315页）编写。

② 如崔曙庭：《金批〈水浒〉序言批判》，载《华中师范学院学报》（人文社会科学版），1975（4）；中文系写作组：《用〈水浒〉做反面教材使人民都知道投降派》，载《武汉大学学报》（哲学社会科学版），1975（5）。

"《闹漕》从出笼开始，一直在崇阳及其他地方流传，但只到一九五七年以前，都只是手抄本。一九五七年由某些人整理改编，铅印出版了正式的文艺作品。铅印本在内容上略有改动，但原作的基本精神依旧，和断尾巴蜻蜓的七十一回本《水浒》① 颇有异曲同工之妙。"

"评《钟九闹漕》"第一部分没有标题，其实应该是"前言"，即介绍《钟九闹漕》唱本的来历和创作背景。关于该文叙述封建社会向半殖民地、半封建社会转变的历史，笔者不再重述。需要指出的是，依照当时的写作规范，撰者引用了毛泽东的话语：

> "地主阶级对于农民的残酷的经济剥削和政治压迫，迫使农民多次地举行起义，以反抗地主阶级的统治。"
>
> 毛主席："在现在世界上，一切文化或文学艺术都是属于一定的阶级，属于一定的政治路线的。"

上面第一句出自《中国革命和中国共产党》②，第二句出自《在延安文艺座谈会上的讲话》③。如果说这种引述还只是遵从某种意识形态的理论框架的话，那么"前言"的最后一段话则表明了工农兵学员的历史撰述完全是在紧跟政治形势，毫无学术可言："《闹漕》是一部美化封建制度，宣扬孔孟之道，抹杀阶级矛盾，鼓吹阶级投降的黑破烂，是整个封建文化的组成部分，美化封建制度和皇帝的颂歌，是地主阶级对农民实行专政的工具之一。"这样的定性，《钟九闹漕》唱本就很有点满清王朝的"意识形态国家机器"的意思了。

该文接下来部分的标题为"一、粉饰太平，歌颂皇帝，美化封建制度"。撰者针对《钟九闹漕》唱词的起始部分展开猛烈批判。文章注意到唱词开头的如下描述："君安国泰靖边疆"、"田肥地庾庶民安"、"风调雨顺皆如此"、"男耕女织都一般"、"大清洪福果齐天"、"一统江山万年长"等。④ 文章说这些描写没有揭露"当时社会的黑

---

① "所以《水浒传》纵然成了断尾巴蜻蜓，乡下人却还要看《武松独手擒方腊》这些戏"，出自鲁迅《谈金圣叹》一文。

② 《毛泽东选集》第2卷，625页。

③ 同上书，865页。

④ 与第二章对王旺国本的引述相对照，可见程氏抄本与其大同小异。

暗"和"整个封建社会的腐朽",反而是"大肆粉饰太平,美化封建制度",是"对历史的肆意歪曲","这显然是别有用心的"。撰者还指出,"有道君王出祯祥"、"仁义善政世无双"、"广施恩泽爱黎民"这些描写集中表现了唱词作者对皇帝的歌颂。撰者评说道光皇帝"在位三十年骑在人民头上作威作福,从来没有干过一件于人民于国家有益的事情",道光皇帝"昏聩无能","腐朽糜烂",压迫人民,卖国等,是"欺压农民和广大穷苦人民的罪魁祸首,是灾难的象征,是凶恶的化身"。"但是《闹漕》的作者不仅歌颂了腐朽的道光皇帝,而且连带着歌颂、吹捧了道光的五代祖宗以及所有的皇帝,说明作者完全是站在与人民为敌的立场上。"撰者认为,《钟九闹漕》的作者"实际上代表了地主阶级的利益,传达了包括皇帝在内的整个地主阶级的心声"。

第三部分的标题为"鼓吹只反贪官,不反皇帝"。如果说第二部分还停留在阶级斗争的意识形态框架内解读历史,那么这一部分就紧密结合了毛泽东评《水浒》的谈话来展开。撰者指出,钟九等人与书差①、衙役的矛盾,属于"地主阶级腐朽势力内部不同派别之间互相争权夺利的纷争"。"衙门是靠收管钱粮从中捞到油水,钟九等人是百般嫉妒,对衙门不服气,靠打官司缓和矛盾",他们"都是封建皇帝的走狗","在维护封建腐朽统治上,立场完全一致"。

撰者认为,唱词的作者为了抹杀农民和地主两大对立阶级之间的矛盾,"不惜浓笔醋墨",极力将钟九塑造成"救世主"、"盖世英雄"。钟九之所以要为金太和写状词,就是因为他对衙役私行章程不满,而皇帝则是救命的恩人——"伏望青天救生船,发政施仁万民沾"就是钟九状词的"真实写照"。唱词作者臆造了"一打粮房定章程"的情节,以标榜钟九只反贪官。作者塑造"二打粮房"的情节,是为了"把粮案的祸孽归咎到地主、流氓、地痞蔡绍勋的身上"。"要把粮案作正谈,上司大人有断案,章程就是靠壁山,还要想么别机关",打击的是衙门,歌颂的是"上司大人"的"所谓恩德"。这实际上是"向县衙门和皇帝的妥协,是为了缓和地主阶级内部的矛盾","钟九要章程就是一种投降行为"。当钟九捉住师长治,提出了

____

① "评《钟九闹漕》"一文里始终没有使用"书差"或"书吏"的称呼,而使用"衙役"和"衙门"两词,显示了撰写者对清代政治史的陌生。

三个要求："一要武事无牟紧，二要粮案结得清，三要太和转回程。"撰者是这样解读的：

> 一要求知县不要向上伸张他们围城的事，如果伸张了围城的事，就不利于讨好主子，升官发财；二要求把他们闹粮案的事结清，并按总督所批的章程征收粮饷，平息闹粮斗争；三要求知县进告总督放回金太和，来标榜自己是代表了农民阶级的根本利益，从而蒙蔽农民的眼睛，继续招摇撞骗。

总之，第三部分按照毛泽东评《水浒》的谈话精神对《钟九闹漕》唱词进行了深入解读。就连钟九自首，也是"心甘情愿地坐入囚笼，效忠主子"，但是唱词作者"却是美化钟九是'好汉做事好汉当'，宣扬钟九'功劳万古扬'"，"其用心何其毒也"！文章认为，"告状——三打粮房——捉仇人"是唱本中"宣扬只反贪官，不反皇帝的三部曲"，"钟九名曰反贪官"，实际上是在"修补地主阶级的国家机器，维护封建王朝的统治"。

第四部分的标题是"宣扬'天命'，大讲'中庸'"。这一部分实际上是工农兵学员按照 1973 年下半年到 1974 年底的"批林批孔"运动的政治调子对《钟九闹漕》的解读。[①] 本部分批判的唱词内容，笔者在第二章基本上已经讨论过。如金太和妻子的"十劝"，也就是农民的忍让观念，此处的撰者将其与儒家的"天命观"等同起来，即命中注定的意思，进一步发挥说唱词作者"妄图用'天命观'来欺骗和麻醉人民，把劳动人民的造反斗争引入歧途"，这"就从根本上抹杀了阶级斗争，掩盖了地主阶级对劳动人民的残酷压迫和剥削"。"官要民死民就死"和"人随王法草随风"是竭力宣扬孔孟的"三纲五常"。总之，"《钟九闹漕》这个唱本，是一部抹杀阶级矛盾，鼓吹阶级调和，宣扬孔孟之道的反面教材"。

---

① 关于"批林批孔"运动参见王海林：《"批林批孔"运动》，载张化、苏采青主编：《回首"文革"——中国十年"文革"分析与反思》（下册），1088～1107 页，北京，中共党史出版社，2003；席宣、金春明：《"文化大革命"简史》，267～281 页。

在最后的"结束语"中，撰者指出，《闹漕》的要害，就在于"抹杀阶级斗争，鼓吹阶级调和"，其最终目的就是鼓吹阶级投降。"如果说《水浒》为了陪衬，在描写地主阶级内部狗咬狗的斗争的时候，还写到了农民起义的话，那么《闹漕》则是只字未提农民起义，从头到尾都是写的一件事：地主阶级内部狗咬狗的斗争。"因此撰者断言："《闹漕》就是一部小《水浒》，是一株从根到梢都浸透了孔孟毒汁和充满了封建糟粕的毒草，是一部与马列主义、毛泽东思想根本对立的黑标本。"对 1957 年孙敬文本《钟九闹漕》，撰者也与"反右"运动联系起来。"正因为形势大好，阶级斗争、路线斗争也特别复杂尖锐。一小撮阶级敌人利用我们党开门整风的机会，向党猖狂进攻"，"正是在这种前提下"，"铅印的《闹漕》出笼了"。"不管整理改编者的主观意图如何，它客观上适应了地主资产阶级的政治需要，成了一支向党向人民进攻的毒箭。"[1]

撰者最后写道：

> 　　唱本《闹漕》，流毒 100 多年，尤其在崇阳地区造成了极坏的影响。现在是清算它的时候了！毛主席关于评《水浒》的指示，吹响了向投降派开火的进军号，也宣判了一切宣扬阶级调和、鼓吹投降的毒草的死刑。我们一定要遵照毛主席的指示，狠狠批判《闹漕》这部小《水浒》，肃清其流毒，并把它永远扫进历史的垃圾堆。

纵观工农兵学员撰写的"钟人杰起义调查报告"和"评《钟九闹漕》"两篇文章，更会让人相信华中师范学院历史系的这次"开门办学"是为了配合评《水浒》、批宋江的政治运动而组织的。两文在话语上表现出来的特点有：（1）大量引用毛泽东的话语，以显示"政治正确"，当然这也是当时各种写作的规范；（2）完全遵照毛泽东提出的历史观和阶级斗争理论进行历史分析，抛开毛泽东话语的生成语境生搬硬套地进行解释；（3）在历史编撰过程中依据事先已经形

---

[1]　此处话语来源参见毛泽东在"反右"运动中的文本，如《组织力量反击右派分子的猖狂进攻》、《打退资产阶级右派的进攻》等，其中"猖狂进攻"、"毒素"、"毒草"等词汇在这些文本中频频出现。

成的解释框架选择史料，并且按照意识形态的偏好进行史料解读（不考虑史料形成的语境和真伪问题）；（4）历史研究的选材和解读紧跟政治时事和形势，以迎合政治运动的需要；（5）话语形式呈现出火药味，不是论辩式的，而是战斗檄文型的（有些话语甚至是谩骂），不容置疑，不容反驳，完全没有学术写作所谓的"商榷"或"讨论"意味。

关于"文化大革命"形成的原因，诸多学者已经做了大量研究。① 但是我认为，"文化大革命"形成的原因绝大部分来源于中国文化自身。我们并不能过多地将责任推到毛泽东一人身上。从"文化大革命"初期暴烈的批斗、武斗到遍地开花的大字报和批判文章，"文化大革命"期间已经形成了一种偏执和暴力的文化形态。但是我们应该明确，一个人甚至一群人是造就不了一个社会形态的文化的。我们也不必到法国大革命身上去寻找"文化大革命"的源头，因为法国大革命直接开启了人类民主政治的进程，其遗产是至今受世人推崇的自由、平等、博爱的精神理想。工农兵学员对历史的粗暴批判与解构，其实映照出"文化大革命"期间极端激进的革命文化的两个面相：人们既是这一文化的受害者，也是造就这一文化形态的推动者。因此，反思"文化大革命"不是哪一个人或哪一部分中国人的事情，而是全体中国人的事情。

## 四、民间记忆向革命告别

### （一）社会记忆

在《论集体记忆》一书中，法国社会学家莫里斯·哈布瓦赫开创性地告诉我们，个人记忆事实上是一种集体的社会行为。现实社会的组织或群体，包括家庭、家族、国家、民族，或者公司、机关等，都有其对应的集体记忆（collective memory）。② 在后来者保罗·康纳顿所著的《社会如何记忆》一书中，集体记忆与社会记忆

---

① 参见陈建坡：《"文化大革命史"研究 30 年述评》，中共中央党校博士学位论文，2009；王朝晖：《美国对中国"文化大革命"的研究（1966—1969）》，东北师范大学博士学位论文，2005。

② ［法］莫里斯·哈布瓦赫：《论集体记忆》。哈布瓦赫将集体记忆与社会记忆区分开来，认为在社会中，"有多少职能，就至少会有多少种集体记忆"（同上书，235 页）。诸多学者视二者为同义概念，本文亦同。

(social memory) 所指的意涵是一致的：一种群体的记忆。① 德国心理学教授韦尔策从历史学视域出发，认为社会记忆是"一个大我群体的全体成员的社会经验的总和"，包括"口头流传实践、常规历史文献（如回忆录、日记等等）、绘制或摄制图片、集体纪念仪式以及地理和社会空间"②。韦尔策的定义自然比较宽泛。笔者从社会记忆主体的文化选择出发，将其区分为民间记忆和国家记忆。国家记忆的主要文化背景当然是作为霸权的意识形态，民间记忆的文化背景则更侧重地域性和社群意义。以此来看，《资料》中受访者呈现的是民间记忆，工农兵学员呈现的是国家记忆。

但是社会记忆不同于历史。记忆并不是单纯地再现过去，它还"拥有忘却和写入两方面"③。历史与记忆之间的关键差异在于："历史是已经发生的事情，而回忆则是人们相信是发生的事情。"④ 围绕着如何"相信"，社会记忆应当是"由社会、经济、政治环境以及信仰、价值、对立、抵抗所决定，其中也包括文化基准、真实性、认同以及权力的问题"⑤。在历史与社会记忆之间，福柯是这样区分的："历史乃是对文献的物质性的研究和使用（书籍、文本、叙述、记载、条例、建筑、机构、规则、技术、物品、习俗等等），这种物质性无时无地不在整个社会中以某些自发的形式或是由记忆暂留构

---

① ［美］保罗·康纳顿：《社会如何记忆》，纳日碧力戈译，上海，上海人民出版社，2000。在此中译本中"莫里斯·哈布瓦赫"（Maurice Halbwachs）译作"莫里斯·哈尔布瓦克斯"。

② 哈拉尔德·韦尔策：《社会记忆（代序）》，载［德］哈拉尔德·韦尔策编：《社会记忆：历史、回忆、传承》，6页，季斌等译，北京，北京大学出版社，2007。王明珂区分了三种记忆：社会记忆、集体记忆和历史记忆，前两者是康纳顿和哈布瓦赫的经典概念，而"历史记忆"则专指人们追溯社会群体的共同起源及其历史流变的叙述，是一种"根基历史"，显然较前两者范围更小。参见王明珂：《历史事实、历史记忆和历史心性》，载《历史研究》，2001（5）。本文对社会记忆、集体记忆和历史记忆三个概念不作类似的区分。

③ ［日］三岛宪一：《本雅明：破坏·收集》，399页，贾倞译，石家庄，河北教育出版社，2001。

④ 詹姆斯·E·扬：《在历史与回忆之间》，载［德］哈拉尔德·韦尔策编：《社会记忆：历史、回忆、传承》，21页。

⑤ Climo & Cattell：*Social Memory and History*，Altamira，2002。转引自孙江主编：《事件·记忆·叙述》，188页，杭州，浙江人民出版社，2004。

成的形式表现出来……就一个社会而言，历史是众多的文献获得地位和确立的方法，这种方法是和文献不能分离的。"由此，福柯提出，历史不过是"集体的记忆的明证"①。就是说，社会记忆也是一种文本，是历史建构自身的取材之一。

康纳顿也提出："我们应当把社会记忆和最好称之为历史重构（historical reconstruction）的活动区分开来。"他认为历史重构不依赖社会记忆，历史学家们"要求有权按照自己学科的适当方法自己拿主意"，尽管"有此相对于社会记忆的独立性"，历史重构的实践还是"可以在主要方面从社会群体的记忆获得指导性动力，也可以显著地塑造他们的记忆"。因此，历史学家的写作"深深卷入了他们所属于的那个政治社会的生活"，从事历史研究是在"通过让人们摆脱原本指导他们假想和行为的传统，来创造相对于过去的新距离"。而相对于这种成文史的写作活动，"非正式的口述史"有着"更加非正式的程序和更广泛的文化分布"，是"描述人类行为的基本活动"，这是"所有社群记忆的特征"②。《资料》中的访谈记录展现的正是这样一种"非正式的口述史"，它们属于我所说的民间记忆。《钟九闹漕》的民间唱本、民间故事等乃至我在第一章探讨的可以进入政治文化研究视野的许多民间文本都属于民间记忆的范畴。我以"非正式的口述史"作为民间记忆的代表，因为它们"最初被评价为直接了解过去的手段"，而今天，它们"被越来越多地视为表现非精英群体是如何随时间变化而建构和修正其文化内涵的证据"③。

这一类口述史最明显地体现了民间与国家的距离，或者社群与霸权的间隔。民间记忆主要从个人的社群和地域生活经验出发构建回忆，侧重表现了一种亚文化的传统。而国家记忆则是从维护国家统治和全体社会凝聚的角度出发，极力塑造一种新的政治认同，是

① ［法］米歇尔·福柯：《知识考古学》，6页。
② ［美］保罗·康纳顿：《社会如何记忆》，9～13页。
③ 我这里使用的"口述史"概念包括"口述证据"和"口头传述"，前者一般指亲历者的口述回忆，如果《崇阳冤狱始末记》是殷垫口述的录音制品的话，它显然包含其中；后者指对过去的人和事件的叙述和描绘，它们通过口述经几代人流传至今。参见［英］约翰·托什：《史学导论——现代历史学的目标、方法和新方向》，262页，吴英译，北京，北京大学出版社，2007。

"一种以统治合法性为主要诉求的记忆模式"①。国家记忆在形式上并不与民间记忆有什么刻意区别，例如民间记忆中有家族（宗族）墓地（祠堂），国家记忆中有烈士陵园或军人公墓。民间记忆和国家记忆有时候也能够向对方迁徙，例如重庆的红卫兵墓园于 2009 年 12 月被列为市级文物保护单位②，就是民间记忆登堂入室，而"雕栏玉砌应犹在，只是朱颜改"③ 则是居庙堂之高的国家（王朝正统）记忆走下神坛的真实写照。但是我们不应当夸大民间记忆和国家记忆之间的对立，如同语言作为文化共同体的基础一样，毕竟"任何社会秩序下的参与者必须具有一个共同的记忆"④，也就是说，民间记忆和国家记忆之间有着复杂的互文关系。

（二）回归日常生活世界

丹尼尔·贝尔（Daniel Bell）曾经指出："就是一群互不相识的人，他们的日常生活和思想里有一种共同的历史……这种社群提供了一种道德传统，有助于表述我们生活中的一致性，使我们有义务来促进我们的历史中所记忆和期望的理想，把我们的命运与我们的前辈同时代的人以及后代连接在一起。"⑤ 有学者认为虽然贝尔的分析是针对民族这么一个超大群体的，但是这一分析可以启发我们对民间记忆的认识：第一，民间记忆中存在着一种明确的目的诉求或价值判断；第二，民间记忆表现出不同时空环境的通融。⑥

我们再回过头来仔细考察本章展示的两种社会记忆。王旺国本《钟九闹漕》和《资料》中受访者的话语可以视作有关"钟九闹漕"事件的民间记忆，而孙敬文本《钟九闹漕》和工农兵学员的报告以

① 王海洲：《合法性的争夺——政治记忆的多重刻写》，72 页。氏著在现代民主政治的语境中探讨社会记忆，按照主体将社会记忆划分为官方记忆（政府记忆）、民间记忆和个体记忆，其中官方记忆（政府记忆）是由"政治精英主导"的。那么反政府的精英算不算"政治精英"，如果是，他们建构的历史记忆还能被称作官方记忆（政府记忆）吗？
② 参见杨继斌：《最后的武斗罹难者墓群》，载《南方周末》，2010-02-25。
③ （南唐）李煜：《虞美人》。李词全文为："春花秋月何时了，往事知多少？小楼昨夜又东风，故国不堪回首月明中。雕栏玉砌应犹在，只是朱颜改。问君能有几多愁，恰似一江春水向东流。"
④ ［美］保罗·康纳顿：《社会如何记忆》，3 页。
⑤ ［美］丹尼尔·贝尔：《社群主义及其批评者》，124 页。
⑥ 王海洲：《合法性的争夺——政治记忆的多重刻写》，85 页。

及评论可以视作一种国家记忆。本章已经在范畴使用、话语秩序、遮蔽与彰显等方面进行了粗略的话语对比分析。分析显示，"钟九闹漕"的民间记忆在话语的上述几个方面展示了传统的特性，或者说更趋向于接近晚清的话语实践。相比而言，从孙敬文本《钟九闹漕》到工农兵学员的国家记忆中间，话语实践的文化特征距离传统越来越遥远，以致传统可能消失殆尽。

我在前面已经指出，民间记忆更注重地域性、社群意义和世代相递的传统。但是，"我们对现在的体验，大多取决于我们对过去的了解；我们有关过去的形象，通常服务于现存社会秩序的合法化"①。因此，在一个社会中，社会记忆也是"不断地被集体创造、修正与遗忘"②。孙敬文本《钟九闹漕》和工农兵学员的话语正是在重新创造和修正一种社会记忆，同时使人们遗忘它"曾经拥有的形式和外表"③。事实上，对"钟九闹漕"的创造、修正和遗忘从晚清时代已经开始，只不过这种类似的集体活动在 1949 年后才在中国大陆全方位地展开。从土改中的"诉苦"开始，到"文化大革命"这一史无前例的文化改造运动达到高潮，工农兵学员的"评《钟九闹漕》"就是国家重塑社会记忆的极端表现。在社会记忆中，民间记忆总是面临着国家记忆的殖民，这也表现为文化霸权不断扩展边界的行为。但是，"当国家机器被系统地用来剥夺其公民的记忆时，这种互动就会出现尤为极端的例子。所有极权主义都有这样的行为方式：极权统治臣民的记忆之日，便是他们受精神奴役之始"。因此，在极权统治下，"可怕的不仅在于侵犯人的尊严，而且还在于这样的恐惧：可能再也不会有人真实地见证过去"④。"文化大革命"就是这一阐释的最好写照。

我们可以看到工农兵学员的话语就是要切断民众与某种文化或传统的联系，而这正是"文化大革命"术语的意涵所在。但是民间记忆或者民间话语总是具有抵制国家记忆和统治话语的天性，即使在极权的环境下，我们可以看到与霸权并非一致的话语仍然大量地

---

① [美]保罗·康纳顿：《社会如何记忆》，4 页。
② 王明珂：《华夏边缘：历史记忆与族群认同》，253 页。
③ [法]莫里斯·哈布瓦赫：《论集体记忆》，82 页。
④ [美]保罗·康纳顿：《社会如何记忆》，10～11 页。

出自崇阳民众之口。前文所归纳的"成分"、"经济"、"古老"、"中性"几类范畴的使用就是明显的例子。这里还有一个极端的例子：

> 你们所说有关钟九妻子带着儿子到这里来，并吊死在神巷的事，我没听说过……不过我听说过在西兵造反时，有六个西兵跑到小岭坳一个叫黄仁德的家里……黄仁德在当时是一个有权力的绅士（相当于现在的公社书记），他那时可以随意杀人。据说他还是官兵的一个头子，见到西兵就杀，杀了三年人，后来不杀了，反而保西兵，所以这六个西兵就逃到他家。（姜承祖，62岁）①

将清代的官绅与"文化大革命"时期的公社书记等同起来，我们并不能认为这是无知的表现。大体可行的解释是，普通农民千百年来都是统治的对象，他们对社会分层的基本认识是：有权势的和无权势的（或者有钱有势的和无钱无势的）。这种认识乃是千百年经验记忆的凝固，跟任何主义无关。话语者的记忆肯定存在歪曲或忘却，但是他所呈现的社会记忆重建了历史的现实意义。与此类似，前文所谓的"地方型话语"也在不知不觉中重建了"钟九闹漕"事件在农民思维世界中的现实意义：革命？抗粮和闹漕？起义或造反？无所谓，农民注重的是生存和安全。我们可以说，民间文化在此实践了对国家记忆的抵抗。

> 书生善于和观念打交道，不善于和事实打交道。农村的事实，和我们脑子里装来的观念，很不一样。我们初进村，看到四处张贴《毛主席语录》，有一家门口土墙上贴着一条标语："严重的问题是教育农民。"② 我们看了很感动，

---

① 《资料（一）》。"调查材料整理"，"第一小组更新三队战斗小组"，1975年11月2日，61页。

② "严重的问题是教育农民"句出自毛泽东《论人民民主专政》（1949年6月30日）一文，参见《毛泽东选集》第4卷，1477页。该句涉及的是如何学习苏联进行农业"社会化"即农业集体化的问题，但毛泽东在此处并未展开论述。

以为这户农民很有自知之明。但后来知道，村里人没有谁在意这些语录的内容，上面要贴就贴，要多贴就多贴。一次在地里，一个小青年（幸亏成分是贫农）从兜里掏出《语录》，说："光念这个，能种好地吗？"①

"当代的制度正是在记忆的基础上构建起来的。"② 国家记忆不仅仅是霸权回忆历史的活动，它还是建构国家制度的文化或者意识形态基础。我们已经谈过，新中国成立前后的土改曾经激发和塑造了农民的阶级斗争等新型意识，从而改变了"人心"。但是，新制度下的农村生活多年以来并无大的改善，被改变过的"人心"可能又要变回去了，可以说，"文化大革命"期间的国家记忆已经远离了民间记忆。"对于过去社会的记忆在何种程度上有分歧，其成员就在何种程度上不能共享经验或者设想。"③ "文化大革命"期间的种种紧张、混乱和冲突，在某种程度上可以说是国家记忆与民间记忆背道而驰、逾行逾远的结果。一位回忆者说，七十年代，"整个社会生活充满了人心思变的气氛"④。这里，引用作家韩少功回忆"文化大革命"期间插队生活的一段描述作为本章的尾声，表明即使在那个革命文化极端化的年代，农民依然在向日常的生活世界回归：

> 不料事情⑤并不顺利。农民学员对识字还有些兴趣，青年农民对天南海北的趣闻也津津有味，但要让他们理解列宁和孟什维克，明白巴黎公社有别于我们自己所在的天井公社，费力气实在太大。
>
> "巴黎公社？在哪个县？怎么没听说过？"
>
> "巴黎公社的人不插田吗？不打禾吗？那他们都是吃返销粮的？"

---

① 唐晓峰：《难忘的 1971》，载北岛、李陀主编：《七十年代》，262 页。
② ［法］莫里斯·哈布瓦赫：《论集体记忆》，213 页。
③ ［美］保罗·康纳顿：《社会如何记忆》，3 页。
④ 朱正琳：《让思想冲破牢笼——我的七十年代三段论》，载北岛、李陀主编：《七十年代》，183 页。
⑤ 指当时作者会同几名知青在插队的农村办农民夜校。

"我只听戴书记说过要学大寨，没听说过要学巴黎呵！"

……

他们对无产阶级光荣这种鬼话也绝不相信。无产阶级？不就是穷得卵都没一根么？要是无产阶级光荣，那婆娘们不都光荣了？他们粗俗地大笑，然后对地球是圆的这一真理也嗤之以鼻：怎么是圆的？明明是平的么！我走到湘阴县白马糊（一个在他们看来已经是很远的地方），怎么没看见摔下去呢？怎么没看见湘阴人两脚朝天呢？……到最后，他们质问我们为什么不教他们打算盘，不教他们做对联和做祭文，哪怕教他们治鸡瘟也好呵。①

---

① 韩少功：《漫长的假期》，载北岛、李陀主编：《七十年代》，576～577 页。

# ····· 结语：文化变迁的踪迹和理由 ·····

## 一、王朝政治：绅民一体的文化共享

我在第四章提到了道光年间崇阳有名的举人黄廷煜为何没有参与钟人杰起事的多种民间传说。20 世纪 80 年代印行的《崇阳民间故事选》也刊载了两则说法不同的民间故事。

一则故事题为"堂前试胆"。讲的是金太和、金瑞生、汪敦族、蔡德章、陈宝铭，还有蔡绍勋，秘密聚集在钟九家里，他们一致要推举钟九带个头，领着大伙起事，为百姓出口冤气。但是钟九有点不放心，便对众人说："攻打粮房，绝非儿戏，须得众人齐心，同盟立誓，方可成大事。"于是宰鸡放血，对天起誓说："大清道光二十年，我等仗义结盟，实为惩处贪官污吏，救民水火，生则同盟，死不变心，谁有异志，皇天当鉴，众共谋之。"几人正欲举碗饮酒盟誓，突然"哐"的一声，有人摔了酒碗。大伙回头一看，原来是黄廷煜到了。他正颜厉色地说："你们好大的胆，图谋不轨，同我见官去。"众人吓得脸无人色，特别是蔡绍勋两腿发抖早就钻在桌子底下。唯有钟九若无其事，仰着脖子喝干了酒。黄廷煜见状，便知蔡绍勋胆小如鼠，其他人也少大丈夫志气。唯有钟九有英雄气概。便转变脸笑说："众人不要惊慌，我不过堂前试胆罢了。"众人这才定下神来，一口气把血酒喝干。钟九见蔡绍勋的酒碗摔成八块，便对他说道："孺子不足与谋，你去罢。"蔡绍勋本来也不想同官府作对，只是出于义气。听见钟九这句话，便赶紧溜了。"后来，果然众人忠心聚义，干出番大事业来，唯有蔡绍勋贪生怕死，投靠粮房的一班恶棍，与钟九作对，丢下一世骂名。"①

第二则故事题为"孺子不可共事"，稍短，全文照录如下：

> 相传，当年钟九起事，还请过黄廷煜当军师呢。只是

---

① 《崇阳民间故事选》，18～19 页。口述人：熊元初，男，78 岁，汉族，家住天城镇；搜集整理：杨景崇；流传地区：天城镇；采录时间：1985 年 10 月。

那黄廷煜瞧不起钟九，认为他成不了大事，才没答应。

有一次，钟九一个人登门拜访黄廷煜，一边喝酒，一边谈起了当今世道。两人越讲越气，越喝越来劲，一铜壶酒都喝干了。钟九说："我想砸烂粮房，杀死贪官，为崇阳百姓除害，望黄兄助我一臂之力。"黄廷煜缓缓答道："大清气数已尽，当立新朝。欲举大事，必先剪辫削发，才显得与清朝势不两立。"谁知那钟九听说要他剪掉辫子，死活也不同意，说："这是千百年的旧习，怎么一刀两断？还是先打了粮房，立朝之事日后再说吧。"黄廷煜也不争辩，只说："孺子不可共事。"说完将大碗酒一气喝干，顺手一扔，酒碗变成了八块。从此，两个人就不相往来，交情渐渐淡薄。后来，钟九破城挂帅，黄廷煜果真没有出马。①

上述两个故事首先提供了两个情节模型（episodic model）②。"堂前试胆"映射的是我们经常在"俗文学"③ 中经常见到的绿林好汉聚众歃血为盟的情景，刘关张三结义和梁山泊一百单八个兄弟是人们最为熟知的故事。这一情节模型是对英雄的胆略和义气的叙述和赞美。"堂前试胆"无疑突出了钟人杰的胆略，矮化了其他人的英雄形象，并直接嘲讽了蔡绍勋的胆小和背叛。而"孺子不可共事"提供的是一个协商决策的情节模型。幕僚（黄廷煜）向领导者（钟人杰）提供建议，领导者拒绝采纳，幕僚愤而出走，不再提供辅佐。当然这类情节在俗文学中也有，只不过老百姓更津津乐道于草根英雄歃血为盟的豪情义气，而不是作为政治决策场景的后者。

我们大致可以说乡民更熟悉"堂前试胆"中的情景，据此可以推测制造这一故事或说法的人为当时的乡民，参没参加过闹漕就不

---

① 《崇阳民间故事选》，380～381 页。口述人：陈桥福，男，64 岁，退休干部；搜集整理：杨景崇；流传地区：天城镇；采录时间：1985 年 4 月。

② 有关情节模型的论述，参见［荷］冯·戴伊克：《话语·心理·社会》，32～67 页。

③ 郑振铎认为"俗文学"指不登大雅之堂，不为士大夫所重视，而流行于民间，成为大众所嗜好、所喜悦的东西。它包括民歌、民谣、小说（话本）、戏曲（戏文、杂剧、地方戏）、讲唱文学、游戏文章等。参见郑振铎：《中国俗文学史》，载《郑振铎全集》第 7 册，1～14 页，石家庄，花山文艺出版社，1998。

好说了。而制造"孺子不可共事"故事的则极有可能是钟人杰起事领导层中幸存的激进分子。钟人杰起事的领导层主要由下层绅士组成，他们的文化视野自然不同于普通花户。同民间唱本《钟九闹漕》一样，"堂前试胆"也有神化钟人杰的趋向，代表了普通花户对钟人杰为民请命的感激之情。"孺子不可共事"叙事的背后是起事领导层之间的决策纷争，幸存的激进分子将失败归罪于战略决策的失误，对钟人杰的愤懑可见一斑。

但是我们还需要考虑，为什么钟人杰是英雄还是孺子，需要由黄廷煜这个人物来充当试金石？旧县志说黄廷煜为举人，"道光辛巳中第七名"，"少负不羁，才登贤书，以事见废"，晚年"博览自矜"。咸丰年间被太平军抓获，"因诡词遁免"，撰志者评述"生平好用权术大都此类"①。而《崇阳民间故事选》以"机智人物故事"为题选登黄廷煜 32 则故事。这些故事的共同特点就是打抱不平，不畏强暴，视权贵如愚，因此"在群众中有极大影响，趣闻轶事极多"②。黄廷煜是举人③（并且乡试名次靠前），乃上层绅士，其在崇阳地方的学术声望是仅为县学文生的钟人杰不可比拟。钟人杰是漕师，替人出头是要收取费用的，而黄廷煜经常是路见不平伸手相助，且以机智闻名。虽然钟人杰率众抗粮，但是在崇阳地方的民望远远不及黄廷煜。就如人们熟悉的《三国演义》中的诸葛亮和维族传说中的阿凡提，黄廷煜作为"地方名流"也被崇阳各个阶层当做正义和智慧的化身来臧否人物明辨是非。

有关黄廷煜拒绝参加钟人杰起事的传说能够普遍流传已经说明了道光年间崇阳地方对黄的普遍认可。在故事的各种版本中，黄廷煜的形象和言辞倾向基本上没有变化，也在一定程度上说明了地方绅民共享某种经验和认识。所以，更有可能的是幸存下来的下层绅士事后反思，制造了"孺子不可共事"故事的原型，在传播中人们按照自己的判断和喜好对之进行了改造，如同唱词《钟九闹漕》一样呈现了多个版本。下层绅士选择了民间口头文学的形式向普通民众传达自身的认识和态度，其中固然有避免被官府追究的因素，但

---

① 同治本《崇阳县志·选举志·进士》卷七，387、391 页。

② 参见《崇阳民间故事选》"序言"。黄廷煜故事见该集书 337～382 页。

③ 按清廷制度，获得进士、举人、贡生的学衔才是入仕的正途，上层官吏几乎都是来自正途。参见张仲礼：《中国绅士研究》，4～5 页。

是从文化上讲，是否也代表了精英思想向普通民众的渗透？而民众对故事原型的改造也在说明对于精英文化，普通大众中间也存在反渗透的现象。因此，晚清的地方绅士对于民众不是单方面的文化领导和教化，民众也在利用某种形式悄悄地纠正地方精英的所思所想，二者处于微妙的互动过程之中。

但是无论是乡民更熟悉的"堂前试胆"，还是注入过多精英意识的"孺子不可共事"，都没有走出中国王朝专制的文化来叙事。在"孺子不可共事"中，黄廷煜的"大清气数已尽，当立新朝"句直接表白了儒家革命话语在古代农民叛乱中的指引意义，显示了中国历史对治乱更替政治的传统认识。"堂前试胆"描述钟人杰起事的目的是"实为惩处贪官污吏，救民水火"。尽管没有直接表白要推翻清王朝，但是"皇天当鉴"句表明"堂前试胆"还是停留在"天道"的文化观念中来为钟人杰起事的正当性或合法性辩护。"堂前试胆"中有"成大事"说法，"孺子不可共事"中有"举大事"的说法。很显然后者清楚地指推翻清王朝。而"堂前试胆"中的"成大事"则没有清晰地这样说明。"堂前试胆"的叙事策略与传统的《钟九闹漕》唱本并无区别，二者都深藏了对清廷统治的不满和反抗。黄廷煜在崇阳地方文化中已有被神化的趋势，几乎可以被认为是崇阳地方的"圣人"。对清廷不满的生员借地方圣人之口说出了需要"圣人革命"来改朝换代的话语，这是"孺子不可共事"的意涵。而"堂前试胆"重点意在宣示普通民众对钟人杰的感激，对蔡绍勋的鄙夷，或者由于叙述者的胆小怕事，最后没有借黄廷煜这位地方圣人之口说出"当立新朝"的传统革命话语，而最终只体现出普通民众对"钟九闹漕"事件的直观感受。

我们不能期望绅士和庶民对所有的文化都有一致的看法，显然在教育程度、生活方式和经济利益等方面这两个阶层都存在着差别。但是晚清有关"钟九闹漕"的文本显示了在维护地方公共利益和共享地方经验的基础上绅民进行互动的关系，说明绅民之间在文化上具有相互的包容性。因此我认为传统社会的绅民一体主要体现在文化上，而不是其他方面。同时，作为后备干部人才库和退休干部荣养团的绅士阶层与官僚集团保持紧密的关系，绅士阶层作为朝廷、官府与庶民之间的中介起到了沟通霸权与民意的作用，从而共同维持了文化帝国的长期存续。"文化将人们结合起来却是明清中国社会的一个特征。不论是满人征服中国以前或以后，国家和社会精英都根据宋明理学的策略来创造公共秩序。尽管这种儒家的结构并无意要包含所有的民间信仰，农民仍然与精英共享同样的儒家文化秩序。"① 同时，"直到近代，上流社会人士仍力图维持一个接近于自然状态的农村基础"，在乡村，"小传统并没有使价值观和城市上流社会的大传统明显分离"，相反，"这两个阶层具有共同的民俗和宇宙观"，包括"对祖先、学问、财产和合法权威的尊重"②。

## 二、革命：精英主导的文化突变

中国革命话语经过两千年的隐而不宣，何以在清末民初得以彰显，进而弥散成一种新的文化形态？根据我在第三章的阐述，这里面既有来自西方的因素，但更多的缘由还是要在中国自身的历史进程中来寻找。

我们可以看到，道咸时期，无论是官方、社会精英，还是崇阳民众，都没有将"钟九闹漕"看做"革命"，清朝官方和社会精英称之为"逆"，民众称之为"官逼民反"或"闹漕"和"抗粮"。纵观秦汉以来无数次类似的叛乱，除非领导者成功登顶坐上龙椅，否则由精英书写的史书对它们的命名是不会改变的。但是，1927年《崇农革命》一文用"革命"一词重构了"钟九闹漕"，说明革命话语的彰显以至革命文化的形成还是首先要从作为文化领导群体的知识精英身上找原因。

"士不可以不弘毅，任重而道远。仁以为己任，不亦重乎？死而后已，不亦远乎？"这是《论语》中曾参的话语。"士当先天下之忧而忧，后天下之乐而乐"，这是大家熟知的北宋范仲淹的名句。"风声、雨声、读书声，声声入耳；家事、国事、天下事，事事关心。"这是名动天下的一副对联，出自晚明东林党人。不嫌冗长赘述如上，是想说明一点：自秦汉以来，中国的知识精英就有指点江山、担当社会的理想和豪情。无论在朝在野，"居庙堂之高则忧其君，处江湖之远则忧其民"，读书人习惯于将国计民生置于心中。中国古代社会融政统、亲统和道统为一体的士大夫政治文化③，与西方中世纪政

① ［美］王国斌：《转变的中国：历史变迁与欧洲经验的局限》，143页。
② ［美］费正清、费维恺编：《剑桥中华民国史，1912—1949》（下卷），30页，刘敬坤等译，北京，中国社会科学出版社，1994。
③ 参见阎步克：《士大夫政治演生史稿》。

教二元分立所形成的政治文化传统①大为不同。余英时就认为，西方可以称为"知识分子"的群体是在其"俗世化"的启蒙过程中才出现的，在此之前，"社会的良心"仍然由基督教来界说，而知识精英仅仅是"为知识而知识"的哲学家（科学家）。②

在中国传统社会，士绅阶层不仅充当了文化领导者，而且积极参与地方公共事务，在必要的时候还出现在朝廷和官府的政务舞台上。第二章已经描述了"钟九闹漕"中崇阳的下层绅士包揽钱粮、组织抗粮、士绅大户最后倒戈、协助官府究逆、善后的具体过程。最极端的例子是太平天国运动期间，地方绅士组织团练与太平军相抗的图景③，无论如何，知识人纷纷创建和组织主要听命于自己的地方武装在任何国家的任何时期都是罕见的。我在第二章对绅士阶层的描述过于注重其社会功能的属性，然而余英时指出，如果"士"完全不能超越他的社会属性，那么，中国历史上就不会出现那许多"为民请命"的"士大夫"了。④ 不必远寻，钟人杰就是很好的例子。在传统上，领导文化、参与政治是绅士阶层的一种生活方式。我们当然不能认为古代所有的士子都秉承"以天下为己任"的信念，否则也不会出现那么多贪官污吏，但是可以说那是士作为受世人尊崇之阶层的道德理想。

自晚明以来，作为绅士下层的生员集团开始出现贫困化趋势。为谋生，他们更益广泛地通过参与地方公共事务来牟取经济利益。至晚清，随着生员数量的大量增加和科举名额的限制，乡绅向行政中心和城市迁徙以谋他途发展的趋势更加明显。余英时指出明清社会经历了一个士商互动和儒学转向的过程，但是"弃儒就商"的社会运动和专制皇权恶化造成了政治僵局。前者以财富开拓了民间社会，为士绅阶层领导社会创造了新的条件；后者则堵塞了士绅欲凭借朝廷以改革政治的旧途径。因此，士绅阶层与专制王朝出现了文化心理上的间隔，儒学也开始与释、道合流，走上宗教化的道路。⑤

---

① 参见丛日云：《在上帝与凯撒之间：基督教二元政治观与近代自由主义》，北京，三联书店，2003。

② 参见余英时：《士与中国文化》"引言"，4～5页，上海，上海人民出版社，2003。

③ 参见［美］孔飞力：《中华帝国晚期的叛乱和敌人》。

④ 参见余英时：《士与中国文化》"引言"，8页。

⑤ 同上书，525～576页。

在我看来，这一变化乃是"绅士公共空间的扩张"①导致的结果。在第二章，我们探讨的道咸年间多数的抗税运动和叛乱都是由生员发动和领导的，直至辛亥革命前十年的诸多民变骚乱中，士绅的身影也是频频出入其中。② 即使是太平天国运动期间的团练，我们可以说是清廷应对危局的不得已之举，当然也可以看做士绅积极参政干预时事的文化实践。

如果说，用汉语"革命"一词对译英文"revolution"有一定的偶然性，那么国门洞开之后，西方诸国的革命对于中国文化的影响就是必然的。但是即使在近代知识分子普遍认同"革命"之前，改良派的心态已经呈激化的趋势，谭嗣同的"冲决罗网"是最著名的表现。而戊戌变法的失败，只能是使激化的趋势一步步走向现实。可以说，清廷对戊戌维新的镇压促成了清末的精英开始接受西方的"革命"观念。金观涛指出，当时国内大多数知识分子对西方现代革命观念的态度，是与他们心目中清王朝统治的正当性联系在一起的。1900 年以后，严峻的亡国危机使得激进的知识分子开始怀疑清王朝能否保持中国的独立自主；革命观念被激活，是清廷统治正当性开始受到质疑的表征。③ 如果说，从钟人杰叛乱乃至到太平天国运动，晚清部分绅士仅仅是在质疑清王朝能否继续应承天命，那么戊戌维新以后，列强的步步进逼和清廷的迂腐守旧，则使部分新学之士已经开始考虑专制帝制是否具有正当性的问题了。思考的结果就是辛亥革命的爆发，既改朝换代，又不复帝制。④

但是知识精英激进的文化发展态势并未走向衰退，反而随着民国初期恶化的社会局面一步一步迈向高潮。我在第三章已经谈到，由于清末新政，一部分绅士直接进入政治权力体系，从而失去了民间知识人的身份，一部分在新式的建制下蜕变为新式的知识人。后一部分成为推动革命观念在社会层面蔓延的主导力量。民国初年农村的凋敝、外国在华势力的进一步扩张、军阀之间的混战等乱象，

---

① 金观涛、刘青峰：《观念史研究：中国现代重要政治术语的形成》，71~99、384~385 页。

② 参见《辛亥革命前十年民变档案史料》。

③ 金观涛、刘青峰：《观念史研究：中国现代重要政治术语的形成》，372 页。

④ 金观涛指出，"辛亥革命"一词是在 20 世 20 年代，国民党为了论证自身的合法性而采用的说法，在辛亥革命爆发之际，报刊文章称其为"武昌兴师"。见氏著《观念史研究：中国现代重要政治术语的形成》，384 页。

让知识人群体更为不满。在新文化运动中，"新知识分子终于意识到信奉中学西学二分意识形态的城市化绅士是不能完成中国现代化的。他们举起全盘反传统大旗，'革命'一词作为自上而下改革的对立物，代表了社会、家庭、经济、政治、文化各领域秩序必须从下至上彻底推翻的意愿。革命观念随着对法国大革命和俄国革命的肯定而勃兴，成为 20 世纪政治制度和社会行动的正当性基础，也是 20 世纪中国的新天道。"① 至 20 世纪 20 年代，革命高于一切，甚至以革命为社会行为的唯一规范和价值评判的最高标准，几成时尚。

刘小枫认为，中国现代革命"显然有法国革命和俄国革命法理的影响，但起支配作用的仍是公羊家和心学家为万世开太平的精神，承接的是古典公羊学的张三世之旨"，实际上是"儒家革命精神与西方世俗化神圣革命的近亲性历史构合"②。从思想史本身的互文性来看，这一论断大体符合实际。但是这一论断并没有回答革命为何蔓延成一种文化形态的问题。前面已经述及中国传统士人本身就有"以天下为己任"的超越性的理想信念，但是"儒家革命精神"（或"圣人革命论"）为何自秦汉以来一直隐而不彰，更不用说弥散成古代士人普遍的文化生活模式。这里，除了秦晖所说的儒的"吏化"和"痞化"之外③，恐怕社会变迁乃是推动文化激化乃至"革命化"的主要原因。

政治变迁和文化转型并不是在一张白纸上展开的。传统绅士阶层向现代知识分子的蜕变是在儒家文化传统崩溃的大背景下发生的，由于缺乏共同的宇宙观、价值观和知识背景，后帝制时期的知识群体内部之间也产生了意识形态的冲突。④ 霸权是葛兰西赋予意识形态支配过程的一个名称，因此尽管多方竞相宣称革命，但是话语秩序中充斥着对于霸权的争夺。新型的文化传播媒介，包括学校、社团、报刊、政党、议会等，为霸权的争夺提供了一种全然不同于士绅社会的文化互动网络。这种情景有点类似于先秦时期的"百家争鸣"，但是在社会条件上则有天壤之别。首先是春秋战国时期知识人

---

① 金观涛、刘青峰：《观念史研究：中国现代重要政治术语的形成》，385 页。

② 刘小枫：《儒教与民族国家》，168～172 页。

③ 参见秦晖：《西儒会融，解构"法道互补"——典籍与行为中的文化史悖论及中国现代化之路》。

④ 参见许纪霖：《重建社会重心：近代中国的"知识人社会"》，载《学术月刊》，2006 (11)。

群体的成员数量稀少，与清末民初不可比拟，众生喧嚣的规模无限扩大。二是"百家争鸣"是在共同的历史背景下展开，限制了思想争鸣的论域，而清末民初的论战是在中西碰撞的情景下发生，话语和论域的多样性导致争论更加复杂和激烈。三是在资讯和沟通条件方面，民初已经将文化霸权的争夺限制在一个狭窄、逼仄的时空场域中进行，文化的讨论几乎变成了面对面的猛烈碰撞，这在先秦时期地广人稀、交通艰难、资讯不便的条件下是无法想象的。四是"百家争鸣"面对的是"礼崩乐坏"，不是"亡国灭种"，因而能有宽裕的时空可以坐而论道，清末民初的知识人在"救亡压倒启蒙"的危机感中，"知行合一"参与政治实践的冲动更加强烈，远不能以一种从容的心态开拓讨论。无论对革命有着怎样不同的理解，到 20 世纪 20 年代，革命作为新知识群体在激变时代的一种生活方式已经确立下来。伴随着对革命生活方式的意义认识，（革命的）知识分子的思想也经历了从政治革命到社会革命再到国民革命的变化过程。国民革命中声势浩大的工农运动，乃是知识精英革命文化的一次大规模践履演出。《崇农革命》一文对"钟九闹漕"的话语重构，无疑就是革命者对革命作为生活方式之意义的坚决体认。

　　需要说明的是，尽管革命成为知识精英竞相争夺的符号，但是很显然清末民初的农民大体上对眼花缭乱的革命并不是很感冒。在绅士阶层集体告别农村的过程中，素质低下的劣绅和地主接管了农村的社会公共权力，导致了农村的绅民冲突和衰败状况。农民自此对绅士—地主集团报以怀疑和冷待的态度，而迁居城市里的绅士及新派知识分子则开始讨论"国民性"问题，总是担忧农民的愚昧和落后拖了改良或革命的后腿。在近代工商业兴起以后，城乡的经济水平又在拉大，新兴的工商业也是农民以及破产后进入城市的游民的剥削者。但是农村的凋敝使得农民并无什么购买力，农民对城市也只能望洋兴叹，即向往又嫌恶。可以说，"中国农民基本上是在被近代化抛弃的情况下走完了从 1840～1920 年这八十年的心路历程"。① 尽管从辛亥革命到 20 世纪 20 年代，激进的新式知识分子以革命的符号主导了中国社会的政治进程和文化转型，并试图重新使知识阶层成为社会的重心，但是他们与农民以及城市下层民众的所

---

　　① 张鸣：《乡土心路八十年：中国近代化过程中农民意识的变迁》，130、159 页。

思所想已经出现裂缝，革命终究只是新式知识人和青年学生的文化生活方式。可以说，知识精英以革命的名义试图唤醒大众一种新的生活意义的尝试在 20 世纪 20 年代遭遇了失败。从这一点来看，《崇农革命》不啻为革命文化虚拟的一次农民革命运动。

### 三、国家与社会：革命文化盛衰的一种解释

在《崇农革命》一文中，革命文化的霸权按照自身的旨趣，对"钟九闹漕"的正当性进行了再建构，突出了当时民族独立、阶级斗争、平等自由的政治主题。但是，我们可以看到，钟人杰等人在"崇农革命"中依然发挥着重要的领导作用。从社会话语秩序的变迁来说，从清代延续下来的知识精英在社会生活中的领导地位和作用，至 20 世纪 20 年代并未中断，由社会局势激荡而出的革命文化霸权继续承认并实践了这一传统。

然而在 1957 年本《钟九闹漕》中，"钟九闹漕"的领导者钟人杰、汪敦族、陈宝铭等人遭遇了"庶众化"，他们知识精英的身份被大幅度遮蔽。在抗粮、起义的组织和发展过程中，民众的力量被夸大和凸显出来。话语秩序的调整映射了社会秩序的变迁。新中国成立后，伴随着工人和农民地位上升的，是知识分子在政治生活中地位的下降。事实上，至 20 世纪 20 年代知识精英的革命文化达到高潮后，中国知识阶层的影响力却开始呈下降趋势。许纪霖指出，晚清权力不断下移，至民国的头二十年，由于北洋政府以及继之而起的国民政府忙于军阀内战，缺乏权力中心，无暇顾及社会的自主发展，社会上的知识精英通过各种公共网络，团结城市资产阶级，建立了足以与中央权力平行抗衡的民间社会。30 年代以后，随着蒋介石的南京国民政府一一击败各路军阀，中央权力稳固，开始加强对社会各个领域的渗透和控制。特别是 40 年代以后，政府以战时集权的名义，控制更加严密。最后，一度生气勃勃的"知识人社会"，被战争所彻底摧毁。① 这一历史时期，革命文化的一部分主体分别进入国民党和共产党直接参与政治，失去了社会知识精英的身份，一部分躲进象牙塔自我边缘化为"学院贵族"，像鲁迅那样坚持"横眉冷对千夫指"的民间革命文人愈来愈少。知识阶层在激变时代逐渐失去了自身作为社会文化重心的位置，政治霸权开始直接面对民众。

---

① 许纪霖：《重建社会重心：近代中国的"知识人社会"》。

内战期间，社会上的知识阶层基本上处于靠边站的位置，第三种势力在重庆谈判和北平和谈中作用甚微就是明证。中国共产党领导的革命其实是一场农民革命，但是因为马列主义意识形态的需要，新中国成立后社会阶层的构成还是以"工农兵学商"来排序。其中"学"还主要是以青年学生为主，并不指大学教师和其他机构的知识精英。从"士农工商"到"工农兵学商"，反映了政权合法性的社会基础的颠覆性变化，亦预示着作为社会精英的知识阶层在"文化大革命"期间的不幸际遇。按理说，在政治大定之后，激变时代形成的革命文化应当逐渐消退，当政者应当转向维护社会稳定，而不应当一次又一次地激荡运动，自我消解社会的秩序。许多研究者喜欢在毛泽东个人身上寻找"文化大革命"发生的原因，通过解析毛泽东的话语来解释毛泽东为什么发动这样一次史无前例的政治运动。依照话语理论的观点，毛泽东也是在用时代能够理解、并且不超出同时代人们所能理解意涵范围的语言在表述自己。因此，即使毛泽东的话语再极端以至偏执，他依然是在中国文化的范畴内言说革命，依然可以在这个范畴中引起共鸣。刘小枫指出，中国现代性革命"无论改制论还是创制论，均未脱儒家革命精神，即以圣人心态改制或创制"①。那么，革命成功，这个圣人是谁，自然是毛泽东。如此一来，整个知识阶层就不复凭借知识和理性而与庶众区别了。另外，从现实功利的角度论，民国期间的知识阶层对于中国共产党革命成功的贡献也实在乏善可陈。

关于新中国成立后革命文化为何继续升温乃至爆发"文化大革命"的问题，许多研究已经作出了分析。我在这里只想指出的是，知识阶层的边缘化导致了国家与民众之间沟通、协商机制的消失。从中国自身的历史看，士绅阶层能够在朝廷（官府）和民众之间联络顺畅之时，大体上能够保障三者之间相安无事，同时也是专制王朝政局和社会比较稳定的时期。一旦士绅对朝廷失望（如明末）或者绅权扩张（如清末），那么朝局就呈现岌岌可危的倾向，社会也将陷入动荡。尽管民国时期的知识阶层不同于明清的绅士，我们依然可以看到，除了张作霖那样土匪出身的军阀之外，大部分北洋军阀和国民党军阀对读书人还是比较尊重的，注意从知识阶层中延揽人才。20 世纪 30 年代以后国民政府的用人也开始讲究学历和文凭，留

---

① 　刘小枫：《儒教与民族国家》，167 页。

学生和国内名校出身的知识分子在国民政府内的比例也越来越高。①
内战期间，以知识分子为主的第三方势力对于遏制以军权为重心的
国民政府走向全面独裁和专制也起到了一定的作用。不同于晚清和
民国时期，"随着现代化的发展，交通、信息、军事、官僚系统等等
技术条件得以改进，国家统治权日益向社会和地方深入和延伸，国
家行政权和管辖地趋于一体"②，同时新中国成立后，知识阶层不复
为一个独立阶层，霸权和社会之间就失去了一个中介管道。因此，
霸权发挥作用的过程中没有相对的遏制力量，因而丧失了协商的空
间和回旋的余地，作为文化的霸权呈现向实体统治转化的趋势。

　　如同笔者在导论中强调的，政治思想或学说转化为社会的文化
文本需要有一个漫长的解读和反复传递的过程。在一个激变动荡的
时期，革命文化在知识精英中间的兴起也花费了几十年的时间，而
且是带着具有两千年传统的儒家革命精神的背景。因此，我认为新
中国成立后政治运动中的参与者并不是根据革命的文化在行动，他
们行为的主要依据是群体激情所导致的本能和盲从。"在威权社会
中，社会运动的发展更有可能受情感的主导"；而社会心理学的研究
告诉我们，"当一个行动的基础是情感而不是理性时，做出该行动的
人往往会依自己最为熟悉的方式来行事"③。这种感情的主要依据是
土改和国有化（集体化）以后，"人民当家做主"而迸发的对新政权
的感恩和信赖之心。至于什么是"自己最为熟悉的方式"，我们只要
回顾一下"钟九闹漕"、国民革命中的农民运动就大体明白了。因
此，"革命"在"文化大革命"期间究竟能否称为文化就很值得怀
疑。笔者倾向于认为革命在许多参与者中间只是一个符号，一个具
有道德理想光辉的符号。我们在 1975 年的工农兵学员的访谈资料中
可以看到，即使阶级范畴已经成功进入农民的话语之中，但是农民
依旧慎言革命，或者说他们也没闹明白土改以后为什么还要继续闹
"革命"。有学者这样评论道，"中国革命者献身于改造农村社会结
构，这远远超出了农民本身的眼前利益，但他们并没有为这些改革

---

① 许纪霖：《重建社会重心：近代中国的"知识人社会"》。

② 徐勇：《乡村治理与中国政治》，316 页，北京，中国社会科学出版
社，2003。

③ 赵鼎新：《社会与政治运动讲义》，72 页。

创造出令农民满意的意识形态的理由"①。

可以说，革命文化在新中国成立后的升温尽管还有其他也许是更重要的原因，但是在战乱年代知识阶层对中西革命无暇仔细思考就将两者匆忙"相互格义"，继之形成对"革命"的崇拜是思想认识上的根源性成因。无数后来者重新对"革命"进行再思考证明了"革命"作为历史或文化事件都不是轻而易举可以解说清楚的课题。从社会结构来考虑，新中国成立后没有一个独立的知识阶层来对"革命"进行再讨论，缺乏促使霸权反思的力量，"革命"作为一个崇拜的象征符号就暂时引领了文化发展的方向。或许，"文化大革命"期间许多残忍、暴烈的行为并不能算到"革命"头上，毕竟，"儒家礼制思想可以开出人民民主政制，却难以开出自由民主宪政"②。

尽管"文化大革命"末期人们已经开始"告别革命"，但是晚近时期中国知识人又引发了一场是否"告别革命"的争论③，足以显示，"革命"作为话语并没有离我们远去。好在，读书人终于可以坐在安静的书斋里重新审视这个百余年来萦绕中国人心头的幽灵了。此情此景，是否也是文化变迁的踪迹和理由？

① ［美］王国斌：《转变的中国：历史变迁与欧洲经验的局限》，231页。
② 刘小枫：《儒教与民族国家》，172页。
③ 参见李泽厚、刘再复：《告别革命——回望二十世纪中国》，香港天地图书公司，1995；谷方：《评"告别革命"》，载《求是》，1996（15）；李泽厚：《课虚无以责有》，载《读书》，2003（7）；李毅：《"告别革命"论三谬》，载《高校理论战线》，2005（6）；黄万盛：《革命不是一种原罪——〈思考法国大革命〉中文本序》，载［法］弗朗索瓦·傅勒：《思考法国大革命》，孟明译，北京，三联书店，2005。

# 参考文献

## 一、"钟九闹漕"叙事文献

1. 《清实录·宣宗实录》（六），北京，中华书局，1986。

2. 殷塈：《崇阳冤狱始末记》，上海图书馆藏未刊本。

3. Philip A. Kuhn and John K. Fairbank, *Introduction to Ch'ing Documents*：*Reading Documents*：*The Rebellion of Chung Jen－Chien*, printed by Harvard University, Fairbank Center for East Research，1986.

4. 魏源：《湖北崇阳县知县师君墓志铭》，载《魏源全集》（第十二册），长沙，岳麓书社，2004。

5. 《崇阳县志》（同治五年刻本），武汉，崇文书局，2008。

6. 蔡天祚：《八十年前底崇阳农民革命运动》，《汉口国民日报》民国十六年（1927年）三、四月份连载。

7. 孙敬文等搜集整理：《钟九闹漕》，武汉，湖北人民出版社，1957。

8. 王旺国搜集整理：《钟九闹漕》，载崇阳县文联编：《双合莲——崇阳县民间长篇叙事诗集》，95～186页，武汉，长江文艺出版社，1998。

9. 王旺国整理、饶学刚审定：《钟九闹漕》，1997年由湖北省崇阳县文化馆印行。

10. 华中师范学院历史系74级开门办学小分队1975年编撰：《钟人杰起义历史资料》，现存湖北省崇阳县档案馆，未刊稿。

11. 崇阳县志编纂委员会：《崇阳县志》，武汉，武汉大学出版社，1991。

12. 《崇阳民间故事选》，因前后扉页残破，出版机构和时间不详。

13. 崇阳县民间文学领导小组编辑：《中国民间歌谣集成湖北卷·崇阳县民间歌谣集》，崇阳县印刷厂1988年印装（咸图管字004号）。

14. 邱春林：《钟九闹漕》（小说），北京，中国文联出版社，2001。

## 二、英文文献

1. Bauman，*Philosophical Affinities of Postmodern Sociology*，The Sociological Review，3（1990）.

2.〔英〕Gillian Brown&George Yule：《话语分析》（英文版），北京，外语教学与研究出版社，2000。

3. M. A. K. Halliday，*An Introduction Functional Grammar*，London：Arnold，1994.

4. Mancur Olson，*The Logic of Collective Action：Public Goods and the Theory of Group*，Harvard University Press，1965.

5. Julia Kristeva，*Word*，*dialogue and novel*，In T. Moi（ed，1986），The Kristeva Reader，Oxford：Basil Blackwel.

6.〔英〕J. L. Austin：《如何以言行事》（英文版），北京，外语教学与研究出版社，2002。

7.〔美〕James Paul Gee：《话语分析入门：理论与方法》（英文版），北京，外语教学与研究出版社，2000。

8.〔美〕John R. Searle：《言语行为：语言哲学论》（英文版），北京，外语教学与研究出版社，2001。

9.〔美〕Robert A. Dooley & Stephen H. Levinsohn：《话语分析中的基本概念》，北京，外语教学与研究出版社，2008。

10. Raymond Williams，*The Long Revolution*，London：Chatto and Windus，1961.

11. Z. S. Harris，*discourse analysis*，Language，Vol，28（1952），pp. 1-30.

## 三、译著

1.〔英〕米勒、波格丹诺主编：《布莱克维尔政治学百科全书》，邓正来等译，北京，中国政法大学出版社，2002。

2.〔美〕加布里埃尔 A·阿尔蒙德、西德尼·维伯：《公民文化——五个国家的政治态度和民主制》，徐湘林等译，北京，华夏出版社，1989。

3.〔美〕斯蒂芬·范埃弗拉：《政治学研究方法指南》，陈琪译，北京，北京大学出版社，2006。

4.〔美〕爱德华·W·萨义德：《东方学》，王宇根译，北京，三联书店，2007。

5.〔英〕瓦莱丽·肯尼迪：《萨义德》，李自修译，南京，江苏人民出版社，2006。

6. 刘禾：《跨语际实践：文学，民族文化与被译介的现代性（中国：1900—1937)》，宋伟杰等译，北京，三联书店，2008。

7. 〔美〕鲁思·本尼迪克特：《菊与刀——日本文化的类型》，吕万和等译，北京，商务印书馆，1990。

8. 〔芬兰〕凯瑞·帕罗内：《昆廷·斯金纳思想研究》，李宏图、胡传胜译，上海，华东师范大学出版社，2005。

9. 〔奥〕维特根斯坦：《哲学研究》，陈嘉映译，上海，上海人民出版社，2001。

10. 〔英〕诺曼·费尔克拉夫：《话语与社会变迁》，殷晓蓉译，北京，华夏出版社，2003。

11. 〔法〕乔治-埃利亚、萨尔法蒂：《话语分析基础知识》，曲辰译，天津，天津人民出版社，2006。

12. 〔法〕福柯：《疯癫与文明：理性时代的疯癫史》，刘北成、杨远樱译，北京，三联书店，2007。

13. 〔法〕福柯：《临床医学的诞生》，刘北成译，南京，译林出版社，2001。

14. 〔法〕福柯：《词与物——人文科学考古学》，莫伟民译，北京，三联书店，2001。

15. 〔法〕福柯：《知识考古学》，谢强、马月译，北京，三联书店，2003。

16. 〔法〕福柯：《话语的秩序》，载许宝强、袁伟选编：《语言与翻译的政治》，北京，中央编译出版社，2001。

17. 〔法〕福柯：《规训与惩罚：监狱的诞生》，刘北成、杨远婴译，北京，三联书店，2007。

18. 〔法〕福柯：《必须保卫社会》，钱翰译，上海，上海人民出版社，1999。

19. 〔法〕福柯：《性经验史》，佘碧平译，上海，上海人民出版社，2005。

20. 杜小真编选：《福柯集》，上海，上海远东出版社，2002。

21. 〔德〕克拉克、登博夫斯基编：《福柯的迷宫》，朱毅译，北京，商务印书馆，2005。

22. 〔英〕马克·J·史密斯：《文化——再造社会科学》，张美川译，长春，吉林人民出版社，2005。

23. ［德］尤尔根·哈贝马斯：《交往行为理论：行为合理性与社会合理性》，曹卫东译，上海，上海人民出版社，2004。

24. ［美］丹尼尔·贝尔：《社群主义及其批评者》，李琨译，北京，三联书店，2002。

25. ［英］雷蒙·威廉斯：《关键词：文化与社会的词汇》，刘建基译，北京，三联书店，2005年。

26. 刘禾：《帝国的话语政治：从近代中西冲突看现代世界秩序的形成》，杨立华等译，北京，三联书店，2009。

27. ［瑞士］费迪南·德·索绪尔：《普通语言学教程》，裴文译，南京，江苏教育出版社，2002。

28. ［美］托马斯·库恩：《科学革命的结构》，金吾伦、胡新和译，北京，北京大学出版社，2003。

29. ［美］L. S. 斯塔夫里阿诺斯：《全球通史——1500年以前的世界》，吴象婴、梁赤民译，吴象婴校订，上海，上海社会科学出版社，1992。

30. ［美］克利福德·格尔茨：《文化的解释》，韩莉译，南京，译林出版社，1999。

31. ［美］加布里埃尔·A·阿尔蒙德、小G·宾厄姆·鲍威尔：《比较政治学——体系、过程和政策》，曹沛林等译，上海，上海译文出版社，1987。

32. ［法］莫里斯·迪韦尔热：《政治社会学——政治学要素》，杨祖功、王大东译，北京，东方出版社，2007。

33. ［美］乔治·霍兰·萨拜因著，［美］托马斯·兰敦·索尔森修订：《政治学说史》，盛葵阳、崔妙因译，北京，商务印书馆，1986。

34. ［美］诺夫乔伊：《存在巨链》，张传有、高秉江译，南昌，江西教育出版社，2002。

35. ［法］莫里斯·哈布瓦赫：《论集体记忆》，毕然、郭金华译，上海，上海人民出版社，2002。

36. ［美］列文森：《儒教中国及其现代命运》，郑大华等译，北京，中国社会科学出版社，2000。

37. ［美］余定国：《中国地图史学》，姜道章译，北京，北京大学出版社，2006。

38. 王迪：《街头文化——成都公共空间、下层民众与地方政治，

1870—1930》，李德英、谢继华、邓丽译，北京，中国人民大学出版社，2006。

39．〔美〕亚瑟·史密斯：《中国人德行》，张梦阳、王丽娟译，北京，新世界出版社，2005。

40．〔英〕丹尼·卡瓦拉罗：《文化理论关键词》，张卫东、张生、赵顺宏译，南京，江苏人民出版社，2006。

41．〔英〕约翰·B·汤普森：《意识形态与现代文化》，高铭等译，南京，译林出版社，2005。

42．〔英〕杰西·洛佩兹、约翰·斯科特：《社会结构》，允春喜译，长春，吉林人民出版社，2007。

43．〔荷〕冯·戴伊克：《话语·心理·社会》，施旭、冯冰译，北京，中华书局，1993。

44．〔英〕波特、韦斯雷尔：《话语和社会心理学：超越态度与行为》，肖文明等译，北京，中国人民大学出版社，2006。

45．〔法〕托多罗夫：《巴赫金对话理论及其他》，蒋子华、张萍译，天津，百花文艺出版社，2001。

46．〔美〕阿普尔比等：《历史的真相》，刘北成、薛绚译，北京，中央编译出版社，1998。

47．〔美〕约翰·拖什：《史学导论——现代历史学的目标、方法和新方向》，吴英译，北京，北京大学出版社，2007。

48．〔意〕葛兰西：《狱中札记》，曹雷雨译，北京，中国社会科学出版社，2000。

49．〔英〕安德鲁·海伍德：《政治学》，张立鹏译，北京，中国人民大学出版社，2006。

50．〔英〕大卫·麦克里兰：《意识形态》，孔兆政、蒋龙祥译，长春，吉林人民出版社，2005。

51．巴赫金：《文本、对话与人文》，石家庄，河北教育出版社，1998。

52．瞿同祖：《清代地方政府》，范忠信等译，北京，法律出版社，2003。

53．〔美〕孔飞力：《叫魂：1768年中国妖术大恐慌》，陈兼、刘昶译，上海，上海三联书店，1999。

54．〔美〕孔飞力：《中华帝国晚期的叛乱及其敌人》，谢亮生等译，北京，中国社会科学出版社，1990。

55. 〔美〕施坚雅：《中国封建社会晚期的城市研究》，王旭等译，长春，吉林教育出版社，1991。

56. 〔法〕布尔迪厄：《文化资本与社会炼金术》，包亚明译，上海，上海人民出版社，1997。

57. 〔法〕勒庞：《乌合之众：大众心理研究》，冯克利译，北京，中央编译出版社，2004。

58. 〔美〕费正清编：《剑桥中华民国史，1912—1949》（上卷），杨品泉等译，北京，中国社会科学出版社，1994。

59. 〔美〕费正清、费维恺编：《剑桥中华民国史，1912—1949》（下卷），刘敬坤等译，北京，中国社会科学出版社，1994。

60. 〔美〕费正清、刘广京编：《剑桥中国晚清史，1800—1911》（上、下卷），中国社会科学院历史研究所编译室译，北京，中国社会科学出版社，1985。

61. 〔美〕麦克法夸尔、费正清编：《剑桥中华人民共和国史，1949—1965》（上卷），谢亮生等译，北京，中国社会科学出版社，1990。

62. 〔美〕麦克法夸尔、费正清编：《剑桥中华人民共和国史，1966—1982》（下卷），俞金尧等译，北京，中国社会科学出版社，1992。

63. 〔美〕费正清：《伟大的中国革命》，张理京译，北京，世界知识出版社，2000。

64. 〔美〕费正清：《美国与中国》，刘尊棋译，北京，世界知识出版社，2003。

65. 〔美〕王国斌：《转变的中国：历史变迁与欧洲经验的局限》，李伯重、连玲玲译，南京，江苏人民出版社，2008。

66. 〔美〕费约翰：《唤醒中国：国民革命中的政治、文化与阶级》，李霞等译，北京，三联书店，2004。

67. 〔美〕汉娜·阿伦特：《论革命》，陈周旺译，南京，译林出版社，2007。

68. 〔英〕彼得·卡尔佛特：《革命与反革命》，张长东译，长春，吉林人民出版社，2005。

69. 〔日〕佐藤慎一：《近代中国的知识分子与文明》，刘岳兵译，南京，江苏人民出版社，2008。

70. 〔美〕任达：《新政革命与日本：中国，1898—1912》，李仲贤译，南京，江苏人民出版社，2006。

71. 张灏：《梁启超与中国思想的过渡（1890—1907）烈士精神与批判意识》，崔志海、葛夫平译，北京，新星出版社，2006。

72. ［法］阿尔都塞：《哲学与政治：阿尔都塞读本》，陈越编译，长春，吉林人民出版社，2003。

73. ［美］德里克：《革命与历史：中国马克思主义历史学的起源，1919—1937》，翁贺凯译，南京，江苏人民出版社，2008。

74. ［英］肖特：《毛泽东传》，仝小秋、杨小兰、张爱茹译，北京，中国青年出版社，2004。

75. ［美］魏斐德：《历史与意志：毛泽东思想的哲学透视》，李君如等译，北京，中国人民大学出版社，2005。

76. ［美］詹姆斯·C·斯科特：《弱者的武器》，郑广怀等译，南京，译林出版社，2007。

77. ［法］勒庞：《革命心理学》，佟德志、刘训练译，长春，吉林人民出版社，2004。

78. ［法］布洛赫：《封建社会》，张绪山等译，北京，商务印书馆，2004。

79. ［英］理查德·奥斯本、博林·梵·隆：《视读社会学》，刘竞、李园园译，合肥，安徽文艺出版社，2007。

80. ［美］保罗·康纳顿：《社会如何记忆》，纳日碧力戈译，上海，上海人民出版社，2000。

81. ［日］三岛宪一：《本雅明：破坏·收集》，贾倞译，石家庄，河北教育出版社，2001。

82. ［美］吉尔伯特·罗兹曼主编：《中国的现代化》，南京，江苏人民出版社，1995。

83. ［美］柯文：《在中国发现历史：中国中心观在美国的兴起》，林同奇译，北京，中华书局，2002。

84. ［法］弗朗索瓦·傅勒：《思考法国大革命》，孟明译，北京，三联书店，2005。

85. ［美］杜赞奇：《文化、权力与国家——1900—1942 年的华北农村》，王福明译，南京，江苏人民出版社，1994。

86. ［美］卡尔·A·魏特夫：《东方专制主义》，徐式谷等译，北京，中国社会科学出版社，1989。

87. ［美］斯考切波：《国际与社会革命：对法国、俄国和中国的比较分析》，何志俊、王学东译，上海，上海人民出版社，2007。

88. 中共中央马恩列斯著作编译局马恩著作翻译室编：《马克思恩格斯列宁斯大林论政治和政治制度》，北京，群众出版社，1984。

89. ［德］哈拉尔德·韦尔策编：《社会记忆：历史、回忆、传承》，季斌等译，北京，北京大学出版社，2007。

90. ［美］墨子刻：《摆脱困境——新儒学与中国政治文化的演进》，颜世安等译，南京，江苏人民出版社，1995。

91. 许纪霖、宋宏编：《史华慈论中国》，北京，新星出版社，2006。

四、中文著作

1. 刘泽华主编：《中国传统政治思维》，长春，吉林教育出版社，1991。

2. 王乐理：《政治文化导论》，北京，中国人民大学出版社，2000。

3. 杨阳：《文化秩序与政治秩序——儒教中国的政治文化解读》，北京，中国政法大学出版社，2007。

4. 刘泽华、张分田等：《思想的门径：中国政治思想史研究方法论》，天津，天津古籍出版社，2006。

5. ［美］孙隆基：《中国文化的深层结构》，桂林，广西师范大学出版社，2004。

6. 陈嘉映：《语言哲学》，北京，北京大学出版社，2003。

7. 盛晓明：《话语规则与知识基础》，上海，学林出版社，2000。

8. 辛斌：《批评语言学：理论与应用》，上海，上海外语教育出版社，2005。

9. 李幼蒸：《历史符号学》，桂林，广西师范大学出版社，2003。

10. 李幼蒸：《理论符号学导论》，北京，中国人民大学出版社，2007。

11. 张凤阳等：《政治哲学关键词》，南京，江苏人民出版社，2006。

12. 王治河主编：《后现代主义辞典》，北京，中央编译出版社，2005。

13. 莫伟民：《莫伟民讲福柯》，北京，北京大学出版社，2005。

14. 冯天瑜：《"封建"考论》，武汉，武汉大学出版社，2007。

15. 陈建华：《"革命"的现代性：中国革命话语考论》，上海，上海古籍出版社，2000。

16. 王人博：《中国近代宪政史上的关键词》，北京，法律出版社，2009。

17. 金观涛、刘青峰：《观念史研究：中国现代重要政治术语的形成》，北京，法律出版社，2010。

18. 王海洲：《合法性的争夺——政治记忆的多重刻写》，南京，江苏人民出版社，2008。

19. 林同奇：《人文寻求录：当代中美学者思想辨析》，北京，新星出版社，2006。

20. 康澄：《文化及其生存与发展的空间：洛特曼文化符号理论研究》，南京，河海大学出版社，2006。

21. 杨阳：《王权的图腾化——政教合一与中国社会》，杭州，浙江人民出版社，2000。

22. 黄书光主编：《中国社会教化的传统与变革》，济南，山东教育出版社，2005。

23. 苏力：《法律与文学：以中国传统戏剧为材料》，北京，三联书店，2006。

24. 徐忠明：《包公故事：一个考察中国法律文化的视角》，北京，中国政法大学出版社，2002。

25. 徐忠明：《众声喧哗：明清法律文化的复调叙事》，北京，清华大学出版社，2007。

26. 葛兆光：《中国思想史》，上海，复旦大学出版社，2001。

27. 马庆钰：《告别西西弗斯：中国政治文化分析与展望》，北京，中国社会科学出版社，2002。

28. 《现代汉语词典》，北京，商务印书馆。1983。

29. 朱永生：《语境动态研究》，北京，北京大学出版社，2005。

30. 董小英：《再登巴比伦塔：巴赫金与对话理论》，北京，三联书店，1994。

31. 申小龙：《汉语与中国文化》，上海，复旦大学出版社，2008。

32. 韩震、董立河：《历史学研究的语言学转向：西方后现代历史哲学研究》，北京，北京师范大学出版社，2007。

33. 葛兆光：《思想史研究课堂讲录：视野、角度与方法》，北京，三联书店，2005。

34. 华世平主编：《政治学》，北京，中国人民大学出版社，2007。

35. 刘家驹：《清史拼图》，济南，山东画报出版社，2006。

36. 冯尔康：《雍正传》，上海，上海三联书店，1999。

37. 钱存训：《书于竹帛》，上海，上海书店出版社，2006。

38. 刘泽华：《中国的王权主义——传统社会与政治思维》，上海，上海人民出版社，2000。

39. 梁漱溟：《中国文化要义》，上海，上海人民出版社，2005。

40. 雷海宗：《中国文化与中国的兵》，北京，商务印书馆，2001。

41. 张鸣：《乡土心路八十年：中国近代化过程中农民意识的变迁》，西安，陕西人民出版社，2008。

42. 吴振清：《清史纪事本末（道光朝)》，上海，上海大学出版社，2006。

43. 陈昆满主编：《湖北近代革命史》，武汉，湖北人民出版社，2006。

44. 刘子扬：《清代地方官制考》，北京，紫禁城出版社，1988。

45. 张德泽：《清代国家机关考略》，北京，学苑出版社，2001。

46. 喻大华主编：《清朝通史·道光朝》，北京，紫禁城出版社，2002。

47. 茅海建：《天朝的崩溃：鸦片战争再研究》，北京，三联书店，2005。

48. 吴思：《隐蔽的秩序：拆解历史弈局》，海口，海南出版社，2004。

49. 吴思：《血酬定律：中国历史中的生存游戏》，北京，中国工人出版社，2003。

50. 王亚南：《中国官僚政治研究》，北京，中国社会科学出版社，1981。

51. 杨天宏：《中国近代转型与传统约制》，贵阳，贵州人民出版社，2000。

52. 洪振快：《亚财政：非正式财政与中国历史弈局》，北京，新星出版社，2008。

53. 王明珂：《华夏边缘：历史记忆与族群认同》，北京，社会科学文献出版社，2006。

54. 葛兆光：《古代中国的历史、思想与宗教》，北京，北京师范大学出版社，2006。

55. 王力等:《古汉语常用字字典》,北京,商务印书馆,2005。

56. 阎步克:《士大夫政治演生史稿》,北京,北京大学出版社,1996。

57. 完颜绍元:《天下衙门》,北京,中国档案出版社,2006。

58. 张仲礼:《中国绅士研究》,上海,上海人民出版社,2008。

59. 李世众:《晚清士绅与地方政治——以温州为中心的考察》,上海,上海人民出版社,2006。

60. 党江舟:《中国讼师文化——古代律师现象解读》,北京,北京大学出版社,2005。

61. 黄宗智:《民事审判与民间调解:清代的表达与实践》,北京,中国社会科学出版社,1998。

62. 沈大明:《〈大清律例〉与清代的社会控制》,上海,上海人民出版社,2007。

63. 李炎胜:《中国报刊图史》,武汉,湖北人民出版社,2005。

64. 王宗华主编:《中国大革命史 1924—1927》,北京,人民出版社,1990。

65. 杨奎松:《国民党的"联共"与"反共"》,北京,社会科学文献出版社,2008。

66. 王先明:《变动时代的乡绅——乡绅与乡村社会结构变迁(1901—1945)》,北京,人民出版社,2009。

67. 陈志让:《军绅政权》,北京,三联书店,1980。

68. 左安民:《细说汉字——1000 个汉字的起源与演变》,北京,九州出版社,2005。

69. 黄凡:《周易:商周之交史事录》,汕头,汕头大学出版社,1995。

70. 张光直:《青铜挥麈》,上海,上海文艺出版社,2000。

71. 许倬云:《西周史》,北京,三联书店,1994。

72. 刘小枫:《儒教与民族国家》,北京,华夏出版社,2007。

73. 张灏:《幽暗意识与民主传统》,北京,新星出版社,2006。

74. 李泽厚:《中国近代思想史论》,北京,人民出版社,1979。

75. 侯外庐:《中国近代启蒙思想史》,北京,人民出版社,1993。

76. 孔祥吉:《康有为变法奏议研究》,沈阳,辽宁教育出版社,1988。

77. 于建嵘：《岳村政治：转型期中国乡村政治结构的变迁》，北京，商务印书馆，2001。

78. 李孝悌：《清末的下层社会启蒙运动：1901—1911》，石家庄，河北教育出版社，2001。

79. 梁尚贤：《国民党与广东农民运动》，广州，广东人民出版社，2004。

80. 张朋园：《中国民主政治的困境，1909—1949：晚清以来历届议会选举述论》，长春，吉林出版集团有限责任公司，2007。

81. 范文澜：《中国近代史》（上编第一分册），北京，人民出版社，1953。

82. 范文澜：《中国近代史》（上册），北京，北京出版社根据人民出版社 1955 年第 9 版 1961 年重印本。

83. 余岱宗：《被规训的激情——论 1950、1960 年代的红色小说》，上海，上海三联书店，2004。

84. 张小也：《官、民与法：明清国家与基层社会》，北京，中华书局，2007。

85. 谢迪斌：《破与立的双重变奏——新中国成立初期乡村社会道德秩序的改造与建设》，长沙，湖南人民出版社，2009。

86. 张乐天：《告别理想——人民公社制度研究》，上海，上海人民出版社，2005。

87. 席宣、金春明：《"文化大革命"简史》，北京，中共党史出版社，1996。

88. 徐勇：《乡村治理与中国政治》，北京，中国社会科学出版社，2003。

89. 高王凌：《人民公社时期中国农民"反行为调查"》，北京，中共党史出版社，2006。

90. 高浣月：《清代刑名幕友》，北京，中国政法大学出版社，2000。

91. 何显明：《超越与回归——毛泽东的心路历程》，上海，学林出版社，2002。

92. 汪晖：《现代中国思想的兴起，上卷（第二部），帝国与国家》，北京，三联书店，2008。

93. 李泽厚、刘再复：《告别革命——回望二十世纪中国》，香港天地图书公司，1995。

94. 余英时：《士与中国文化》，上海，上海人民出版社，2003。

95. 余英时：《文史传统与文化重建》，北京，三联书店，2004。

96. 丛日云：《西方政治文化传统》，哈尔滨，黑龙江人民出版社，2002。

97. 丛日云：《在上帝和凯撒之间：基督教二元政治观与近代自由主义》，北京，三联书店，2003。

98. 刘泽华、葛荃主编：《中国古代政治思想史》，天津，南开大学出版社，2001。

99. 萧公权：《中国政治思想史》，北京，新星出版社，2005。

100. 林存光：《儒教中国的形成——早期儒学与中国政治文化的演进》，济南，齐鲁书社，2003。

101. 林存光：《历史上的孔子形象：政治与文化语境下的孔子和儒学》，济南，齐鲁书社，2004。

102. 燕继荣：《政治学十五讲》，北京，北京大学出版社，2004。

103. 潘一禾：《观念与体制：政治文化的比较研究》，上海，学林出版社，2002。

104. 高瑞泉主编：《中国近代社会思潮》，上海，上海人民出版社，2007。

105. 牛润珍：《关于历史学理论的学术论辩》，天津，百花洲文艺出版社，2004。

106. 丁耘主编：《什么是思想史》（思想史研究第一辑），上海，上海人民出版社，2006。

107. 《邓小平文选》（一九七五——一九八二），北京，人民出版社，1983。

108. 来凤仪选编：《鲁迅杂文》，杭州，浙江文艺出版社，1999。

109. 《毛泽东选集》（1—4卷），北京，人民出版社，1991。

110. 《学习资料》（6册），载毛泽东书面和口头文本，"内部资料"，印行机构和时间不详。

111. 中国革命博物馆编：《张国焘回忆录》，北京，人民出版社，1990。

112. 《康有为政论集》（上册），北京，中华书局，1981。

113. 张芝联：《法国史论集》，北京，三联书店，2007。

114. 张化、苏采青主编：《回首"文革"——中国十年"文革"分析与反思》，北京，中共党史出版社，2003。

115. 刘大年：《刘大年集》，北京，中国社会科学出版社，2000。

116. 北岛、李陀主编：《七十年代》，北京，三联书店，2009。

117. 徐友渔编：《1966：我们那一代的回忆》，北京，中国文联出版公司，1998。

118. 杨念群、黄兴涛、毛丹主编：《新史学：多学科对话的图景》，北京，中国人民大学出版社，2003。

129. 黄宗智主编：《中国研究的范式问题讨论》，北京，社会科学文献出版社，2003。

120. 冯天瑜、〔日〕刘建辉、聂长顺主编：《语义的文化变迁》，武汉，武汉大学出版社，2007。

## 五、论文

1. 何自然、吴亚欣：《语用学概略》，载《外语研究》，2001 (4)。

2. 萧延中：《中国思想史研究的独特视角——从〈知识与文化〉看"中国思想"研究之方法论问题》，载《开放时代》，2003 (4)。

3. 张宽：《(discourse) 话语》，载《读书》，1995 (5)。

4. 黄国文、徐珺：《语篇分析与话语分析》，载《外语与外语教学》，2006 (10)。

5. 陈汝东：《论话语研究的现状与趋势》，《浙江大学学报》（人文社会科学版），2008 (6)。

6. 朱永生：《话语分析五十年：回顾与展望》，载《外国语》，2003 (3)。

7. 施旭：《话语分析的文化转向：试论建立当代中国话语研究范式的动因、目标和策略》，载《浙江大学学报》（人文社会科学版），2008 (1)。

8. 赵一凡：《福柯的话语理论》，载《读书》，1994 (5)。

9. 王瀚东、胡华涛：《论媒介政治语言的研究——从"巴黎骚乱"的新闻报道说开去》，载《学术界》，2006 (4)。

10. 黄莹：《我国政治话语体裁中人际意义的变迁——基于〈人民日报〉元旦社论的个案研究》，载《广东外语外贸大学学报》，2006 (4)。

11. 胡亚云：《论政治语言的结构》，载《洛阳工业学院学报》（社会科学版），2002 (6)。

12. 田海龙：《政治语言研究：评述与思考》，载《外语教学》，2002 (1)。

13. 朱蕾、田海龙：《话语与当今中国社会变革》，载《语言学研究》，2007（2）。

14. 戴健：《话语分析新动态——新书综述》，载《外语研究》，2006（3）。

15. 纪玉华：《批评性话语分析：理论与方法》，载《厦门大学学报》（哲学社会科学版），2001（3）。

16. 马敏：《政治语言：作为话语霸权基础的结构—功能分析》，载《中共浙江省委党校学报》，2004（4）。

17. 熊万胜：《双向视角及其盲点：中国政治语言研究述评》，载《政治与法律》，2007（1）。

18. 王小宁：《从革命话语到建设话语的转变——中国政治话语的语义分析》，载《北京化工大学学报》（社会科学版），2002（1）。

19. 赫牧寰：《作为政治话语的 1958 年"新民歌运动"》，载《齐齐哈尔大学学报》（社会科学版），2007（5）。

20. 彭华、邓建伟：《从政治话语向生活话语的转变——红村个案研究》，载《宁夏党校学报》，2003（5）。

21. 郭昭第：《当代顺口溜：弱势群体的非权力政治话语》，载《天水师范学院学报》，2004（2）。

22. 黄兴涛：《"话语"分析与中国近代思想文化史研究》，载《历史研究》，2007（2）。

23. 丛日云：《当代中国政治语境中的"群众"概念分析》，载《政法论坛》，2005（3）。

24. 张执中：《从哲学方法到历史方法——约翰·波科克谈如何研究政治思想史》，载《世界历史》，1990（6）。

25. 陈昌文：《政治语言论纲》，载《四川大学学报》（哲学社会科学版），1993（3）。

26. 冯钢：《政治文化与西方政治发展理论》，载《浙江大学学报》，1997（1）。

27. 孙国祥：《死刑废除与民意关系之审视》，载《华东政法大学学报》，2009（2）。

28. 吴凡：《"不杀不足以平民愤"中的法律文化》，载《法制与社会》，2008，9月中旬刊。

29. 梁根林：《公众认同、政治抉择与死刑控制》，载《法学研究》，2004（4）。

30. 赵一凡：《话语理论的诞生》，载《读书》，1993（8）。

31. ［美］托马斯·R·贝茨：《葛兰西与霸权理论》，吕增奎编译，载《马克思主义与现实》，2005（5）。

32. 黄敏：《隐喻与政治：〈人民日报〉元旦社论（1979—2004）隐喻框架之考察》，载《修辞学习》，2006（1）。

33. 张小也：《社会冲突中的官、民与法——以"钟九闹漕"事件为中心》，载《江汉论坛》，2006（4）。

34. 张小也：《史料·方法·理论：历史人类学视角下的"钟九闹漕"》，载《河北学刊》，2004（6）。

35. 刘守华：《论湖北的两部民间叙事诗》，载《华中师院学报》，1980（4）。

36. 陈辉：《钟人杰起义史实考》，载《华中师院学报》，1984（1）。

37. ［美］田霏宇：《一门历史课的历史》，载《读书》，2005（9）。

38. 罗丽达：《道光年间的崇阳抗粮暴动》，载《清史研究》，1992（2）。

39. 吴长生：《毕节〈完纳钱粮碑〉浅析》，载《毕节师范高等专科学校学报》，2002（2）。

40. 刘三宝：《崇阳县大连山出土两件西周铜甬钟》，载《江汉考古》，1998（1）。

41. 湖北省崇阳县博物馆：《湖北崇阳县出土一件西周铜甬钟》，载《江汉考古》，1997（1）。

42. 陈宝良：《明代生员及其相关概念辨析》，载《浙江学刊》，2003（1）。

43. 徐茂明：《明清以来乡绅、绅士与士绅诸概念辨析》，载《苏州大学学报（哲学社会科学版）》，2003（1）。

44. 高海燕：《地方主义·军事主义——近代中国军阀政治探源》，载《史学集刊》，1998（3）。

45. 魏光奇：《清末民初地方自治下的"绅权"膨胀》，载《河北学刊》，2005（6）。

46. 王涛：《国民党在国民革命中的农运政策及实践》，载《人文杂志》，1997（2）。

47. 钟文：《试析国民革命后期农民运动的发展对国共关系的冲击和影响》，载《江汉论坛》，2004（6）。

48. 叶福翔：《〈周易〉思想综合分析——兼论〈周易〉成书年代及作者》，载《周易研究》，1995（4）。

49. ［日］浅野裕一：《儒家对〈易〉的经典化》，载《周易研究》，2009（2）。

50. 陈虎：《朱元璋为何要把孟子清理出孔庙》，载《炎黄春秋》，2008（6）。

51. 张佳佳：《〈孟子节文〉事件本末考辨》，载《中国文化研究》，2006 年秋之卷。

52. 邵燕祥：《朱元璋所删〈孟子〉章句》，载《中国文化》，2007（1）。

53. 杨海文：《〈孟子节文〉的文化反思》，载《中国哲学史》，2002（2）。

54. 陈胜粦：《论魏源的历史定位——鸦片战争前后中国社会思潮转型的界标》，载《船山学刊》，1994（2）。

55. 高毅：《法国革命文化与 20 世纪初中国革命崇拜的确立》，载《历史教学问题》，2000（1）。

56. 高毅：《法国革命文化与现代中国革命》，载《浙江学刊》，2006（4）。

57. 赵世瑜、孙冰：《市镇权力关系与江南社会变迁——以近世浙江湖州双林镇为例》，载《近代史研究》，2003（2）。

58. 姜迎春：《工业化背景下的乡村社会流动——以大冶铁矿为个案（1890—1937）》，载《中国矿业大学学报》（社会科学版），2009（4）。

59. 许纪霖：《重建社会重心：近代中国的知识人社会》，载《学术月刊》，2006（11）。

60. 李实：《辛亥革命时的乡居见闻》，载《湖北文史资料》，2004（4）。

61. 桑东华：《五四平民教育思潮的演变、分化和发展》，载《党史研究与教学》，2004（4）。

62. 黄振位：《"国民革命"的提出与中共"三大"的召开》，载《广东社会科学》，2003（6）。

63. 姚曙光：《国民革命思想新论》，载《江苏社会科学》，2003（6）。

64. 何扬鸣、郑建华：《"衙前农运"及其新闻舆论宣传》，载

《新闻大学》，（2001·冬）。

　　65. 朱英：《北伐之前的国民党与民众运动》，载《江苏社会科学》，2009（1）。

　　66. 姚曙光：《国民革命失败的民粹主义因素分析——以湖南农民运动为个案的探讨》，载《南京大学学报》（哲学·人文科学·社会科学），2003（3）。

　　67. 陈其泰、张利：《范文澜在延安——20 世纪中国史学的重要篇章》，载《人文杂志》，2001（3）。

　　68. 陈其泰：《范文澜与 20 世纪中国史学道路》，载《学术研究》，2004（8）。

　　69. 胡为雄：《毛泽东与毛泽东思想的宣传》，载《现代哲学》，2006（12）。

　　70. 方厚枢：《毛泽东著作出版纪事（1949—1982 年》，载《出版史料》第一辑（2001 年）、第四辑（2002 年）。

　　71. 朱地：《对新中国成立初期知识分子思想改造学习运动的历史考察——评〈剑桥中华人民共和国史〉的一个观点》，载《中共党史研究》，1998（5）。

　　72. 戴知贤：《胡风"反革命集团"案件始末》，载《文史月刊》，2008（4）。

　　73. 王靖：《"胡风反革命集团案"始末》，载《文史精华》，1996（06、07）。

　　74. 袁鹰：《〈武训传〉讨论——建国后第一场大批判》，载《炎黄春秋》，2006（3）。

　　75. 王镇富：《试论武训批判对新中国史学领域的影响》，载《长白学刊》，2008（5）。

　　76. 罗志田：《文革前"十七年"中国史学的片段反思》，载《四川大学学报》（哲学社会科学版），2009（5）。

　　77. 刘旭：《底层能否摆脱被表述的命运》，载《天涯》，2004（2）。

　　78. 徐友渔：《知青经历和下乡运动——个体经验与集体意识的对话》，载《北京文学》，1998（6）。

　　79. 王彬彬：《"知青"的话语霸权》，载《文艺报》，1998-06-04。

　　80. 李刚：《1972—1976 年间中国高等教育的过渡性分析》，载《社会科学研究》，2002（5）。

81. 周武：《我的"工农兵学员"经历》，载《文史月刊》，2007（6）。

82. 刘少才：《我经历的工农兵学员时代》，载《纵横》，2005（6）。

83. 周约维：《我当了一届"工农兵学员"》，载《文史博览》，2008（12）。

84. 徐桂兰：《历史学与人类学的互动——历史人类学的理论与实践研讨会综述》，载《广西民族学院学报》（哲学社会科学版），2001（6）。

85. 王铭铭：《我所了解的历史人类学》，载《西北民族研究》，2007（2）。

86. 吕新民：《阶级成分》，载《档案天地》，2008（5）。

87. 张一平：《三十年来中国土地改革研究的回顾与思考》，载《中共党史研究》，2009（1）。

88. 叶匡政：《土改学：划阶级成分》，载《南方周末》，2007-09-13。

89. 彭正德：《土改中的诉苦：农民政治认同形成的一种心理机制》，载《中共党史研究》，2009（6）。

90. 李里峰：《土改中的诉苦：一种民众动员技术的微观分析》，载《南京大学学报》（哲学·人文科学·社会科学），2007（5）。

91. 徐进、杨雄威：《河北新区土地改革中农村阶级的划分》，载《中共党史研究》，2009（2）。

92. 李金诤：《土地改革中的农民心态：以 1937—1949 年的华北乡村为中心》，载《近代史研究》，2006（4）。

93. 满永：《"反行为"与乡村生活的经验世界——从〈人民公社时期中国农民"反行为"调查〉一书说开去》，载《开放时代》2008（3）。

94. 吴敏先、张永新：《建国以来知识分子政策及政策调整研究述评》，载《东北师大学报（哲学社会科学版）》，2008（2）。

95. 黄元起：《论中国历史上的农民革命领袖——项羽、刘邦、李密、窦建德等算不算农民运动的领导者?》，载《新史学通讯》，1953（2）。

96. 万绳楠：《什么是农民起义？什么人才可称为农民起义军的领袖?》，载《安徽大学学报》（哲学社会科学版），1961（1）。

97. 贾熟村：《对陈玉成集团的考察》，载《安徽史学》，2003（1）。

98. 聂蒲生：《论太平天国后期的擎天柱——英王陈玉成》，载《广西民族学院学报》（哲学社会科学版），2002（5）。

99. 霞飞：《1975年评〈水浒传〉始末》，载《党史纵览》，2005（4）。

100. 记者撰稿：《毛泽东评〈水浒传〉的前前后后》，载《文艺理论与批评》，1998（3）。

101. 崔曙庭：《金批〈水浒〉序言批判》，载《华中师范学院学报》（人文社会科学版），1975（4）。

102. 中文系写作组：《用〈水浒〉做反面教材使人民都知道投降派》，载《武汉大学学报》（哲学社会科学版），1975（5）。

103. 王明珂：《历史事实、历史记忆和历史心性》，载《历史研究》，2001（5）。

104. 杨继斌：《最后的武斗罹难者墓群》，载《南方周末》，2010-02-25。

105. 辛逸：《人民公社研究述评》，载《当代中国史研究》，2008（1）。

106. 潘鸣啸：《上山下乡运动再评价》，载《社会学研究》，2005（5）。

107. 关海庭：《"文化大革命"中知识青年上山下乡运动述论》，载《当代中国史研究》，1995（5）。

108. ［美］弗兰克·安克斯密特：《历史编撰与后现代主义》，陈新译，黄红霞校，载刘北成、陈新编：《史学理论读本》，北京，北京大学出版社，2006。

109. 萧延中：《中国传统"圣王"崇拜的生产逻辑：一个政治符号学取向的分析》，载陶东风等主编：《文化研究》第5辑，桂林，广西师范大学出版社，2005。

110. 吴冠军：《话语分析与当代中国思想状况——一个思想札记》，载陶东风等主编：《文化研究》第5辑，桂林，广西师范大学出版社，2005。

111. 吴冠军：《围绕"自由主义"与"新左派"的诸种符号竞争》，载《文化研究》第6辑，桂林，广西师范大学出版社，2006。

112. 张意：《文化资本》，载陶东风等主编《文化研究》第5辑，桂林，广西师范大学出版社，2005。

113. 郭德宏：《论民众史观》，载《史学月刊》，2009（11）。

114. 陈丽江：《文化语境与政治话语——政府新闻发布会的话语研究》，上海外国语大学博士学位论文，2007。

115. 徐纬光：《现代中国政治话语的范式转换》，复旦大学博士学位论文，2006。

116. 曾传国：《平民主义——五四时期中国知识分子社会改造的新思路》，复旦大学硕士学位论文，2008。

117. 陈德军：《乡村社会中的革命——以赣东北革命根据地为研究中心，1924—1934》，复旦大学博士学位论文，2003。

118. 聂长久：《中国早期民粹主义政治思想研究（1907—1927）》，吉林大学博士学位论文，2008。

119. 林国华：《范文澜与中国马克思主义史学》，山东大学博士学位论文，2007。

120. 杨俊：《批判电影〈武训传〉运动研究——从历史语境的分析》，复旦大学博士学位论文，2006。

121. 胡尚元：《建国后十七年史学领域的大批判》，中共中央党校博士学位论文，2005。

122. 王朝晖：《美国对中国"文化大革命"的研究（1966—1969)》，东北师范大学博士学位论文，2005。

123. 陈建坡：《"文化大革命史"研究30年述评》，中共中央党校博士学位论文，2009。

124. 周全华：《"文化大革命"中的"教育革命"》，中共中央党校博士学位论文，1997。

125. 何朝银：《革命与血缘、地缘：乡村社会变迁研究（1949—1965）——以江西省石城县为个案》，福建师范大学博士学位论文，2008。

126. 周思源：《中国共产党的知识分子政策的历史考察》，四川大学博士学位论文，2005。

127. 袁莉莉：《1949—1979年中国革命型政治文化研究》，复旦大学博士学位论文，2006。

128. 张曙：《不对称的社会实验——论"文革"中的知青上山下乡运动》，中共中央党校博士学位论文，2001。

**六、史料和中国古代文献**

1.（清）段光清：《镜湖自撰年谱》，北京，中华书局，1960。

2. （清）汪辉祖：《佐治药言》。

3. 中国第一历史档案馆、北京师范大学历史系编选：《辛亥革命前十年民变档案史料》，北京，中华书局，1985。

4. （明）罗贯中：《三国演义》，北京，人民文学出版社，1973。

5. （晋）陈寿撰、（宋）裴松之注：《三国志》，长沙，岳麓书社，1990。

6. 《四书五经》，北京，中华书局，2009。

7. （汉）许慎撰，（宋）徐铉校定：《说文解字》，北京，中华书局，2007。

8. 《后汉书》。

9. 《史记》。

10. 中国人民大学中国革命史教研室编辑：《中国革命史参考资料》（第二集），北京，中国人民大学出版社，1956。

11. 中国人民大学中国革命史教研室编辑：《中国革命史参考资料》（第一集），北京，中国人民大学出版社，1956。

12. 《第一次国内革命战争时期的农民运动资料》，北京，人民出版社，1983。

13. 〔苏〕A. B. 巴库林：《中国大革命武汉时期见闻录》，郑厚安等译，北京，中国社会科学出版社，1985。

# 后　记

　　本书出版之际，我深深体会到，如果做学问之人在学术上对他人表示不满，那么他一定在自找苦吃。这并不是说这种不满招致他人的批评甚至打压而带来的烦恼——真正做学问的人不会因他人对自己的学术批判而烦恼，而只会带来由阐发和辩驳引发的职业性的兴奋感。对前辈学术研究的不满引发的真正苦恼是那种无迹可循的焦虑和彷徨：你不想再沿着前人开辟的道路前行，那么你自己的路在哪里？

　　本书是在笔者的博士论文的基础上修改而成。四年以前，当我向导师报告博士论文选题计划时，内心毫无底气。缺乏底气是因为自己想写一篇不同于他人的博士论文而担心自己的学术素养不足，更严重的是，其中包含着对自己导师以往写作的不满。我的导师杨阳教授师从南开大学刘泽华先生，以治先秦思想史起家，是从史学转向政治学的。本科毕业以后，我做过辅导员和共青团工作，当过办公室主任，后来做了教师，同时十多年来又与在各种机关工作的同学、朋友交往，对中国的政治文化有自身的体悟。但是伴随着这十余年读书的感觉是，从思想家来写中国文化有点曲高和寡，和普通中国人的感觉比较远；而西方汉学家的写作总是有隔靴搔痒之感，他们并不生活在中国，如果不在具体的人和事之中，那么感同身受只是一种美好的愿望。

　　但是导师杨阳教授在听完汇报后，毫不犹豫地予以肯定，并表示如果写作中碰到什么困难可以一起去克服。这种表态并不太出人意料。20世纪90年代初，杨阳师初执教鞭，就经常语出惊人，课堂上的大胆言谈让他成为校园里的公众人物。我现在才真正认识到，真正的老师并不反对或害怕学生的学术叛逆。记得博士论文开题报告通过后，丛日云教授对我说："创造总需要一种叛逆的性格。"博士论文答辩时，中国人民大学萧延中教授说："我只能说你这么干胆子挺大！"我只能感谢老师们没有将我的学术构想视为僭越和狂妄。

　　不想再叙述关于本书的写作和查阅文献的艰辛，那样做有王婆卖瓜的嫌疑。说实话，我对现在的书稿并不很满意，假以时日，完全可能做得更让人信服一些。记得我第一稿写了10多万字时，导师看后并不满意，指出结构凌乱，有点四不像。只好停笔，重新阅读和思考，那种感觉如堕冰窟。即使到今天几易其稿，第一稿的缺陷还残存在书稿中。

无需再就书稿本身进行渲染，甚至吹嘘自己的作品达到了如何如何的水平。它仅仅就是政治文化研究领域中的尝试性写作，至于能否产生某种程度的学术性效果，笔者不敢奢望。如果某位读者产生了批评本书稿的兴趣，望不吝赐教于本人的电子邮箱（peking1234@163．com），笔者将积极回应。

走笔至此，照例要感谢许多人。这种做法不免落入俗套，但除此之外，我还能怎样来表达我的感激之情呢？

首先是我的博士指导老师杨阳教授。他对学生虽然严格，却拥有宽容的胸襟。我的选题和方法并不为杨老师所熟悉，但他却坚定地支持我朝一个陌生的领域去开拓。自我评价，书稿的写作并不算多成功，但是导师的"纵容"却使我敢于这样冒险了一把。我想，"吾爱吾师，吾更爱真理"才是知识人"志于学"的真谛。回顾从小到大的老师，可能个人风格不尽相同，但是他们爱护学生、激励上进的用心都是一致的。我的第一个硕士学位的论文指导老师、首都师范大学的聂月岩教授，在法大念法律硕士的指导老师郭成伟教授，以及现在博士后研究的合作导师王人博教授，莫不都曾对我悉心指导和关怀。在高校工作的最大好处，就是可以结识一群博学的知识人，方便随时随地请教。早几年做行政工作的时候，在顶头上司李树忠教授的指导下，阅读过一些宪法学著作。还记得坐学校班车的时候，就从日云老师文章中的民间宗教问题向他本人请教。在博士论文的构思阶段，郭世佑教授对我的开题报告提供了许多建议和几本重要的参考著作。关于《崇阳冤狱始末记》作者殷埏的身份问题，我曾向研究清代幕友的高浣月教授请教。当然，我的博士论文选题部分缘起于政法大学古籍所的张小也教授，是她撰写的两篇有关"钟九闹漕"的论文引发了我的兴趣，我们也因此而相识相交。可以说，这位年轻的史学家兼极端的动物保护者为我的写作提供了学术上最无私的帮助。参加论文开题报告会和答辩会的丛日云、林存光、张辰龙、孙晓春、萧延中、王人博、舒国滢、常保国等老师对我的论文写作提出了大量中肯的意见，让我对自己学术上的不足有了更清醒的认识。对众多师长，我只能在内心里真心地说一声：谢谢了。

近不惑之年才拿到博士学位，我的求学之路也算坎坷。1995年本科毕业留校做行政工作后，几次碰面，杨阳师嘱我不要放弃看书，仿佛预料到我最后还要回到靠求学教书而谋生的道路上来。在继续教育学院工作期间，我读了两个硕士。两任院长李树忠和吴飚都对我在职读书大力支持，他们对下属的宽宏大量和无私提携让人感动。特别是吴飚院长，在我攻读博士期间，为我转聘教师之事上下奔走，帮助我的人生开启了新的一页。政治与公共管理学院的院长常保国教授在我就读期间经常对我善意的调侃，督促我认真读了一些书，没有去"混"博士。学院研工办的吴意芬老师不仅工作认真负责，而且时常以大姐的身份开导并激励我。我的同事、研究比较文学的宋春香博士专门为我送来有关巴赫金的著作。可以说，在北京读书、工作近20年，我遇见的绝大部分都是善良之人。他们对我的善意和帮助使我的内心能够拥有阳光，充满自信。

对学友的致谢放在后面，因为他们不仅对于师长来说是晚辈，就相比我来说，他们也是"后生"。然而，"后生可畏"并不是瞎说。在与他们的交往中发现，这些从本科、硕士、博士一路念上来的科班生们读书系统，功底扎实。对照之下，我的"乱战"似的读书就有些相形见绌。好在他们不吝赐教，经常对我发表真知灼见，开拓我的思维和视野。我时常暗自庆幸导师能招收我这个大龄博士生，使我有机会能够结识一群有才华的年轻人。

他们不仅仅是有才华，而且热心帮助他人。读博期间，我经常开列书单，请李筠、张军强、周灏等同门学友帮我购买或复制，总共有二三百本书吧。有的书不好找，他们去国图、北大图书馆借出来复印。当我为寻找孔飞力和费正清编写的那本教材着急时，同门师妹赵昀晖得知后主动提出来帮我。她托在美国留学的弟弟到图书馆借到这本书一页一页扫描，然后做成压缩文件电邮过来。在寻找《八十年前底崇阳农民革命运动》的资料时，已经毕业的王志泉博士（丛日云老师的弟子）在河北大学工作，他也是从该校图书馆中借出文献，用数码相机一页一页翻拍，然后处理成电子文档发给我。师姐杨梅、师弟周灏和金业钦、我做辅导员时候的学生2008级刑诉法专业的博士生赵天睿同学在我答辩前后，包揽了答辩所要求的许多事务性的工作，跑前跑后，使我能够安心准备答辩。这些有才华和热心肠的年轻人，将是我一生中事业和生活的挚友。

当然，我还要感谢我的妻子郑敏女士。在我工作和读书期间，她几乎包揽了所有的家庭事务，包括辅导孩子学习的重任。没有她的支持和付出，我的生活可能是一团乱麻。我的女儿婷婷已经十一岁，她的天真烂漫可以帮助我缓解学习、工作带来的压力和疲惫。当然，女儿的成长也使我作为父亲的责任感一天一天在累积。

最后，我要特别感谢北京师范大学出版社的饶涛博士和祁传华编辑，是他们的鼓励和认真负责的态度督促我对书稿反复修正。我想他们的精神不仅仅是对一本著作的负责，也是对学术出版事业的负责。

学术之门才启，我无怨无悔踏上求索之路。

2010 年国庆长假于北京昌平京科苑家中